東漢의 유학사상

東漢의 유학사상

인 쇄 | 2019년 2월 15일
발 행 | 2019년 2월 20일

저 자 | 조원일
발행인 | 정병석
발행처 | 전남대학교출판문화원

등록 | 1981. 5. 21. 제53호
주소 | 61186 광주광역시 북구 용봉로 77
전화 | (062) 530-0571~2 마케팅 530-0573
팩스 | (062) 530-0579
홈페이지 | http://www.cnup.co.kr
이메일 | cnup0571@hanmail.net

값 19,000원

ISBN 978-89-6849-600-4 (93150)

이 도서의 국립중앙도서관 출판예정도서목록(CIP)은
서지정보유통지원시스템 홈페이지(http://seoji.nl.go.kr)와
국가자료공동목록시스템(http://www.nl.go.kr/kolisnet)에서 이용하실 수 있습니다.
(CIP제어번호 : CIP2019005717)

東漢의 유학사상

조원일 지음

전남대학교출판문화원

머리말

고대 중국에서의 천인관계에 대한 논의는 주로 인간을 둘러싸고 있는 자연계에서 인간의 지위와 관련된 문제를 중심으로 이루어져 왔다고 할 수 있다. 즉 인간이 천지 자연 속에서 어떤 자리를 점하고 있느냐의 문제에 논의의 초점이 맞춰졌던 것이다. 유가와 도가의 사상은 중국 전통문화의 주요한 핵심을 이루고 있다고 할 수 있는데, 이들의 천인관계에 대한 견해는 중국 전통사상의 가장 전형적인 모습을 구비하고 있다고 볼 수 있다.

유가의 천인관계론에서는 인간을 중시하여 인의仁義의 학설을 중심으로 주장했는데, 그 주요한 내용은 역사와 문화에 대한 반성적 사고를 통하여 인간이 사회생활 속에서 직면하게 되는 여러 종류의 문제들에 관한 해답을 제시하는 것이다. 도가의 천인관계론은 주로 천도天道 자연에 대하여 체계적이고 심도 있는 서술과 인간이 우주 가운데에서 차지하는 존재의 문제를 명확하게 제시했다. 이러한 두 학파의 천인관계론 가운데 인간의 지위에 대한 문제는 서로 다른 각도에서 조명되어져 사상사에서 두 개의 기본적인 문제를 형성하였는데, 그것은 바로 천인天人과 고금古今의 문제였던 것이다.

비록 유가와 도가의 천인관계론이 출발점에서부터 서로 다른 양상을 보이고 있었지만, 중국 고대의 우주론 탐구에 대해서 그들이 시작 단계에서부터 보여준 것은 순수하게 객관적인 자연계의 지식을 추구하기 위함이 아닌 인생의 기본 정신을 추구하기 위한 것이었다. 인생에서의 필요를 충족시키기 위하여 우주 자연에 대하여 진행한 서술은 우주의 인문화 현상을 조성하게 된다고 할 수 있다. 이러한 전제 아래서 천인관계론이 인간은 어떤 존재인가? 또 인성은 어떠한 것인가? 라고 하는 문제에 대하여 논의를 진행한다면 그것은 가치의 문제에 관한 것이라고 할 수가 있는 것이다.

천인관계론에 대해서 양한시기는 선진시기의 인문적인 관점의 연속이라고 하는 의미 외에 실질적으로는 음양오행가의 이론과 천문역수가 융합된 형태의 우주론을 포함하고 있는 시기였다고 할 수 있다. 천인관계론은 한대에 매우 성행하던 학술이론이었다고 할 수 있으며, 서한시기의 동중서가 이러한 이론을 체계화하고 널리 알리는데 중요한 역할을 했다고 하기도 한다. 동중서의 천인관계론에서는 인간에게 속하는 각종의 특징들이 자연계 안에 투사되어 천과 자연을 의인화시켜서 천과 인간이 서로 같은 구조를 가지고 있으며 비슷한 기능을 나타낸다고 했다. 환담, 왕충, 왕부, 중장통의 천인관계론은 바로 서한시기에 유행했던 천인감응론의 이론적 근거를 비판할 뿐만 아니라, 그들 자신의 전체 사상체계의 기초가 된다고 할 수 있는 것이다. 이러한 동한시기 사상가들의 천도사상은 양한시기의 우주론에 있어서 새로운 전기를 마련했다고 할 수 있으며 뒤에 이어지는 위진남북조 시기의 우주론에도 많은 영향을 끼쳤다고 할 수 있다.

인성론에 관한 문제는 과거부터 현재에 이르기까지 중국철학의 핵심적인 문제 가운데의 하나였다고 말할 수 있다. 특히 유가의 인성론은 중국 인성론의 전범으로 인식되었는데, 공자와 맹자의 인성에 관한 주장들 가운데 기본적으로 인성이라고 하는 것은 사람이 사람 되는 이유와 금수와 구별되는 것을 의미하는 것으로 인간에게 갖춰져 있는 도덕성이 되는 것이라고 할 수 있다. 순자는 자연적인 본능에서부터 각종의 욕구에 이르기까지 폭넓게 인성에 대하여 언급했다. 이들의 주장은 기본적으로 출발점이 다르기 때문에 인간에 대한 인식과 이해는 각기 상이했던 것이었다. 사상사나 혹은 철학사에서 성선설과 성악설로 구분되어지는 맹자와 순자의 인성론은 많은 사상가들에 의해서 자신들이 주장하는 인성론에 관한 입론의 종지로 받아들여지게 되었으며, 더나가 후세의 학자들의 경우 간단하게 선과 악을 대립시키거나 심지어는 두 사람의 이론을 아예 무시하고 다른 견해를 주장하기도 하는 등의 경향을 보이기도 한다. 이러한 맹자의 성선설과 순자의 성악설이 비록 기본적으로 출발점은 다르지만 이들 둘의 최종적인 목적은 사람들을 성인의 경지에 도달할 수 있도록 만들어 이상적인 인격을 완성케 하는 것에 있었다. 통일된 제국을 형성하고 있었던 새로운 사회 속에서 양한의 지식인들은 인성에 관한 각종 주장과 언급을 모두 교화의 강조에 초점을 맞추고 있었다. 그들은 선진시대 이래로 인성론에 대하여 다양한 학파의 관점을 발전적으로 수용하는 한편 그것에 절충과 조화를 더하기도 했다. 각 학파의 인성론과 관련한 관점을 조화하려고 하는 주요한 의도는 바로 정치적 교화를 위하는 것과 사회의 윤리적 가치질서를 재건하여 견실한 이론적 기초와 숭고한 가치 관념을 제시하는데 있었던 것이라고 할 수 있다.

동한 말기의 정치적 부패는 사회적 풍속에 매우 심각한 영향을 미치게 되어 동한 사회는 급격하게 문란한 상황으로 치닫게 된다. 이와 같은 동한 왕조의 위기 상황은 당시의 유학자들에게 그들이 처한 현실사회에 대한 도덕적 비판을 주요한 과제로 삼는 학풍을 형성케 한다. 아울러 황제의 권위는 이미 유명무실 하게 되고 환관세력의 득세는 당시의 유학자들에게 높은 도덕성과 깊은 학문적 소양이 자신들의 이상을 펼칠 수 있는 여건을 마련해주지 않는다고 하는 사실을 일깨워준다. 즉 군자의 길과 정치권력은 일치할 수 없다고 하는 사실을 자각한 당시의 유학자들은 자신들의 이상에 대한 새로운 반성적 사고를 통하여 당면한 현실사회에 적응하게 되었던 것이다. 그들은 개인의 도덕 수양에 몰두하는 추세를 보이며 상대적으로 정치무대에 등용 되고자 하는 경향에서 탈피하는 추세를 보이기 시작한다. 즉 유학자들은 더 이상 대외적인 명예나 권력에 대한 집착에 관심을 기울지 않고 자신의 도덕적 성취에 몰두하는 모습을 보였던 것이다. 그렇기 때문에 민간의 유학사상이 유행하게 되는 반면 서한시기 동중서가 제창한 천인감응설을 기본적인 사상체계로 삼았던 관방 유학사상은 쇠락의 길을 걷게 된다. 아울러 당시의 경학은 이미 지리멸렬하고 번잡한 자구 해석에만 매몰되어 있는 전혀 생기가 없는 죽은 학문이 되어서 그 효용성을 상실한 상태로 전락하게 된다. 이러한 시기에 활약했던 민간 유학사상가들 가운데 조기나 순열 및 중장통과 같은 사람들이 대표적인 인물이라고 할 수 있다.

선진유학이 송명리학으로 발전해나가는 과정을 이해하는데 있어서 연결 고리의 역할을 하고 있는 것이 양한시기의 유학이라고 할 수 있는데, 그동안 이 분야에 대한 연구가 소홀했던 것은 다양한 요인 때문이었을 것이라고 생각한다. 이제 국내에서도 양한시기의 유학에 대한 연구가 좀 더 활발하게 진행될 수 있기를 기대하면서 자그마한 저작을 내놓게 됨을 기쁘게 생각한다.

본서는 동한시기 유학의 사상가들에 대하여 환담, 왕충, 왕부, 조기, 순열, 중장통의 유학사상 등을 중심으로 체계적으로 분석 정리한 글이라고 할 수 있다.

먼저 제1장은 동한시기의 경학사상에 대하여 동한 이전의 경학 현황에 대한 분석과 동한시기 및 위진시기 경학에 대하여 『맹자』 주석서를 중심으로 살펴보았다. 이 글은 원래 졸저 『맹자의 철학사상』(2012년)에 게재했던 문장을 수정과 보완작업을 거쳐 수록한 것이다.

제2장은 환담의 유학사상에 대하여 형신문제의 기반으로서 천도관과 생사관 및 형신관을 중심으로 한 형신론에 대한 고찰과 천체자연론과

합리적인 사고방식을 중심으로 한 천도론에 대한 서술 및 양생론의 관점에서 형신관계를 분석하고 초와 촛불의 비유로 논증한 신멸론 및 형신논증의 특징을 분석한 한 신멸론을 중심으로 논의를 진행하였다. 이 글은 원래 『동양철학연구』 제94집(2018년), 『퇴계학논총』 제30집(2017년), 『유학연구』 제45집(2018년)에 게재했던 문장들을 수정과 보완작업을 거쳐 수록한 것이다.

제3장은 왕충의 유학사상에 대하여 천인감응론의 비판과 천인감응론의 비판을 통한 인간존재의 의미를 분석한 천인관계론에 대한 고찰과 선대 학자들의 이론 비판과 인성의 선악문제와 사회적 윤리교화 문제를 논의한 인성론에 대한 조명 그리고 인간은 죽어서 귀신이 되지 않는다고 하는 것과 인간이 죽으면 지각 능력이 없다고 하는 것 및 죽은 사람은 살아 있는 인간을 해칠 수 없다고 하는 점에 대하여 분석한 생사관에 대한 서술을 하였으며, 또한 천은 물질실체로 기가 아니라는 것과, 천도무위자연론을 중심으로 한 천도론 그리고 왕충이 성명론을 제기한 배경과 사회적 현상의 비판을 통한 성과 명의 구분 및 성명론의 확대를 중심으로 성명론에 대하여 살펴보았다. 이 글은 원래 『한국철학논집』 제37집(2013년), 『동서철학연구』 제82집(2016년), 『중국학논총』 제59집(2018년), 『중국학논총』 제21집(2006년), 『한중인문학연구』 제40집(2013년)에 게재했던 문장들을 수정과 보완작업을 거쳐 수록한 것이다.

제4장은 왕부의 유학사상에 대하여 자연현상인 천과 감응의 의미인 천 그리고 천과 인간의 관계를 분석한 천인관계론에 대하여 조명을 했으며, 인성론의 근원으로서 기에 대한 분석과 선천적으로 부여받은 성과 후천적으로 형성된 성의 문제에 관한 내용을 기술한 인성론을 살펴보았으며, 동한 사회의 경제적 문제 발생원인 분석과 본말本末문제의 정립을 통한 경제문제 해결을 중심으로 경제론에 대한 논의를 진행하였다. 이 글은 원래 『한국철학논집』 제57집(2018년), 『중국학논총』 제55집(2017년),

『동서철학연구』 제91집(2017년)에 게재했던 문장들을 수정과 보완작업을 거쳐 수록한 것이다.

제5장은 조기의 유학사상에 대하여 조기의 생애와 천에 대한 분석 및 성선설에 대한 조명을 중심으로 살펴보았다. 이 글은 원래 『중국학논총』 제58집(2018년)에 게재했던 문장을 수정과 보완작업을 거쳐 수록한 것이다.

제6장은 순열의 유학사상에 대하여 순열의 생애와 천과 도에 대한 분석 및 성선악설에 대한 조명을 중심으로 살펴보았다. 이 글은 원래 『중국학논총』 제57집(2018년)에 게재했던 문장을 수정과 보완작업을 거쳐 수록한 것이다.

제7장은 중장통의 유학사상에 대하여 사상적 연원과 천인관계론을 분석한 천인관계론에 대하여 조명을 했으며, 외척과 환관의 폐해 청산과 승상제도의 도입 및 봉건제도의 철폐 그리고 현명하고 유능한 인재의 등용을 중심으로 기술한 정치론을 살펴보았다. 이 글은 원래 『유학연구』 제40집(2017년), 『동서철학연구』 제90집(2018년)에 게재했던 문장들을 수정과 보완작업을 거쳐 수록한 것이다.

필자는 청소년 시절에 다양한 동서양의 고전을 읽을 수 있었던 것을 매우 다행스럽게 생각한다. 특히 당시에 읽었던 중국 고전은 필자가 이후 중국에 유학의 장도에 오르게 되는 중요한 요인으로 자리매김 하게 된다.

대학 졸업 후 타이완으로 유학을 떠나게 되며, 그 후 강산이 한 차례 바뀔 세월동안 타이완 중국문화대학 대학원에서 석사과정을 마친 후 중국의 북경대학 대학원에서 박사과정을 졸업했다. 유학 기간 동안 소중한 가르침을 전해주신 타이완과 북경의 은사님들에 대하여 늘 감사한 마음 잊지 않고 있다. 또한 타이완과 북경에서 함께 공부하며 학문과 인생에 대하여 많은 가르침을 주시고 늘 아낌없는 조언을 주시는 목원대학의 도중만 교수님 충남대학의 박영종 교수님 두 선배님께 항상 감사하는 마음을 올린다. 그리고 유학을 마치고 귀국한 후학에게 대학 강단에 설 수 있는 기회를 마련해주시고, 학계로 이끌어 주셨으며 부족한 필자에게 가르침을 내려주시는 은사님과 같은 남서울대학의 권용옥 교수님께 늘 감사와 존경의 뜻을 올린다. 이러한 분들의 소중한 가르침과 질책이 있었기 때문에 후학이 이와 같은 저서를 집필할 수 있었다고 생각한다.

지난 이십 오년 동안 필자를 한결같이 성원해주었으며, 힘들거나 어려울 때를 막론하고 항상 곁에서 함께 해준 아내에게 감사한 마음과 미안함을 함께 전한다. 그리고 부족한 사위를 항상 신뢰해주시고 늘 따뜻한 격려를 아끼지 않으신 장인·장모님께 깊은 감사의 뜻을 올리며 두 분께서 항상 건강하시길 염원합니다. 또한 내가 사랑하는 모든 분들이 항상 건강하고 행복하길 기원하는 마음으로 이 조그마한 책을 바친다.

2018년 겨울

남녘땅 屯德齋에서
조원일

목차

제1장

동한시기의 경학사상

1. 시작하는 말

유학은 진시황제의 탄압으로 침체를 면치 못하다가 한나라가 건국된 이후부터 매우 빠른 발전을 하게 된다. 이러한 원인 가운데의 하나가 바로 한나라 건국 이후 진나라 멸망의 근본원인을 진시황제가 법가의 사상을 숭상하고 유가의 사상을 탄압한 것에 있다고 보는 역사적 교훈의 자각 때문이었다. 또 다른 원인으로는 유학의 내적인 요인에 기인하는 것으로, 그것은 곧 "군신 부자지간에 지켜야할 예를 바르게 제정하고, 부부 장유 사이의 구별을 정한 것은 비록 백가라고 할지라도 바꿀 수 없는 것이다."[1]라고 하는 기능이었다.

선진시기의 유학은 윤리도덕이 중심이 되는 관념론적 성격이 매우 짙어서 시종일관 통치의 이데올로기로서 자리 매김을 하지 못했다. 그러나 한나라 초기의 유학자들에 의해 특히 동중서에 의해서 유학은 최종적으로 백가쟁명 속에서 독존의 학문으로 자리 매김을 하게 된다. 이로부터 민간의 학설에서 정권의 이데올로기로 그 지위가 상승하게 된다.

한나라 초기의 통치자들은 황노사상黃老思想을 통치사상으로 사용하

1 『史記』, 「太史公自序」, "若夫列君臣父子之禮, 序夫婦長幼之別, 雖百家弗能易也."

기는 했지만, 이러한 이유 때문에 유학을 억압하지는 않았다. 한나라 초기의 유학은 견고한 사회적 기반 아래서 도가와 상호 융합과 영향을 주고받는 과정 가운데 자기발전을 이루어 갔다. 당시의 경학은 실제로 이러한 사실을 잘 설명해주고 있다.

2. 동한 이전의 경학

진秦나라 시기에 자행된 분서갱유 정책에 의하여 유가사상은 진나라에서 어떠한 형태의 발전도 이룩하지 못하였기 때문에 맹자학 역시 어떠한 발전도 없었다고 할 수 있다. 한漢나라 시기로 진입한 이후 유가사상은 줄곧 중요한 각색을 연출한다. 서한西漢초기에는 육가陸賈·숙손통叔孫通·가의賈誼 등이 중심이 되어 막 통일의 대업을 완수한 한나라의 정치와 제도를 정비하는데 매우 중요한 역할을 한다. 그렇기 때문에 비록 한대 초기의 정치권에서는 황노학黃老學을 이용하여 전란에 지친 민생의 안정을 도모 하였지만 유학 역시 일정한 역할을 하고 있었다. 문제文帝와 경제景帝의 치세 이후 정치와 사회적 필요에 의하여 유학은 발전의 발판을 확보한다.[2]

서한중기에 이르러 군주는 새로운 통치문제에 직면하게 되며 게다가 외환까지 겹쳐지는 형국이 발생하자 군주는 왕권과 국가를 공고하게 지키고자 한다. 이러한 시대적 분위기 속에서 학술적으로도 '무위無爲' 사상이 아닌 '유위有爲' 사상의 필요성이 적극적으로 대두된다. 그렇기 때문에 서한중기에 무제武帝가 집권한 후 독존유술獨尊儒術의 정책이 시행되기에 이른다. 통치권의 강력한 지지 속에서 서한시기의 유학은 경학이 중심이 되고 유가의 여타 분야는 그 다음 순으로 밀려나게 된다.

2 金谷治, 조성을 역, 『중국사상사』, 서울, 이론과 실천, 1994년, 123~124쪽 참조.

> 제자 십가十家 가운데 볼만한 것은 구가九家일 뿐이다. 모두 왕도王道가 쇠미해지고 제후들이 힘의 정치를 하고, 당시의 군주가 좋아하거나 싫어하는 방향을 달리함에서 구가九家의 학술이 벌떼처럼 나와서 함께 일어났다. 각각 한 단면을 끌어와 그들이 잘하는 것을 숭상했다. 이것을 가지고 유세하여 제후에게 영합하였다. 말하는 것이 비록 다르지만 비유하면 물과 불이 서로 없애기도 하고 생기게도 하는 것과 같다. 인仁과 의義, 경敬과 화和가 서로 상반되지만 모두 서로를 이루게 해준다. 『역경易經』에 이르기를 "천하가 같은 곳으로 돌아가지만 (가는) 길은 다르고 (궁극의) 하나에 이르지만 생각은 백가지로 다르다."라고 했다. 지금 서로 학파를 달리하는 사람들이 각각 뛰어난 것을 확장하여 지혜와 생각을 다하여 그 요지를 밝혔다. 비록 모르고 취약한 부분이 있지만 그 귀결점을 합하여 보면 또한 육경六經의 갈래와 끝은 된다.[3]

반고는 제자諸子의 학술이 "육경의 갈래와 끝은 된다."라고 여기고, 또한 제자의 학술이 말하는 것이 비록 다르기는 하지만 그것들의 요지는 결국은 육경六經으로 귀결된다고 생각했다. 반고의 이러한 생각은 경학이 근본이 되고 제자학諸子學은 경학의 보조에 불과하다는 것을 단적으로 설명하고 있다. 『맹자孟子』는 진나라 시기의 분서갱유의 화마를 피해 완전하게 보존되어 전해지고 있기는 하였지만 서한시기 유학자들의 관심의 초점이 되지는 못하고 있는 실정이었다. 문제文帝 시기에 일찍이 『맹자』에 박사를 두었는데, 이러한 사실은 조기趙岐의 「맹자제사孟子題辭」에 "효문 황제는 학문을 광범위하게 넓히고자 『논어論語』, 『효경孝經』,

---

3 『漢書』, 「藝文志」, "諸子十家, 其可觀者九家而已. 皆起於王道既微, 諸侯力政, 時君世主, 好惡殊方, 是以九家之術出並作, 各引一端, 崇其所善, 以此馳說, 取合諸侯. 其言雖殊, 辟猶水火, 相滅亦相生也. 仁之與義, 敬之與和, 相反而皆相成也. 易曰: '天下同歸而殊塗, 一致而百慮.' 今異家者各推所長, 窮知究慮, 以明其指, 雖有蔽短, 合其要歸, 亦六經之支與流裔."

『맹자孟子』, 『이아爾雅』 등에 박사를 두었다."라고 한 언급 속에 잘 나타나 있다. 유흠劉歆은 「이서양태상박사移書讓太常博士」에서 "효문 황제가 정권을 장악하기 시작하자 조조晁錯를 보내 복생伏生에게 『상서尚書』를 배워오게 했다.……박사를 두었다."[4]라고 언급하고 있는데, 이러한 조기와 유흠의 언급은 한나라 문제시기에 이미 유가의 제자학설이 중요하게 취급받고 있었음을 설명하는 것이다.

무제시기에 이르러서 진나라의 분서焚書 이후 많은 서적과 전적들이 산실된 것을 통감하는 한편 조정에서는 관방에 소장하고 있었던 장서들 가운데 대다수가 궐본인 것을 파악하고 장서정책을 선포하여 민간에 소장되어 있던 산실된 서적들을 수집한다.

> 진秦에 이르자 이를 염려하여 서적을 태워 없애고, 그렇게 함으로써 백성들을 우매하게 하고자 했다. 한나라가 일어나서 진나라의 실패를 고치고자, 서적을 크게 모으고 책을 헌납할 수 있는 길을 널리 열었다. 무제시기에 이르기까지 여전히 백서帛書는 결손 되기도 하고 죽간竹簡은 떨어져나간 것도 있고, 예악이 무너진 상태가 되자 군주는 탄식하며 "나는 이를 매우 안타깝게 생각한다"고 말했다. 이에 장서藏書의 정책을 세우고 사서寫書의 관직을 설치하여, 아래로 제자諸子의 전傳과 설說까지 모두 비부秘府에 채웠다. 성제成帝시기에 이르러서는 서적이 꽤 많이 분산되고 유실되어, 알자謁者 진농陳農으로 하여금 천하에서 전하지 않는 책을 구하게 했다. (그리고) 조서를 내려 광록대부光祿大夫 유향劉向에게 경전經傳 제자서諸子書 시부詩賦 등의 전적을 교간하게 하고, 보병교위步兵校尉 임굉任宏에게 병법서를 교감하게 하고, 시의侍醫 이주국李柱國에게 방기方技에 관한 서적을 교감하게 하였다. 매번 책 한 권의 교감이 끝나면 유향은 그 서적 각 편의 조목을 정리하고, 요점을 간추리고 기록하여

4 蕭統, 『文選』, 北京, 中華書局, 1992년, 662쪽 참조.

상주하였다.[5]

무제는 이처럼 민간에 흩어져 있던 책들을 수집하는데 있어서 그 대상을 제자학諸子學의 서적에까지 확대하여 수집된 제자학의 서적을 비부秘府에 보관시켰다. 이러한 조치의 결과로 제자학의 학술사상은 민간에 전파될 수가 없었다. 동시에 경학을 표준으로 삼아서 모든 학술에 대하여 정리 작업을 진행하여 그것들의 요점을 논하고 오류를 바로잡았다. 이러한 조처들은 비록 서적들을 수집 정리하여 보관한 공적은 있으나, 제자학이 민간에 광범위하게 퍼지는 것을 막았기 때문에 제자학이 발전하는데 장애요인이 되었다고 할 수 있다.[6] 『맹자』는 한대에 제자계열에 분류되었기 때문에 그것의 발전에 이러한 영향을 받을 수밖에 없었다.[7]

서한시기가 끝날 때까지 『맹자』에 주석을 달은 학자는 없었다. 맹자학과 관련 있는 저작은 다만 사마천司馬遷의 『사기史記』「맹자순경열전孟子荀卿列傳」에 보이는 맹자의 생애와 사상에 관한 부분일 뿐이다. 비록 서한시기에 맹자학과 관련된 저작이 많지는 않지만, 그 시기의 유학자들은 『맹자』의 학설을 유학에 있어서 중요한 연구 자료로 취급했다.

5 『漢書』, 「藝文志」, "至秦患之, 乃燔滅文章, 以愚黔首. 漢興, 改秦之敗, 大收篇籍, 廣開獻書之路. 迄孝武世, 書缺簡脫, 禮壞樂崩, 聖上喟然而稱曰: '朕甚閔焉!' 於是建藏書之策, 置寫書之官, 下及諸子傳說, 皆充秘府. 至成帝時, 以書頗散亡, 使謁者陳農求遺書於天下. 詔光祿大夫劉向校經傳諸子詩賦, 步兵校尉任宏校兵書, 太史令尹咸校數術, 侍醫李柱國校方技. 每一書已, 向輒條其篇目, 撮其指意, 錄而奏之."

6 무제시기 이후 제자학은 이미 쇠락해져 가고 있는 실정이었다. 서한 초기는 제자백가의 학문이 매우 활성화 되었었지만, 무제시기 이후는 그렇지 못했다. 그러나 제자학의 후학은 여전히 경학에 대한 반발로서 계속 존재하고는 있었다. 王繼訓, 「淺論漢代諸子學與經學的界限」, 『西北大學學報』, 제33권 제1기, 43쪽 참조.

7 方俊吉, 『孟子學說及其在宋代之振興』, 臺北, 文史哲出版社, 1993년, 113~114쪽 참조.

3. 동한시기의 경학

동한東漢시기에 들어와서 시작된 금문今文경학과 고문古文경학의 대립은 갈수록 치열해져가고 맹자학에 대한 연구는 학자들로부터 비교적 중시를 받는다. 비록 『한서漢書』, 「예문지藝文志」에서는 『맹자』를 「제자략諸子略·유가류儒家類」에 수록하고 있지만, 『논어論語』·『효경孝經』·『이아爾雅』는 「육예략六藝略」 가운데의 「논어류論語類」·「효경류孝經類」에 귀결시킨다. 그래서 『맹자』의 지위는 마치 『논어論語』·『효경孝經』·『이아爾雅』보다 아래에 있는 것처럼 보인다. 그렇지만 동한시기 학자들의 맹자학에 대한 연구는 대폭적으로 진보한다.

동한시기의 『맹자』에 대한 주석은 여섯 종류가 있는데, 양웅揚雄의 『맹자주孟子注』·정증程曾의 『맹자장구孟子章句』·정현鄭玄의 『맹자주孟子注』·고유高誘의 『맹자장구孟子章句』·유희劉熙의 『맹자주孟子注』·조기趙岐의 『맹자장구孟子章句』가 그것이다. 이들 가운데 지금까지 전해져오는 것은 유희의 『맹자주』와 조기의 『맹자장구』뿐으로 그 외의 것들은 모두 유실되었다. 비록 동한시기의 『맹자』에 대한 주석본이 후세에 비하여 적은 수에 불과하지만 서한시기에 비할 때 주목할 만큼 많다고 할 수 있을 것이다.

주석본 이외에 고문경학이 흥기하자 훈고학이 유행하게 되는데, 이때 『맹자』에 기록되어 있는 언급들은 동한 학자들에 의해 광범위하게 논증의 자료로 인용된다. 조기가 「맹자제사」에서 "오늘날 여러 경전들의 의미는 『맹자』를 인용하여 사실을 밝힌다."고 언급한 바에서 알 수 있듯이 동한시기의 학자들은 경전의 의미에 대하여 논의할 때 『맹자』의 내용을 인용하여 논증의 근거로 삼았었다.

『맹자』는 전기류의 서적이었기 때문에 한대의 학자들이 경전에 대하여 주석을 달 때, 그 내용을 많이 인용하여 논증의 근거로 삼았으며, 『맹자』에 기록된 사실들을 인용한 서술을 박학다식한 것으로 여겼다. 동한 시기 『맹자』의 학술적 지위는 더욱 높아지게 되어 그 영향력은 매우 광범위하게 확대되는 추세를 보인다. 아울러 맹자사상의 가치 역시 학자들에 의해 새롭게 인식되어지는데, 양웅揚雄의 "양주나 묵적의 학설을 물리친다."는 언급과 왕충王充의 「자맹刺孟」 편 등이 대표적인 예라고 할 수 있을 것이다.

서한에서 동한시기에 이르는 동안 『맹자』의 지위는 점진적으로 향상되어가는 추세를 보인다. 서한시기의 유학은 정치를 위한 도구적 기능을 담당했기 때문에 경세치용經世致用분야에 치중했었던 반면 심성론心性論분야에는 소홀했었다고 말 할 수 있다. 이러한 학술적 추세 속에서 맹자의 사상은 심성론을 중시하는 사상이었기 때문에 자연히 당시 학자들의 주목을 받지 못했었던 것이다. 경학은 한나라 조정의 장기간에 걸친 지원 속에서 이미 학술계에서는 요지부동의 지위를 점하고 있었으며, 유학의 독존적인 분위기 속에서 학자들의 연구 범위는 경서에서 시작하여 유가의 제자학諸子學에까지 확대된다. 그렇기 때문에 『맹자』는 동한시기 학자들의 연구대상에 포함되었던 것이다.

양한시기의 맹자학의 발전과 경학은 매우 밀접한 관계를 형성하고 있었다고 판단된다. 한대 유학자들은 경전에 대한 해석과 주석 작업을 할 때 맹자의 관점을 인용하곤 했는데, 조기가 「맹자제사孟子題辭」에서 "효문 황제는 학문을 광범위하게 넓히고자 『논어論語』, 『효경孝經』, 『맹자孟子』, 『이아爾雅』 등에 박사를 두었다."라고 언급한 것은 양한시기의 맹자학이 경학에 의탁하여 발전했음을 단적으로 설명하는 것이다.[8] 그렇기 때문에 양한시기 맹자학의 발전은 학술사상에서는 경학의 독존과 제자학의 지속적인 발전에 의한 것이었다고 할 수 있는데, 당시의 제자학

8 吳雁南, 『中國經學史』, 福州, 福建人民出版社, 2001년, 69~70쪽 참조.

의 연구는 경학을 종주로 삼고 모든 이론을 경학의 관점에 맞췄다. 이와 같은 이유로 제자학이 경학이 일세를 풍미했던 양한시기에 발전할 수 있었던 것이다. 『맹자』의 이론은 유가에 뿌리를 두고 있어서 공자孔子의 학문을 계승하여 그 이론체계가 육경六經의 이론체계와 유사하기 때문에 한대 학자들이 경학연구에 있어서 『맹자』의 관점을 다양하게 인용하였던 것이며, 이로 인하여 『맹자』의 학술적 지위가 신장될 수 있었던 것이다.

동한 말기부터 시작된 정치적 혼란과 두 차례에 걸친 당고黨錮의 화禍는 동한의 학술발전에 심각한 타격을 가하여 경학의 발전에도 심각한 영향을 끼친다.[9] 동한 말기의 정치적 혼란과 사회질서의 붕괴는 학술계에 많은 부정적인 영향을 끼쳤는데, 구체적인 예를 들자면 경학의 쇠퇴라는 초유의 현상이 발생한다. 이러한 상황은 위魏나라 문제文帝의 시기에 와서 태학太學의 회복으로 비로소 진정의 기미를 보이기 시작한다. 그러나 이 시기의 태학의 수준은 양한시기에 한참 못 미쳤다고 할 수 있는데, 그 이유는 태학생의 대부분이 병역 기피 수단으로 태학에 입학했기 때문이었으며 박사들의 수준 역시 양한시기에 비해 형편없었다고 할 수 있다. 이러한 상황으로 인하여 위나라의 태학은 그 수준이 저급했으며 따라서 당시의 경학 연구도 수준에 못 미쳐 결국은 쇠퇴의 길을 걸을 수밖에 없었던 것이다.

동한 말기에서 삼국을 거쳐 서진西晉에 이르는 시기의 경학의 집대성자가 나타나는데, 그가 바로 정현鄭玄이다. 피석서皮錫瑞가 "정강성은 폭넓은 학식과 기억력이 뛰어난 인재로 고상한 절개와 탁월한 행실로 유명했다. 저술한 책이 집에 가득했으며 문하생이 매우 많았다. 당시의 모든

9 동한 말기에 발생한 당고의 화는 당시의 학술사상에 매우 심각한 영향을 끼친다. 이와 관련한 자세한 내용은 戶川芳郞의 『儒教史』, 서울, 이론과 실천, 1990년, 120~123쪽에 잘 나타나 있다.

사람들이 그를 우러러 보았으며, 이수와 낙수의 동쪽 회수와 한수의 북쪽에서 정강성은 제일 뛰어난 사람이었다고들 말한다."[10]라고 언급한 것처럼 정현은 당시 사회에 매우 커다란 영향을 주고 있었다. 정현의 영향 속에서 동한 말기에서 삼국시대에 이르는 동안 유학은 새로운 관점을 거의 내놓지 못하고 있었으며, 맹자학에 대한 연구 역시 전혀 새로운 성과를 못 내놓고 있다. 동시에 경학 분야에서 정현학파와 왕숙王肅학파 간의 분쟁이 발생한다. 이러한 두 학파 사이의 분쟁으로 인하여 학자들은 학술적 입장을 견지하기 위하여 정치적으로나 학술적으로 서로 헐뜯고 비방한다. 이러한 과정 속에서 경학의 발전은 정지되었으며, 전문적인 학술의 발전 역시 기대할 수 없었다. 경학이 이와 같은 상황에 처했기 때문에 경학에 의탁해서 발전을 했던 맹자학 역시 어떠한 진보도 없었던 것이었다.

동한 말기에 발생한 사회적 혼란으로 인해서 기존의 예악禮樂질서는 붕괴되는 지경에 이르게 되는데, 그 결과 당시 사람들은 유가의 가르침에 대하여 회의적인 태도를 갖게 된다. 이러한 상황 속에서 경학에 대한 연구는 급속도로 쇠퇴하였으며, 학자들의 학문연구 대상은 더 이상 경학에 국한되지 않았다. 다시 말하면 동한 말기부터 위진魏晉에 이르는 시기에서 유학은 더 이상 사회질서를 유지시켜주지 못하게 되어 사람들은 더 이상 유가사상에 대하여 믿음을 가질 수 없게 된다. 또한 당시의 학자들은 경학에 대한 연구만으로는 더 이상 혼란에 빠진 세상을 바로잡을 수 없다는 사실을 통감한다. 그래서 적극적으로 세상사에 참여하고자 했던 사람들은 법가法家나 종횡가縱橫家의 학술을 추종했으며, 소극적으로 개인의 안신입명安身立命을 추구했던 사람들은 노장老莊사상과 현학玄學의 가르침을 추종했다. 당시의 지식인들은 유가사상에 대

10 皮錫瑞, 『經學歷史』, 上海, 商務印書館, 1931년, 134쪽 참조.

한 흥미를 상실하였으며, 또한 그들이 고민하던 문제도 사회질서의 회복 같은 것보다는 생명의 온전한 보전에 관한 것들에 초점이 맞춰져있었다. 이러한 시기의 경학은 자연히 쇠퇴의 길을 걸을 수밖에 없었으며, 새롭게 흥기한 현학이 경학에 영향을 끼쳐서 경학의 현학화玄學化 현상이 발생하게 된다.[11]

한대의 경학은 주로 천인관계天人關係의 문제에 대하여 중시하는 경향을 보였는데, 현학 역시 본체론本體論적 관점에서 천인관계의 문제에 대하여 논의를 집중하는 경향을 보인다.[12] 그러므로 경학에서 현학으로 무게 중심이 이동해가는 추세 속에서도 연구 주제에는 변화가 없었다고 할 수 있으며, 변한 것은 단지 연구시각과 연구방법론일 뿐이었다. 즉 현학은 도가道家의 이론과 연구방법론을 사용하여 천인관계 문제를 규명했다.[13]

경학의 현학화 이외에도 위진시기 경학의 발전은 점진적으로 불교화佛教化 되어가는 경향도 보인다. 동진東晉시기에는 많은 학자들이 불교에 대하여 연구를 진행하는데, 그들은 불교의 이론을 경학을 통해 보충하고자 했다. 남조南朝시기에 들어서자 불교는 통치자의 강력한 지지 속에서 공전의 발전과 번영을 구가하게 되며, 학풍 역시 다양한 이론들을 접목하는데 경학이 그 중심에 있었다. 이와 같은 이유로 경학은 불교화된다.

위진남북조 시기는 유학과 현학 및 불교가 정립되어 있는 형태를 보이고 있었는데, 경학의 연구는 남조의 삼례三禮에 대한 연구가 불교의 영향을 받은 것 외에도 경전에 대한 주석의 내용은 동한시기보다 더욱 정밀한 형태를 보이고 있었지만, 연구 내용과 범위는 동한시기의 그것을

11 吳雁南, 『中國經學史』, 福州, 福建人民出版社, 2001년, 143쪽 참조.

12 王克奇, 「從漢代經學到魏晉玄學」, 『東岳論叢』, 第22卷 第5期, 83쪽 참조.

13 吳雁南, 『中國經學史』, 福州, 福建人民出版社, 2001년, 143쪽 참조.

벗어나지 못했다.[14] 당시의 학술사상의 추세는 유학은 규모가 축소되고 있는 상황을 보이고 있는 반면, 현학과 불교의 사상은 매우 흥성하고 있는 경향을 보이고 있었다. 이러한 학술사상의 추세는 위진남북조 시기의 학자들로 하여금 더 이상 유학의 육경六經에만 전념할 수 없게 만들었다. 그렇기 때문에 유학은 그 발전의 여지가 없었다고 할 수 있으며, 이에 따라 맹자학의 발전 역시 제지당하는 형국을 맞이하게 된다.[15]

위진남북조 시기의 『맹자』주석서는 진나라의 기무수綦毋邃의 『맹자주孟子注』가 있다. 기무수의 『맹자주』는 『수서隋書·경적지經籍志』와 『당서唐書·예문지藝文志』에 수록되어 있으며, 『수서』에는 총9권으로 구성되어 있다고 기록되어져 있다. 기무수의 『맹자주』는 아쉽게도 이미 유실되어 현재에는 전해지지 않고 있다.

4. 맺는 말

이상과 같이 동한시기의 경학사상에 대하여 맹자학을 중심으로 서한시기의 경학을 살펴본 후에 동한시기의 경학사상에 대하여 살펴보았는데, 정리하면 다음과 같다.

서한西漢초기에는 육가陸賈·숙손통叔孫通·가의賈誼 등이 중심이 되어 막 통일의 대업을 완수한 한나라의 정치와 제도를 정비하는데 매우 중요한 역할을 한다. 그렇기 때문에 비록 한대 초기의 정치권에서는 황노학黃老學을 이용하여 전란에 지친 민생의 안정을 도모 하였지만 유학 역시 일정한 역할을 하고 있었다. 문제文帝와 경제景帝의 치세 이후 정치와 사회적 필요에 의하여 유학은 발전의 발판을 확보한다.

---

14 董洪利, 『孟子研究』, 南京, 江蘇古籍出版社, 1997년, 176~177쪽 참조.

15 方俊吉, 『孟子學說及其在宋代之振興』, 臺北, 文史哲出版社, 1993년, 123~124쪽 참조.

서한중기에 이르러 군주는 새로운 통치문제에 직면하게 되며 게다가 외환까지 겹쳐지는 형국이 발생하자 군주는 왕권과 국가를 공고하게 지키고자 한다. 이러한 시대적 분위기 속에서 학술적으로도 '무위無爲' 사상이 아닌 '유위有爲' 사상의 필요성이 적극적으로 대두된다. 그렇기 때문에 서한중기에 무제武帝가 집권한 후 독존유술獨尊儒術의 정책이 시행되기에 이른다. 통치권의 강력한 지지 속에서 서한시기의 유학은 경학이 중심이 되고 유가의 여타 분야는 그 다음 순으로 밀려나게 된다. 또한 무제시기에 이르러서 진나라의 분서焚書 이후 많은 서적과 전적들이 산실된 것을 통감하는 한편 조정에서는 관방에 소장하고 있었던 장서들 가운데 대다수가 궐본인 것을 파악하고 장서정책을 선포하여 민간에 소장되어 있던 산실된 서적들을 수집한다. 이러한 조처들은 비록 서적들을 수집 정리하여 보관한 공적은 있으나, 제자학이 민간에 광범위하게 퍼지는 것을 막았기 때문에 제자학이 발전하는데 장애요인이 되었다고 할 수 있다. 또한 『맹자』는 한대에 제자계열에 분류되었기 때문에 그것의 발전에 이러한 영향을 받을 수밖에 없었다. 그렇기 때문에 서한시기가 끝날 때까지 『맹자』에 주석을 달은 학자는 없었다. 맹자학과 관련 있는 저작은 다만 사마천司馬遷의 『사기史記』, 「맹자순경열전孟子荀卿列傳」에 보이는 맹자의 생애와 사상에 관한 부분일 뿐이다.

동한東漢시기에 들어와서 시작된 금문今文경학과 고문古文경학의 대립은 갈수록 치열해져가고 맹자학에 대한 연구는 학자들로부터 비교적 중시를 받는다. 비록 『한서漢書』, 「예문지藝文志」에서는 『맹자』를 「제자략諸子略·유가류儒家類」에 수록하고 있지만, 『논어論語』·『효경孝經』·『이아爾雅』는 「육예략六藝略」 가운데의 「논어류論語類」·「효경류孝經類」에 귀결시킨다. 그래서 『맹자』의 지위는 마치 『논어論語』·『효경孝經』·『이아爾雅』보다 아래에 있는 것처럼 보인다. 그렇지만 동한시기 학자들의 맹자학에 대한 연구는 대폭적으로 진보한다.

동한시기의 『맹자』에 대한 주석은 여섯 종류가 있는데, 양웅揚雄의 『맹자주孟子注』·정증程曾의 『맹자장구孟子章句』·정현鄭玄의 『맹자주孟子注』·고유高誘의 『맹자장구孟子章句』·유희劉熙의 『맹자주孟子注』·조기趙岐의 『맹자장구孟子章句』가 그것이다. 이들 가운데 지금까지 전해져오는 것은 유희의 『맹자주』와 조기의 『맹자장구』 뿐으로 그 외의 것들은 모두 유실되었다. 비록 동한시기의 『맹자』에 대한 주석본이 후세에 비하여 적은 수에 불과하지만 서한시기에 비할 때 주목할 만큼 많다고 할 수 있을 것이다. 아울러 주석본 이외에 고문경학이 흥기하자 훈고학이 유행하게 되는데, 이때 『맹자』에 기록되어 있는 언급들은 동한 학자들에 의해 광범위하게 논증의 자료로 인용된다.

동한 말기부터 시작된 정치적 혼란과 두 차례에 걸친 당고黨錮의 화禍는 동한의 학술발전에 심각한 타격을 가하여 경학의 발전에도 심각한 영향을 끼친다. 동한 말기의 정치적 혼란과 사회질서의 붕괴는 학술계에 많은 부정적인 영향을 끼쳤는데, 구체적인 예를 들자면 경학의 쇠퇴라는 초유의 현상이 발생한다. 이러한 상황은 위魏나라 문제文帝의 시기에 와서 태학太學의 회복으로 비로소 진정의 기미를 보이기 시작한다. 그러나 이 시기의 태학의 수준은 양한시기에 한참 못 미쳤다고 할 수 있는데, 그 이유는 태학생의 대부분이 병역 기피 수단으로 태학에 입학했기 때문이었으며 박사들의 수준 역시 양한시기에 비해 형편없었다고 할 수 있다. 이러한 상황으로 인하여 위나라의 태학은 그 수준이 저급했으며 따라서 당시의 경학 연구도 수준에 못 미쳐 결국은 쇠퇴의 길을 걸을 수밖에 없었던 것이다.

참고문헌

1. 司馬遷,『史記』, 北京, 中華書局, 1982년.
2. 班固,『漢書』, 北京, 中華書局, 1990년.
3. 劉寶楠,『論語正義』,『續皇淸經解』 本影印.
3. 王先謙,『荀子集解』, 北京, 中華書局, 1992년.
4. 王先愼,『韓非子集解』, 北京, 中華書局, 1998년.
5. 王利器,『新語』, 北京, 中華書局, 1996년.
6. 董治安,『先秦文獻與先秦文學』, 濟南, 齊魯書社, 1994년.
7. 呂思勉,『秦漢史』, 上海, 上海古籍出版社, 1983년.
8. 李澤厚,『中國古代思想史論』, 北京, 人民出版社, 1986년.
9. 楊聯陞 主編,『國史釋論』, 臺北, 食貨出版社, 1988년.

제2장

환담의 유학사상

제1절 형신사상

1. 시작하는 말

중국철학 속에서 인간 존재는 일관되게 철학자들이 관심과 주의를 기울였던 범주에 속하는 문제라고 할 수 있을 것이다. 그리고 인간의 삶과 죽음에 관한 문제는 그들의 인생철학 가운데 매우 중요한 부분의 하나를 차지하고 있었을 것이라고 생각한다. 중국 고대 형신形神[1]사상의 발전사적 맥락에서 보았을 때 사상가들의 생사의 문제와 형신의 문제에 대한 논의는 시대적 상황과 주류 사상의 차이로 인해서 언급 되어진 내용과 범위에 적지 않은 차이가 존재하고 있다고 볼 수 있다. 선진시기의 유가·도가·묵가·법가 모두는 일찍이 삶과 죽음의 문제에 대하여 정도의 차이는 있지만 각자의 견해를 피력했다. 그들의 견해 가운데 공통점은 생명의 가치에 대한 긍정과 인생의 의미를 중시했다고 하는 것이다. 반면 상이한 점은 그들이 인간의 죽음의 문제에 대하여 어떤 태도를 취하였는가 하는 것으로, 그들은 제각기 서로 다른 견해를 가지고 있었다. 즉 그들은

1 形은 육체에 해당되고, 神은 정신에 해당된다고 할 수 있다.

죽음의 문제에 대하여 도덕적 관점으로 접근하기도 했고, 혹은 공리주의적 관점으로 접근하기도 했으며, 자연주의적 관점에서 접근하기도 했던 것이다.[2] 이와 같이 선진시기의 제자백가가 관심을 갖고 논의했던 문제는 바로 인생 전체에 관한 문제였던 것이라고 할 수 있다.

그렇기 때문에 선진시기에 있어서 도가의 무위자연無爲自然이나 유가의 적극적인 유위有爲를 막론하고, 그들이 논의의 중심과제로 삼았던 것은 바로 사람의 문제였던 것이었다고 할 수 있다. 또한 그들은 사람의 문제를 정치 사회적 범주 안에 놓고 현생과 관련한 문제에 관심의 초점을 기울인 반면 형이상학적인 현실 배후의 문제에 대해서는 지극히 냉담한 태도로 일관했던 것이다. 이처럼 유가사상이나 도가사상 모두가 주안점을 두고 추구했던 문제는 바로 현생의 안전한 삶을 영위하는 것에 있었던 것이다. 또한 유가나 도가사상은 우리들에게 어떠한 태도로 죽음을 맞이해야 한다고 하는 점은 밝히고 있지만, 죽음의 본질적인 문제에 대해서 심도 있는 논의는 하지 않았다고 할 수 있다. 그렇기 때문에 그들은 형신문제에 관해서도 별다른 주의를 기울지 않았던 것이다.[3]

진한秦漢시대에 이르러 형신사상에서 다뤄진 문제는 이전 시기와는 전혀 다른 양상을 보여주고 있었다. 그 주된 이유는 바로 선진시기의 유가와 도가에서 중심과제로 삼았던 안전한 삶을 영위하는 태도로서는, 한대漢代 사람들의 삶과 죽음의 문제에 대한 호기심을 충족시켜주질 못했으며 또한 그들이 죽음에 대해 갖고 있는 공포감을 해소시켜주지 못했던 것에 있다. 그렇기 때문에 당시의 통치자나 일반 백성들은 죽음의 문제에 대하여 매우 곤혹스러워 하고 당황해 했던 것이다.[4] 한대漢代 사람들은 죽음의 문제에 대하여 당황해 했기 때문에 공포감이 조성되어 결국에

2 袁信愛, 「荀子的生死觀及其禮義之學」, 『哲學年刊』, 第十期, 1994년, 161쪽 참조.
3 蘭華俐, 「中國哲學的形神問題之硏究」, 『屛東師範大學學報』, 第3期, 1997년, 78쪽 참조.
4 蘭華俐, 「中國哲學的形神問題之硏究」, 『屛東師範大學學報』, 第3期, 1997년, 81쪽 참조.

는 죽음의 문제에 대해 직시하지 못하고 현재의 삶을 영원히 지속시켜 나가기를 염원했던 것이다. 그러한 이유 때문에 그들은 사람이 현세의 삶의 속박에서 벗어나게 되고 영원히 죽지 않는 불로장생의 삶을 추구하였던 것이다. 그 결과 전통유가의 문화 정신과 가치 관념은 점진적으로 변질되어 종교적인 미신을 추구하는 기풍을 형성하게 된다.[5] 이와 같이 새롭게 수립된 가치체계는 각종 미신적인 성분이 적지 않게 포진되어 있었지만, 그것의 이론적 기초는 상당히 부실했었다고 할 수 있다. 그러나 이러한 가치체계는 당시 사람들의 욕망과 요구에 부합하는 것이었기 때문에 자주 상당히 커다란 영향력을 발휘할 수 있었던 것이다. 이러한 것이 바로 양한시기에 사람들이 불로장생 및 죽음 이후에도 지각이 있다고 하는 것을 믿어 신선사상과 같은 미신이 특별히 성행하게 된 사회적 분위기를 조성하게 된 이유 가운데의 하나인 것이다.

다른 한편으로 한대漢代에 유행한 이러한 현상에 대하여 양웅과 같은 학자는 "삶이 있으면 반드시 죽음이 있다."라고 하는 언급을 제기하며 삶과 죽음은 자연의 순리라고 주장하기도 했다. 그는 이러한 관념을 바탕으로 신선사상이나 삶과 죽음은 운명에 의해서 결정되는 것이라고 하는 전통적인 가치관에 대하여 반박을 한다. 그리고 형신문제에 있어서 환담의 "초와 촛불의 비유"나 왕충의 육체 없이 홀로 존재하는 정신은 없다고 하는 명제 등은 정신은 육체에 의지하는 것이라고 하는 것과 육체가 죽으면 정신도 소멸된다고 하는 도리를 논증했다. 그들은 이러한 논증을 통하여 이론적인 측면에서 사람이 죽은 후에도 귀신이나 영혼으로 존재한다고 하는 종교적인 미신의 이론적 전제를 궤멸시켰다.

이와 같이 양한시기에 있어서 삶과 죽음의 문제와 형신문제에 대한 논의는 이미 매우 심층적인 단계에까지 진입했다고 볼 수 있는데, 내용

5 李震, 「無神主義與當代中國思想的取向」, 『哲學與文化月刊』, 第十三卷, 第十一期, 1987년, 736쪽 참조.

적인 측면에서 볼 때 이는 생명의 본질적인 것과 의미에 관한 문제에 대한 논의에 그치는 것이 아니라 인간의 구체적인 육체와 추상적인 정신 사이의 대립과 통일의 오묘한 관계에 대한 논의까지 아우르는 것이라고 할 수 있을 것이다.

양한시기의 형신문제에 있어서 그 이론적 토대를 구축했다고 할 수 있을 정도로 중요한 역할을 했던 환담의 형신문제에 대하여 본문에서는 형신문제의 기반으로서 천도관과 생사관 및 형신관을 중심으로 논의를 진행해보도록 하겠다.

2. 천도관념

서한 무제武帝시기에 동중서는 천天에 의지가 있으며 인간과 하늘은 서로 감응을 한다고 하는 주장을 통하여 천인합일天人合一 이론체계를 수립했다. 동중서는 천을 최고의 주재자로 상정하고 이러한 천이 자연계와 인간세상의 모든 것을 지배하고 안배하는 것이라고 주장했다.[6] 아울러 동중서는 천의 권위와 천과 인간이 서로 소통한다고 하는 것을 논증하기 위해서 인간을 천의 복제라고 주장하였으며 또한 음양오행사상을 차용하여 천인감응설과 견고譴告설을 수립하여 모든 특이한 자연현상을 하늘의 의지라고 견강부회했다.[7] 동중서의 천인감응설과 천인합일 사상의 영향 속에서 서한 말기에서 동한 초기에 이르는 시기에 일부 방사方士들이 유가의 이름에 가탁하여 유가 경전의 가르침을 왜곡하고 견강부회하는 상황이 발생하게 된다. 그리하여 유가 전통의 천도관념은 이미 형이상학적 실체로서의 의미를 상실하고 온전히 인격신의 의미를 가진 천의 의미로 전락되고 만다.

---

6 楊憲邦, 『中國哲學通史』 第二卷, 北京, 中國人民大學出版社, 1988년, 94~95쪽 참조.
7 楊憲邦, 『中國哲學通史』 第二卷, 北京, 中國人民大學出版社, 1988년, 96~97쪽 참조.

서복관徐復觀의 경우 "공자, 자사, 맹자는 도덕주체의 체험 속에서 도덕주체가 인간의 생명 속에 내재 되어 있는 성이나 심으로 체현되어 나오는 것이지, 천에 있는 것이 아니다. 그들은 실제로 천으로부터 벗어났다고 할 수 있으나, 도덕정신의 무한성과 도덕정신 가운데의 감정 위에서 여전히 의식하지 못하는 사이에 하늘이 인간에 대한 것이 허위임을 견지하고 있었다. 순자는 인식론적인 입장에서 천의 자연법칙성과 효용성을 인정했다. 그러나 천의 법칙성과 인간은 서로 간여하지 않는 것이라서 간단명료하게 '오직 성인만이 하늘의 법칙을 인식하려고 추구하지 않는다.'라고 주장했던 것이다. 이러한 천인분리 관념은 비록 다르다고 할 수 있지만, 고대 유가의 천에 대한 관계문제에 있어서 실제로는 공통적으로 가지고 있었던 커다란 조류였다고 말할 수 있다. 이러한 커다란 조류는 『예기』의 여러 편들 속에서 사람과 귀신의 관계 및 제사의 의미에 대하여 분명하게 언급되어져 있다. 즉 거기에는 모두가 살아 있는 사람이 귀신을 대하는 태도와 제사를 받는 자들의 정신과 감정의 관계와 의미에 관한 것들이 명확하게 드러나 있다. 그래서 진나라가 천하를 통일할 무렵 혹은 천하를 통일한 이후에 출현한 『대학』에는 더 이상 천이나 천명에 관한 문제가 거론되지 않고, 인간의 도덕주체로서의 마음을 사회적인 측면에서 천하나 국가로 확대해서 전개시켰던 것이다."[8]라고 언급하고 있다. 이와 같이 볼 수 있듯이 선진유가의 천도관념은 천이 인간에 대하여 허위이며 인간세상의 도덕가치 체계와 연결되어 둘 사이는 상호 관련이 있다고 하는 것을 여전히 가지고 있다고 할 수 있다. 반면 양한시기의 천일합일 사상은 단층적인 의미로 인생의 의미를 정립하지는 않았다고 말할 수 있을 것이다.

그렇기 때문에 환담은 이러한 인식을 기반으로 하여 당시 사람들이

8 徐復觀, 『兩漢思想史』, 卷二, 臺北, 學生書局, 1989년, 76~77쪽 참조.

숭상하였던 참위사상의 미신적인 성향 및 천인감응天人感應 사상에 대하여 확연하게 반대의 입장을 표방한다. 즉 환담은 순자의 자연적인 천도관념 사상을 계승하여 천의 의지나 인격신적인 부분에 대해서는 언급을 하지 않고 천도의 자연적 성질을 부각하여 언급했던 것이다. 이처럼 환담은 천을 객관적으로 존재하는 자연현상으로 보아서 인간이 경험해야 할 대상으로 취급했던 것이다. 이와 같이 환담은 자연주의적인 사상과 경험적 사실을 논증의 근거로 하여 미신을 반대하는 이론적 토대를 삼았던 것이다. 순자의 자연적인 천도관념 사상이 주장하는 것은 사람과 천지가 같이 자연의 순환원리를 원칙으로 삼아서 인간의 삶 역시 자연의 운행법칙에 따라서 발전시켜 나가야한다고 하는 것이었다. 환담은 『신론新論』에서 비록 순자와 마찬가지로 자연적 의미의 천에 대하여 구체적인 언급을 하지는 않았지만, 그가 주장한 천의 자연적 속성 및 천과 인간은 구분이 있다고 하는 것 그리고 인문적인 것을 더욱 중시한다고 하는 견해는 매우 선명하게 드러나 있다고 할 수 있다. 『신론新論』에 "내가 유자준劉子駿과 양생의 무익함에 관하여 대화를 했는데, 그의 종친 백옥이 '하늘이 사람을 죽이는 약을 만들었으면 반드시 사람을 살리는 약도 만들었다.'라고 말했다. 그래서 내가 '단장초鉤吻라는 독초는 사람과는 서로 맞지 않기 때문에 먹으면 죽지만, 하늘이 사람을 죽이기 위해 그 풀을 만든 것은 아니다. 예를 들자면 파두巴豆가 물고기에게는 독이 되고, 각석礜石이 쥐를 해치고, 계수나무가 수달에게 해롭고, 은행나무 열매가 돼지를 죽이는 것과 같은 것들은 천이 고의로 그렇게 만든 것이 아닌 것이다.'라고 말했다."[9] 환담은 유백옥劉伯玉이 "하늘이 사람을 죽이는 약을 만들었으면 반드시 사람을 살리는 약도 만들었다."라고 한 언급과 관련

9 『新論』, 「祛蔽」, "余與劉子駿言養性無益, 其兄子伯玉曰: 天生殺人藥, 必有生人藥也. 余曰: 鉤吻不與人相宜, 故食則死, 非爲殺人生也. 譬若巴豆毒魚, 礬石賊鼠, 桂害獺, 杏核殺猪, 天非故爲作也."

해서, 하늘이 사람을 죽이고 살리는 것은 일정한 목적과 특정한 의도가 있다고 하는 견해에 대해 반박을 하면서 일부 약초나 사물들이 다른 동물들에 대하여 치명상을 줄 수 있는 작용을 한다고 하는 점을 제시한다. 이는 독성과 동물이 상호 상극의 관계에 있는 것일 뿐이지 하늘이 어떠한 의도를 갖고 그렇게 안배한 것이 아니라고 하는 것이다. 환담은 천이 유한적인 것이라고 생각했는데, 이러한 유한적인 자연계에서 천은 인간의 삶에 대하여 어떠한 형태의 의지를 지닌 작용을 할 수 없는 단지 자연계일 뿐으로 자연의 운행원리에 따라 변화하는 존재에 불과한 것이었다. 즉 환담은 만물의 생존과 발전에 대하여 천이 의지를 가지고 개입한다고 하는 주장에 대하여 반대의 입장을 견지했던 것이다.

양한시기의 천인감응天人感應 사상과 관련하여 라광羅光의 경우 "천인감응설에는 두 가지 측면의 감응의 의미를 포함하고 있다. 하나는 사람과 천지의 기가 서로 통한다고 하는 입장으로, 사람의 행위의 선악은 천지의 현상 속에서 같은 종류의 기의 감응에 의해서 재이와 상서의 현상을 발생시키는데, 이러한 현상의 반응은 자연의 반응이라고 말할 수 있다. 다른 하나는 천지의 재이와 상서의 현상이 연결되어 있다고 하는 입장으로, 제왕을 견책하거나 혹은 포상과 같은 이질적인 예언을 하는 것으로 재이와 상서에 참위설과 같은 미신성분이 있는 것이다."[10]라고 언급하고 있다. 이와 같이 볼 때, 환담의 천에 대한 관념 가운데는 반드시 미신적 의미의 천인감응 사상을 반대하는 견해가 담겨져 있다고 할 수 있는데, 이는 인간 행위의 선악이 천을 감응시키고 그에 대한 보응을 받게 된다고 하는 미신을 부정하는 것이었다. 자연현상으로서의 천과 인간세상에서 발생하는 사건은 필연적인 연관이 없는 것이라고 환담은 생각했다. 그래서 그는 "재이나 괴이한 변고라고 하는 것은 천하에 항상 있게

10 羅光, 『中國哲學思想史-兩漢南北朝篇』, 臺北, 臺灣學生書局, 1985년, 253쪽 참조.

마련인 일로써 세상이 없다면 그러한 일 역시 없게 된다."[11]라고 하여 자연에서 발생하는 재이현상은 보편적인 자연현상으로 시간과 장소를 막론하고 언제 어떤 곳에서도 수시로 발생하는 것으로 피할 수 없는 것이지만 인간사와는 무관하게 발생하는 것이라고 생각했다. 이러한 관점은 선진시대 이래로 무신론 사상가들이 자연현상의 재이와 인간사는 서로 관여하지 않는 것이라고 하는 사상에 대한 진일보한 발전이라고 할 수 있다. 그리고 환담은 순자의 하늘과 인간은 서로 구분된다고 하는 주장을 계승하여 천의 자연적인 의미를 강조함과 동시에 순자의 인문정신을 중시하는 태도와 성인은 천에 대한 지식추구를 하지 않는 태도를 계승했다고 할 수 있다.

『후한서後漢書』에 "선왕의 가르침을 기술한 것을 살펴서 모든 것을 인의 정도로 근본을 삼고, 기이하고 괴상하며 허구적인 사안에 주의를 기울이지 않았다. 무릇 천도나 성명에 관한 일은 성인께서 언급하기 어려워했던 것으로 자공으로부터 그 후학에 이르기까지 들어보지 못했는데, 하물며 후세의 천박한 유학자들이 그러한 것에 능통하다고 하다니!"[12]라고 하는 기록과 『신론新論』의 "그러므로 수많은 재이나 괴이한 변고 현상이 있었지만 스스로 내적인 성찰을 통하여 볼 수 없었기 때문에 하늘의 위력을 두려워하고 돌이켜 외적으로 비방하는 논의만 일삼고 그러한 이유에 대하여 질문하고 어리석은 아첨에 미혹하게 된다. 그럼으로써 스스로 그르치게 되는 것이며 근심과 재앙을 초래하게 되는 것이니, 이는 모두가 천에 위배되고 도리를 거스르는 것이다."[13] 이와 같이 환담은 전통적인 천도신앙에 대하여 완전히 부정을 하지는 않았다고 하는 사실을

11 『新論』, 「譴非」, "災異變怪者, 天下所常有, 無世而不然."

12 『後漢書』, 「桓譚傳」, "觀先王之所記述, 咸以仁義正道爲本, 非有奇怪虛誕之事. 蓋天道性命, 聖人所難言也. 自子貢以下, 不得而聞, 況後世淺儒, 能通之乎!"

13 『新論』, 「譴非」, "是以數有災異變怪, 又不能內自省視, 畏天威, 而反外考謗議, 求問厥故, 惑於佞愚, 而以自詿誤, 而令患禍得就, 皆違天逆道者也."

알 수 있다.

이상과 같이 볼 수 있듯이 환담은 자연적 의미의 천에 대한 주장은 이성적인 정신과 태도에 기초한 것으로 천의 진정한 의미를 인식한 것이라고 할 수 있다. 서복관의 순자에 대한 설명은 바로 이성주의적인 정신을 가지고 있는 환담의 전통적인 천도 신앙에 대한 적절한 설명이 될 수 있을 것이라고 생각한다. 그러나 주의할 만 한 가치가있는 것은 바로 환담의 자연주의 사상과 그가 신앙하는 전통유가의 천 관념 사이에 모순이 존재하는가의 여부이다. 이러한 부분은 반드시 환담의 생사관과 형신관의 분석을 통해야만 비로소 확정을 지을 수 있는 것이라고 할 수 있다.

3. 생사관과 형신관에 대한 분석

중국인은 현실의 생활 속에서 삶과 죽음의 문제에 관하여 직면하게 되었을 때 그 처리방식은 이론적으로 신의 의지나 운명으로 인간의 삶과 죽음을 해석하는 종교적인 태도를 유지한다. 예를 들자면 불로장생의 신선사상이나 질병을 치료하기 위해 사악한 기운을 내쫓는 굿을 한다거나 하는 것과 같은 무속신앙 등이 이러한 것에 해당된다. 다른 한편으로는 자연의 순리로서 삶과 죽음의 문제에 관한 천착으로부터 현실 생활 속에서의 삶과 죽음의 문제에 대한 해답을 구한다.[14]

선진시기의 삶과 죽음의 문제에 대한 논의는 형신문제와 관련되어 있지 않았었다고 볼 수 있다. 그러나 서한시기에 이르러 사마담司馬談이 직접적으로 형신관계와 생사문제를 서로 연결시키면서 비로소 생사와 형신관계 문제에 대한 실질적인 논의가 촉발된다.[15]

---

14 牙含章, 『中國無神論史』(上), 北京, 中國社會科學出版社, 1993년, 181쪽 참조.

15 張立文, 『中國哲學範疇發展史-天道篇』, 北京, 中國人民大學出版社, 1989년, 666쪽 참조.

무릇 사람이 생산하는 것은 정신이고 소모하는 것은 육체이다. 정신을 심하게 사용하면 고갈되고 육체를 심하게 수고롭게 하면 피폐해지며, 육체와 정신이 분리되면 죽게 된다. 죽은 사람은 다시 살아날 수 없고, 분리된 것은 다시 합쳐질 수 없는 것이기 때문에 성인께서 그것을 중시한 것이다. 이와 같이 볼 때 정신은 삶의 근본이고 육체는 삶의 도구인 것이다.[16]

사마담은 사람의 삶과 죽음은 육체와 정신의 결합과 분리에 의한 것이라고 생각했다. 즉 사마담은 사람은 육체와 정신이 분리 되면 죽고 육체와 정신이 결합하면 사는 것이며, 죽은 뒤에는 다시 살아나는 경우는 없으며 또한 육체와 정신이 한번 분리 되면 결코 다시 결합될 수 없는 것이라고 생각했던 것이다. 그렇기 때문에 그는 귀신이라고 하는 것은 존재할 수 없는 것이라고 하는 주장도 했다. 이와 같은 사마담의 사상은 당시 유행하던 귀신론과 신설술 사상에 대한 비판에 상당한 영향을 끼쳤다고 볼 수 있지만, 인간의 생명에 대한 정신의 작용을 과도하게 강조한 점과 육체와 정신의 분리와 결합으로 삶과 죽음을 언급한 점만으로는 사람이 죽으면 정신도 소멸한다고 하는 것에 대한 완전한 설명이 되지는 못했다고 볼 수 있다.[17] 그리고 선진유가에서는 인간의 죽음을 자연적인 생명의 소멸로 보고 있다. 또한 선진유가는 인간은 출생과 동시에 필연적으로 늙고 병들고 죽는 것을 피할 수 없는 것이라고 보았다. 아울러 그들은 죽음을 극히 자연적인 현상으로 보고 있는데, 『논어論語』에 "옛날부터 누구에게나 죽음은 있었던 것이나, 백성들의 신뢰가 없다면 나라는 설 수가 없는 것이다."[18]라고 하는 언급과 "삶과 죽음은 운명에 달려

16 『史記』, 「太史公自序」, "凡人所生者神也, 所託者形也. 神大用則竭, 形大勞則敝, 形神離則死. 死者不可復生, 離者不可復反, 故聖人重之. 由是觀之, 神者生之本也, 形者生之具也."

17 張立文, 『中國哲學範疇發展史-天道篇』, 北京, 中國人民大學出版社, 1989년, 2쪽 참조.

있고, 부귀는 하늘에 달려 있다."[19]라고 하는 언급에 잘 나타나 있다. 이처럼 선진유가에서는 죽음을 인간의 능력으로 좌우할 수 없는 자연적인 현상으로 보았던 것이었기 때문에 인간의 죽음에 대하여 과도하게 슬퍼해서는 안 된다고 했던 것이다. 도가의 경우 삶과 죽음의 문제에 관하여 장자의 "기가 모이면 사는 것이고, 기가 흩어지면 죽는 것이다."라고 하는 언급에서와 같이 1년 사계절의 변화가 반복적으로 발생하는 것처럼 특별한 의미가 없다고 하는 것이 일반적인 추세였다고 할 수 있다. 장자에게 있어서 죽음은 천지 사이에서 안식하는 것으로 "천지사이의 큰 방에서 자고 있다."[20]는 것과 같은 것이었던 것이다. 환담은 유가의 생사관을 계승하여 삶과 죽음의 문제에 대하여 진일보한 견해를 제시한다.

> 옛날에 제나라 경공이 나라를 다스리는 것을 즐거워하면서 기쁨에 겨워 "옛날에 죽지 않게 된 사람은 무슨 까닭으로 그렇게 된 것인가?"라고 묻자, 안영이 "상제께서는 사람들이 죽는 것을 좋아하는데, 어진사람은 죽음을 멈추게 하고, 어질지 못한 사람은 죽게 합니다."라고 말했다. 오늘날 사람들은 힘써 학문에 매진할 생각을 하지 않고 입신양명에만 몰두하고 있다. 이는 이익을 탐하고 장수하기를 바라면서, 수명을 더욱 많이 연장하는 것을 기원하니 그러한 것에 미혹되어 풀려나오지 못하게 되는 것이다.[21]

환담의 이와 같은 생사관은 그 이면에 그가 선진유가의 도덕관념을

18 『論語』, 「顔淵」, "自古皆有死, 民無信不立."

19 『論語』, 「顔淵」, "死生有命, 富貴在天."

20 『莊子』, 「至樂」, "偃然寢於巨室."

21 『新論』, 「祛蔽」, "昔齊景公美其國, 嘉其樂, 云: 使古而無死何若? 晏子曰: 上帝以人之歿爲善, 仁者息焉, 不仁者如焉. 今不思勉廣日學自通, 以趨立身揚名, 如但貪利長生, 多求延壽益年, 則惑之不解者也."

중시하고 있다고 하는 점을 노출하고 있다고 볼 수 있다. 그러나 환담은 삶과 죽음의 도리에 대하여 천착하던 과정 속에서 도가의 자연주의적인 생사 관념을 계승하여 자연의 변화로 삶과 죽음을 언급했다.

> 장자의 병이 심각해지자 제자가 그 앞에서 울었다. 그러자 장자가 "내가 이제 죽지만 누가 먼저 죽는 것인가? 다시 백년을 더 산다고 해도 누가 뒤에 죽는 것인가? 죽음은 누구라도 반드시 피할 수 없는 것인데, 어찌 반드시 생을 탐하고 잡아두려고 하는 것인가?"[22]

> 풀이나 나무와 오곡은 음양의 기로써 대지에서 발생하여서 후에는 발육하여 열매를 맺게 되고 열매는 다시 대지로 돌아가 후에 다시 발생하게 되는데, 이는 사람과 짐승 및 곤충 모두가 수컷과 암컷이 교접하여 생겨나는 것과 같다. 태어남이 있으면 성장함이 있고, 성장함이 있으면 늙어짐이 있고, 늙어짐이 있으면 죽음이 있게 되는 것은 마치 사계절이 교대로 바뀌는 것과 같은 것이다.[23]

환담은 사람의 삶과 죽음 모두를 자연의 법칙과 자연의 본성에 귀결시키고 있다. 즉 사람과 만물은 자연 속에서 음양이기의 작용에 의해서 생겨난 것으로 자연계의 한 부분을 이루고 있기 때문에 자연의 법칙에 의한 지배를 거스를 수가 없는 것이다. 그렇기 때문에 자연에 사계절의 대사가 있는 것처럼 사람에게도 태어나고 장성하고 늙고 죽는다고 하는 자연의 법칙이 있는 것이다. 사람의 삶과 죽음이 자연의 본성이기 때문에 이러한 본성을 억지로 바꾸려고 하는 것 즉 불로장생과 같은 것을

22 『新論』, 「祛蔽」, "莊周病劇, 弟子對泣之, 應曰: 我今死, 則誰先, 更百年生, 則誰後, 必不得免, 何須貪須臾."

23 『新論』, 「祛蔽」, "草木五穀以陰陽氣生于土, 及其長大成實, 實復入土, 而後能生, 猶人與禽獸昆蟲, 皆以雄雌交接相生. 生之有長, 長之有老, 老之有死, 若四時之代謝矣."

추구하는 것은 사람이 헛된 욕망에 미혹된 것에서 비롯되는 것이라고 할 수 있는 것이다. 환담의 이와 같은 자연주의적인 생사론의 관점은 비록 전통적인 관점에서 도가의 영향을 받았다고 말을 할 수 있지만, 사실은 순자의 자연주의적 관점에 더욱 근접한 것이라고 할 수 있다. 순자의 자연적 의미의 관점에서 사람은 하늘과 마찬가지로 자연을 원칙으로 삼으며, 인위적인 조작으로 자연의 운행에 영향을 준다고 하는 것은 어려운 것이고, 사람의 생명 활동은 자연의 법칙을 따라서 발전하는 것이라고 보았던 것이다. 그러므로 모든 사람들의 사고나 역량 등 모두는 단지 사람 자신이 제어할 수 있는 범위 내에서 만이 운영될 수 있는 것이다. 즉 사람이 천지 사이에서 생존하면서 천지의 운행을 바꿀 수는 없는 것이며, 또한 사람이 자연계에서 차지하고 있는 위치를 바꿀 수도 없는 것이다. 그러므로 순자는 사람의 삶과 죽음은 자연의 법칙에 부합하는 것이며 이러한 것은 필연적인 결과라고 하는 것이었다. 『순자荀子』에 "삶은 인생의 시작이고 죽음은 인생의 마침이다. 마침과 시작을 잘 갖추는 것은 인도의 완성인 것이다."[24] 환담은 만물 모두가 자연의 법칙에 의해서 발전한다고 주장하여 만물이 태어나고 성장하고 늙고 죽는 것을 사계절의 순환과 같은 것으로 보았다. 환담의 이러한 관점은 선진도가와 순자의 자연주의적 사상을 계승한 것이라고 할 수 있을 것이다. 이와 같이 볼 때 환담은 순자의 자연적 의미의 천도관념을 계승했을 뿐만 아니라 그의 자연주의적 생사론을 계승했다고 할 수 있다.

앞부분에서 환담이 사람과 짐승 및 곤충 모두가 수컷과 암컷이 교접하여 생겨나는 것과 같다고 주장한 사실을 언급했는데, 이는 환담이 사람을 자연계의 일부분으로 본 것을 의미한다고 볼 수 있다. 그렇다면 환담은 사람이 다른 생물과 어떻게 다른지 설명했을까? 환담은 사람은 태

24 『荀子』, 「禮論」, "生, 人之始也; 死, 人之終也. 終始俱善, 人道畢矣."

어나면서부터 가장 신령한 존재라고 생각했다. 환담이 사람을 가장 신령한 존재라고 생각한 이유는 바로 인간의 사고할 수 있는 능력에 기인한 것이었다. 그래서 환담은 "사람은 천지의 본체를 안고 순수한 정화를 품었기 때문에 태어나면서부터 가장 신령한 존재가 되는 것이다."[25]라고 언급했다. 또한 환담은 오행으로 사람의 정신활동과 심리상태 모두를 마음의 작용으로 설명했다. 즉 환담은 "외모의 행동은 목에 의지하고, 말의 신뢰는 금에 의지하며, 보는 것의 명확함은 화에 의지하고, 듣는 것의 밝음은 수에 의지하며, 사고의 총명함은 토에 의지하는 것이다. 오행의 작용은 동정과 신통함에 있는 것이다.……행동과 말 그리고 보는 것과 듣는 것 모두는 마음에서 비롯되는 것이다."[26]라고 주장했던 것이다. 하지만 환담은 무엇 때문에 오행으로 인간의 마음 작용을 설명했는지에 대해서는 설명을 하지 않았다. 이와 같은 환담의 주장을 살펴보면, 그가 진행한 마음에 대한 분석 속에서 사람의 마음 활동을 정신의 일부분으로 인식하고 있음이 확연하게 드러나고 있다는 점을 찾아볼 수 있으며, 마음을 육체의 일부분에 속하는 것으로 보고 있는 점 역시 발견할 수 있다. 그러나 환담은 무엇 때문에 사람의 마음에 정신적인 활동이 발생할 수 있는지에 대해서는 전혀 설명을 하지 않았다.

사람은 자연에서 생성되었기 때문에 육체와 정신이 있는 것이다. 그러므로 사람은 육체와 정신이 합쳐져서 구성된 통일체인 것이라고 할 수 있다. 그러나 환담은 사람에게 있는 정신은 물질적 성격을 띤 육체가 형성되기 이전에 이미 존재하지 않았다는 것을 주장하면서 정신은 육체가 생긴 이후에 비로소 존재하게 된 것이라고 하는 점을 "정신은 형체에 머무른다."[27]라고 하는 언급을 통해서 강조했다. 바꿔 말하자면, 환담의

25 『新論』, 「正經」, "人抱天地之體, 懷純粹之精, 有生之最靈者."

26 『新論』, 「正經」, "貌動於木, 言信於金, 視明於火, 聽聰於水, 思睿於土. 五行之作用, 動靜還與神通.……貌言視聽, 皆生於心."

관념 속에서 정신은 사람의 물질적인 성분인 육체가 있은 후에 부수적으로 나타나는 현상이라고 볼 수 있는 것이다. 이와 같이 볼 때 환담에게 있어서의 정신은 사람의 형체와 동시에 발생하는 것이 아닌 것이며, 또한 사람의 육체와 분리하여 독자적으로 존재할 수 있는 성질의 것이 아니라는 것을 알 수가 있다.

이와 같은 환담의 육체와 정신의 관계에 대한 견해는 이전의 사상가들의 견해와 확연한 차이를 보이고 있다고 할 수 있다. 즉 환담은 육체와 정신 둘 사이에는 불가분의 관계가 형성되어 있다고 생각했으며, 정신은 반드시 육체에 의지해야만 비로소 존재할 수 있는 것이라고 하는 견해를 분명하게 제시한 점이다. 또한 환담은 육체와 정신은 서로 다른 성질에 속하는 것으로 분리될 수 있고 합쳐질 수 있다고 하는 견해에 대하여 단호하게 반대하는 입장을 표방했다. 환담은 생명의 기원 문제에서부터 시작하여 사람이 어떻게 삶을 영위하는가에 대한 문제를 인간의 현실적인 삶의 모습에 천착하여 인간의 육체와 정신의 관계를 인식하는 이정표로 삼았다. 환담은 사람이 살아있기 이전과 죽었을 때에 대해서는 인간의 인식능력으로 파악할 수 없는 것이라고 생각하여 "사람은 생명이 처음 시작되었을 때를 알 수 없는 것이고, 늙어서 죽게 되는 죽음의 세계에 대해서도 스스로 인식할 수 없는 것이다."[28]라고 주장했다. 이러한 환담의 주장은 공자의 "아직 삶도 알지 못하는데, 어찌 죽음을 알겠는가?"[29]라고 하는 관념의 영향을 받은 것이라고 할 수 있다. 그렇기 때문에 환담이 인식한 사람은 형이상학적 관점에서 이해한 추상적인 관념이 아닌 경험적 측면에서 인식한 존재라고 할 수 있는 것이다. 환담이 파악한 것 역시 인간의 삶의 모습에서 관찰한 육체와 정신의 관계인 것이라고 할

27 『新論』, 「祛蔽」, "精神居形體."

28 『新論』, 「祛蔽」, "人莫能識其始生時, 則老亦死不當自知.."

29 『論語』, 「先進」, "未生知, 焉知死."

수 있다.

환담은 사람이 태어나고 성장하고 늙고 죽는 삶의 모습에서 인간의 육체와 정신은 불가분의 관계에 있는 존재라고 하는 사실을 파악했으며, 아울러 정신은 반드시 육체에 의지해야 만이 비로소 존재할 수 있다고 생각했던 것이다. 그리고 환담은 육체를 떠나서 정신이 홀로 존재한다고 하는 것은 자신의 경험적 입장에서 보았을 때는 전혀 불가능한 사실이라고 보았던 것이다. 이와 같이 볼 때 사람의 육체와 정신은 사람이 죽게 되면 반드시 함께 소멸되는 것이라는 사실을 유추할 수 있게 된다. 환담의 이러한 관점은 순자의 "형체가 있으면 정신이 생겨난다."고 하는 주장을 한 걸음 더 발전시킨 것으로 생사의 문제와 상호 관련되어 있다고 볼 수 있는 것으로, "형체가 있으면 정신이 생겨난다."고 하는 관점에서 "형체가 죽으면 정신은 소멸된다."고 하는 관점을 뽑아낸 것이라고 할 수 있다. 이러한 관점은 결국 사람의 삶의 모습과 형체가 죽으면 정신은 소멸된다고 하는 관점 모두를 자연의 본성과 법칙으로 귀결시킨 것이라고 할 수 있는 것이다.

결국 환담은 사람의 삶과 죽음을 자연의 본성과 법칙으로 귀결시켰으며, 이러한 자연의 법칙으로서의 삶과 죽음으로써 불로장생 사상의 이론적 근거를 공격하였으며, 아울러 자연적 의미의 천天관념으로 당시 사회에 만연되어 있었던 천인감응天人感應 사상에 대하여 반대의 입장을 표방했던 것이다. 이와 같은 환담의 사상은 참위설 및 재이설과 같은 미신적인 기풍이 만연해 있었던 양한시기에 매우 의미 있고 비중이 있는 사상체계였다고 할 수 있다.[30] 그리고 환담의 사상에는 이성적인 인문주의정신이 깃들여져 있다고 할 수 있다. 그렇기 때문에 이러한 환담의 형신관과 생사관은 현세의 삶의 의미에 방점을 찍고 있다고 할 수 있는 것이며,

---

30 辛冠潔 等編, 『中國古代著名哲學家評傳』, 濟南, 齊魯書社, 1980년, 24쪽 참조.

현실속의 생명의 가치에 대하여 중점을 두고 있는 것이지 사후 세계의 문제 혹은 죽음 이후의 또 다른 삶의 문제에 대해서는 논급을 하지 않았던 것이다.

4. 맺는 말

이상과 같이 환담의 형신문제에 대하여 형신문제의 기반으로서 천도관과 생사관 및 형신관을 중심으로 살펴보았는데, 이를 정리하면 다음과 같다.

환담은 양한시기 당시 사람들이 숭상하였던 참위사상의 미신적인 성향 및 천인감응天人感應 사상에 대하여 확연하게 반대의 입장을 표방한다. 환담의 천도관념은 순자의 자연적인 천도관념 사상을 계승하여 천의 의지나 인격신적인 부분에 대해서는 언급을 하지 않고 천도의 자연적 성질을 부각시켜 천을 객관적으로 존재하는 자연현상으로 보아서 인간이 경험해야할 대상으로 취급했던 것이다. 이와 같이 환담은 자연주의적인 사상과 경험적 사실을 논증의 근거로 하여 미신을 반대하는 이론적 토대를 삼았던 것이다. 순자의 자연적인 천도관념 사상이 주장하는 것은 사람과 천지가 같이 자연의 순환원리를 원칙으로 삼아서 인간의 삶 역시 자연의 운행법칙에 따라서 발전시켜 나가야한다고 하는 것이었다. 환담은 『신론新論』에서 비록 순자와 마찬가지로 자연적 의미의 천에 대하여 구체적인 언급하지는 않았지만, 그가 주장한 천의 자연적 속성 및 천과 인간은 구분이 있다고 하는 것 그리고 인문적인 것을 더욱 중시한다고 하는 견해는 매우 선명하게 드러나 있다고 할 수 있다. 또한 환담은 천이 유한적인 것이라고 생각했는데, 이러한 유한적인 자연계에서 천은 인간의 삶에 대하여 어떠한 형태의 의지를 지닌 작용을 할 수 없는 단지 자연계일 뿐으로 자연의 운행원리에 따라 변화하는 존재에 불과한 것이었다.

즉 환담은 만물의 생존과 발전에 대하여 천이 의지를 가지고 개입한다고 하는 주장에 대하여 반대의 입장을 견지했던 것이다.

환담은 유가의 생사관을 계승하여 삶과 죽음의 문제에 대하여 이전의 사상가들에 비하여 진일보한 견해를 제시한다. 환담의 생사관은 그 이면에 선진유가의 도덕관념을 중시하고 있으나, 또 한편으로는 삶과 죽음의 도리에 대하여 천착하던 과정 속에서 도가의 자연주의적인 생사 관념을 계승하여 자연의 변화로 삶과 죽음을 언급하기도 했다. 이러한 환담의 생사 관념은 결국 사람의 삶과 죽음 모두를 자연의 법칙과 자연의 본성에 귀결시키고 있다고 할 수 있다. 즉 환담은 사람과 만물은 자연 속에서 음양이기의 작용에 의해서 생겨난 것으로 자연계의 한 부분을 이루고 있기 때문에 자연의 법칙에 의한 지배를 거스를 수가 없는 것이다. 그렇기 때문에 자연에 사계절의 대사가 있는 것처럼 사람에게도 태어나고 장성하고 늙고 죽는다고 하는 자연의 법칙이 있다고 하는 것이다. 또한 환담은 사람의 삶과 죽음이 자연의 본성이기 때문에 이러한 본성을 억지로 바꾸려고 하는 것 즉 불로장생과 같은 것을 추구하는 것은 사람이 헛된 욕망에 미혹된 것에서 비롯되는 것이라고 했다. 환담의 이와 같은 자연주의적인 생사 관념은 비록 전통적인 관점에서 도가의 영향을 받았다고 말을 할 수 있지만, 사실은 순자의 자연주의적 관점에 더욱 근접한 것이라고 할 수 있다. 즉 환담은 만물 모두가 자연의 법칙에 의해서 발전한다고 주장하여 만물이 태어나고 성장하고 늙고 죽는 것을 사계절의 순환과 같은 것으로 보았다. 환담의 이러한 관점은 선진도가와 순자의 자연주의적 사상을 계승한 것이라고 할 수 있을 것이다. 이와 같이 볼 때 환담은 순자의 자연적 의미의 천도관념을 계승했을 뿐만 아니라 그의 자연주의적 생사 관념을 계승했다고 할 수 있다.

환담은 사람에게 있는 정신은 물질적 성격을 띤 육체가 형성되기 이전에 이미 존재하지 않았다는 것을 주장하면서 정신은 육체가 생긴 이후에 비로소 존재하게 된 것이라고 하는 점을 "정신은 형체에 머무른다."라고 하는 언급을 통해서 강조했다. 바꿔 말하자면, 환담의 관념 속에서 정신은 사람의 물질적인 성분인 육체가 있은 후에 부수적으로 나타나는 현상이라고 볼 수 있는 것이다. 이와 같이 볼 때 환담에게 있어서의 정신은 사람의 형체와 동시에 발생하는 것이 아닌 것이며, 또한 사람의 육체와 분리하여 독자적으로 존재할 수 있는 성질의 것이 아니라는 것을 알 수가 있다.

이와 같은 환담의 육체와 정신의 관계에 관한 견해는 이전의 사상가들의 견해와 확연한 차이를 보이고 있다고 할 수 있다. 즉 환담은 육체와 정신 둘 사이에는 불가분의 관계가 형성되어 있다고 생각했으며, 정신은 반드시 육체에 의지해야만 비로소 존재할 수 있는 것이라고 하는 견해를 분명하게 제시한 점이다. 또한 환담은 육체와 정신은 서로 다른 성질에 속하는 것으로 분리될 수 있고 합쳐질 수 있다고 하는 견해에 대하여 단호하게 반대하는 입장을 표방했다. 환담은 생명의 기원 문제에서부터 시작하여 사람이 어떻게 삶을 영위하는가에 대한 문제를 인간의 현실적인 삶의 모습에 천착하여 인간의 육체와 정신의 관계를 인식하는 이정표로 삼았다. 환담은 사람이 살아있기 이전과 죽었을 때에 대해서는 인간의 인식능력으로 파악할 수 없는 것이라고 생각하여 "사람은 생명이 처음 시작되었을 때를 알 수 없는 것이고, 늙어서 죽게 되는 죽음의 세계에 대해서도 스스로 인식할 수 없는 것이다."라고 주장했다. 이러한 환담의 주장은 공자의 "아직 삶도 알지 못하는데, 어찌 죽음을 알겠는가?"라고 하는 관념의 영향을 받은 것이라고 할 수 있다. 그렇기 때문에 환담이 인식한 사람은 형이상학적 관점에서 이해한 추상적인 관념이 아닌 경험적 측면에서 인식한 존재라고 할 수 있는 것이다. 환담이 파악한 것 역시 인간의 삶의 모습에서 관찰한 육체와 정신의 관계인 것이라고 할 수 있다.

환담은 사람이 태어나고 성장하고 늙고 죽는 삶의 모습에서 인간의 육체와 정신은 불가분의 관계에 있는 존재라고 하는 사실을 파악했으며, 아울러 정신은 반드시 육체에 의지해야 만이 비로소 존재할 수 있다고 생각했던 것이다. 그리고 환담은 육체를 떠나서 정신이 홀로 존재한다고 하는 것은 자신의 경험적 입장에서 보았을 때는 전혀 불가능한 사실이라고 보았던 것이다. 이와 같이 볼 때 사람의 육체와 정신은 사람이 죽게 되면 반드시 함께 소멸되는 것이라는 사실을 유추할 수 있게 된다.

참고문헌

1. 劉寶楠,『論語正義』,『續皇淸經解』 本.
2. 王先謙,『荀子集解』, 北京, 中華書局, 1992년.
3. 司馬遷,『史記』, 北京, 中華書局, 1983년.
4. 桓譚,『新論』, 上海, 上海古籍出版社, 1983년.
5. 范曄,『後漢書』, 北京, 中華書局, 1990년.
6. 辛冠潔 等編,『中國古代著名哲學家評傳』, 濟南, 齊魯書社, 1980년.
7. 羅光,『中國哲學思想史-兩漢南北朝篇』, 臺北, 臺灣學生書局, 1985년.
8. 徐復觀,『兩漢思想史』, 卷二, 臺北, 學生書局, 1989년.
9. 楊憲邦,『中國哲學通史』 第二卷, 北京, 中國人民大學出版社, 1988년.
10. 張立文,『中國哲學範疇發展史-天道篇』, 北京, 中國人民大學出版社, 1989년.
11. 牙含章,『中國無神論史』(上), 北京, 中國社會科學出版社, 1993년.
12. 李震,「無神主義與當代中國思想的取向」,『哲學與文化月刊』, 第十三卷, 第十一期, 1987년.
13. 袁信愛,「荀子的生死觀及其禮義之學」,『哲學年刊』, 第十期, 1994년.
14. 蘭華俐,「中國哲學的形神問題之硏究」,『屛東師範大學學報』, 第3期, 1997년.

제2절 천도론 사상

1. 시작하는 말

참위설讖緯說이 일세를 풍미하고 있던 서한 말기에서 동한 초기에 이르는 시기에 생존했던 환담桓譚은 당시 주류를 이루고 있었던 사조에 과감하게 반대의 기치를 내세웠던 사상가라고 할 수 있다. 서한 말기부터 동한 말기에 이르는 동안 참위설의 발전은 크게 두 단계로 구분할 수 있다. 감충가甘忠可가 참위서를 제작한 것에서부터 동한의 광무제가 도참사상을 천하에 선포한 시기가 참위설 발전의 제1단계라고 할 수 있으며, 광무제가 도참사상을 천하에 선포한 후부터 동한왕조가 멸망하기까지가 참위설 발전의 제2단계라고 할 수 있다.[1]

환담은 칠십 여년의 삶을 이처럼 참위설이 만연했던 사회적 분위기 속에서 보내야 했던 것이다. 동한 왕조가 존속했던 두 세기는 비록 유가의 인의도덕 학설이 엄연하게 존재하고 있었지만 그 시기의 위정자들은 참위설을 추종하고 있었으며 사회적으로 요사스러운 말들이 백성들을 현혹시키고 있었다. 상황이 이와 같이 전개되어 가는데도 당시의 유학자들은 그러한 참위설과 요사스러운 언설에 대하여 정면으로 대응을 하지 못했을 뿐만 아니라 인생에 대하여 소극적인 태도를 취했다. 이러한 시기에 왕충王充은 참위설에 대한 비판의 중심에 서있었으며 그보다 앞선 시기에 환담이 있었고 그 뒤의 시기에는 왕부王符와 순열荀悅 및 중장통仲長統과 같은 사상가들이 있었다고 할 수 있다.

양한시기에 참위설에 대하여 반대의 입장을 취했던 사상가들 가운데

1 黃開國, 「論漢代讖緯神學」, 『中國哲學史研究』, 北京, 中國社會科學出版社, 1984년, 第一期, 55~60쪽 참조.

환담은 단연 핵심적인 위치에 있다고 생각한다. 즉 환담은 양웅의 참위부명讖緯符命을 비판하는 관점을 계승하여 후대 왕충의 허망함을 비판한다고 하는 관념을 형성할 수 있는 발판을 마련했다고 하는 점에서 동한 초기의 참위설을 가장 철저하게 배격했던 사상가라고 할 수 있다. 이러한 참위설의 비판으로부터 환담 고유의 사상이 형성되었다고 할 수 있는데, 특히 천도론이 그 핵심을 이룬다고 할 수 있을 것이다.

서한에서 동한으로 넘어가는 과도기적 상황 속에서 혼란한 현실을 참위설에 의지하려 했던 위정자들과 백성들을 일깨우기 위해서 적극적으로 미신의 타파를 주창했던 환담의 사상은 양한시기의 유학사상을 조명하는데 있어서 빠져서는 안 될 중요한 사상체계라고 할 수 있을 것이다. 양웅의 사상을 계승 발전시켜 동한의 유학사상 발전에 한 획을 그은 환담의 사상은 이제 새롭게 조명되어야 한다고 생각한다.

이상과 같은 환담의 사상 특히 천도론 사상에 대하여 본문에서는 사상의 연원과 천체자연론 및 합리적 사유방식을 중심으로 논의를 진행해보도록 하겠다.

2. 사상의 연원

환담은 부친이 서한 성제成帝 재위시기에 음악을 관장하는 태악령太樂令에 재직했던 관계로 음악을 좋아했으며 거문고를 잘 탔다. 또한 환담은 오경五經을 두루 공부했으며 문장이 뛰어났다. 특히 옛날의 학문을 좋아하여 수차례에 걸쳐 유흠과 양웅에게 나아가 학문상의 질의를 하기도 했다. 성정이 노래와 음악을 좋아했으며 소탈하여 위엄을 내세우길 좋아하지 않았으며, 속된 유학자들을 천시했기 때문에 많은 사람들로부터 배척을 당했다.[2] 그렇기 때문에 애제哀帝와 평제平帝 재위시기에 낮은 벼슬을 전전 했다.

환담이 옛날의 학문을 좋아한 것 이외에 항상 함께 근무했던 동료들과 학문적 토론하기를 즐겨했다. 그러한 학문적 토론과정 속에서 서로에게 영향을 주었으며, 이러한 학문연마의 경험은 뒷날 그가 참위설의 허망함을 비판하는데 굳건한 이론적 토대를 마련해 주었다고 할 수 있다. 그러나 환담은 한때 왕망王莽의 진영에 의탁한 적이 있었는데, 그 당시 환담의 참위설에 대한 태도는 전혀 다른 형태를 보이고 있었다. 즉 환담은 고문경학을 전파하려는 희망을 왕망에게 걸고 있었기 때문에 왕망의 진영에서 참위설을 이용하는 것에 대하여 반대를 하지 않았다. 심지어는 동군東郡 태수인 적의翟義가 왕망을 타도하기 위하여 군대를 일으켰을 때 환담은 왕망의 명을 받들어 각지를 돌아다며 왕망을 위하여 도참설을 이용하여 적의를 토벌할 것을 독려하였다. 그 결과 환담은 작은 작위를 받을 수 있었는데, 이러한 시기의 환담은 참위설에 반대를 하지 않았을 뿐만 아니라 왕망의 진영을 위하여 도참설을 만들고 널리 퍼트렸던 것이다.[3] 그러나 환담은 후에 왕망이 대권에 대한 야심을 드러내자 조금도 망설임 없이 왕망에 대한 비판을 전개해 나간다.

> 서한 경제와 무제의 치세에 이르러 오초칠국의 난이 일어나 그들을 진압했으나, 번왕들이 무위도식하며 세금을 축내고 있는 실정이었다. 그렇기 때문에 서한 왕조는 갈수록 쇠약해져가고 고립무원의 상태에 있었다. 그래서 왕망이 군대를 동원하지 않고 천하를 장악했던 것이다.……왕망이 천하를 장악했을 때 많은 사람들과 함께 권세를 나누었으나, 천하를 자신의 것으로 만들자 더 이상 다른 사람들과 권세를 나누려고 하지 않았다.……왕망이 천하의 유능한 인재들을 잘 대접하여 모든 인재들을 불러 모았으나 그들을 기용하기를 원치 않았다. 그래서 사람들로부터 비

2 范曄, 『後漢書』, 「桓譚馮衍列傳上」.

3 陳玉璟, 「關於桓譚思想的機個問題」, 『安徽師大學報』, 1982년, 第一期, 47~52쪽 참조.

방을 받고 원망을 사게 되었다.[4]

환담은 서한 왕조가 왕망에게 양위를 하게 된 것은 어떠한 무력에 의한 위협에 의한 것이 아니라고 보았다. 단지 경제景帝와 무제武帝이래로 번왕藩王들의 세력이 지속적으로 약화되어 왕망에게 기회가 주어진 것일 뿐이며, 거기에 왕망이 더 이상 다른 사람들과 권세를 공유하지 않으려 한 것과 인재들을 불러 모았으나 그들을 등용하기를 원치 않은 심태에 기인한다고 보았던 것이다. 그렇기 때문에 환담은 왕망에게 올바른 도리에 대해서 간언을 해도 소용이 없을 것을 알고 다만 무언의 시위를 통하여 제지할 수밖에 없었던 것이다. 이러한 점에 대하여 진옥경陳玉璟은 부득이하게 그럴 수밖에 없었다라고 했으며, 동준언董俊彦의 경우 "환담은 반드시 왕망에게 간언을 하여 그의 실정을 바로잡았다."[5]라고 주장하고 있으나, 사실은 꼭 그러한 것만은 아니다. 환담은 왕망의 마음을 읽고 말을 아꼈던 것이다.

> 왕망의 때에 유흠과 견풍 모두는 상공이 되었다. 왕망은 이미 부명符命을 받아 스스로 즉위하였고, 즉위한 후에 그 원천을 끊어버려 이로써 그 일을 신비화하려고 하였다.……왕망은 견풍 부자를 죽이고 유분을 사방의 먼 곳으로 유배 보냈으며 옥사에 연좌된 사람은 모두 잡아들이면서 주청할 필요도 없다고 하였다.[6]

4 『新論』, 「譴非」, "至景武之世, 見諸王數作亂因抑痔其權勢, 而王但得虛尊坐食租稅, 故漢朝遂弱, 孤單特立, 是以王翁不興兵領士而徑取天下.……王翁取天下時乃樂與人分之, 及已得, 而重愛不願與.……王翁善天下賢智材能之士, 皆徵聚而不願用, 使人懷誹謗而怨之."

5 董俊彦, 『桓子新論研究』, 臺北, 文津出版社, 1989년, 77쪽 참조.

6 『漢書』, 「揚雄傳下」, "王莽時, 劉歆甄豐皆爲上公, 莽既以符命自立, 即位之後欲絕其原以神前事.……莽誅豐父子, 投棻四裔, 辭所連及, 便收不請."

환담의 마음속에서 왕망王莽은 이미 돌이킬 수 없는 강을 건너간 사람이라고 하는 사실이 분명하게 드러나 있다. 양웅揚雄조차 사건에 연루되는 것이 두려운 나머지 누각에서 뛰어내려 자살을 시도 했으니, 박학 통달한 환담이 어떻게 많은 말을 할 수 있었을까? 그러나 왕망의 신하가 된 기간에는 환담은 각 분야에 대하여 매우 상세한 관찰을 함으로써 『신론新論』 안에 왕망의 신나라에서 발생한 사건들에 대하여 경험적 측면에서 분석한 참위설 이론의 허망함을 질타하는 사상적 기틀을 마련한다. 그런 후 동한 광무제光武帝시기에 이르러 죽음을 불사하고 참위설에 대한 반대의 입장을 굳건하게 지켜나갔던 것이다.

광무제 역시 도참이론을 기반으로 거병을 하여 결국에는 동한의 황제가 되는 형국에까지 이르게 된 사람이다. 그렇기 때문에 광무제는 도참의 허망함과 사악함을 주장하는 상소문에 대해서 매우 불쾌하게 여겼던 것이다.

> 그 후 영대를 건립할 곳을 결정하려고 회의를 소집하였는데, 광무제가 환담에게 짐은 도참으로 그것을 결정하려 하는데 어떤가? 라고 묻자, 환담은 오랫동안 침묵하고 있다가 신은 도참에 관한 서적을 읽지 않습니다. 라고 대답했다. 그래서 광무제가 그러한 이유를 묻자, 환담은 다시 도참이론이 경전의 가르침에 위배되는 것이라고 강력하게 언급했다. 광무제가 크게 노하여 환담은 성인의 가르침을 부정하고 무도한 자이구나, 장차 그를 참할 것이다. 라고 하자, 환담은 땅에 머리를 부딪쳐서 유혈이 낭자할 정도로 용서를 빌어 오랜 시간이 흐른 뒤에야 용서를 받을 수 있었다.[7]

7 『後漢書』, 「桓譚馮衍列傳上」, "其後有詔會議靈臺所處, 帝謂譚曰: 吾欲讖決之, 何如? 譚默然良久, 曰: 臣不讀讖. 帝問其故, 譚復極言讖之非經. 帝大怒曰: 桓譚非聖無法, 將下斬之. 譚叩頭流血, 良久乃得解."

건무建武 칠년에 광무제가 회의를 소집하여 영대靈臺를 건립할 곳을 결정하려 하면서 도참이론을 이용하여 결정하려고 하자, 환담이 도참이론은 경전의 가르침이 아니기 때문에 안 된다고 강력하게 반대하여 광무제의 심기를 불쾌하게 만들었다. 그래서 광무제가 그러한 까닭을 물으니, 도참이론이 경전의 가르침에 반한다고 하는 관점을 역설한다. 이러한 환담의 언급은 도참이론을 기반으로 거병하여 천하를 취득한 광무제에 대한 직접적인 비판이었던 것이라고 할 수 있다. 그래서 광무제는 대노하면서 환담을 참수하려고 했다. 그러나 환담이 땅에 머리를 부딪치며 용서를 오랫동안 구하며 유혈이 낭자할 정도에 이르자 광무제의 사면을 받게 된다.

환담이 광무제가 신앙하는 도참이론을 반대한 까닭은 바로 광무제가 금문경학今文經學의 제창자였는데, 황제로 즉위한 후 곧바로 왕망이 설치했던 고문경학古文經學 박사관博士官을 폐지하는 등 고문경학에 대하여 신뢰하지 않는 태도를 보였기 때문이다. 이러한 행태는 환담으로 대표되는 왕망정권의 핵심세력이었던 고문경학파에 매우 심각한 타격을 주었던 것이다. 또한 환담은 도참이론은 고문경학의 커다란 적이라고 생각하여 그것을 철저하게 혁파하지 않을 경우 고문경학이 정치적으로 발을 디딜 틈이 없어지게 될 것이라고 여겼다. 또한 그러할 경우 경학이 세상을 다스리는 방법이라고 하는 포부가 공허한 메아리가 될 것이라고 생각했던 것이다. 그렇기 때문에 이러한 시기의 환담의 사유체계 속에서는 도참이론에 반대하는 이론적 기반이 가장 굳건했으며 결심 역시 가장 확실했던 것이다. 황제가 도참이론을 천하에 공포하려 할 때 환담은 감히 공개적으로 황제가 손수 제정한 법전에 저촉하면서까지 도참이론의 허망함을 명확하게 지적함으로써 직접적으로 황제에게 상소를 올려 도전했던 것이다.[8]

환담이 옛날의 학문을 좋아한 것에는 양웅의 참위설 반대 사상의 영향을 심도 있게 받은 측면이 있다고 할 수 있다. 환담은 참위이론이 하도락서河圖洛書에서 나온 것이라고 하는 사실을 분명하게 알고 있었지만, 그것이 선진유학의 이론과는 차이가 매우 크다는 것을 인식하고 있었다. 신新나라 시기에 왕망은 부명符命을 이용하여 황제로 즉위한 이후 다른 사람들이 이러한 신비스러운 일에 대하여 다시 언급하는 것을 원치 않았다. 그러한 이유는 아마도 어렵게 얻은 천하를 자신과 같은 방법을 사용하여 찬탈할 것을 우려하였기 때문이라고 생각한다.

왕망은 재위시절에 고문경학의 설립을 적극적으로 지원하였지만, 그는 일찍이 부명符命에 대하여 그 원천을 끊어버려 이로써 그 일을 신비화하려고 하였다. 그렇기 때문에 환담은 언급을 자제하고 있었으며, 조정의 중신인 장악대부掌樂大夫의 신분으로 자신의 의견을 피력하기가 어려웠기 때문에 단지 홀로 자숙하는 방식으로 그러한 사안에 대응했던 것이다. 왕망의 신나라가 멸망한 이후 그 전후로 십 오년 동안 환담의 사상여정을 보면, 그가 장악대부를 역임하던 시기가 참위설에 대한 반대의 이론적 토대를 구축하던 기간이라고 보인다. 이러한 시기에 환담은 다양한 방면의 증험을 통하여 체득한 참위설의 허망한 본질을 명확하게 밝히고 있다. 환담은 이를 통하여 광무제가 왕망의 전철을 밟지 않기를 염원했던 것이다.

3. 천체자연론

환담은 참위설의 천명관天命觀에 대하여 반대하는 과정 속에서 참위설이 음양오행설을 이용하여 건립한 인격화 된 천의天意나 천도天道 및 신의 의지 혹은 천天이 지고무상의 권위를 가지고 있으며 또한 경배의 대

8 陳玉璟, 「關於桓譚思想的機個問題」, 『安徽師大學報』, 1982년, 第一期, 47～52쪽 참조.

상이 된다고 하는 점을 지적했다. 아울러 제왕은 하늘의 자식이라고 하는 이론을 제시하면서 제왕의 권좌를 신으로부터 수여받았으며 천도에 의해서 통치를 한다고 하는 이론적 근거를 만들었다는 점 역시 지적하고 있다. 이처럼 제왕 한 사람에게 절대 권력이 집중되는 것을 환담은 경계했던 것이다.

환담은 음양오행설의 세례를 받은 참위설의 천명사상에 반대한 주된 이론적 근거는 선진유가 순자의 자연적인 의미의 천天관념을 계승하여 천은 바로 자연이며,[9] 만물은 스스로 생성되는 것이지 천에 의해서 생성된 것이 아니라고 하는 것에 있다고 할 수 있다. 또한 환담은 천에 의지가 있다고 하는 것과 목적을 가지고 주재한다고 하는 것을 부정하는 한편 세상의 만사만물이 천의 의지의 표현이라고 하는 것과 천이 목적을 가지고 안배했다고 하는 주장에 대하여 부정을 했다.[10] 사실상 이러한 주장은 어떠한 객관적인 근거가 없는 것으로, 단지 순자와 환담 두 사람의 유사한 사상관점에 의거하여 두 사람의 천天관념을 같은 것으로 본 것이다. 이는 분명히 견강부회의 측면이 있다고 할 수 있다. 환담의 『신론新論』과 환담과 관련된 자료들 분석해 보아도 어디에서고 순자의 사상을 언급한 부분을 찾아볼 수 없다. 그렇다고 해서 동준언董俊彦의 주장이 무리한 것이라고는 보지 않으며 일견 충분히 참고할 만한 가치가 있다고 생각한다.

---

9 동준언의 경우 선진유가 가운데 순자만 천명사상이 없다고 보고, 순자야말로 제일 처음 세계적으로 천을 자연적인 의미의 천으로 보았으며, 천의 규범은 단지 자연적으로 만물을 생성하는 것에 있고, 기타의 모든 것들은 인간의 노력에 의해서 완성되는 것이라고 보았다. 그래서 천은 천이고 인간은 인간으로 천과 인간은 어떠한 관계도 없는 것으로 천이 인간에 재앙과 축복을 내려준다고 하는 것은 불가능한 일이며, 또한 인간의 좋아함과 싫어함에 따라서 천의 운행이 좌우되는 것이 아니라는 것이다. 이러한 측면에서 볼 때 환담이 순자의 천도자연사상을 계승했다고 단정할 수 있는 것이다.

10 董俊彦, 『桓子新論研究』, 臺北, 文津出版社, 1989년, 137쪽 참조.

『신론新論』에서 환담이 양웅에 대하여 언급한 부분이 십여 곳이나 되는 것을 보았을 때 그가 양웅을 얼마나 중요시했는가를 충분히 발견할 수 있다. 또한 『한서漢書』, 「양웅전揚雄傳」에서도 환담은 양웅을 존숭하는 마음을 가감 없이 드러내는 한편 양웅의 저술을 반드시 후세에 전할 것을 굳게 다짐하기도 한다. 환담은 양웅의 저서가 문장이 매우 심오하고 논의가 성인의 가르침에 위배되지 않으며, 만일 시기와 군주를 잘 만나서 현명하고 지혜로운 사람들이 읽었다면 잘된 저작이라고 했을 것이며 반드시 제자백가를 뛰어 넘는 작품이라고 했을 것이라고 했다. 이와 같이 환담의 양웅에 대한 중시의 정도는 대단했으며, 또한 양웅이 죽고 나서 지금에 이르기까지 사십 년이 지났는데도 그의 『법언法言』은 여전히 성행하고 있다고도 언급했다. 또한 환담은 양웅에 대하여 "양웅의 자질과 지혜로움은 뛰어나서 성인의 도에 들어갈 수 있으며 일반 사람들보다 탁월하였다. 한 왕조가 건국된 이래로 이 사람처럼 뛰어났던 이는 없었다."[11]라고 하는 등의 언급들을 종합했을 때, 환담의 양웅에 대한 이해의 정도는 상당히 심도가 있었다고 할 수 있다. 이와 같이 다양한 흔적들을 통해서 환담의 천체자연론天體自然論 사상은 양웅의 영향을 받았음을 발견할 수 있다. 환담과 양웅 두 사람 모두 여러 차례에 걸쳐서 천체를 자연의 현상으로 보고, 인본의 측면에서 신비한 현상 혹은 이상한 소문이나 이야기들을 해석했다.

> 무릇 사람들이 귀와 눈을 통하여 듣고 보며, 마음의 의지는 인식하는 것이며, 정서는 좋아하거나 싫어하는 것이며, 이해관계가 있으면 나가는 것인데, 역시 모두가 동일하게 힘쓰는 것이다. 만일 재질과 능력에 대소의 차이가 있고, 지략에 깊고 얕음의 차이가 있으며, 들어서 명확한 것에 분명함과 불분명함의 차이가 있으며, 자질과 행위에 얄팍함과 후덕함의

11 『新論』, 「閔友」, "揚子雲才智開通, 能入聖道, 卓絶於衆, 漢興以來, 未有此人也."

> 차이가 있는 것인데, 역시 모두가 척도가 다른 것이다. 커다란 자질과 심도 있는 지혜를 갖지 못했다면 그 대체를 볼 수가 없는데, 대체라고 하는 것은 모두가 마땅한 일이다. 대체적으로 말이 의도한 것에 합당하고, 변화에 직면하여 합리적으로 운용하고 권세는 항상 올바름을 지킬 때, 사안에 따라 현혹되지 않을 수 있고 마음속으로 헤아림이 있어서 한쪽으로 기울어지지 않고 속임을 당하지 않는 것을 대체를 안다고 하는 것이다. 만일 커다란 재질이 없는데, 위엄과 권위는 마치 왕망처럼, 관찰하는 지혜는 공손룡처럼, 민첩하기는 동방삭처럼, 재이를 언급하는 것은 경방처럼 하며, 널리 보고 많이 들어서 읽은 책이 만권이나 되며 유교의 가르침을 수천 명에게 전수했더라도 이는 대체를 모르는 것이다. 왕망이 세상 사람들에게 저지른 과실이 세 가지다.[12]

왕망이 대체大體를 알지 못해서 저지른 과실은 세 가지로 언급될 수 있는데, 첫째로 지혜는 정당하지 않은 방법을 꾸며서 정당한 것을 탈취하기에 충분하고, 둘째로 분별력은 선비들의 죄를 끝까지 캐물을 수 있을 정도로 뛰어났고, 셋째로 위엄은 아랫사람들이 두려워 떨게 했다는 것이다. 이와 같은 과실 때문에 왕망은 끝내 패망했던 것이다. 반면 한나라 고조는 대체大體를 알고 있었기에 천하를 얻을 수 있었는데, 그 주요한 이유는 다음과 같은 네 가지라고 할 수 있다. 첫째로 사안의 겉모습을 보고 현혹되지 않고 안으로 크게 헤아렸다. 둘째로 인재를 알아보고 잘 등용했다. 셋째로 여러 신하들의 뜻을 잘 헤아리고 제도와 법을 제정했다. 마지막으로 적의 상황을 잘 살펴보아 자신과 적에 대하여 상세하게

12 『新論』, 「閔友」, “凡人耳目所聞見, 心意所知識, 情性所好惡, 利害所去就, 亦皆同務焉. 若材能有大小, 智略有深淺, 聽明有闇照, 質行有薄厚, 亦皆異度焉. 非有大材深智, 則不能見大體, 大體者, 皆是當之事也. 夫言是而計當, 遭變而用, 權常守正, 見事不惑, 內有度量, 不可傾移而誑以譎異, 爲知大體矣. 如無大材, 則雖威權如王翁, 察慧如公孫龍, 敏給如東方朔, 言災異如京君明, 及博見多聞, 書至萬篇爲儒教授數百千人, 祇益不知大體焉. 維王翁之過絶世人有三焉.”

파악하고 있었다. 이러한 이유들 때문에 한 고조는 최종적으로 성공을 할 수가 있었던 것이다. 환담은 한 고조와 왕망을 대조하여 비교하는 방식으로 대체大體를 인식한다고 하는 것의 의미를 언급하고자 했다. 즉 모든 것에서 사람들의 마음을 순종시키는 것을 가장 중요하게 생각했으며, 한 고조와 왕망 두 사람 모두가 황제가 되기 전에 비록 거짓으로 천명을 조작하여 신비한 현상을 퍼트렸으나, 환담은 그러한 것에 대하여 언급하지는 않았다. 이처럼 환담은 의도적으로 천명의 효력을 소홀히 하였으며, 오직 사람의 마음과 인성에 대해서만 심도 있는 논의를 했으며, 감각기관이나 의도 및 정서 그리고 이해관계의 동일한 부분에서부터 재질이나 지략 및 총명함 그리고 자질의 차이에 이르기까지 모두가 개인이 주의를 기울여야 하는 것의 차원에서 보았다. 그렇기 때문에 환담은 이상한 변고를 맞닥뜨릴 경우 상식적인 차원에서 살펴보고 올바른 도리를 지켜야 한다고 생각했던 것이다. 이럴 경우에야 비로소 사악하고 거짓된 소리에 미혹되지 않을 수 있는 것이며 대체大體를 인식할 수 있는 사람이 되는 것이다. 환담의 관념 속에서의 천天은 자연의 운행에 속하는 것이었다. 그래서 환담은 "하늘은 의도를 가지고 운행되는 것이 아니다."[13]라고 언급했던 것이다.

환담의 언급 가운데에서 우리들은 환담의 관념 속에서의 천天은 자연현상일 뿐이라고 하는 사실을 발견할 수 있다. 환담은 천天에게는 인간에게 고통이나 재난 같은 것을 내릴 수 있는 명령이나 권한 따위가 존재하지 않는다고 보았다. 그러나 환담은 대자연 속에는 자연스럽게 형성된 생명의 법칙이 있다고 보았는데, 그것은 바로 태어나고 자라고 늙고 죽는 것이다. 인간 역시 대자연 속에서 생존하는 존재이기 때문에 이러한 생명의 법칙에 따르는 것이다. 이는 마치 풀이나 나무가 사계절에 걸쳐

13 『新論』, 「祛蔽」, "天非故爲作也."

대사를 진행하는 것과 같은 것이기 때문에 환담은 이러한 자연의 법칙을 거스르려고 했던 한 고조를 직접적으로 비평했던 것이다.

진옥경陳玉璟은 "환담은 유가출신의 학자였음에도 불구하고 감히 유가의 전통적인 천명론에 대하여 반대했다."[14]라고 지적하고 있으나, 환담의 천명에 대한 견해는 『후한서後漢書』에 잘 나타나 있다.

> 선왕이 기술한 것을 살펴보면, 모두가 인의의 정도를 근본으로 삼았으며 기이하고 괴상하며 허황된 사안에 대한 것은 없었다. 무릇 천도나 성명에 관한 문제는 성인도 언급하기가 어려운 문제이다. 천도와 성명에 관한 문제는 자공으로부터 그 아래의 공문제자들 역시 들어볼 수 없었는데 하물며 후세의 천박한 유학자들이 그것에 대하여 어떻게 정통할 수 있단 말인가![15]

여기에서 환담은 자공이 "선생님의 본성과 천도에 대한 말씀은 들을 수가 없다."[16]라고 한 언급을 인용하여 신비한 색채가 농후한 천도에 관한 문제에 대하여 성인은 언급하지 않았다고 하는 사실을 강조했다. 또한 환담은 성인도 신비한 천도에 대하여 언급을 회피했는데, 후세의 유학자들이 기괴하고 허황된 사안에 대하여 언급하고 있으니, 이는 성인의 말씀에 위배되는 것이 아니겠는가? 라고 하는 한탄을 했다. 이와 같이 볼 때 환담은 공자를 성인으로 여겼으며, 그가 존숭하는 유학사상이 공자의 가르침이라고 하는 점을 명확하게 밝히고 있다고 말할 수 있다. 그렇기 때문에 환담이 천명론에 대하여 반대하는 주된 이유는 후세의 천박

14 陳玉璟, 「關於桓譚思想的機個問題」, 『安徽師大學報』, 1982년, 第一期, 47~52쪽 참조.

15 『後漢書』, 「桓譚傳」, "觀先王之所記述, 咸以仁義正道爲本, 非有奇怪虛誕之事. 蓋天道性命, 聖人所難言也. 自子貢以下, 不得而聞, 況後世淺儒, 能通之乎!"

16 『論語』, 「公冶長」, "夫子之言性與天道, 不可得而聞也."

한 유학자들이 성인의 말씀을 가탁하여 천天을 인격화시켜서 의지가 있고 행위가 있는 천인감응사상으로 발전시키는 것이 선진유학의 가르침에 위배되는 것이라고 본 것에 있다고 할 수 있다.

4. 합리적인 사유방식

환담은 미신에 대하여 분명하게 반대의 입장을 견지했다. 즉 그는 인본주의와 실증주의 관점에서 신비주의적 색채가 짙은 각종의 미신과 소문 등의 허망함을 비판함과 동시에 견강부회나 가설의 방법으로 비유하는 것에 대해서도 반대를 표방했다. 환담은 인간의 언어와 행동 모두가 실제와 부합해야 만이 불필요한 오해를 불러일으키지 않을 수 있다고 생각했다.

> 공손룡은 전국시대의 변사로 견백론을 만들어서 허구적인 사물로 비유를 들었다. 그는 백마는 말이 아니다고 했는데, 말이 아니라고 하는 언급은 희다고 하는 것은 색깔에 대한 명칭이고 말은 형체에 대한 명칭인 것이다. 그래서 색깔은 형체가 아니고 형체는 색깔이 아닌 것이라고 말했다.……이러한 것이 허황된 말로써 실질적인 것을 탈취하기는 어렵다고 하는 것이다.[17]

환담의 관념 속에서는 기이하고 괴상한 것을 좋아하는 사람들은 모두가 하나같이 비현실적인 사람들로서 그들로부터 취할 만한 것은 전혀 없다고 하는 의식이 자리 잡고 있었다. 공손룡처럼 허구적인 사물을 실례로 드는 사변적인 사람들은 실제적인 난관에 봉착하게 되면 교묘한

17 『新論』, 「離事」, "公孫龍, 六國時辯士也, 爲堅白之論, 假物取譬, 謂: 白馬爲非馬, 非馬者言白所以名色, 馬所以名形也, 色非形, 形非色.……此虛言難以奪實也."

논리로써 난관을 회피할 뿐이다. 그렇기 때문에 환담은 대체를 인식하는 사람은 사안의 겉모습을 보고 현혹되지 않고 마음속으로 헤아림이 있어서 한쪽으로 기울어지지 않고 속임을 당하지 않을 수 있으며, 권세에 대해서는 항상 올바름을 지킬 수 있는 사람이 될 수 있는 것이라고 했다. 그러나 도참설은 사람들이 길흉화복을 모두 하늘의 손아귀에 맡겨놓게 만들어서 사람들의 공포감을 조성하고 사람들의 마음속에 불온한 일이나 정변을 도모케 하여 사회적인 혼란을 야기 시키는 것으로 환담은 보았던 것이다.

양한시기나 왕망의 신나라 시대에는 천체현상과 관련하여 특히 행성의 불규칙한 움직임과 관련된 혼란한 상황들이 빈번하게 발생했었다. 그렇기 때문에 환담은 천지만물과 천체현상을 관찰할 때 그것들 가운데 실증적인 결과를 특별히 중시했다. 그래서 환담은 오늘날의 기상청에 해당하는 전누각典漏刻에서 관리로 재직할 당시에 천문현상의 관측을 통하여 그 시기에 유행하던 개천설蓋天說의 오류를 지적하면서 혼천설渾天說의 타당성을 실증적인 측면에서 조명하기도 했다. 동시에 환담은 유가에서 하늘이 좌측으로 돈다고 하는 이론이 잘못됐다고 하는 사실을 설명하기 위하여 「난개천팔사難蓋天八事」라고 하는 글을 발표하기도 했다. 이처럼 환담은 잘못된 이론이나 사안을 바로잡기 위해서 합리적이고 논리적인 주장을 펼쳐나갔던 것이다.

환담은 이성적인 사유방식을 통하여 관찰하고 판단하여 각종의 사안들에 대한 합리적인 해석을 내놓는다. 그 실례로 환담은 삼보三輔지역의 백성들 사이에 만연한 황새를 잡아먹으면 벼락을 맞을 것이라고 하는 믿음이 일고의 가치도 없는 미신일 뿐이라고 치부했는데, 즉 자연계에서 천天은 어떠한 특정 지역의 백성들을 특별히 보살펴줄 수 없을 뿐만 아니라, 우발적으로 발생한 사건 하나로 하늘과 인간 사이의 인과관계는 증명될 수 없는 것이라고 환담은 생각했던 것이다. 어떤 사람은 모든 현상 속에는 인과관계가 필연적으로 존재한다고 주장을 하기도 하지만 환담은 그러한 현상이 의외로 발생한 사건으로 사람들이 우연히 맞닥트린 것일 뿐이며 절대로 인과관계에 의해서 조우한 것이 아니라고 역설한다. 즉 환담은 자연계에서 발생하는 각종 현상은 우연적인 것이고 사람들이 그것을 우연한 기회에 직면하게 되는 것이기 때문에 이성적으로 자연계의 재이현상 등 각종의 현상들을 보아야 한다고 주장했던 것이다.

양한시기의 참위설은 통치자의 적극적인 지원정책과 세속적인 유학자들의 부화뇌동 아래에서 영향력은 갈수록 확대되어가는 추세였다. 그렇기 때문에 중대한 사건이 발생하게 되면 모든 것을 참위설에 의지하는 경향이 당시 사회에 만연하게 되었던 것이다. 환담은 양웅의 비판정신을 계승하였는데, 왕망의 신나라 시기에 환담은 묵묵히 자신의 본분을 지키며 당면한 현실상황을 관망하였다. 그러다가 경시제更始帝 재위시기에 태중대부太中大夫가 되지만, 경시제는 무능할 뿐만 아니라 주색에 빠져 정사를 제대로 돌보지 않다가 재위 3년 만에 붕어하게 되어 환담은 자신의 정치적 포부를 펼칠 기회를 갖지 못하게 된다. 그 뒤로 광무제 재위시기에 환담은 배의랑拜議郎이라고 하는 관직에 임명이 되지만 실질적으로는 광무제의 신임을 받지 못하는 상황에 놓이게 된다.

환담이 담당한 배랑拜議郎이라고 하는 관직은 궁궐 연회에서 여흥프로그램을 담당하는 미관말직에 불과한 것이었던 것이다. 그렇기 때문에 환담을 천거했던 대사공大司空 송홍상宋弘相은 상당히 불쾌한 감정을 숨기지 않았으며, 광무제 역시 다시는 환담에게 연회의 여흥을 주관하라는 명령을 내리지 않게 된다. 환담은 제왕의 오락에 관한 업무에 대해서는 수긍을 했지만 참위설에 의한 업무처리에 대해서는 용인할 수가 없었다. 그래서 그는 참위설의 허망함에 대하여 상소를 올려 제왕의 잘못된 관행을 바로잡아보고자 했으나 광무제에 의해서 수용되지 않게 된다. 당시의 제왕은 참위설을 굳게 신봉하고 있었으며, 의심스러운 사안을 결정할 때는 반드시 참위이론을 사용했다. 결과적으로 천하가 안정을 잃게 되어 점차 혼란해지자 환담은 죽음을 무릅쓰고 재차 상소를 올리나 광무제는 환담의 상소를 받고나서 상당히 불쾌하게 여기게 된다.

환담의 두 차례에 걸친 상소는 그가 제왕의 신하가 되어 마땅히 전력을 다해서 군주를 보좌해야 한다고 하는 책임을 표방하는 것 이외에, 광무제의 도참이론을 이용한 정책적 판단과 결정에 대한 부당함을 지적하는 것이었다. 그래서 환담은 상소에서 참위설은 전부 교활한 지혜와 작은 재주를 가진 사람들이 거짓으로 연출해낸 것으로서 속임수를 통하여 사악한 탐욕을 충족시키는 것이기 때문에 근본적으로 신뢰할 수 없는 것이라고 주장하였던 것이다. 그렇기 때문에 환담은 "참위는 하도와 낙서에서 나왔다고 하지만, 징조가 있어도 알지 못한다. 후세 사람들이 허망하게 반복적으로 덧붙여 의탁하면서 공자의 가르침이라고 하는데, 이는 그릇됨이 매우 심한 것이다."[18]라고 언급했던 것이다. 이처럼 환담은 도참설이 단지 징조에 불과한 것으로 후세 사람들이 공자의 권위에 가탁하여 설득력과 신뢰성을 부여하려고 하지만, 실제로는 그 어떤 것도 정확하게 해명할 수 없다고 하는 사실을 분명하게 천명했던 것이다.

> 소신은 국가의 흥성과 폐망은 정사에 달려있다고 들었습니다. 정사의 득과 실은 신하들의 보좌에 달려있는 것입니다. 현명한 신하가 보좌하면 뛰어난 선비들이 조정에 가득 차게 되고 합리적으로 정무를 처리하게 됩니다. 그러나 현명하지 못한 신하들이 보좌하게 되면 조정의 정론은 적합한 시기를 놓치게 되고 정무 처리를 잘못하는 경우가 빈번해지게

18 『新論』, 「啓寤」, "讖出河圖洛書, 但有兆朕而不可知, 後人妄復加增依託, 稱是孔丘, 誤之甚也."

> 됩니다. 무릇 국가의 군주는 모두가 나라를 흥성하고 조화롭게 하여 잘 건설하려고 하고자 함에 있는 것인데, 정치적인 도리에 합리적인 성분이 없다면 그것은 현명한 것에 거역하는 것이라고 합니다.……정치를 잘한다고 하는 것은 속된 것을 보고 교화를 베풀며 실수를 살펴 대비책을 마련하며, 위엄과 덕을 더욱 흥하게 하고 문무를 겸용하는 것입니다. 그런 후에 정치가 때에 맞게 조정되는 것이고 조급한 사람들이 안정을 찾게 되는 것입니다.[19]

환담은 각각의 군주들 모두가 나라를 흥성하고 조화롭게 하여 잘 건설하려고 한다고 여겼다. 국가의 흥망성쇠는 정사에 달려있고 정사의 득실은 군주를 보좌하는 신하들의 현명함 여부에 달려있으며, 군주를 보좌하는 신하들이 현명하다면 자연히 합리적으로 정무를 처리할 수 있게 되는 것이다. 그러나 이것과 반대일 경우는 조정의 정론은 적합한 시기를 놓치게 되고 정무 처리를 잘못하게 되는 경우가 매우 자주 발생하게 되는 것이다. 합리적으로 정무를 처리한다고 하는 측면에서 본다면, 이는 매우 확실하고 실질적인 견해라고 할 수 있는데, 이는 곧 구체적으로 현명한 선비들을 등용할 수 있다면 그들은 우선적으로 현실상황을 정확하게 파악하고 나서 다시 개인의 정확한 지식을 통하여 어떠한 정책이 진정으로 시의적절한 것인지를 판단하게 되는 것이다. 그렇기 때문에 환담은 "국가를 다스리는 것은 보좌의 근본이며, 그것은 바로 훌륭한 인재를 구하여 모두 임용하는 것에 있으며, 훌륭한 인재는 군주의 팔다리와 날개가 되는 것이다."[20]라고 역설했던 것이다.

---

19 『後漢書』, 「桓譚傳」, "臣聞國之興廢, 在於政事. 政事得失, 由於補佐. 補佐賢明, 則俊士充朝, 而理合世務, 補佐未明, 則論失時宜, 而擧多過事. 夫有國之君, 俱欲興化建善, 然而政道未理者, 其所謂賢者異也.……蓋善政者, 視俗而施教, 察失而立防, 威德更興, 文武迭用, 然後政調於時, 而躁人可定."

20 『新論』, 「啓寤」, "治國者補佐之本, 其任用咸得大才, 大才乃主之股肱羽翮也."

광무제는 환담의 포부가 충만한 상소문에 대하여 주의 깊게 보지를 않았으며, 오히려 도참이론을 정무판단과 결정을 하는 것에 적극 활용했다. 그렇기 때문에 환담은 죽음을 무릅쓰고 재차 광무제에게 속된 유학자들이 『오경五經』의 올바른 의미를 곡해하고 성현의 가르침을 위배한다고 간언을 하는 한편 광무제가 방사方士들의 황노黃老사상을 명확하게 파악하여 그들의 이론을 실제 정무에 활용하지 말기를 염원했다. 또한 환담은 만일 또 다시 참위설의 요망한 이론에 미혹된다면 한 왕조를 다시 부흥시키는 데에 방해가 될 것이라고 주장했다. 광무제는 환담의 이러한 상소문을 접하고 매우 불쾌하게 생각했다. 그 뒤에 광무제는 참위이론을 이용하여 영대를 건설할 장소를 결정하려고 생각하고 환담에게 의견을 구했으나, 환담은 "소신은 참위서를 공부하지 않습니다." 라고 대답하는 것에 그치지 않고 "도참이론이 경전의 가르침에 위배된다고 극력 주장했다." 이에 광무제가 대노하여 "환담은 성인의 가르침을 부정하고 무도한 자이구나, 장차 그를 참수할 것이다."라고 까지 했다. 이처럼 환담이 굳건하게 참위설에 대하여 반대한 까닭은 바로 참위설은 단지 징조만 있을 뿐 그러한 사안을 알 수가 없다고 여겼기 때문이다. 즉 참위설의 이러한 맹점은 유학의 명분에 가탁하여 권위를 내세워 사욕을 채우려는 것에 있는 것으로서 실제로는 유가 경전의 가르침에 위배되는 것에 있었던 것이다. 환담은 참위설에 의해 해석된 현상들은 우연히 들어맞은 것에 불과한 것으로 유능한 군주나 현명한 신하 및 지혜로운 선비들은 이러한 재이현상이나 변고와 같은 사태를 직면했을 때 자신의 덕을 수양하고 좋은 정치를 베풀며 자신에게 주어진 직분을 살피고 신중하게 행동함으로써 그러한 재이현상이나 변고와 같은 사태에 대응하는 것이라고 했다. 이처럼 환담은 징조가 나타난 후에 지혜로운 판단과 선택을 통하여 참위설 따위의 미신에 현혹되지 말 것을 주장하였는데, 이는 인본주의 정신을 기반으로 한 이성적 행위에 부합되는 것이라고 할 수 있는 것이다.

5. 맺는 말

이상과 같이 환담의 천도론 사상에 대하여 사상의 연원과 천체자연론 및 합리적 사유방식을 중심으로 논의를 진행해 보았는데, 이를 정리하면 다음과 같다.

환담은 부친이 음악을 관상하는 태악령에 재직했던 관계로 음악을 좋아했으며 거문고를 잘 탔다. 그리고 환담은 오경五經을 두루 공부했으며 문장이 뛰어났는데, 특히 옛날의 학문을 좋아하여 수차례에 걸쳐 유흠과 양웅에게 찾아가 학문상의 질의를 하기도 했다. 성정이 노래와 음악을 좋아했으며 소탈하여 위엄을 내세우길 좋아하지 않았으며, 속된 유학자들을 천시했기 때문에 많은 사람들로부터 배척을 당하여 서한말기에 낮은 벼슬을 전전 했다. 환담은 한때 왕망의 진영에 의탁한 적이 있었는데, 그 당시 환담의 참위설에 대한 태도는 전혀 다른 형태를 보이고 있었다. 즉 환담은 고문경학을 전파하려는 희망을 왕망에게 걸고 있었기 때문에 왕망의 진영에서 참위설을 이용하는 것에 대하여 반대를 하지 않았다.

왕망의 신하가 된 기간에는 환담은 각 분야에 대하여 매우 상세한 관찰을 함으로써 왕망의 신나라에서 발생한 사건들에 대하여 경험적 측면에서 분석한 참위설 이론의 허망함을 질타하는 사상적 기틀을 마련한다. 광무제는 황제로 즉위한 후 고문경학 박사관을 폐지하는 등 고문경학에 대하여 신뢰하지 않자, 환담을 비롯한 고문경학파는 상당한 타격을 받게 된다. 이러한 상황 속에서 환담은 도참이론이 고문경학의 커다란 적이라고 생각하여 그것을 철저하게 혁파하지 않을 경우 고문경학이 정치적으로 발을 디딜 틈이 없어지게 될 것이라고 여겼다. 그렇기 때문에 이러한 시기의 환담의 사유체계 속에서는 도참이론에 반대하는 이론적 기반이 가장 굳건했던 것이다.

환담은 참위설의 천명관에 대하여 반대하는 과정 속에서 참위설이 음양오행설을 이용하여 건립한 인격화 된 천의나 천도 및 신의 의지 혹은 천天이 지고무상의 권위를 가지고 있으며 또한 경배의 대상이 된다고 하는 점을 지적했다. 아울러 제왕은 하늘의 자식이라고 하는 이론을 제시하면서 제왕의 권좌를 신으로부터 수여받았으며 천도에 의해서 통치를 한다고 하는 이론적 근거를 만들었다는 점 역시 지적하고 있다. 이처럼 제왕 한 사람에게 절대 권력이 집중되는 것을 환담은 경계했던 것이다. 그렇기 때문에 환담은 천天에게는 인간에게 고통이나 재난 같은 것을 내릴 수 있는 명령이나 권한 따위가 존재하지 않는다고 보았다. 반면 환담은 대자연 속에는 자연스럽게 형성된 생명의 법칙이 있다고 보았는데, 그것은 바로 태어나고 자라고 늙고 죽는 것으로, 인간 역시 대자연 속에서 생존하는 존재이기 때문에 이러한 생명의 법칙에 따르는 것이라고 하였다. 환담은 당시 사회에서 유행하고 있었던 천명론에 대하여 분명하게 반대의 입장을 표방하는데, 그러한 주된 이유는 후세의 속된 유학자들이 성인의 말씀을 가탁하여 천天을 인격화시켜서 의지가 있고 행위가 있는 천인감응사상으로 발전시키는 것이 선진유학의 가르침에 위배되는 것이라고 본 것에 있다.

환담은 미신에 대하여 분명하게 반대의 입장을 견지했다. 즉 그는 인본주의와 실증주의 관점에서 신비주의적 색채가 짙은 각종의 미신과 소문 등의 허망함을 비판함과 동시에 견강부회나 가설의 방법으로 비유하는 것에 대해서도 반대를 표방했다. 환담은 인간의 언어와 행동 모두가 실제와 부합해야 만이 불필요한 오해를 불러일으키지 않을 수 있다고 생각했다. 즉 환담의 관념 속에서는 기이하고 괴상한 것을 좋아하는 사람들은 모두가 하나같이 비현실적인 사람들로서 그들로부터 취할 만한 것은 전혀 없다고 하는 의식이 자리 잡고 있었던 것이다. 그래서 환담은 자연계에서 천天은 어떠한 특정 지역의 백성들을 특별히 보살펴 줄 수 없을 뿐만 아니라, 우발적으로 발생한 사건 하나로 하늘과 인간 사이의 인과관계는 증명될 수 없는 것이라고 생각했다. 그렇지만 혹자는 모든 현상 속에는 인과관계가 필연적으로 존재한다고 주장을 하기도 하지만 환담은 그러한 현상이 의외로 발생한 사건으로 사람들이 우연히 맞닥트린 것일 뿐이며 절대로 인과관계에 의해서 조우한 것이 아니라고 역설한다. 즉 환담은 자연계에서 발생하는 각종 현상은 우연적인 것이고 사람들이 그것을 우연한 기회에 직면하게 되는 것이기 때문에 이성적으로 자연계의 재이현상 등 각종의 현상들을 보아야 한다고 주장했던 것이다.

환담은 참위설의 오류는 유학의 명분에 가탁하여 권위를 내세워 사욕을 채우려는 것에 있는 것으로서 실제로는 유가 경전의 가르침에 위배되는 것에 있었던 것이라고 생각했다. 그래서 환담은 참위설에 의해 해석된 현상들은 우연히 들어맞은 것에 불과한 것으로 치부하고, 유능한 군주나 현명한 신하 및 지혜로운 선비들은 이러한 재이현상이나 변고와 같은 사태에 직면했을 때 자신의 덕을 수양하고 좋은 정치를 베풀며 자신에게 주어진 직분을 살피고 신중하게 행동함으로써 그러한 재이현상이나 변고와 같은 현상에 대응하는 것이라고 했다. 이처럼 환담은 징조가 나타난 후에 지혜로운 판단과 선택을 통하여 참위설 따위의 미신에 현혹되지 말 것을 주장하였는데, 이는 인본주의 정신에 기반을 둔 것이라고 할 수 있는 것이다.

참고문헌

1. 劉寶楠,『論語正義』,『續皇淸經解』 本.
2. 班固,『漢書』, 北京, 中華書局, 1990년.
3. 范曄,『後漢書』, 北京, 中華書局, 1985년.
4. 朱謙之,『新輯本桓譚新論』, 北京, 中華書局, 2009년.
5. 董俊彦,『桓子新論研究』, 臺北, 文津出版社, 1989년.
6. 黃開國,「論漢代讖緯神學」,『中國哲學史研究』, 北京, 中國社會科學出版社, 1984년, 第一期.
7. 陳玉璟,「關於桓譚思想的機個問題」,『安徽師大學報』, 1982년, 第一期.

제3절 신멸론 사상

1. 시작하는 말

고대 중국에 있어서 인간의 삶과 죽음에 관한 문제는 여러 사상가들의 주된 관심 영역 가운데 하나였다고 할 수 있다. 고대 중국 사상가들의 삶과 죽음에 관한 문제에 대한 논의는 시대적 여건과 다양한 요인들로 인해서 적지 않은 차이가 상존하고 있다고 볼 수 있다. 춘추전국시대의 제자백가들은 삶과 죽음의 문제에 대하여 저마다 다양한 견해를 피력했다고 할 수 있다. 그들은 인간 생명의 가치를 중시했다고 하는 점에서는 공감대를 형성하였지만, 인간의 죽음의 문제에 대한 태도는 제각기 다른 견해를 가지고 있었다고 할 수 있다.

양한兩漢시대에 이르러 인간의 삶과 죽음에 관한 문제에서 다뤄진 사안은 선진시기와는 또 다른 모습을 보여주고 있었다. 그것은 바로 선진시기의 제자백가들이 추구했던 안전한 삶을 영위하는 태도로서는, 양한시대 사람들의 삶과 죽음의 문제에 대한 호기심을 충족시켜주질 못했으며 또한 그들이 죽음에 대해 갖고 있는 공포감을 해소시켜주지 못했던 것에 있다. 양한시대 사람들은 죽음의 문제에 대하여 막연한 공포감을 가지고 있었기 때문에 죽음으로부터 도피하여 현실의 삶이 계속적으로 연장되기를 기원했던 것이다. 그렇기 때문에 양한시대 사람들은 현세의 유한한 삶의 구속에서 탈피하여 영원한 생명을 누리는 불로장생의 꿈을 염원했던 것이다. 그 결과 기존의 전통적 가치 관념은 참위설과 같은 미신을 추구하는 풍조로 바뀌게 된다. 또한 이러한 가치체계는 양한시대 사람들의 욕구에 영합하는 것이었기 때문에 매우 큰 영향력을 발휘할 수 있었던 것이다. 이러한 요인이 바로 양한시대에 사람들이 불로장생이나 참위설과 같은 미신을 앞 다퉈 신봉하고, 그것이 사회적으로 유행하게 된 이유 가운데의 하나인 것이다.

다른 한편으로 양한시대에 유행한 이러한 현상에 대하여 환담의 "초와 촛불의 비유"나 왕충의 육체 없이 홀로 존재하는 정신은 없다고 하는 명제 등은 정신은 육체에 의지하는 것이라고 하는 것과 육체가 죽으면 정신도 소멸된다고 하는 도리를 논증했다. 그들은 이러한 논증을 통하여 이론적인 측면에서 사람이 죽은 후에도 귀신이나 영혼으로 존재한다고 하는 종교적인 미신의 이론적 전제를 궤멸시켰다.

이와 같이 양한시대에 있어서 삶과 죽음의 문제에 대한 논의는 이미 상당히 고차원적인 단계에까지 진입했다고 볼 수 있는데, 내용적인 측면에서 볼 때 이는 생명의 본질적인 문제와 의미에 대한 논의에 그치는 것이 아니라 인간의 구체적인 육체와 추상적인 정신 사이의 대립과 통일의 오묘한 관계 에 대한 논의까지 아우르는 것이라고 할 수 있을 것이다.

양한시대의 사상계에서 삶과 죽음의 문제에 관하여 선구자적 역할을 했던 환담의 신멸론 문제에 대하여 본문에서는 양생론의 관점에서 형신관계를 분석하고 초와 촛불의 비유로 논증한 신멸론 및 형신논증의 특징을 중심으로 논의를 진행해보도록 하겠다.

2. 양생론 관점에서 분석한 형신관계

환담은 신선사상을 주창하는 방술사들의 불로장생이론에 대하여 부분적으로 수긍할 만한 가치가 있다고 보면서 양생론을 통해서 신선이 될 수 있다고 하는 것에 대해서는 상대적인 관점을 견지했었다. 즉 환담은 양생을 통하여 수명을 연장할 수는 있지만 불로장생은 할 수 없는 것이며 인간이 양생술을 통하여 신선으로 될 수 있는 것은 아니라고 했던 것이다.

환담은 사람의 수명에는 제각기 길고 짧음이 있는 것이라고 생각했는데, 수명의 길고 짧음이 있게 되는 원인으로 개인의 체질과 개인이 처한 생활환경의 영향을 비롯하여 양생을 잘하고 못했는가의 여부에 달려 있는 것으로 보았다.

> 나는 두공竇公이 어려서부터 소경이 된 뒤로 오직 내면으로 보는 것에 집중하였을 뿐 외부의 것을 자세하게 보려고 하지 않고, 항상 편안하게 즐기면서 살았기 때문에 수명이 더욱 연장 되었다고 생각했다.[1]

전국시대 위나라 문후文侯 재위시절 음악가 두공竇公이 백 팔십여 년을 살았는데, 이는 그가 정신을 잘 양생했기 때문이다.

> 내가 일찍이 현령이 된 친구 두방杜房을 방문했는데, 그가 『노자』를 읽고 있었다. 그가 나에게 "노자는 명리를 추구하지 않고 담담하고 무위한 방법으로 양생하여 몇 백세까지 살았다는데 지금 그의 방법으로 양생한다면 불로장생할 수 있을까?"라고 물었다. 내가 "비록 육체라고 하는 명칭은 같은 것이지만, 재질과 성정은 제각기 다른 것이다. 어떤 것은 강하거나 약하기도 하고 견고하거나 연약하기도 한 모습을 가지고 있다. 그러한 것을 아끼고 보양하여 적절하게 사용하면 줄곧 더 낫게 쓸 수 있을 뿐이다. 비유하자면 의복이나 신발 기물 따위를 아껴 쓰면 그것을 오랫동안 사용할 수 있는 것과 같은 것이다."라고 응답했다.[2]

환담은 양생을 잘하면 장수를 누릴 수 있는 것이라고 생각했는데, 그러한 이유로 육체가 잘 보살핌을 받고 적절하게 사용된다고 할 경우를

1 『新論』, 「祛蔽」, "余以爲竇公少盲, 專一內視, 精外不鑒, 恒逸樂, 所以益性命也."

2 『新論』, 「祛蔽」, "余嘗過故陳令同郡杜房, 見其老子書, 言老子用恬澹養性, 致壽數百歲, 今行其道, 寧能延年却老乎? 余應之, 雖同形名, 異質性才幹, 乃却異度, 有强弱堅脆之姿焉; 愛養適用之, 直差愈耳. 譬猶衣履器物, 愛之則完全乃久."

들었다. 이는 비유하자면 일상생활 속에서 입는 의복이나 사용하는 기물들의 경우 적당한 보살핌과 보양을 받게 되면 오랫동안 유지될 수 있는 것과 같은 맥락으로 이해될 수 있을 것이다.

> 옛날 태평성대 시절 백성들은 때 묻지 않고 아름답고 풍요로운 삶을 누렸다. 그들은 모두가 건강하게 늙어서 백년 정도를 살다가 죽었다. 죽을 때는 홀연히 잠자다 떠나가는 것 같았다. 마치 과일과 곡식이 다 익어서 오랜 시간이 지나면 스스로 떨어지는 것과 같았다. 후세 사람들은 쇠약하고 얇은 나쁜 기운을 만나 제 때에 맞춰 결혼하질 못하고 고된 노동을 과도하게 하였기 때문에 자식을 낳지만 모두가 질병을 가지고 있으며 근육과 뼈 혈기가 충분하게 강하질 못한 것이다. 그렇기 때문에 많은 재앙에도 쉽게 꺾어지게 되어 중년에 요절하게 되는 것이다. 그들이 질병이나 괴질 통증에 직면하여 불쌍히 여기어 슬퍼하다가 그러한 후에 중년의 나이에 절명을 하게 된다. 그러므로 한탄하며 증오하는 것이며, 죽음을 큰 일로 여기는 것이다.[3]

이러한 것 외에도 환담은 초와 촛불의 비유를 들어서 인간의 생로병사 즉 태어나고 늙고 병들고 죽음에 이르는 현상을 설명했다.

> 내가 일찍이 밤에 방에 앉아서 술 한 잔을 마시고 있었는데, 방안에서 타고 있던 촛불이 반쯤 타오르고 꺼지려고 했다. 즉 스스로 신중하게 잘 살펴보니 한쪽의 촉피가 떨어져나가 등심이 이어지지 못하고 있었다. 그래서 심지를 돌려놓자 촛불은 다시 타올랐다. 마찬가지로 사람의 육

3 『新論』, 「祛蔽」, "夫古昔平和之世, 人民蒙美盛而生, 皆堅强老壽, 咸百年左右乃死. 死時忽如臥出者, 猶果物穀實, 久老則自墮落矣. 後世遭衰薄惡氣, 嫁娶又不時, 勤苦過度, 是以身生子皆俱傷, 而筋骨血氣不充强, 故多凶短折, 中年夭卒. 其遇病或疾痛惻怛, 然後中絶, 故咨嗟憎惡, 以死爲大故."

체가 훼손된다 하여도 잘 조절하여 보살핀다면 역시 회복될 수 있는 것이다.[4]

환담은 육체가 훼손되었다고 하더라도 제때에 맞춰서 적절하게 잘 보살펴 준다면 위험한 고비를 넘길 수 있으며 심지어는 수명까지도 연장시킬 수 있다고 생각했다. 그러나 환담은 육체가 완전히 쇠진하였을 때는 생명을 더 이상 지속적으로 유지시킬 수 없다고 하는 사실에 대하여 여전히 강력하게 확신하는 태도를 견지했었다. 환담은 촛불이 연소하는 것을 비유로 들어서 "그 촛대가 다 타게 되면 더 이상 연소될 수가 없는 것이다."[5]라고 하였으며, 또 "오늘날 사람이 양생을 하면 빠진 이가 다시 생겨 나오고 백발이 검정색으로 변하게 되며 피부와 얼굴에 광택이 난다."[6]라고 언급했지만, "수명이 다하게 되면 결국 죽게 될 뿐이다."[7]라고 주장했다.

3. 초와 촛불의 비유로 논증한 신멸론

환담은 사람의 죽음을 설명하기 위하여 정신은 물질적 특성을 가진 육체를 따라서 함께 소멸되는 것이라고 하는 주장을 했다. 또한 그는 정신만이 홀로 독립해서 존재할 수는 없는 것이라고 하였으며, 아울러 그는 이러한 자신의 주장을 뒷받침하기 위하여 초와 촛불의 비유를 제기했던 것이다. 환담의 이러한 비유는 형신形神관계의 논증에 대하여 기본적으로 선대 사람들의 견해를 계승한 것이며, 아울러 그의 양생관념과 자

4 『新論』, 「祛蔽」, "余嘗夜坐飮, 內中然麻燭, 燭半壓欲滅, 卽自日敕視, 見其皮有剝釳, 乃扶持轉側, 火遂度而復, 則維人身或虧剝, 劇能養愼善持, 亦可得度."

5 『新論』, 「祛蔽」, "及其本盡者, 亦無以然."

6 『新論』, 「祛蔽」, "今人之養性或能使墮齒復生, 白髮更黑, 肌顔光澤."

7 『新論』, 「祛蔽」, "至壽極亦獨死耳."

연적인 생사生死 관념에서 출발하여 진일보 한 형形과 신神 둘 사이의 관계를 분석한 것이라고 할 수 있다. 환담은 형신形神관계에서 정신의 육체에 대한 의존성을 특히 강조했다고 볼 수 있다.

> 내가 촛불 옆에서 심지가 한자 늘어뜨려지는 것을 보고서 이것으로 비유를 하게 되었는데, 정신이 육체에 거하는 것은 불이 초에서 연소되는 것과 같은 것이다. 만일 잘 도와주면 불이 초를 따라 잘 타들어가 꺼지지 않고 초의 끝부분까지 가게 된다. 초가 없다면 촛불 역시 허공에서 독자적으로 피어날 수 없으며, 또한 심지만 연소될 수 없는 것이다. 초의 심지는 사람이 늙은 것과 같은 것으로 치아가 빠지고 머리가 백발이 되고 근육은 야위어 가고 정신은 윤택해질 수 없게 되는 것이다. 안과 밖에서 이러한 현상이 보편적으로 발생하게 되어 결국에는 기운이 쇠진되어 죽게 되는 것이다. 이는 마치 촛불이 초에서 다 연소되면 꺼지는 것과 같은 것이다. 사람이 다치거나 질병에 들게 되었을 때 좋은 의사로부터 진료를 받지 못하게 되면 죽게 된다. 죽으면 근육과 힘줄 뼈가 마치 바람 앞에 등불처럼 위태롭다가 결국은 소멸되는 것과 같다. 결국에는 피부 거죽만 뼈대 위에 길게 늘어져 있게 된다.[8]

환담은 비유 속에서 자신의 자연적인 생사生死 관념의 논점을 지속적으로 견지하면서 당시 한나라 사람들이 가지고 있었던 정신이 독립적으로 존재할 수 있거나 혹은 육체를 초월해서 존재할 수 있다고 하는 관점에 대하여 반대를 하고 있다. 아울러 환담은 비유 가운데 정신의 육체에 대한 의존성을 강조하고 있다. 이러한 비유는 정신과 육체의 내재적 관

8 『新論』, 「祛蔽」, "余見其旁有麻燭, 而灺垂一尺所, 則因以喩事, 精神居形體, 猶火之燃燭矣. 如善扶持, 隨火而側之, 可毋滅而竟燭. 燭無, 火亦不能獨行於虛空, 又不能後然其灺. 灺猶人之耆老, 齒墮髮白, 肌肉枯腊, 而精神弗爲之能潤澤. 內外周遍, 則氣索而死, 如火燭之俱盡矣. 人之遭邪傷病, 而不遇供養良醫者, 或强死; 死則肌肉筋骨常若火之傾刺風而不獲救護, 亦道滅, 則膚餘幹長焉."

련성을 설명하고 있는 것이라고 할 수 있다. 즉 이러한 비유 가운데 "정신은 육체에 거한다."라고 하는 명제는 기본적으로 『관자管子』의 "사지가 견고하면 정신이 머무는 곳이 될 수 있다."[9]라고 하는 견해를 계승한 것이라고 할 수 있다. 즉 『관자』의 주장은 사람의 육체를 집에 비유하여 정신이 그 안에 거주하게 되어 사람의 정신이 되는 것이라고 하는 것이며, 또한 정신은 정기라고 했던 것이다. 환담은 이러한 견해를 계승하는 한편 초와 촛불로 형신形神의 관계를 비유한다고 하는 명제를 제기하여 "초가 없다면 촛불 역시 허공에서 홀로 피어날 수 없다."라고 하는 사실을 긍정했다.

이와 같이 환담은 정신이란 것은 육체에 의존하는 것이라고 하는 형신관계의 설명을 통하여 형신은 서로 분리될 수 없는 것이라고 하는 점을 강조하였다. 아울러 환담은 한 걸음 더 나아가 초가 연소되어 잔불이 되는 것을 사람의 노년에 비유했다. 즉 사람은 노년에 이르러 치아가 빠지고 머리가 백발로 변하며 근육 역시 야위어져만 가고 정신은 절대로 젊은 시절처럼 윤택해질 수가 없게 되는 것이다. 그러므로 사람이 늙게 되면 육체 역시 쇠약해지는 것이며 신체의 내부와 외부를 막론하고 보편적으로 기능이 쇠퇴하게 되어 결국에는 기가 끊어지게 되어 죽음에 이르게 되는 것이다. 그리고 사람이 죽으면 촛불과 마찬가지로 형신은 함께 소멸되는 것이다.

이상과 같은 환담의 육체가 죽으면 정신도 소멸된다고 하는 주장을 정리해보면 다음과 같다고 할 수 있다.

먼저 서두에 요지를 명백하게 밝히는 "정신이 육체에 거하는 것은 불이 초에서 연소되는 것과 같은 것이다."라고 하는 명제를 제기하여 촛불을 정신에 비유하고 초를 사람의 육체에 비유한 것이다. 환담이 이렇게

9 『管子』, 「內業」, "四肢堅固, 可以爲精舍."

육체와 정신을 초와 촛불로 비유한 목적은 촛불이 초에서 연소되는 과정에서 발생하는 현상을 통하여 정신이 육체 속에서 하는 작용에 대하여 묘사하려고 하는 것에 있었던 것이다. 촛불이 초에서 연소될 때에 적절한 주변 여건만 주어진다면 심지가 모두 연소될 때까지 타다가 결국에는 심지 끝까지 다 타고나서 촛불은 자연히 더 이상 스스로를 연소시켜나갈 방법이 없게 되는 것이다.

초와 촛불의 이와 같은 관계를 환담은 사람의 육체와 정신 둘 사이의 관계가 밀접하고 불가분의 관계에 있는 것을 설명하는 것이라고 생각했다.[10] 아울러 동시에 정신의 육체에 대한 의존적 성질을 분명하게 드러냈으며, 한 걸음 더 나아가 정신이 육체로부터 독립하여 홀로 존재할 수 없다고 하는 사실을 추론해냈다. 환담은 분명하고도 확실하게 사람의 육체가 없으면 정신도 없는 것이라고 하는 사실을 천명하였으며, 정신이란 것은 육체로부터 독립해서 존재할 수 없는 것이라고 하는 점을 표명했던 것이다.

그 다음은 초와 촛불의 관계에서 한 걸음 더 나가서 추론한 정신과 육체의 관계를 설명한 것이다. 환담은 "심지만 연소될 수 없는 것이다."라고 하는 언급을 통하여 "정신은 윤택해질 수 없게 되는 것이다."라고 하는 점을 설명했다. 즉 심지는 초가 모두 다 연소되고 난 후에 결국 모두 타서 없어지게 되는 것인데, 마찬가지로 사람이 늙게 되면 치아는 빠지게 되고 머리는 백발로 변하게 되고 근육은 야위어져 가게 되는 것과 같은 것이다. 촛불은 완전하게 연소되어서 다 꺼진 이후에는 또 다시 연소될 수는 없는 것으로, 이는 정신이 이미 극도로 쇠락한 육체에서 더 이상 자양분을 공급받을 수 없게 되어 다시 윤택함을 받지 못하게 되어 부활할 수 없게 되는 것과 같은 것이라고 할 수 있다.

---

10 馮友蘭, 『中國哲學史新編』 第三冊, 北京, 人民出版社, 1996년, 236쪽 참조.

끝으로 환담은 "촛불이 초에서 다 연소되면 꺼진다."고 하는 사실로써 사람이 "기운이 쇠진되어 죽게 된다."고 하는 사실을 형용한 것이다. 즉 초가 다 연소되면 촛불은 소멸되는 것처럼 육체가 죽으면 정신도 소멸되는 것으로, 그 속에는 털끝만큼의 변화의 여지도 없는 것이다.[11] 환담이 보기에 육체와 정신은 모두가 같은 물질로 이루어졌으며, 모두 기氣에서 생성된 것이며, 자연의 일부분이기 때문에 자연계의 사물과 마찬가지로 그것들을 구성하고 있는 기氣의 흩어짐에 의해서 소멸되는 것이다. 여기에서 환담은 질적 변화와 양적 변화의 관점으로써 물체의 변화를 설명하고 있다.[12] 아울러 환담은 이러한 변화를 자연의 본성으로 귀결시켜서 만물은 모두가 자연의 필연성에 근거하여 생성되고 소멸되는 것이라고 보았으며 동시에 죽음은 피할 수 없는 것이라고 하는 사실 역시 분명하게 천명했던 것이다.

환담의 육체가 죽으면 정신 역시 소멸한다고 하는 논증에는 다음과 같은 특색을 찾아볼 수 있는데, 이를 정리하면 아래와 같다.

먼저 환담은 구체적인 실물로써 육체와 정신 둘 사이의 관계를 비유했다고 하는 점이다. 이는 장자와 회남자가 초와 촛불의 비유를 사용한 이래로 환담은 세 번째로 이러한 초와 촛불의 비유를 사용한 사람이라고 할 수 있다. 그러나 환담은 이러한 초와 촛불의 비유를 사용하여 분명하고 명확한 방식으로 육체가 죽으면 정신 역시 소멸한다고 하는 것을 제일 처음 논증한 사람이라고 할 수 있다.[13] 아울러 환담은 육체와 정신은 결코 서로 분리될 수 없는 아주 밀접한 관계라고 하는 관점을 분명하게 제기했는데, 이는 중국인들의 인생론 사상과 관련하여 매우 심도 있는

11 黎惟東, 「中國哲學家論形神問題所用燭火之喩的硏究」, 『華剛文科學報』, 第23輯, 1995년, 4쪽 참조.

12 葛榮晉, 『中國哲學範疇導論』, 北京, 中國人民大學出版社, 1986년, 280쪽 참조.

13 黎惟東, 「中國哲學家論形神問題所用燭火之喩的硏究」, 『華剛文科學報』, 第23輯, 1995년, 4쪽 참조.

공적을 남긴 것이라고 할 수 있다.

다음 환담은 순자의 "육체가 온전하게 갖춰져야 정신이 생긴다."라고 하는 명제를 계승하는 한편 진일보하여 육체와 정신은 서로 의지한다고 하는 것과 육체가 죽으면 정신 역시 소멸한다고 하는 사상으로 발전시켰다고 하는 점이다. 이와 같은 환담의 사상은 순자가 다루지 않았던 육체가 죽으면 정신은 소멸되는 것인가? 소멸되지 않은 것인가? 라고 하는 문제에 대하여 구체적인 비유를 들어서 설명하여 복잡한 문제를 단순하게 만들었다고 하는 점 역시 그의 사상 가운데 주요한 특색의 하나라고 할 수 있을 것이다.

그 다음 환담의 초와 촛불의 비유는 육체와 정신은 하나라고 하는 관점 즉 형신일원론形神一元論적 관점으로 이전 사람들이 육체와 정신의 관계 문제에 있어서 겪었던 육체와 정신은 이원적이라고 하는 관점 즉 형신이원론形神二元論적 관점으로 인해서 파생되는 난제들을 극복했다고 하는 점이다. 그러나 환담은 육체를 우선적인 것으로 보고 정신을 부차적인 것으로 본 것 즉 육체와 정신의 관계를 주종관계의 모식으로 설명한 점은 그다지 정치精緻하지 못한 점이라고 할 수 있을 것이다. 그렇기 때문에 환담의 형신일원론形神一元論적 관점은 철저하지 못한 견해라고 할 수 있다.

그 다음 환담은 관자의 정기精氣로써 육체를 설명하는 관점을 수용하였으나, 정기로써 정신을 해석하는 견해에 대해서 비록 다소 불합리한 부분이 있다고 하더라도 비유의 방식으로 이러한 난제를 해결하고자 한 점은 수긍 할 만 하다고 할 수 있다. 그러나 결국에는 또 다시 정기로써 정신을 설명해야 한다고 하는 곤란한 상황에 처하게 되는 것을 모면할 수 없게 된다고 하는 점은 치명적인 문제라고 할 수 있을 것이다.[14]

14 馮友蘭, 『中國哲學史新編』 第三冊, 北京, 人民出版社, 1996년, 235쪽 참조.

끝으로 환담은 초를 육체에 비유하고 촛불을 정신에 비유했는데, 초는 물체에 해당되고 촛불은 에너지에 해당되는 것으로 에너지는 물체에서 떨어질 수 없는 것이다. 마찬가지로 정신 역시 육체에서 분리될 수가 없는 것이다. 그러므로 세상에는 절대로 육체를 떠나서 독립적으로 존재하는 정신은 있을 수가 없는 것이다.[15] 환담은 물질 에너지의 운동변화의 관점으로 정신을 해석하였으며, 이러한 해석으로 사람의 사망과 육체와 정신의 상호관계에 대한 문제를 해석하였던 것이다. 그 결과 환담은 죽음이란 기가 다 소진되는 것이라고 하는 명제와 육체와 정신이 함께 소멸한다고 하는 명제를 제기하게 된 것이다. 이러한 명제가 의미하는 것은 바로 인간의 사망과 자연계에 존재하는 만물이 사멸하여 변화하는 것이 같은 것이라고 한다는 것으로, 이는 자연의 법칙에 부합하는 현상인 것이며 인간이 가지고 있는 자연적인 속성인 것이라고 하는 사실을 천명한 것이다.

환담은 자연주의적 입장에서 출발하여 사람 및 육체의 자연적인 속성을 강조했으며, 그것들과 자연계에 존재하는 사물들 사이의 상통성과 일치성을 강조했다. 그리고 환담이 보기에는 이러한 상통성과 일치성은 사람 및 육체와 자연계에 존재하는 모든 사물이 기氣의 결합에 의해서 생성된 것이라고 하는 것을 표시할 뿐만 아니라, 사람 및 육체의 사망과 자연계에 존재하는 모든 사물의 사멸은 그것들을 구성하고 있는 기氣를 모두 소진한 것에 의한 것이라고 하는 사실을 표시한다. 이와 같이 볼 때 환담이 기氣가 모두 소진되면 죽는다고 하는 언급은 결국 죽음이라고 하는 것은 사람 육체의 기가 분산되거나 소멸된다고 하는 것일 뿐이라고 하는 것을 의미한다고 할 수 있는 것이다.

이처럼 환담은 기氣가 모두 소진되면 죽는다고 하는 명제로써 당시

15 方立天, 『中國古代哲學問題發展史』上冊, 北京, 中華書局, 1992년, 270쪽 참조.

사회에서 유행하고 있었던 비합리적인 혹은 초자연적인 관점으로 인간의 죽음을 해석하던 여러 종류의 억견과 주장에 대하여 반대의 입장을 굳게 견지했었던 것이다. 아울러 환담은 인간의 죽음을 순수한 자연현상의 일부로 보았으며, 이러한 자연적인 사망관념을 바탕으로 해서 자신의 자연주의철학을 수립해나갔던 것이다.

환담이 제기한 사망은 육체와 정신이 모두 소멸되는 것이라고 하는 관념은 이전 사상가들의 사상을 계승하고 견고하게 만든 것에 그친 것이 아니라 그들의 사상을 더욱 풍부하게 만들고 발전시킨 것이라고 할 수 있다. 그 가운데에서도 특히 순자의 자연주의적 생사관을 더욱 정밀하게 발전 시켰다고 할 수 있다. 앞에서 언급한 것처럼 환담은 비록 자연주의적인 관점에서 인간의 죽음을 봐왔지만, 그가 인간의 죽음을 만물을 구성하는 가장 원초적인 요소인 기氣가 취합되었다가 종국에는 소실되어 발생하게 된 결과라고 본 것에서부터 인간의 죽음에 관한 문제는 매우 단순한 문제로 변모 되었던 것이다. 이러한 환담의 견해는 인간은 필연적으로 죽는 것이라고 하는 문제에 대하여 비교적 합리적인 해석을 제공해 줬다고 볼 수가 있을 것이다.

환담은 초와 촛불의 비유로 정신이 단독적으로 존재할 수 없는 것이며 육체를 떠나서도 존재가 불가능한 것이라고 하는 관점을 논증했으며, 정신의 육체에 대한 의존성을 강조했다고 할 수 있다. 이러한 것은 중국 전통의 형신形神관계 문제에 대한 해석상에 있어서나 혹은 사망현상에 대한 해석에 있어서 상당히 창의적인 해석의 틀을 제공해줬다고 할 수 있을 것이다. 그러나 환담은 자연과 인간의 본질적인 차이에 대하여 근본적인 측면에서 해결을 하지 못했기 때문에 정신과 육체가 자연계에 존재하는 모든 사물들과의 차이에 대하여 주의를 기울이지 못했던 것이다. 이는 그가 형신形神관계의 문제에 대한 설명을 할 때 다소간의 혼동을 초래했으며 명확하지 못한 부분을 야기 시키게 된 원인이 되었던 것이다. 즉 환담은 정신이 육체에서 나온 것인지 여부의 문제에 대하여 명확하게 밝히지 못했던 것이며, 아울러 정신이란 것이 도대체 육체의 작용인 것인가 아니면 속성인 것인가에 대해서도 분명하게 입장을 밝히지 못했던 것이다.

환담의 사상체계 속에는 우주론적 설명이 결여되어 있다고 볼 수 있다. 그렇기 때문에 환담이 "인간은 천지의 본체를 끌어안고 그것의 순수한 정기를 품는다."[16]라고 언급한 것에서 본체·정기와 인간의 육체·정신 둘 사이의 관계에 대하여 효과적으로 설명하고 논증할 수가 없었던 것이다. 이는 환담이 경험주의적인 입장에서 초와 촛불의 비유를 통해서 육체와 정신의 관계를 논증하려고 했기 때문에 발생하게 된 치명적인 약점이라고 할 수 있는 것이다.

4. 신멸론 논증의 특징

『관자管子』의 정기설精氣說은 정신을 물질형태의 속성으로 간주하지 않고 정신을 물질 자체로 보았다고 할 수 있다. 『관자』에서는 육체와 정신이 서로 합쳐지면 삶을 영위 할 수 있게 되고 육체와 정신이 분리되면 죽을 수밖에 없다고 하여 사람이 죽으면 귀신으로 변한다고 하는 견해에 대해서 강하게 부정했지만, 정신을 특수한 물질인 정기精氣로 간주한 사실은 명확하게 나타나 있다. 육체와 정신 사이는 파생되는 관계가 아닌 각기 독립적인 물질 존재인 것으로 육체는 정기가 담겨져 있는 장소인 셈이다. 이와 같이 정기는 육체에 거주하는 것으로 육체에서 자유롭게 나오고 들어갈 수 있는 것이다. 이러한 주장은 육체와 정신이 분리된다고 하는 형신이원론의 범주를 벗어나지 못하는 것으로 육체와 정

16 『新論』, 「正經」, "人抱天地之體, 懷純粹之精."

신은 분리될 수 없는 것이라고 하는 명제에 위배되는 것이라고 할 수 있다.[17] 또한 이러한 견해는 사람이 죽으면 정신은 육체를 따라서 소멸된다고 하는 논리를 성립할 수 없게 만들어 결국에는 어떤 특정한 여건 아래서 신선설의 불로장생의 이론적 근거를 제공해주는 구실이 되기도 했다.[18]

『회남자淮南子』의 기氣와 형신관계에 대한 견해 역시 전반적인 부분에서 본다면 『관자』의 정기설精氣說의 연속선상에서 발전한 것으로 볼 수 있는데, 『관자』의 정기설에서 크게 벗어나질 못하고 정기설의 약점을 여전히 견지하고 있었기 때문에 육체와 정신이 서로 분리 된다고 하는 문제를 해결할 수가 없었던 것이다. 이러한 약점과 관련하여 환담은 매우 심도 있는 방식으로 문제점을 보완하고자 했다. 즉 환담은 비유의 방식을 이용하여 직접적으로 기氣 관념으로써 형신관계에 대한 해석을 대체하는데, 이는 마치 의도적으로 정기설精氣說의 이용을 형신관계의 이론적 결함을 설명하는 것을 회피한 것처럼 보인다고 할 수 있겠다. 비유 방식을 이용하면 그 효과는 간단한 사물의 비유를 들어서 어려운 문제를 쉽게 해결하는 것에 있다고 할 수 있다. 즉 복잡한 이론을 간단하게 만들어서 설명하고자 하는 주제를 상대방에게 명확하게 전달시켜주는 효과가 있는 것이다. 이처럼 환담의 비유에 의한 설명은 기술적으로 정기설의 한계점을 극복할 수 있는 동인이 되었던 것이다. 이는 형신문제에 있어서 새로운 발상의 전환을 가져왔으며 중국 형신사상의 발전에 중대한 공헌을 한 것이라고 할 수 있을 것이다.

환담은 초와 촛불의 관계로 육체와 정신의 관계를 비유했는데, 정신은 촛불에 비유하고 육체는 초에 비유하여 "정신이 육체에 거주하는 것은

17 牙含章, 『中國無神論史』(上), 北京, 中國社會科學出版社, 1993년, 58쪽 참조.

18 湯一介, 『中國傳統文化中的儒道釋』, 北京, 中國和平學出版社, 1988년, 180~181쪽 참조.

마치 촛불이 초에서 연소되는 것과 같은 것이다."[19]라고 언급했다. 즉 환담은 촛불이 초에서 연소되는 현상을 통하여 정신과 육체의 관계 역시 서로 비슷한 현상이라고 하는 것을 연상하게 된 것이다. 다시 말하자면 촛불이 초에서 연소되는 과정의 묘사를 통하여 육체와 정신의 관계를 설명하였던 것이다. 초와 촛불로 형신을 비유한 것을 사용하는 것과 관련해서 그와 유사한 이전의 사례를 찾아보면 일찍이 장자가 사용했던 "장작과 장작불의 비유薪火之喻"가 있지만, 장자의 목적은 육체와 정신의 관계를 분석하는 것에 있지를 않았고, 단지 사람이 육체를 초월하여 지혜를 탐구할 경우 마음의 지혜에 씌워졌던 굴레로부터 벗어날 수 있다고 하는 사실을 설명하는 것에 있었다고 할 수 있다. 즉 허정하고 무욕한 마음과 대자연이 서로 함께 할 수 있다고 하는 것을 의미한다고 할 수 있는 것으로, 나와 천지의 정신이 왕래할 수 있는 경지에 도달하게 되는 것을 의미하는 것이다. 아울러 『회남자』의 초와 촛불의 비유는 단지 육체와 정신 사이의 의존관계만을 간단하게 설명하였을 뿐 더 이상의 진전된 논의가 결여된 것이었다고 할 수 있다. 반면 환담의 초와 촛불의 비유는 우선적으로 초와 촛불과 육체와 정신의 관계에 대하여 명확하고도 상세하게 논의하고 분석한 것이라고 할 수 있을 것이다. 환담이 비유를 사용한 것에 대해서는 비록 이전 사람들의 사유 모식에서 일정부분 계발을 받았다고 말을 할 수는 있겠지만 가장 중요한 요인은 바로 그 자신이 평소에 주변 사물에 대하여 주의 깊게 관찰한 점에 있다고 할 수 있을 것이다.

> 내가 일찍이 밤에 방에 앉아서 술 한 잔을 마시고 있었는데, 방안에서 타고 있던 촛불이 반쯤 타오르고 꺼지려고 했다. 즉 스스로 신중하게 잘 살펴보니 한쪽의 촉피가 떨어져나가 등심이 이어지지 못하고 있었다. 그

---

19 『新論』, 「祛蔽」, "精神居形體, 猶火之然燭."

래서 심지를 돌려놓자 촛불은 다시 타올랐다.[20]

환담은 촛불의 연소과정 가운데 발생하게 되는 각종의 변화현상 모두에 대하여 분명하게 파악할 수 있었기 때문에 그가 초와 촛불의 비유를 사용한 것에 대하여 이전의 것을 답습한 것에 불과한 것이라고 말할 수 없는 것이며, 자기 자신의 직접적인 관찰을 통하여 이해의 과정을 거친 후에 비로소 사용하게 된 것이라고 하는 것이다. 이러한 이유 때문에 환담을 중국 사상가들 가운데 가장 먼저 이러한 비유를 통하여 형신관계를 천명한 사람이라고 해도 과언이 아닐 것이다.

환담은 촛불의 초에 대한 의존으로부터 인간의 정신이 육체에 대한 의존을 추론해냈다. 촛불은 일종의 연소되는 에너지이기 때문에 반드시 초에 의존해야 하는 것이다. 그래서 환담은 "초가 없다면 촛불 역시 홀로 허공에서 연소될 수가 없는 것이다."[21] 불이 반드시 연소시킬 대상이 있어야 만이 비로소 연소 작용을 할 수가 있게 되는 것처럼, 정신 역시 반드시 육체라고 하는 의존처가 있어야 만이 생명현상을 유지시킬 수가 있게 되는 것이며 이 둘은 서로 분리가 될 수 없는 것이다. 촛불이 초를 떠날 수 없는 것처럼 정신 역시 육체를 벗어날 수 없는 것이다. 그렇기 때문에 정신은 육체를 떠나서는 절대로 독립적으로 존재를 할 수가 없게 되는 것이다. 환담의 이러한 관점은 정신과 육체 사이에 존재하는 불가분의 관계를 단적으로 보여줄 뿐만 아니라 정신은 육체를 떠나서 독립적으로 존재할 수 없다고 하는 사실을 각인시켜준다고 할 수 있다. 이러한 환담의 견해는 이론적인 측면에서 보았을 때 다음과 같은 사항에 대하여 논의해 볼만한 가치가 있다고 생각한다. 즉 환담은 연소현상을 촛불이

20 『新論』, 「祛蔽」, "余嘗夜坐飲, 內中然麻燭, 燭半壓欲滅, 卽自日敕視, 見其皮有剝釳, 乃扶持轉側, 火遂度而復."

21 『新論』, 「祛蔽」, "無燭, 火亦不能獨行於虛空."

초에서 연소되는 과정에서 나온 결과라고 하는 것을 가지고 인간의 생명현상을 사람의 정신이 육체 속에서 있는 가운데 나온 결과라고 설명하고 있다. 그러나 연소현상은 촛불이 초에서 연소되는 과정에서만 나오는 것이 아닌 여타의 가연성 물질이 연소되는 과정 속에서도 나오는 것인 반면에 인간의 생명현상은 인간의 정신이 육체에 깃들어 있을 때에만 비로소 나오게 되는 결과인 것이다. 바꿔 말하자면 육체와 정신의 관계는 초와 촛불의 관계와 같은 맥락으로 보아서는 안 되는 것이다. 즉 촛불은 반드시 초가 있어야 만이 존재할 수 있는 것이라고 말할 수 있지만, 초는 반드시 촛불이 있어야 만이 존재할 수 있는 것은 아니라고 말할 수 있는 것이다.[22]

이러한 문제가 발생하게 된 주요한 원인으로 환담이 사람과 물질의 차이에 대하여 본질적으로 구별할 수 없었기 때문에 발생한 것이라고 할 수 있다. 즉 환담은 정신적인 활동을 인간만이 가지고 있는 특별한 작용으로 생각하지 못했기 때문에 이러한 결과가 나오게 된 것이며, 또한 환담은 우선적으로 이론적인 측면에서 인간의 육체와 정신에 대한 설명을 하지 않았기 때문에 육체와 정신의 관계가 궁극적으로 어떤 관계인지에 대한 명확한 관념체계를 수립할 수 없었던 것이다.

일반적으로 말하자면 환담은 천天 관념과 관련하여 순자의 자연적의 미의 천天 관념을 계승하였다고 할 수 있다. 또한 환담은 순자의 육체가 갖춰져야 정신이 생성된다고 하는 주장에 대하여 진일보한 주장을 내놓는다. 즉 환담은 정신은 육체에 거주한다고 하는 명제로부터 더욱 진전된 정신은 육체를 떠나서는 독립적으로 존재할 수 없다고 하는 명제를 추론해 내놓는다. 환담이 채택한 방식은 경험주의적인 인식론 입장에서 촛불의 연소현상을 세밀하게 관찰하는 것으로부터 사람의 생명현상을

---

22 黎惟東, 「中國哲學家論形神問題所用燭火之喩的硏究」, 『華剛文科學報』, 第23輯, 1995년, 5쪽 참조.

촛불의 연소현상에 대비시켰다. 즉 촛불이 초를 떠날 수 없다고 하는 사실에서 정신이 육체를 떠날 수 없다고 하는 사실을 추론해냈던 것이다. 다시 말하자면 경험적 사실의 검증을 통해서 초가 모두 연소되어 없어지게 된다면 촛불 역시 소멸하게 되는 것이며 다시는 연소될 수가 없다고 하는 사례로부터, 육체가 죽으면 정신 역시 소멸하게 되어 다시는 부활할 수 없다고 하는 사실을 추론해냈던 것이며, 아울러 사람의 정신을 경험적 측면에서 보았을 때 육체에서 떨어져 독립적으로 존재할 수 없다고 하는 사실을 추론해냈던 것이다. 이를 통하여 환담은 사람이 죽은 뒤에 정신이 육체를 떠나서 존재할 수 있다고 하는 일부 사상가들의 주장에 대하여 그 가능성을 완전하게 배제했던 것이다. 그러나 정신은 육체에 거주한다고 하는 명제로부터 출발해서 육체와 정신이 병립하는 존재로서 이들 서로 간에는 의존하는 관계가 성립하지 않는다고 하는 결과를 도출하였을 경우에는 육체가 죽어도 정신은 소멸되지 않는다고 하는 결론이 나올 수도 있게 된다. 그렇기 때문에 환담은 정신을 단지 육체의 특수한 성질이나 작용으로 보지 않았던 것이다. 그러므로 이론상에 있어서는 역시 정신은 반드시 육체에 의존하는 것이라고 하는 것과 육체가 죽으면 정신 역시 소멸된다고 하는 것에 대한 근본적인 설명은 불가능할 수밖에 없게 되는 것이다.

이상과 같은 환담의 형신의 관계에 대한 논증을 보면, 그는 경험적 측면의 입장에 서서 인간의 생명현상을 관찰했기 때문에 일부의 문제들에 대하여 간과하는 경향이 있음을 어렵지 않게 발견할 수 있게 된다. 이러한 경향은 환담의 본의가 무엇인지에 대하여 이해하기 어렵게 만드는데, 특히 그가 언급한 정신은 기氣인가 아닌가? 혹은 어떤 종류의 기氣에 속하는 것인가? 정신은 육체에 속하는 것인가 혹은 외부의 정기精氣에서 온 것인가? 이러한 의문들에 대하여 환담은 명확하게 해답을 내놓지 않았다고 할 수 있다. 그리고 환담은 인간의 죽음에 대하여 설명할 때 기氣

가 소진 된다고 하는 것을 사용하는데, 여기에서의 기氣는 물질적 성질을 가진 것이라고 할 수 있다. 환담은 육체는 기氣에 의해서 구성되는 것이라고 하는 사실에 대하여 긍정적인 입장을 취하기는 하지만, 정신에 대해서는 명확한 설명을 하지 않았는데 이를 통해서 환담이 정기설精氣說의 영향에서 완전히 벗어난 것은 아니라고 하는 사실을 발견할 수가 있게 된다. 마찬가지로 환담은 정신을 물질적인 성질을 가진 것으로 보았는데, 이는 그가 촛불을 인간의 정신에 비유한 사실에서 어렵지 않게 발견할 수 있게 된다. 불은 공기 중의 산소와 물질이 결합하여 발생하게 되는 연소현상으로 일종의 물질이라고 할 수 있지만 정신은 보이지 않는 물질인 것이다.[23] 이처럼 환담의 정신에 대한 견해는 너무나도 간략하여 부족한 면이 없지 않아 있다고 할 수 있다. 이는 인간의 정신이란 것은 단지 물질적인 측면의 의미만으로는 온전하게 해석을 할 수가 없는 존재이기 때문이다.

결론적으로 언급하자면, 환담은 우주론적 관점에서 인간의 육체와 정신의 관계에 대한 논증을 하지 않았다고 볼 수 있다. 다시 말하자면 환담은 견고한 세계관의 기초를 다지지 못한 상태였기 때문에 육체와 정신의 문제에 대해서 적절한 설명을 할 수가 없었던 것이다.[24] 또한 환담의 초와 촛불의 비유는 당시 사회에 만연되어 있었던 미신과 불로장생설의 허구성에 대한 비판에 적지 않은 역할을 했으며 또한 이러한 비유는 비유의 특성을 더욱 부각시켜 일반사람들이 형신관계에 대하여 좀 더 쉽게 이해할 수 있도록 해줬다고 볼 수 있다. 그러나 한편으로는 환담이 이러한 비유를 통하여 형신관계를 설명한 이후에 일부의 사람들이 초와 촛불을 형신에 비유한 것을 두고 사이비 이론이라고 공격할 수 있는 여지를

23 黎惟東, 「中國哲學家論形神問題所用燭火之喩的硏究」, 『華剛文科學報』, 第23輯, 1995년, 5쪽 참조.

24 葛榮晉, 『中國哲學範疇導論』, 北京, 中國人民大學出版社, 1986년, 280쪽 참조.

준 것은 그의 한계라고 할 수 있을 것이다.

5. 맺는 말

이상과 같이 환담의 신멸론 문제에 대하여 양생론의 관점에서 형신관계를 분석하고 초와 촛불의 비유로 논증한 신멸론 및 형신관계에 대한 논증의 특징을 중심으로 살펴보았는데, 이를 정리하면 다음과 같다.

환담은 양생을 통하여 수명을 연장할 수는 있지만 불로장생은 할 수 없는 것이며 인간이 양생술을 통하여 신선으로 될 수 있는 것은 아니라고 했던 것이다.

환담은 사람의 수명에는 제각기 길고 짧음이 있는 것이라고 생각했는데, 수명의 길고 짧음이 있게 되는 원인으로 개인의 체질과 개인이 처한 생활환경의 영향을 비롯하여 양생을 잘하고 못했는가의 여부에 달려 있는 것으로 보았다. 또한 환담은 육체가 훼손되었다고 하더라도 제때에 맞춰서 적절하게 잘 보살펴 준다면 위험한 고비를 넘길 수 있으며 심지어는 수명까지도 연장 시킬 수 있다고 생각했다. 그러나 환담은 육체가 완전히 쇠진하였을 때는 생명을 더 이상 지속적으로 유지시킬 수 없다고 하는 사실을 강력하게 확신했다.

환담은 초와 촛불의 비유를 통해서 정신이란 것은 육체에 의존하는 것이라고 하는 형신관계의 설명을 통하여 형신은 서로 분리될 수 없는 것이라고 하는 점을 강조하였다. 아울러 환담은 한 걸음 더 나아가 초가 연소되어 잔불이 되는 것을 사람의 노년에 비유했다. 즉 사람은 노년에 이르러 치아가 빠지고 머리가 백발로 변하며 근육 역시 야위어져만 가고 정신은 절대로 젊은 시절처럼 윤택해질 수가 없게 되는 것이다. 그러므로 사람이 늙게 되면 육체 역시 쇠약해지는 것이며 신체의 내부와 외부를 막론하고 보편적으로 기능이 쇠퇴하게 되어 결국에는 기가 끊어지게 되어 죽음에 이르게 되는 것이다. 그리고 사람이 죽으면 촛불과 마찬가지로 형신은 함께 소멸되는 것이다.

환담은 초와 촛불의 비유로 정신이 단독적으로 존재할 수 없는 것이며 육체를 떠나서도 존재가 불가능한 것이라고 하는 관점을 논증했으며, 정신의 육체에 대한 의존성을 강조했다고 할 수 있다. 이러한 것은 중국 전통의 형신形神관계 문제에 대한 해석상에 있어서나 혹은 사망현상에 대한 해석에 있어서 상당히 창의적인 해석의 틀을 제공해줬다고 할 수 있을 것이다. 그러나 환담은 자연과 인간의 본질적인 차이에 대하여 근본적인 측면에서 해결을 하지 못했기 때문에 정신과 육체가 자연계에 존재하는 모든 사물들과의 차이에 대하여 주의를 기울이지 못했던 것이다. 이는 그가 형신形神관계의 문제에 대한 설명을 할 때 다소간의 혼동을 초래했으며 명확하지 못한 부분을 야기 시키게 된 원인이 되었던 것이다. 즉 환담은 정신이 육체에서 나온 것인지 여부의 문제에 대하여 명확하게 밝히지 못했던 것이며, 아울러 정신이란 것이 도대체 육체의 작용인 것인가 아니면 속성인 것인가에 대해서도 분명하게 입장을 밝히지 못했던 것이다.

환담은 초와 촛불의 관계로 육체와 정신의 관계를 비유했는데, 정신은 촛불에 비유하고 육체는 초에 비유하여 "정신이 육체에 거주하는 것은 마치 촛불이 초에서 연소되는 것과 같은 것이다."라고 언급했다. 즉 환담은 촛불이 초에서 연소되는 현상을 통하여 정신과 육체의 관계 역시 서로 비슷한 현상이라고 하는 것을 연상하게 된 것이다. 다시 말하자면 촛불이 초에서 연소되는 과정의 묘사를 통하여 육체와 정신의 관계를 설명하였던 것이다. 또한 환담은 촛불의 연소과정 가운데 발생하게 되는 각종의 변화현상 모두에 대하여 분명하게 파악할 수 있었기 때문에 그가 초와 촛불의 비유를 사용한 것에 대하여 이전의 것을 답습한 것에 불과한 것이라고 말할 수 없는 것이며, 자기 자신의 직접적인 관찰을 통하여 이해의 과정을 거친 후에 비로소 사용하게 된 것이라고 하는 것이다. 이러한 이유 때문에 환담을 중국 사상가들 가운데 가장 먼저 이러한 비유를 통하여 형신관계를 천명한 사람이라고 해도 과언이 아닐 것이다.

참고문헌

1. 王先謙,『荀子集解』, 北京, 中華書局, 1992년.
2. 顔昌嶢,『管子校釋』, 長沙, 嶽麓書社, 1996년.
3. 司馬遷,『史記』, 北京, 中華書局, 1983년.
4. 桓譚,『新論』, 上海, 上海古籍出版社, 1983년.
5. 葛榮晉,『中國哲學範疇導論』, 北京, 中國人民大學出版社, 1986년.
6. 湯一介,『中國傳統文化中的儒道釋』, 北京, 中國和平學出版社, 1988년.
7. 方立天,『中國古代哲學問題發展史』上冊, 北京, 中華書局, 1992년.
8. 馮友蘭,『中國哲學史新編』 第三冊, 北京, 人民出版社, 1996년.
9. 牙含章,『中國無神論史』(上), 北京, 中國社會科學出版社, 1993년.
10. 黎惟東,「中國哲學家論形神問題所用燭火之喻的研究」,『華剛文科學報』, 第23輯, 1995년.

제3장

왕충의 유학사상

제1절 천인관계론

1. 시작하는 말

고대 중국에서의 천인관계에 대한 논의는 주로 인간을 둘러싸고 있는 자연계에서 인간의 지위와 관련된 문제를 중심으로 이루어져 왔다고 할 수 있다. 즉 인간이 천지 자연 속에서 어떤 자리를 점하고 있느냐의 문제에 논의의 초점이 맞춰졌던 것이다. 유가와 도가의 사상은 중국 전통문화의 주요한 핵심을 이루고 있다고 할 수 있는데, 이들의 천인관계에 대한 견해는 중국 전통사상의 가장 전형적인 모습을 구비하고 있다고 볼 수 있다.

유가의 천인관계론에서는 인간을 중시하여 인의仁義의 학설을 중심으로 주장했는데, 그 주요한 내용은 역사와 문화에 대한 반성적 사고를 통하여 인간이 사회생활 속에서 직면하게 되는 여러 종류의 문제들에 관한 해답을 제시하는 것이다. 도가의 천인관계론은 주로 천도天道 자연에 대하여 체계적이고 심도 있는 서술과 인간이 우주 가운데에서 차지하는 존재의 문제를 명확하게 제시했다. 이러한 두 학파의 천인관계론 가운데 인간의 지위에 대한 문제는 서로 다른 각도에서 조명되어져 사상사에서 두 개의 기본적인 문제를 형성하였는데, 그것은 바로 천인天人과 고금古今의 문제였던 것이다.

비록 유가와 도가의 천인관계론이 출발점에서부터 서로 다른 양상을 보이고 있었지만, 중국 고대의 우주론 탐구에 대해서 그들이 시작 단계에서부터 보여준 것은 순수하게 객관적인 자연계의 지식을 추구하기 위함이 아닌 인생의 기본 정신을 추구하기 위한 것이었다. 인생에서의 필요를 위하여 우주 자연에 대하여 진행한 서술은 우주의 인문화 현상을 조성하게 된다고 할 수 있다. 이러한 전제 아래서 천인관계론이 인간은 어떤 존재인가? 또 인성은 어떠한 것인가? 라고 하는 문제에 대하여 논의를 진행한다면 그것은 가치의 문제에 관한 것이라고 할 수가 있는 것이다.

천인관계론에 대해서 한대는 선진시기의 인문적인 관점의 연속이라고 하는 의미 외에 실질적으로는 음양오행가의 이론과 천문역수가 융합된 형태의 우주론을 포함하고 있는 시기였다고 할 수 있다. 왕충의 천인관계론에 대하여 논의를 진행할 때 이와 같은 한대의 우주론을 결코 홀시할 수는 없는 것이다. 천인관계론은 한대에 매우 성행하던 학술이론이었다고 할 수 있으며, 서한시기의 동중서가 이러한 이론을 체계화하고 널리 알리는데 중요한 역할을 했다고 하기도 한다.[1] 동중서의 천인관계론에서는 인간에게 속하는 각종의 특징들이 자연계 안에 투사되어 천과 자연을 의인화시켜서 천과 인간이 서로 같은 구조를 가지고 있으며 비슷한 기능을 나타낸다고 했다. 왕충의 천인관계론은 바로 서한시기에 유행했던 천인감응론의 이론적 근거를 비판할 뿐만 아니라, 그 자신의 전체 사상체계의 기초가 된다고 할 수 있는 것이다. 이러한 왕충의 천도사상

1 馮友蘭, 『中國哲學史新編』 第三冊, 北京, 人民出版社, 1996년, 66쪽 참조.

은 양한시기의 우주론에 있어서 새로운 전기를 마련했다고 할 수 있을 것이다.

양한 사상사에서 왕충이 차지하는 비중은 매우 크다고 판단되는데, 이는 그의 사상이 양한시기 이후 위진남북조 시기의 사상계에 상당한 영향을 끼쳤기 때문이라고 볼 수 있다. 이러한 왕충 사상체계의 근간을 이루고 있는 천인관계론은 그의 우주론을 이해하는 관건적인 이론이라고 할 수 있다. 그러므로 본문에서는 왕충이 비판한 천인감응론과 천인감응론의 비판을 통한 인간존재의 의미를 중심으로 왕충의 천인관계론에 대하여 논의를 진행해 보도록 하겠다.

2. 천인감응론에 대한 비판

동중서가 처했던 시대적 배경과 당시 사회가 안고 있었던 문제를 근거로 해서 볼 때, 그의 천인감응론과 당시 통일제국의 제도적 장치의 형성은 매우 밀접한 관련이 있음을 발견할 수 있다. 과연 어떠한 형태의 이론적 근거의 제시를 통하여 이러한 통일제국의 제도를 완벽하게 만들 수 있도록 하며, 아울러 어떻게 제국의 통치 질서를 순조롭게 유지하고 운용할 것인가의 문제는 동중서가 직면한 현실문제였다. 그렇기 때문에 천인감응론은 천인관계 도식의 이론적 기초가 되었으며, 이것을 현실 제도적 측면에 반영한 것은 바로 합리적인 사회구조의 건립과 사회적 윤리가치의 근원을 수립하는 것이었다. 이외에도 동중서는 재이론災異論을 제시하는데, 그 주요한 이유는 통일제국의 구조적인 안정과 조화로운 질서를 유지하기 위한 조절 시스템을 만들기 위함이었던 것이다. 이러한 견해는 지속되어 동한시기 왕충의 천인감응론의 주요한 함의가 되었던 것이라고 할 수 있다. 그러나 동한시기에 이르러 이러한 천인감응론의 학설에는 이미 참위설과 신선방술이 더해져 갈수록 미신화 되어가는 경향을 보이다가 결국에는 민간에서 왜곡된 의식형태를 이루게 되었다.

왕충이 재세했던 당시에 유행했던 사회적 의식형태는 이미 변형된 모습의 천인감응론이었다고 할 수 있는데, 왕충은 이러한 형태의 천인감응론은 허망한 것이라고 생각했기 때문에 매우 신랄하게 비판을 한다. 왕충의 비판은 두 가지 다른 측면에서 진행되었는데, 하나는 천인감응론에 대하여 인간의 경험적 사실의 입장에서 그것의 진위를 판단하는 것이었고, 다른 하나는 천인감응론이 인간과 사회의 가치 의미적 측면에서 가치취향의 옳고 그름을 판단하는 것이었다. 이와 같은 서로 다른 함의는 왕충의 비판작업 속에서 항상 중첩되어 나타나거나 동시에 나타나기도 한다.

현대의 중국사상사와 관련한 많은 저작들 가운데, 항상 왕충을 동중서와 대립하는 위치에 놓는 한편 유심주의와 유물주의의 투쟁으로 이해하여 두 사상가의 학설을 비교하는 저작들이 많이 보여 지고 있다.[2] 그러나 『논형』의 내용을 분석해 보면 왕충이 동중서에 대하여 언급한 부분들 가운데, 동중서의 천인감응론에 대하여 불경한 태도와 과도하게 비판한 흔적을 찾아보기 힘들다. 오히려 반대로 왕충은 『논형』에서 동중서를 존숭하며 그를 대유학자로 찬양하기까지 한다.[3] 『논형』에서 왕충이 신랄한 공격과 비판을 한 천인감응론은 단지 재이를 주장하는 무리나 통속적인 유학자 등의 견해 및 당시 사회에서 통속적인 이론가들이 저술한 각종의 저작들이었다.

동중서와 재이를 주장하는 무리들은 표면적으로 볼 때는 모두가 동일하게 천인감응론을 제창하는 것처럼 보인다. 즉 이들 둘은 동일하게 천

2 馮友蘭, 『中國哲學史新編』 第三冊, 北京, 人民出版社, 1996년, 252쪽 참조. 祝瑞開, 『兩漢思想史』, 上海, 上海古籍出版社, 1989년, 300~332쪽 참조.

3 『논형』에서 동중서를 언급한 것은 30차례에 걸쳐서 보인다. 中法漢學硏究所編, 『呂氏春秋通檢/論衡通檢』, 上海, 上海古籍出版社, 1986년, 125쪽 참조.

인감응론을 전제로 삼는다. 이들 둘 사이에는 약간의 밀접한 관련이 있을 수도 있다는 것은 부인할 수 없는 사실이기는 하지만, 동중서의 천인감응론은 매우 광범위하고 엄밀한 구조를 갖춘 이론체계라고 말할 수 있는 반면에 재이를 주장하는 무리들의 견해는 단편적인 주장에 불과할 뿐이라고 할 수 있다. 이처럼 이들 둘 사이에는 근본적인 차이가 존재하는 것이다. 동중서의 이론체계 속에는 우주 전체의 구조적 안정을 유지하기 위한 것과 시스템 내부의 각각의 요소들 사이의 조화로운 운용의 관계를 확보하여, 개별적인 요소들이 기본적으로는 반드시 전체 시스템의 일정한 운용법칙에 복종해야 한다는 사실을 담고 있다고 할 수 있다.

우주 가운데 가장 존귀한 존재인 인간이나 인간세계에서 가장 존귀한 왕을 막론하고 모두가 천도天道와 천의天意를 따라야만 한다. 일단 천의를 위배하여 악행을 저지른다면 천은 각종 음양오행의 비정상적인 현상들을 일으켜 인간세계에 대한 경고나 징벌을 가한다. 그렇기 때문에 재이론은 동중서의 천인감응론 가운데 매우 중요한 조절 기능을 가지고 있다고 할 수 있다. 이러한 동중서의 견해와 재이를 주장하는 무리들의 주장과 비교해 본다면, 동중서의 천인감응론은 완정한 이론형태를 갖추고 있으며 또한 그것은 거대한 시스템 속에서 전체와 개별적 요소들 사이의 상호관계에 주안점을 두고 있으며, 개별이 전체에 대하여 복종해야 하는 기본원칙을 강조하고 있다. 반면 재이를 주장하는 무리들이나 통속적인 유학자들의 천인감응론은 각종의 비정상적인 현상에 착안하여 이변의 발생 원인에 대하여 잡다한 설명을 늘어놓는 한편 마땅히 누군가는 이러한 이변에 대하여 반드시 책임을 져야한다고 하는 것을 강조한다.

다시 말하자면, 재이를 주장하는 무리들의 천인감응론은 단지 동중서의 천인감응론 가운데 재이론 부분만을 단편적으로 발췌하여 발전시켰으며, 이것을 민간에서 광범위하게 유포되어 유행하고 있는 관념, 즉 선행을 하면 복을 받고 악행을 하면 벌을 받는다고 하는 관념에 편입시켰던 것이다. 더나가서 그들은 본래 제기되기만 했던 가치관념 전체를 정치영역에 응용하여 천인감응론의 우주관을 형성시켰던 것을 점진적으로 민간에서 유행하는 신앙체계로 변모시켰는데, 그것이 바로 하늘은 선악에 대한 대갚음을 한다고 하는 관념이었던 것이다. 결국 동중서와 재이를 주장하는 무리들의 천인감응론에 관한 견해를 명확하게 구분하게 된다면 왕충이 비판한 천인감응론의 요체에 대하여 분명하게 파악할 수 있을 것이다.

『논형』에는 송나라 경공 시기에 발생한 형혹(화성)의 운행이 심수를 침범한 천문현상을 근거로 자위가 재이설을 주장한 사실이 서술되어 있다.

> 전서에 다음과 같은 말이 있다. 송나라 경공 때 형혹의 운행이 심수를 침범했다. 경공이 두려워서 자위를 불러 "형혹이 심수에 있는데 어떤가?" 라고 물어 보았다. 그러자 자위는 "형혹은 천벌입니다. 심수는 송나라 지역이어서 바로 군주께서 화를 당하십니다. 그러나 재상에게로 옮길 수 있습니다."라고 하니, 경공이 "재상은 내가 국가를 다스리도록 등용한 사람인데, 도리어 그에게 죽음의 화를 옮기는 것은 상서롭지 못하다."라고 말했다. 또 자위가 "백성에게 옮길 수 있습니다."라고 하자, 경공이 "백성이 죽어 버리면 과인은 장차 누구를 다스리겠느냐? 차라리 혼자 죽겠다." 라고 말했다. 또 자위는 "농사의 수확으로 옮길 수 있습니다."라고 하자, 경공은 "백성이 굶주리면 죽고 만다. 군주가 되어서 자기 백성을 죽이고 자신만 살려고 하면 그 누가 나를 군주로 여기려고 하겠는가? 원래 과인의 명이 다한 것이니 그대는 더 이상 말하지 말라."고 하였다. 그러자 자위는 물러나 왕을 향해 두 번 절하며 말했다. "신은 감히 군주께 축하드리겠습니다. 하늘은 높은 곳에 있지만 하늘의 귀는 가까이 있습니다. 군주께서는 군주가 해야 할 세 마디 말을 하셨으니, 하늘은 반드시 군주께 세 번 상을 내릴 것입니다.……한 번 이동할 때마다 일곱 개의 별을

지나니 이십일 년입니다. 따라서 군주의 수명은 이십일 년이 연장됩니다. 신이 궁궐에서 관찰해보겠습니다. 별이 움직이지 않는다면 신은 죽음을 청할 뿐입니다."라고 하였다. 이날 저녁, 과연 형혹은 세 자리를 이동했다.[4]

이상의 사례에서와 같이 발견할 수 있는 사실은 당시 유행하던 천인감응론의 해석 방식이 매우 전형적으로 반영되어 있는 모습인데, 그것은 주로 천문현상이나 자연현상을 인간사와 관련시켜 해석하는 것이었다. 당시의 사회에서 유행하고 있던 천인감응론은 확실히 하늘은 선악에 대한 대갚음을 한다고 하는 관념에 편중되어 있었다. 왕충이 비판하고자 했던 천인감응론은 바로 이와 같이 당시 사회에 유행하고 있었던 하늘은 선악에 대한 대갚음을 한다고 하는 관념체계였다고 할 수 있다.

이와 같은 하늘은 선악에 대한 대갚음을 한다고 하는 관념은 주로 강력한 인과론의 신념을 기초로 하여 수립된 것이라고 할 수 있다. 이러한 관념 속에는 하늘은 인간세상의 선악과 연결되어 있다고 하는 인과론적 견해가 보편적으로 존재하고 있었기 때문에, 필연적이고 보편적인 존재가 각종 자연현상과 인간사회의 현상에 대한 해석을 묘사하는 가운데 있다고 보았던 것이다. 그렇기 때문에 하늘은 선악에 대한 대갚음을 한다고 하는 관념에 기초하여 나오게 된 사회적 가치판단은 무의식중에 절대적이고 단일한 이유로 설립되어 모든 형태의 현상에 대한 해석의 기준으로 성립된다. 다시 말하자면, 이러한 가치판단은 강렬한 인과론적

4 『論衡』, 「變虛」, "傳書曰: 宋景公之時, 熒惑守心. 公懼, 召子韋而問之, 曰: 熒惑在心, 何也? 子韋曰: 熒惑, 天罰也; 心, 宋分野也, 禍當君. 雖然, 可移於宰相. 公曰: 宰相, 所使治國家也, 而移死焉, 不祥. 子韋曰: 可移於民. 公曰: 民死, 寡人將誰爲也? 寧獨死耳! 子韋曰: 可移於歲. 公曰: 民饑, 必死. 爲人君而欲殺其民以自活也, 其誰以我爲君者乎? 是寡人命固盡也, 子毋復言! 子韋退走, 北面再拜, 曰: 臣敢賀君. 天之處高而耳卑, 君有君人之言三, 天必三賞君.……星當一年, 三七二十一, 故君命延二十一歲. 臣請伏於殿下以伺之, 星必不徙, 臣請死耳. 是夕也, 火星果徙三舍."

연결원칙 위에 건립되었으며, 또한 천天에 의해 이러한 연결 관계의 안정성을 보장받는 것이다.

이처럼 변형된 의식형태로서의 천인감응론의 상식적인 견해 속에서 인간은 하늘로부터 제어 당하는 존재로 변하게 되어 자유로운 존재가 되질 못하게 되는 것이다. 왕충은 이러한 견해가 인간을 속박한다고 하는 사실을 통감했기 때문에 이러한 견해에 대한 비판의 고삐를 늦추지 않음과 동시에 인간의 존재적 의의를 새롭게 모색함으로써, 이로부터 자신의 인성문제에 대한 견해를 전개해 나간다.

왕충이 인간의 행위와 인간의 기회 사이에 대한 인과론적 연결에 관하여 기본적으로 부정적 입장을 취하게 된 주된 이유는, 바로 인간세상에서 인간에 대한 평가가 이처럼 단순한 하늘은 선악에 대한 대갚음을 한다고 하는 관념의 인과론과 필연적으로 연결되어 있으며, 또한 그러한 인과론이 인간사회의 모든 행위에 보편적으로 운용되고 있었기 때문에 인간이 부딪치게 되는 특별한 상황에 대해서도 개인의 자질과 행위의 문제로 치부하는 것에 대하여 그는 상당히 이론의 여지가 있다고 생각했기 때문이다.

왕충은 이러한 하늘은 선악에 대한 대갚음을 한다고 하는 관념을 비판하는데, 그 주된 요인은 바로 이러한 관념이 인간의 행위와 인간의 기회 사이의 인과론적 연결을 단절시키기 때문에, 그는 인간이 이러한 잘못된 편견 속에서 분연히 인간존재의 진실한 의미를 새롭게 인식시키는 한편 인간을 평가할 수 있는 새로운 기준을 마련할 수 있기를 염원했기 때문이다.[5]

---

5 하늘은 선악에 대한 대갚음을 한다고 하는 관념에 대한 의문은 종교사회학적 관점에서는 다음과 같이 해석하고 있다. 즉 사회와 문화 모두는 인간들에게 선한 행위를 하면 좋은 보답이 있고 악한 행위를 하면 나쁜 보답이 있다고 한다. 그러나 일반적인 상황은 착한 사람은 먼저 죽고 악한 사람은 장수를 누린다. 그래서 의미상의 문제가 발생하게 되는데, 즉 인간이 살아가는 가운데 이처럼 유쾌하지 못한 측면의

3. 천인감응론의 비판을 통한 인간존재의 의미

동한시기의 민간사회에 일반적으로 유포되어져 있었던 하늘은 선악에 대한 대갚음을 한다고 하는 관념은 과도할 정도로 단순하게 천인감응론을 이해한 것이라고 할 수 있는데, 이는 외재되어 있는 다양한 형태의 자연현상을 표상으로 삼는 것에 근거한 것이라고 할 수가 있는 것이다. 그렇기 때문에 왕충의 비판은 자연현상의 조짐과 인간의 행위 사이에는 필연적으로 결정요인이 있다고 하는 견해를 단절하는데 그 초점이 맞춰져 있었다. 그는 이러한 견해가 정확한 인과 관계로 연결된 것이 아니라고 여겼다.

앞의 인용문에서 언급하였던 형혹의 운행이 심수를 침범한 천체현상의 사례 가운데, 송나라 경공의 세 마디 선한 말은 그에게 수명을 이십일년 늘려주는 행운을 가져다 줬다고 하는 것은 사실상 형혹이 세 자리를 이동했다고 하는 천체현상을 표상으로 삼아 세상을 권면하려는 이야기에 가깝다고 할 수 있다. 그렇기 때문에 왕충의 비판은 두 가지 측면에서 착수했다고 볼 수 있다. 먼저 인간의 삶과 죽음은 수명의 길고 짧음에 있는 것이지 행위의 선하고 악함에 달린 것이 아니라고 하는 것, 즉 인간의 언행과 생사 및 요절하고 장수하는 것과 관련이 있다고 하는 사실을 부정한 것이다. 다른 하나는 천체현상의 변화가 인간의 언행에 영향을 받는다고 하는 것을 부정한 것으로, 이는 천체현상의 변화는 단지 인간의 외부에 존재하는 객관적인 사실로서 인간에 대하여 어떠한 형태의 영향을 끼칠 수 없는 것이라는 사실을 설명하는 것이다.

왕충이 비판한 천인감응론에서 천인관계와 관련하여 두드러진 주장

문제가 발생하는 것에 대하여 우리들은 무엇 때문에 라고 하는 의문을 제기하게 된다. 이러한 무엇 때문이라고 하는 문제에 대한 대답을 회피한다면 우리들의 신념은 심한 타격을 받게 되는 것이다. Thomas F. O'Dea, 胡榮譯, 『宗教社會學』, 銀川, 寧夏人民出版社, 1989년, 8쪽 참조.

은 대체적으로 보았을 때, 다음과 같은 두 가지 측면으로 조명해볼 수 있다.

먼저 천과 인간을 자연계의 존재물로 동일시 한 점이다.

한나라 시기의 천문학 속에서 천체와 관련 있는 학설은 대략 세 종류라고 할 수 있다. 즉 개천설蓋天說과 선야설宣夜說 및 혼천설渾天說이 바로 그러한 것들이라고 할 수 있다.[6] 왕충이 형혹의 운행이 심수를 침범한 천체현상에 대한 것을 포함하여 수많은 천체현상과 관련하여 진행한 비평은 실제로 당시의 천문학적 측면의 성과를 근거로 하여 그 자신이 이해한 천의 성질을 설명한 것이다. 무릇 인격이 있고 의지가 있으며 심지어는 목적이 있고 의식이 있으며 도덕적 속성을 가진 천天이라고 하는 것에 대하여, 왕충은 분명하게 부정을 하며 이러한 천은 결코 존재하지 않는 것이라고 단언했다. 왕충은 천이란 단지 대지와 같은 것으로 옥이나 돌과 같은 유형의 물질적인 실체라고 생각하였으며, 결코 인격성을 가진 실체가 아니라고 여겼다.

> 하늘과 땅은 모두 실체다. 땅보다 낮은 곳이 없다면 하늘보다 높은 곳 역시 없다.[7]

> 무릇 하늘이라는 것은 실체이며 땅과 서로 같은 것이다.[8]

이러한 것 외에도 인간에 대하여 언급하자면, 왕충은 인간 역시 자연계에 속한 일종의 물질적 실체라고 생각했다.

> 인간은 물질실체이며, 물체 역시 물질실체이다.[9]

---

6 金祖孟, 『中國古宇宙論』, 上海, 華東師範大學出版社, 1991년, 27~31쪽 참조.

7 『論衡』, 「道虛」, "天之與地皆體也, 地無下, 則天無上矣."

8 『論衡』, 「祀義」, "夫天者, 體也, 與地同."

인간과 동물은 모두 물질실체로서 모두가 만물이 되는 것이다.[10]

그러므로 인간이 천지 사이에 있는 것은 마치 벼룩과 이가 옷 속에 있는 것과 같으며, 땅강아지와 개미가 구멍 틈 속에서 있는 것과 같은 것이다.[11]

왕충은 천과 인간 모두를 자연적인 존재로 보았으며, 인간과 동물 모두가 만물이 되는 것으로 천지의 실체 가운데 존재하고 있는 것으로 보았다. 천인감응론은 천과 인간의 정신활동에 관한 것인데, 왕충은 천과 인간 및 동물은 단지 물질실체에 불과 한 것으로 보고 천이 인간을 감동시킬 수 있는 가능성을 배제하였으며 마찬가지로 인간에게도 천을 감동시킬 수 있는 능력이 없다고 생각했던 것이다. 이외에도 왕충은 천지는 지극히 광대한 실체라고 생각했으며, 인간은 단지 넓고 푸른 망망한 바다에 한 알의 좁쌀과 같은 존재일 뿐이며 천은 지극히 높고 광대한 반면 인간은 매우 보잘것없는 존재라고 여겼다. 이처럼 천과 인간 사이에는 크기 자체부터 현격하게 차이가 존재하고 있는 것이다. 인간이 이처럼 보잘것없는 존재인데 그것의 정신활동이 어떻게 지극히 광대한 천을 감동시킬 수 있겠는가 라고 왕충은 생각했다. 그렇기 때문에 왕충은 천과 인간 사이에는 어떠한 형태의 감응도 출현할 수가 없다고 했던 것이다. 『논형』에는 천과 인간이 모두 물질실체라고 언급되어져 있으며, 크기 자체도 현격한 차이가 있기 때문에 어떠한 형태의 감응도 존재하지 않는다고 언급되어 있다. 이러한 이유 때문에 왕충은 천인감응론을 반박했던 것이다.

9 『論衡』, 「論死」, "人, 物也; 物, 亦物也."

10 『論衡』, 「寒溫」, "人禽皆物也, 俱爲萬物."

11 『論衡』, 「變動」, "故人在天地之間, 猶蚤虱之在衣裳之內, 螻蟻之在穴隙之中."

> 젓가락으로 종을 쳐서 울릴 수 없고 산가지로 북을 쳐서 울릴 수 없는 것은 종과 북을 칠 때 사용한 도구가 작기 때문이다. 사람의 육체는 칠 척에 불과하다. 하물며 칠 척 형체 속에 있는 정신의 힘으로 하고자 한다면, 아무리 정성을 쌓는다 해도 마치 젓가락으로 종을 치고 산가지로 북을 치는 것과 같을 것이니, 어떻게 하늘을 감동시킬 수 있겠는가? 정신이 정성스럽긴 해도 감동시키기 위해 사용한 것이 작기 때문이다.[12]

『논형』속에서 왕충은 자주 조그마한 감동으로 거대한 것을 감동시킬 수 없다고 하는 논리를 사용하여 추연이 연나라에서 죄 없이 구금당하였을 때 여름날임에도 불구하고 그가 하늘을 향해 탄식을 하니 하늘에서 서리가 내렸다고 하는 전언을 부정하였으며, 요임금 때에 열 개의 해가 동시에 나타나 만물이 메마르고 타들어가자 요임금이 열 개의 해를 향해 활을 쏘자 아홉 개의 해는 사라지고 항상 한 개만 나타났다고 하는 전언과 기량씨의 처가 성을 향해 통곡을 하니 이 때문에 성이 무너졌다고 하는 이야기 및 탕임금이 가뭄에 자신을 희생으로 삼아서 비를 내리기를 기원하여 비가 내렸다고 하는 전언들 모두를 비판한 사례가 다양한 형태로 보이고 있다.

다음은 천도무위와 인도유위라고 하는 주장이다.

왕충은 천을 물질적인 존재로 보는 한편 한걸음 더나가 천의 운행은 어떠한 목적이나 의지를 가지고 있지 않은 자연현상이자 자연적인 것일 뿐이라고 했다.

> 무엇을 근거로 천의 무위자연을 안다고 하는 것인가? 천에 입과 눈이 없다고 하는 사실로 알 수 있는 것이다.……무엇을 근거로 천에 입과 눈

12 『論衡』, 「感虛」, “夫以筯撞鍾, 以筭擊鼓, 不能鳴者, 所用撞擊之者小也. 今人之形不過七尺, 以七尺形中精神, 欲有所爲, 雖積銳意, 猶筯撞鍾, 筭擊鼓也, 安能動天? 精非不誠, 所用動者小也.”

이 없다고 하는 사실을 알 수 있는 것인가? 땅에 상황을 근거로 그러한 것을 알 수 있는 것이다. 땅은 흙을 형체로 하는데 이러한 흙에는 본래 입과 눈이 없다. 하늘과 땅은 마치 부부와 같기 때문에 땅의 실체에 입과 눈이 없으면 역시 하늘에도 입과 눈이 없다는 것을 알 수 있게 되는 것이다. 만일 하늘을 형체라고 말한다면 그것은 땅의 실체와 서로 같은 것이다. 만일 하늘을 기라고 말한다면 그것은 바로 구름이나 연기와 같은 것이 되는데, 구름과 연기와 같은 종류의 것들에게 어떻게 입과 눈이 있다고 할 수 있겠는가?[13]

위의 인용문 속에서 왕충은 인간은 입과 눈이 있기 때문에 욕구가 있다고 한 반면에 천에는 눈과 입에 의해서 발생하게 되는 욕구가 없다고 생각했기 때문에 만물에 요구하는 것이 없다고 여겼다는 사실을 유추할 수 있다. 이러한 관점에서 볼 때, 왕충은 천과 인간은 같은 종류 즉 동류가 아니라고 생각했기 때문에 '천인동류天人同類'라고 하는 것과 천과 인간이 상호간에 감응 할 수 있다고 하는 주장은 잘못된 것이라고 했음을 알 수 있다.

왕충의 천도사상은 천도는 무위자연이라는 점을 강조한다.[14] 그의 관념 속에 있는 우주간의 자연현상은 어떠한 형태의 목적성과 의지를 가지고 있지 않은 것이라고 말할 수 있다. 하늘이 운행하고 기氣를 펼치는 것은 천 스스로가 그렇게 하기 때문이며 만물에 대하여 털끝만큼의 욕구와 목적도 없는 것이며, 만물은 단지 스스로 생겨나고 스스로 생장해가는 것일 뿐이라고 보았다.

---

13 『論衡』, 「自然」, "何以知天之自然也? 以天無口目也.……何以知天無口目也? 以地知之. 地以土爲體, 土本無口目. 天地, 夫婦也, 地體無口目, 亦知天無口目也. 使天體乎? 宜與地同. 使天氣乎? 氣若雲煙, 雲煙之屬, 安得口目?"

14 陳正雄, 『王充學術思想述評』, 臺北, 文津出版社, 1987년, 81쪽 참조.

천체의 운동은 이러한 것을 빌려 만물을 창조하기 위해서가 아니며 또한 만물은 스스로 생성되어지는데 이러한 것을 자연이라고 한다. 천체가 기를 베푸는 것은 만물을 창조하기 위해서가 아니며 또한 만물은 스스로 형성되어 지는데 이러한 것을 무위라고 한다.[15]

천지의 운행은 목적이 없는 것이기 때문에 천지가 인간과 만물을 생장시켜주는 것에는 어떠한 의지나 목적도 없는 것이다. 천지간에는 음양 이기의 조화로운 융합으로 인하여 만물이 생장하기에 적합한 것인데 만물은 스스로 생겨나는 것이다. 마찬가지로 왕충은 이와 같은 논리로 인간이 생겨나는 것에 대하여 설명을 하는데, 즉 그는 인간의 출생은 단지 부부간의 정욕이 발동하고 음양의 기가 합쳐져서 생긴 결과일 뿐이라고 설명한다.

하늘의 기와 땅의 기가 서로 교합하여 만물이 자연적으로 생겨나게 된 것이며, 마찬가지로 부부의 정기가 교합하여 자녀가 자연적으로 생겨난 것은 같은 것이다.[16]

하늘의 기와 땅의 기가 합하면 사람은 우연히 생성되니, 마치 부부가 기를 합해 우연히 자식을 낳는 것과 같다. 부부가 기를 합하는 것은 때를 맞추어 자식을 낳고자 해서가 아니며, 정욕이 움직여서 기가 합해지고 기가 합해지면 자식을 낳는다. 부부가 의도적으로 자식을 낳지 않는 경우로 보아, 천지가 의도적으로 사람을 생성하지 않는다는 것을 알 수 있다.[17]

---

15 『論衡』, 「自然」, "天動不欲而生物, 而物自生, 此則自然也; 施氣不欲爲物, 而物自爲, 此則無爲也."

16 『論衡』, 「自然」, "天地合氣, 萬物自生, 猶夫婦合氣, 子自生矣."

17 『論衡』, 「物勢」, "夫天地合氣, 人偶自生也; 猶夫婦合氣, 子則自生也. 夫婦合氣, 非當時欲得生子, 情欲動而合, 合而生子矣. 且夫婦不故生子, 以知天地不故生人也."

만일 위에서 언급한 천도 이론에 대하여 심도 있는 분석을 한다면, 왕충이 우연과 자연 개념에 대하여 사용함에 있어서 다른 사례에 초점을 맞춰서 각각의 개념에 치중하고 있음을 발견할 수 있게 된다. 즉 왕충은 우연의 개념은 주로 천인감응론 속에 담겨져 있는 도덕인과율에 대한 부정의 의미로 사용했으며, 자연의 개념은 천인감응론 속에 담겨져 있는 의도적이라고 하는 목적론적 함의에 대한 부정의 의미로 사용한 것이다. 모든 의도적인 것에는 조작한다고 하는 의미가 담겨져 있다고 하는 목적론적 관점에 대하여 왕충은 부정적 태도를 취하면서 자연의 관점을 채택한다.

> 하늘의 운행은 자연스럽게 기를 베풀기 때문이다. 기를 베풀면 사물은 자연히 생성되니 의도적으로 기를 베풀어 만물을 생성하는 것은 아니다.[18]

> 천도는 저절로 그러한 것이며, 저절로 그러한 것은 의지가 없다. 만일 하늘이 인간에게 꾸짖고 훈계할 수 있다면, 그것은 의지가 있는 것으로 저절로 그러한 것이라고 할 수 없다.[19]

『논형』의 「자연」 편에서 왕충이 "천체의 운동은 이러한 것을 빌려 만물을 창조하기 위해서가 아니며 또한 만물은 스스로 생성되어지는데 이러한 것을 자연이라고 한다."라고 하는 이유를 들어 "하늘이 오곡을 생산하여 사람들이 그것을 먹게 하였고, 명주와 삼베를 생산해서 사람들이 옷을 입게 했다."라고 하는 관점을 비판한다. 즉 왕충은 만물이 인간의 편리함을 위해서 존재하거나 목적을 가지고 있다고 하는 생각은 하지

18 『論衡』, 「說日」, "天之行也, 施氣自然也, 施氣則物自生, 非故施氣以生物也."
19 『論衡』, 「譴告」, "夫天道, 自然也, 無爲. 如譴告人, 是有爲, 非自然也."

않았으며, 오히려 인간이 자연을 이용하는 것은 인간 자신의 생존에 필요한 목적을 달성하기 위해서라고 여겼다. 즉 자연을 이용하는 목적은 만물을 대상화 하는 것에 있지 않고 바로 인간 자신에게 유익함이 있도록 만드는 것에 있는 것이었다. 바로 이점에서 왕충이 자연 개념을 사용하여 목적론적 견해를 부정하고 있다는 사실을 발견할 수 있게 되는 것이다.

우연의 개념은 왕충이 당시 민간사회에서 유행하고 있었던 천인감응론의 관점으로 모든 사물현상들 사이에서 임의로 목적성이 있는 인과론으로 연결하는 작태에 대한 부정의 의미로 사용했다.

> 전서에 "탕임금은 칠 년간 가뭄이 들자 몸소 뽕나무에 기도하면서 여섯 가지 허물을 들어 자신을 책망하니, 비로소 비가 내렸다."고 한다. 어떤 사람은 "오 년간 가뭄이 들었다."고 한다. "기도하기를, '저 한 사람에게 죄가 있다면 만백성에게까지 미치지 마십시오. 만민에게 죄가 있다면 저 한 사람에게 있는 것입니다. 한 사람의 어리석음 때문에 상제와 귀신이 백성의 목숨을 상하게 하는 일이 없기를 바랍니다.'고 하였다. 이에 머리카락을 자르고 손을 묶고 자신을 희생으로 삼아서 상제에게 복을 기원했다. 상제는 매우 기뻐했고 때마침 비가 내렸다."고 한다. 탕임금이 몸소 뽕나무 숲에서 기도하며 자신을 탓하고 머리카락을 자르고 손을 묶고 자신을 희생으로 삼아서 상제에게 복을 빌었다고 한 것은 사실이다. 그러나 비가 내린 것은 탕임금이 자책하고 몸소 기도했기 때문이라고 함은 허황된 말이다.[20]

20 『論衡』, 「感虛」, "傳書言: 湯遭七年旱, 以身禱於桑林, 自責以六過, 天乃雨. 或言: 五年. 禱辭曰: 余一人有罪, 無及萬夫; 萬夫有罪, 在余一人. 天以一人之不敏, 使上帝鬼神傷民之命. 於是剪其髮, 麗其手, 自以爲牲, 用祈福於上帝. 上帝甚說, 時雨乃至. 言湯以身禱於桑林自責, 若言剪髮, 麗手, 自以爲牲, 用祈福於帝者, 實也. 言雨至, 爲湯自責以身禱之故, 殆虛言也."

왕충은 『전서傳書』에 기록되어 있는 탕임금의 기우제에 관한 사실의 진실성에 대하여 결코 부정하지 않았으며, 탕임금이 자신을 희생으로 삼아서 스스로를 불태우려 할 때 마침 하늘에서 비가 내렸다고 하는 사실에 대해서도 부정하지 않았다. 왕충이 부정하려 한 것은 바로 세상 사람들이 비가 내리는 것은 탕임금이 스스로를 책망했기 때문이라고 하는 것, 즉 탕임금이 기도해서 비가 내렸다고 하는 판단과 같은 것들이었다. 왕충은 탕임금이 자기 자신을 희생으로 삼은 행위와 하늘이 비를 내려준 것 사이에는 어떠한 인과관계도 존재하지 않는다고 생각했다. 가뭄이 길어지다가 때마침 비가 내리는 것과 탕임금이 가뭄이 길어지자 스스로를 책망한 것이라고 하는 것 사이에는 서로 관련 없는 사건들이 동일한 시간 속에서 우연히 발생한 것이다. 이러한 것 외에 기량씨의 처가 통곡을 하자 성이 무너졌다고 하는 것과 추연이 장탄식을 하자 여름날에 서리가 내렸다고 하는 이야기에 대한 비판에서 왕충은 마찬가지로 우연의 개념을 사용하여 성벽이 무너질 때 마침 기량씨의 처가 우연히 통곡을 한 것일 뿐이라고 생각했다. 또한 추연의 경우도 기량씨의 처의 경우와 마찬가지로 장탄식을 할 때 마침 서리가 내렸던 것이라고 생각하여 두 사건 모두에 어떠한 형태의 인과관계도 존재하지 않는다고 여겼던 것이다.

왕충은 비록 천도는 무위이며 자연이지만 인도人道는 유위라고 생각했다.

> 그렇지만 만물이 비록 자연적으로 발생한 것이라고 할지라도 인간의 의식적인 행위가 보조되어야 하는 것이다. 쟁기를 사용하여 김매기를 하고 봄날에 파종을 하는 것은 인간의 의식적인 행위이다. 곡식을 파종하여 땅에 묻으면 하루하루 생장해 가는데, 인간은 그러한 것을 바꿀 수 없다. 만일 어떤 사람이 그것의 생장을 빠르게 하려고 한다면 그것은 그 곡식을 해롭게 하는 행태일 뿐이다.[21]

자연의 운행은 곧 천도이며, 이러한 천도는 무위인 것이다. 만물이 우연적인 조건 아래에서 스스로 생성되고 생장하게 되는 것 역시 자연이고 무위가 되는 것이다. 그러나 인도人道는 유위적인 것이지만, 인도의 유위는 단지 자연의 보조적인 역할만 할뿐 자연을 대신할 수는 없는 것이다.

> 만물이 자연적으로 발생하고 태아가 자연적으로 형성되는 것을 천지와 부모가 관여했냐고 구태여 물어볼 필요가 있겠는가! 자녀가 태어나기를 기다렸다가 태어난 후에 인간세상의 도리에 맞게 그에게 교육을 시킬 의무가 있는 것이다. 천도는 본래 무위로 만물의 본성을 그대로 내버려 둔다.[22]

만물과 인간의 생성은 자기 자신이 자연적으로 생성되는 것으로, 천도는 만물의 본성이 스스로 이루어지는 것대로 내맡기는 것이며, 인도에는 교육을 시킬 의무가 있는 것이다. 왕충은 이와 같이 천도와 인도를 구분하여 그들 둘은 서로 다른 것으로 보았다. 이와 같은 왕충의 견해는 순자의 천과 인간의 구분을 명확하게 한다고 하는 관점의 연장이자 발전으로서 천이 생성하고 인간이 그것을 이루어 나간다고 하는 인도유위의 관점으로 볼 수 있다.

결국 왕충 당시에 성행했던 천인감응론의 인간에 대한 관점은 더 이상 서한시기 동중서의 견해처럼 인간을 우주론적 시스템의 중심에 위치시키지 않고, 인간을 의지를 갖추고 있으며 권선징악을 할 수 있는 천의 아래에 두어서 단지 피동적으로 재제를 받는 지위에 두고 있었던 것이

21 『論衡』, 「自然」, "然雖自然, 亦須有爲輔助. 耒耜耕耘, 因春播種者, 人爲之也. 及穀入地, 日夜長夫, 人不能爲也. 或爲之者, 敗之道也."

22 『論衡』, 「自然」, "物自生, 子自成, 天地父母, 何與知哉? 及其生也, 人道有教訓之義. 天道無爲, 聽恣其性."

다. 왕충은 이처럼 이미 의식형태로 변해버린 천인감응론을 비판하였는데, 비단 근원적으로 천과 인간은 서로 다른 종류이기 때문에 상호 감동할 수 없다는 것을 천명했을 뿐만 아니라 천도자연 무위를 주장하여 천은 인간에 대하여 어떠한 형태의 목적성을 담고 있는 제어작용을 못한다고 했던 것이다. 왕충은 어떠한 형태의 목적이나 의지를 가진 천으로 인간을 제어하는 것은 전혀 불가능한 일이라고 생각했다. 다만 천도가 존재하는 사실은 부정하지 않았으며, 인도는 교육을 시킬 의무가 있을 뿐이며 인간은 마땅히 의식적인 행위 즉 유위로 천도를 보조해야만 한다고 했다.

이상과 같은 왕충의 천인관계론에 대한 논의 속에서 확인할 수 있는 사실은, 왕충은 당시에 유행하고 있었던 천인감응론에 대한 비판을 통하여 인성문제에 대한 자신의 견해를 수립하는데, 즉 왕충은 인간의 우주자연 속에서의 위치를 새롭게 확정지우는 한편 인간의 존재론적 의의를 부각시킨 것이다.

4. 맺는 말

이상과 같이 왕충의 천인관계론에 대하여 왕충이 비판한 천인감응론과 천인감응론의 비판을 통한 인간존재의 의미 문제를 중심으로 논의를 진행해보았는데, 이를 정리하면 다음과 같다.

동한시기에 이르러 천인감응론의 학설에는 이미 참위설과 신선방술이 더해져 갈수록 미신화 되어가는 경향을 보이다가 결국에는 민간에서 왜곡된 의식형태를 이루게 되었다. 왕충이 재세했던 당시에 유행했던 사회적 의식형태는 이미 변형된 모습의 천인감응론이었다고 할 수 있는데, 왕충은 이러한 형태의 천인감응론은 허망한 것이라고 생각했기 때문에 매우 신랄하게 비판을 한다. 왕충의 비판은 두 가지 다른 측면에서 진행되었는데, 하나는 천인감응론에 대하여 인간의 경험적 사실의 입장에서 그것의 진위를 판단하는 것이었고, 다른 하나는 천인감응론이 인간과 사회의 가치 의미적 측면에서 가치취향의 옳고 그름을 판단하는 것이었다. 이와 같이 서로 다른 함의는 왕충의 비판작업 속에서 항상 중첩되어 나타나거나 동시에 나타나기도 한다.

변형된 의식형태로서의 천인감응론의 상식적인 견해 속에서 인간은 하늘로부터 제어 당하는 존재로 변하게 되어 자유로운 존재가 되질 못한다. 왕충은 이러한 견해가 인간을 속박한다고 하는 사실을 통감했기 때문에 이러한 견해에 대한 비판의 고삐를 늦추지 않음과 동시에 인간의 존재적 의의를 새롭게 모색함으로써, 이로부터 자신의 인성문제에 대한 견해를 전개해 나간다. 또한 왕충이 인간의 행위와 인간의 기회 사이에 대한 인과론적 연결에 관하여 기본적으로 부정적 입장을 취하게 된 주된 이유는 바로 인간세상에서 인간에 대한 평가가 이처럼 단순한 하늘은 선악에 대한 대갚음을 한다고 하는 관념의 인과론과 필연적으로 연결되어 있으며, 또한 그러한 인과론이 인간사회의 모든 행위에 보편적으로 운용되고 있었기 때문에 인간이 부딪치게 되는 특별한 상황에 대해서도 개인의 자질과 행위의 문제로 치부하는 것에 대하여 왕충은 상당히 이론의 여지가 있다고 생각했기 때문이다.

동한시기의 민간사회에 일반적으로 유포되어져 있었던 하늘은 선악에 대한 대갚음을 한다고 하는 관념은 과도할 정도로 단순하게 천인감응론을 이해한 것이라고 할 수 있는데, 이는 외재되어 있는 다양한 형태의 자연현상을 표상으로 삼는 것에 근거한 것이라고 할 수가 있는 것이다. 그렇기 때문에 왕충의 비판은 자연현상의 조짐과 인간의 행위 사이에는 필연적으로 결정요인이 있다고 하는 견해를 단절하는데 초점이 맞춰져 있었다. 그는 이러한 견해가 정확한 인과관계로 연결된 것이 아니라고 여겼다.

왕충이 비판한 천인감응론에서 천인관계와 관련하여 두드러진 주장은 대체적으로 보았을 때, 천과 인간을 자연계의 존재물로 동일시 한 점과 천도무위와 인도유위라고 한 점이다. 왕충은 천과 인간 모두를 자연적인 존재로 보았으며, 인간과 동물 모두가 만물이 되는 것으로 천지의 실체 가운데 존재하고 있는 것으로 보았다. 천인감응론은 천과 인간의 정신활동에 관한 것인데, 왕충은 천과 인간 및 동물은 단지 물질실체에 불과 한 것으로 보고 천이 인간을 감동시킬 수 있는 가능성을 배제하였으며 마찬가지로 인간에게도 천을 감동시킬 수 있는 능력이 없다고 생각했던 것이다. 이외에도 왕충은 천지는 지극히 광대한 실체라고 생각했으며, 인간은 단지 넓고 푸른 망망한 바다에 한 알의 좁쌀과 같은 존재일 뿐이며 천은 지극히 높고 광대한 반면 인간은 매우 보잘것없는 존재라고 여겼다. 이처럼 천과 인간 사이에는 크기 자체부터 현격하게 차이가 존재하고 있는 것이다. 인간이 이처럼 보잘것없는 존재인데 그것의 정신활동이 어떻게 지극히 광대한 천을 감동시킬 수 있겠는가 라고 왕충은 생각했다. 그렇기 때문에 왕충은 천과 인간 사이에는 어떠한 형태의 감응도 출현할 수 없다고 했던 것이다.

왕충이 우연과 자연 개념에 대하여 사용함에 있어서 다른 사례에 초점을 맞춰서 각각의 개념에 치중하고 있음을 발견할 수 있게 된다. 즉 왕충은 우연의 개념은 주로 천인감응론 속에 담겨져 있는 도덕인과율에 대한 부정의 의미로 사용했으며, 자연의 개념은 천인감응론 속에 담겨져 있는 의도적이라고 하는 목적론적 함의에 대한 부정의 의미로 사용한 것이다. 모든 의도적인 것에는 조작한다고 하는 의미가 담겨져 있다고 하는 목적론적 관점에 대하여 왕충은 부정적 태도를 취하면서 자연의 관점을 채택한다.

이상과 같은 왕충의 천인관계론에 대한 논의 속에서 확인할 수 있는 사실은, 왕충은 당시에 유행하고 있었던 천인감응론에 대한 비판을 통하여 인성문제에 대한 자신의 견해를 수립하는데, 즉 왕충은 인간의 우주 자연 속에서의 위치를 새롭게 확정지우는 한편 인간의 존재론적 의의를 부각시킨 것이다.

참고문헌

1. 黃暉, 『論衡校解』, 北京, 中華書局, 1995년.
2. 田昌五, 『王充及論衡』, 北京, 三聯書店, 1958년.
3. 陳正雄, 『王充學術思想述評』, 臺北, 文津出版社, 1987년.
4. 鍾肇鵬, 周桂鈿, 『桓譚 王充評傳』, 南京, 南京大學出版社, 1993년.
5. 祝瑞開, 『兩漢思想史』, 上海, 上海古籍出版社, 1989년.
6. 馮友蘭, 『中國哲學史新編』 第三册, 北京, 人民出版社, 1996년.
7. 中法漢學研究所編, 『呂氏春秋通檢/論衡通檢』, 上海, 上海古籍出版社, 1986년.
8. 金祖孟, 『中國古宇宙論』, 上海, 華東師範大學出版社, 1991년.
9. Thomas F. O'Dea, 胡榮譯, 『宗教社會學』, 銀川, 寧夏人民出版社, 1989년.

제2절 인성론 사상

1. 시작하는 말

인성론에 관한 문제는 과거부터 현재에 이르기까지 중국철학의 핵심적인 문제 가운데의 하나였다고 말할 수 있다. 특히 유가의 인성론은 중국 인성론의 전범으로 인식되었는데, 공자와 맹자의 인성에 관한 주장들 가운데 기본적으로 인성라고 하는 것은 사람이 사람 되는 이유와 금수와 구별되는 것을 의미하는 것으로 인간에게 갖춰져 있는 도덕성이 되는 것이라고 할 수 있다. 순자는 자연적인 본능에서부터 각종의 욕구에 이르기까지 폭넓게 인성에 대하여 언급했다. 이들의 주장은 기본적으로 출발점이 다르기 때문에 인간에 대한 인식과 이해는 각기 상이했던 것이었다. 사상사나 혹은 철학사에서 성선설과 성악설로 구분되어지는 맹자와 순자의 인성론은 많은 사상가들에 의해서 자신들이 주장하는 인성론에 관한 입론의 종지로 받아들여지게 되었으며, 더나가 후세의 학자들의 경우 간단하게 선과 악을 대립시키거나 심지어는 두 사람의 이론을 아예 무시하고 다른 견해를 주장하기도 하는 등의 경향을 보이기도 한다. 이러한 맹자의 성선설과 순자의 성악설이 비록 기본적으로 출발점은 다르지만 이들 둘의 최종적인 목적은 사람들을 성인의 경지에 도달할 수 있도록 만들어 이상적인 인격을 완성케 하는 것에 있었다.

통일된 제국을 형성하고 있었던 새로운 사회 속에서 한대의 지식인들은 인성에 관한 각종 주장과 언급을 모두 교화의 강조에 초점을 맞추고 있었다. 그들은 선진시대 이래로 인성론에 대하여 다양한 학파의 관점을 발전적으로 수용하는 한편 그것에 절충과 조화를 더하기도 했다. 각 학파의 인성론과 관련한 관점을 조화하려고 하는 주요한 의도는 바로 정치적 교화를 위하는 것과 사회의 윤리적 가치질서를 재건하여 건실한 이론적 기초와 숭고한 가치 관념을 제시하는데 있었던 것이라고 할 수 있다.

한대에 비교적 유행했던 인성론 관점은 바로 인성을 세 등분으로 나누는 이른바 성삼품설이 주류를 이루고 있었다고 할 수 있다. 예를 들자면 동중서가 제기한 '성인의 본성'·'중인의 본성'·'필부의 본성'이라고 하는 것이다.[1] 또한 동중서는 '중인의 본성'을 지닌 사람만이 정부가 시행하는 교육과 교화의 대상이 된다고 했다. 기본적으로 왕충의 인성론 역시 이와 같이 인성을 등급별로 분류한다고 하는 견해를 계승하여 인성을 '중인이상'·'중인'·'중인이하'의 세 종류로 구분한다. 또한 그는 이러한 분류 관념에 의거하여 선진시기 이래로 전해져 오는 각종의 인성론을 비판했다.[2]

중국 인성론사에 있어서 선진시기와 송명시기의 연결고리였던 양한시기의 인성론은 학술사적으로 매우 중요한 위치를 점하고 있으며, 사상적 측면에서 볼 때도 선진시대와 양한시대의 인성론을 총체적으로 비판 정리했다는 점에서 충분히 그 가치가 있다고 생각한다.

이상과 같은 왕충의 인성론에 관하여 본문에서는 선대 학자들의 이론 비판과 인성의 선악문제와 사회적 윤리교화 문제를 중심으로 논의를 진행해 나가보도록 하겠다.

2. 선대학자들의 이론 비판

왕충은 『논형論衡』에서 인성의 선악문제에 대하여 언급하면서 이전 시대의 사상가들의 주장에 대하여 비판적인 견해를 내놓는다. 왕충의 관념 속에서는 과거 학자들의 이론은 대부분 결함이 있거나 부족한 점들이 있는 것으로 비쳐졌다. 그는 「본성本性」에서 세석·맹자·고자·순자·육

1 樊浩, 『中國倫理精神的歷史建構』, 南京, 江蘇人民出版社, 1992년, 249쪽 참조.
2 陳拱, 『王充思想評論』, 臺北, 臺灣商務印書館, 1996년, 160~161쪽 참조.

가·동중서·유향 등의 인성론에 대하여 비평을 했다. 그 가운데 세석과 공손니자公孫尼子 문도들의 이론만이 비교적 정확하다고 하였을 뿐 그 외의 사상가들의 이론에 대해서는 비판을 했다.

먼저 세석世碩의 인성 유선유악설有善有惡說에 대한 왕충의 견해를 살펴보면, 왕충의 인성론 역시 세석의 인성 유선유악설과 대부분 비슷한 형태를 지니고 있음을 알 수 있다. 아울러 왕충은 이러한 인성론에 음양의 이론과 선악의 문제를 상호 관련짓는다.

> 주나라 사람인 세석은 인간의 본성에는 선과 악이 있으므로 선한 본성을 배양하여 이끌어 주면 선해지고 악한 본성을 길러 주면 악해진다고 여겼다. 이와 같이 성정에는 음양의 두 측면이 있으며 선악은 이 가운데 어떤 측면을 길러주는가에 달려 있다. 그렇기 때문에 세석은 『양서』를 지었다. 복자천·칠조개·공손니자 문도들 역시 성정을 논의했는데, 이들의 견해와 세석의 견해는 차이점이 있지만 모두 성에 선악이 있다고 주장한 점은 동일하다.[3]

다음 맹자의 성선설에 대한 왕충의 비판을 살펴보면, 왕충은 맹자의 성선설에 대하여 역사적인 인물들을 사례로 들어서 반박을 한다. 즉 그는 세석의 이론을 기초로 하여 은나라의 주임금과 진나라의 양설사아와 요임금의 아들인 단주 및 순임금의 아들인 상균이 모두 어질고 선한 사람들과 접촉했음에도 불구하고 오히려 더욱 악행을 저지른 사례를 들어서 맹자가 인간의 본성은 모두 선한 것이고 선하지 않은 것은 외부적인 환경의 요인에 의해서 그렇다고 하는 주장은 성립될 수 없는 것이라고 했다.

---

3 『論衡』, 「本性」, "周人世碩以爲人性有善有惡, 擧人之善性, 養而致之則善長; 性惡, 養而致之則惡長. 如此, 則性各有陰陽, 善惡在所養焉. 故世子作養書一篇. 密子賤·漆雕開·公孫尼子之徒, 亦論情性, 與世子相出入, 皆言性有善有惡."

> 맹자의 말대로라면 사람이 어릴 때는 모두 선한 것이다. 미자는 "나는 언젠가 어린 왕자인 주를 평가하여 그다지 훌륭하지 못하다."고 하였다. 미자는 주가 어렸을 때부터 그의 선하지 못한 성품을 보아왔다……양설 사아가 갓 태어났을 때 할머니 숙희가 그를 보려고 대청까지 갔다가는 아이의 울음소리를 듣고 돌아가면서 "울음소리가 승냥이나 이리 소리 같다. 마음이 야수와 같아서 육친을 돌보지 않을 것이니, 이 아이가 반드시 양설 씨를 멸망시킬 것이다."라고 하며 보려고 하지 않았다……주의 악함은 어린아이 때부터였고 사아의 난은 갓 태어났을 때의 울음소리에서 그 징조가 보였다. 갓 태어난 어린아이는 사물과 접촉하지도 않았는데 누가 나쁜 짓을 하게 하였는가? 단주는 요임금의 궁실에서 태어났고, 상균은 순임금의 궁실에서 태어났다. 요순시절에는 집집마다 행실이 선하여 관직을 줄만 하였으니, 교류하는 사람들의 본성도 틀림없이 착했을 것이다. 두 임금 곁에는 틀림없이 어진 신하가 많았을 것이다. 두 제왕의 옆에도 반드시 현자가 많았을 것이다. 그러나 단주는 오만하고 상균은 포악하여 모두 제위를 잃고 대대로 교훈이 되었다.[4]

또한 왕충은 맹자가 사람의 마음이 깨끗하면 눈동자가 맑고 마음이 탁하면 눈동자가 흐릿하다고 하는 사례를 들어서 인간 마음의 맑고 탁함과 선악을 설명한 것에 대하여 결코 그렇지 않다고 했다. 왕충은 인간의 눈동자의 맑음과 탁함은 선천적으로 타고 난 것이지 성장한 이후에 변하게 된 것은 아니라고 하여, "본성은 원래 자연적인 것이며, 선악은 품수 받은 기의 성질에 따라 결정된다."[5]라고 주장했던 것이다. 그러나 맹

4 『論衡』, 「本性」, "若孟子之言, 人幼小之時, 無有不善也. 微子曰: '我舊云孩子, 王子不出.' 紂爲孩子之時, 微子睹其不善之性,……羊舌食我初生之時, 叔姬視之, 及堂, 聞其啼聲而還, 曰: '其聲豺狼之聲也. 野心無親, 非是莫滅羊舌氏.' 遂不肯見…….紂之惡在孩子之時; 食我之亂見始生之聲. 孩子始生未與物接, 誰令悖者? 丹朱土於唐宮, 商均生於虞室, 唐虞之時, 可比屋而封, 所與接者必多善矣. 二帝之旁, 必多賢也. 然而丹朱傲, 商均虐, 並失帝統, 歷世爲戒."

자의 성선설 가운데 인간이 악행을 하게 되는 이유가 외부적인 환경의 영향으로 인해서 사사로운 이익이나 정욕에 물들어서 마음이 험악해지고 행동이 그릇되는 것이라고 하는 것에 대하여 왕충은 긍정적인 태도를 취한다.

> 맹자가 언급한 성정에 대한 이론은 실제 상황과 부합하지 않는다. 그러나 본성이 선하다는 이론에도 이유는 있다. 한 살 된 영아는 원래 다투는 마음이 없으나, 자라면서 사사로운 이익이나 정욕에 물들어서 마음이 험악해지고 행동이 그릇되기 때문이다.[6]

다음 고자의 인성 무선무악설無善無惡說에 대한 왕충의 비판을 살펴보면, 왕충은 고자가 언급한 인성에 선악의 구분이 없다고 하는 것에 대하여 고자가 단지 중등의 자질을 갖춘 사람들의 본성에 대해서만 언급했을 뿐이라고 여겼다. 아울러 고자가 제기한 흐르는 물의 비유를 들어서 본성의 선악 구별이 없다고 하는 주장에 대해서도, 인간이 태어났을 때 선악의 조짐을 발견할 수 있는 것이기 때문에 후천적으로 형성된 선악에 대해서 해석할 수 없는 것이라고 했다. 이외에도 왕충은 고자의 이론은 최고의 선과 극단적인 악을 지닌 사람에게는 해당 되지 않는 것이라고 했다.

> 고자의 말은 인간의 성품은 물과 같다는 것이다. 가령 본성이 물과 같아서 물이 충분히 본성에 비유될 수 있다고 하자. 그렇다면 쇠가 쇠인 것은 본성이 쇠이기 때문이며 나무가 나무인 것은 본성이 나무이기 때문인 것처럼, 인간이 선한 것은 선한 품성에서 나오고 악한 것도 악한 품성

5 『論衡』, 「本性」, "性本自然, 善惡有質."

6 『論衡』, 「本性」, "孟子之言情性, 未爲實也. 然而性善之論, 亦有所緣. 一歲嬰兒, 無爭奪之心, 長大之後, 或漸利色, 狂心悖行, 由此生也."

> 에서 나온다. 인간이 처음 천연의 모습을 받을 때 순수한 천연의 본질을 받기 때문에, 태어날 때 징조가 나타나고 선악을 살필 수 있다. 선악이 구분되지 않아서 변화시킬 수 있는 것은 보통 사람을 말하니, 선하지도 않고 악하지도 않아서 교화가 있어야 선을 행하는 사람이다. 그러므로 공자는 "중등 이상의 재질을 갖춘 사람에게는 큰 도리를 말해줄 수 있지만 중등 이하의 재질을 지닌 사람에게 큰 도리를 말할 수 없다."고 하였다. 고자가 물길을 트는 것으로 비유한 본성은 보통 사람의 본성을 말할 뿐이며, 최고의 선과 극단의 악을 지닌 사람에게는 해당 되지 않는다.[7]

기본적으로 왕충은 고자가 언급한 인성에는 선함도 없고 악함도 없다고 하는 것은 단지 중등의 자질을 갖춘 사람들의 본성을 말하는 것일 뿐이라고 생각했다. 이러한 인성에 선함이나 악함이 없는 사람은 반드시 교육을 통하여 선하게 될 수 있다고 한 점으로 미루어 볼 때, 왕충이 사실상 후천적인 학습과 교육을 통하여 본성은 선하게 될 수 있다고 하는 것에 대하여 긍정했음을 알 수 있게 되는 것이다.

다음 순자의 성악설에 대한 왕충의 비판을 살펴보면, 왕충은 증거를 제시하는 방식으로 순자가 주장한 성악설을 신랄하게 비판한다. 왕충은 이러한 성악설이 맹자의 성선설과 마찬가지로 인성에 존재하는 진실한 모습을 궁극적으로 보여주지 못한다고 생각했다. 그는 성악설로는 인성 속에 존재하는 선천적으로 선한 본성을 해석할 수 없다고는 했으나, 인간의 정욕에 대해서도 부정하지 않았으며 성장한 후에는 감정을 억제하고 욕망을 없애고 힘껏 노력하여서아 선해진다고 하는 사실 역시 부정하지 않았다.

---

7 『論衡』, 「本性」, "夫告子之言, 謂人之性與水同也. 使性若水, 可以水喻性, 猶金之爲金, 木之爲木也. 人善因善, 惡亦因惡, 初稟天然之姿, 受純壹之質, 故生而兆見, 善惡可察. 無分於善惡, 可推移者, 謂中人也, 不善不惡, 須教成者也. 故孔子曰: '中人以上, 可以語上也; 中人以下, 不可以語上也.' 告子之以決水喻者, 徒謂中人, 不指極善極惡也."

순자의 말대로라면 사람이 어릴 때는 선함이 없는 것이다.……순자의 말은 사실과 맞지 않다. 그러나 본성이 악하다고 하는 말에도 이유가 있다. 한 살 된 영아는 헤아리고 사양하는 마음이 없어서 먹을 것을 보면 울면서 먹으려고 하며, 좋은 것을 보면 울면서 갖고 놀려고 한다. 성장한 후에는 감정을 억제하고 욕심을 없애고 힘껏 노력하여서야 선해진다. 유자정은 이를 비난하여 "이와 같다면 하늘의 기가 음과 양으로 분별되지 않는다. 음과 양, 선과 악이 상응하지 않는다면 사람의 선한 품성은 어디서 나오는 것인가?"라고 한다.[8]

다음 육가의 예의가 본성이 되는 것이라고 하는 주장에 대한 왕충의 비판을 살펴보면, 왕충은 육가가 말하는 천지는 예의를 인간의 본성으로 하여 인간을 낳았다고 하는 것과 인간은 반드시 자신이 받은 명命을 살펴야 만이 선하게 될 수 있다고 하는 주장에 대하여 이론적으로 완전하지 못한 주장이라고 생각했다. 그는 인간이 비록 자신이 받은 명을 살필 수 있는 자각능력을 가지고 있기는 하지만, 인식할 수 있다고 해서 반드시 실천할 수 있는 것은 아니기 때문에 선한 말을 할 수 있는 사람이 반드시 선한 행위를 하는 것은 아니라고 했다. 그렇기 때문에 육가의 주장은 선악의 문제를 설명하기에는 부족한 것이라고 비판했던 것이다.

육가는 사람이 예의의 성을 갖추고 태어나며, 또한 자신이 명을 받게 된 근원을 살필 수 있다고 생각하는 것이다. 본성이 선한 자는 살피지 않아도 자연히 선하다. 본성이 악한 자는 아무리 살필 수 있다 해도 예의에 어긋난다. 예의는 선한 본성에서 나오는 것으로서 인위적으로 얻을

8 『論衡』, 「本性」, "若孫卿之言, 人幼小無有善也.……夫孫卿之言, 未爲得實. 然而性惡之言, 有緣也. 一歲嬰兒, 無推讓之心, 見食, 號欲食之; 睹好, 啼欲玩之. 長大之後, 禁情割欲, 勉厲爲善矣. 劉子政非之曰: '如此, 則天無氣也. 陰陽善惡不相當, 則人之爲善, 安從生?'."

> 수 없다. 따라서 탐욕스러운 자도 청렴한 것에 대해 말할 수 있고, 혼란을 야기 하는 자도 질서에 대해 말할 수도 있다. 도척도 남이 훔치는 것을 비난하며, 장요도 남이 탐욕스러운 것을 질책한다. 명확하게 자신을 살필 수 있고 입으로 현명함에 대해 논할 수 있으나, 성품이 나빠서 스스로 실행할 수 없다면 선을 행하는 데 무슨 도움이 되겠는가? 육가의 말은 실상과 맞지 않다.[9]

다음 동중서의 본성은 선하고 정은 악하다고 하는 주장에 대한 왕충의 비판을 살펴보면, 왕충은 동중서의 인성론에 대한 주장이 순자와 맹자의 인성론을 종합한 것이라고 생각했다.[10] 왕충은 동중서가 맹자는 음양 가운데 양의 측면만을 보고 순자는 음의 측면만을 보았기 때문에 두 사상가는 각자의 견해와 중점적으로 치중하는 부분이 있는 것으로 보는 한편 동중서는 한걸음 더나가 성과 정을 구분하여 성은 양이며 선한 것이 되고 정은 음이며 악한 것이 된다고 하는 것을 주장했다고 보았으며, 이러한 주장은 타당성이 있는 것이라고 생각했다. 그러나 실제로 인성이 성과 정으로 나누어진다고 하는 것에 대하여 분석을 해보면, 성과 정은 제각기 선악을 가지고 있으며 인간은 음양이기의 조화로 인하여 생성된 존재이기 때문에 인간에게는 마땅히 선과 악이 혼재되어 있어야만 한다는 것이다. 또한 인간은 하늘이 낳았고 음양을 다 갖추고 있으며 선과 악이 서로 혼재되어 있는 존재이기 때문에 순수하게 선할 수는 없다고 하는 것이다.

> 동중서의 말대로라면 맹자는 양을 보았고 순자는 음을 보았다는 것이

9 『論衡』, 「本性」, "夫陸賈知人禮義爲性, 人亦能察己所以受命. 性善者不待察而自善; 性惡者雖能察之, 猶背禮畔義. 義挹於善不能爲也. 故貪者能言廉, 亂者能言治. 盜跖非人之竊也, 莊蹻刺人之濫也, 明能察己, 口能論賢, 性惡不爲, 何益於善? 陸賈之言, 未能得實."

10 田昌五, 『王充及論衡』, 北京, 三聯書店, 1958년, 148쪽 참조.

> 다. 두 사람이 제각기 다른 시각을 지녔다고 판단하는 것은 괜찮다. 그러나 사람의 성정에 선도 있고 악도 있다는 생각을 하지 못한 점은 옳지 않다. 사람의 성정은 모두 음양에서 생기며, 음양에서 생긴 것에는 두텁고 얇은 정도의 차이가 있다. 옥은 돌에서 생긴 것인데 순수한 것과 잡박한 것이 있다. 성정은 음양에서 생긴 것인데, 어떻게 순수하게 선하기만 하겠는가? 동중서의 말은 사실과 맞지 않다.[11]

끝으로 유향의 인성은 내재하는 것이고 정은 외재하는 것이라고 하는 주장에 대한 왕충의 비판을 살펴보면, 왕충은 유향이 본성과 정을 둘로 나누어서 본성은 본래적으로 구비되어 있는 아직 발현되지 않은 것이 되고, 정은 아직 사물에 접촉하지 않은 외형적인 것이 된다고 하여 내외의 구분과 음양의 방식으로 본성을 언급했다고 생각했다. 즉 왕충은 유향이 동중서와는 완전히 상반 되게 본성은 음이 되고 정은 양이 된다고 하는 주장을 하며, 내외의 발현과 발현하지 않음으로써 본성과 정을 설명함으로써 본성이 발현하는 실제적인 부분을 누락시켰다고 생각했다. 심지어 왕충은 유향이 본성과 정의 내외와 음양의 문제만을 언급할 뿐 선악의 문제에 대해서는 전혀 주의를 기울지 않았기 때문에 선악의 문제에 대하여 명확한 판단을 내릴 수 없다고 생각했다.

> 유향의 말대로라면 정은 바로 양이고 성은 음이다. 이러한 견해는 성정이 나온 근원에 의거하여 논의한 것이 아니라, 단지 외부적으로 드러난 것이냐 드러나지 않은 것이냐에 따라 음과 양을 정한 것이다. 반드시 외부로 표출되는 것을 양이라고 한다면, 성 또한 외물과 접촉하여 발현되기 때문에 급박한 때나 어려운 상황에서도 본성을 벗어나지 말아야

11 『論衡』, 「本性」, "若仲舒之言, 謂孟子見其陽, 孫卿見其陰也. 處二家各有見,可也; 不處人情性情性有善有惡, 未也. 夫人情性, 同生於陰陽, 其生於陰陽, 有渥有泊. 玉生於石, 有純有駁; 情性於陰陽, 安能純善? 仲舒之言, 未能得實."

한다. 측은해 하고 차마 하지 못하는 마음은 인仁의 기운이다. 겸손하고 사양하는 것은 성의 발현이다. 외물과 접촉했기 때문에 측은해 하고 겸양하는 마음이 외면으로 표출된다. 성은 내면에 있고 외물과 접촉하지 않는다고 하는 것은 사실이 아니다. 성의 선악을 논하지 않고 다만 내면에 있느냐 발현되었느냐를 음양이라고 논하는 것은 이치상 이해하기 힘들다. 또한 유향의 말대로 성을 음이라 하고 정을 양이라고 한다면, 사람이 타고난 본성에 결국 선악이 있다는 것인가 없다는 것인가?[12]

3. 인성의 선악문제와 사회적 윤리교화

왕충은 선대학자들의 인성론에 대하여 비판을 한 후에 인성의 선악문제에 대하여 자신의 견해를 내놓는다.

> 사실상 사람의 본성에 선이 있고 악이 있는 것은 사람의 재질에 높고 낮은 차이가 있는 것과 같다. 높은 재주는 낮아질 수 없고, 낮은 재주는 높아질 수 없다. 사람의 본성에 선악이 없다고 하는 것은 사람의 재질에 높고 낮음이 없다고 하는 것이다. 하늘로부터 성을 받는 것과 명을 받는 것은 동일한 사실이다. 명에는 귀천이 있고, 성에는 선악이 있다. 사람의 본성에 선악이 없다고 하는 것은 사람의 명에 귀천이 없다고 하는 것이다……나는 맹자가 말한 본성이 선한 사람은 보통 사람 이상의 재질에 해당하고, 순자가 말한 인성이 악한 사람이란 보통 사람 이하의 재질을 지닌 자에 해당하며, 양웅이 말한 인성에 선악이 혼재해 있는 사람은 보통 사람이라고 생각한다. 이상의 이론들이 경서의 도리와 부합된다면 교

12 『論衡』, 「本性」, “夫如子政之言, 乃謂情爲陽, 性爲陰也. 不據本所生起, 苟以形出與不發見定陰陽也. 必以形出爲陽, 性亦與物接, 造次必於是, 顚沛必於是. 惻隱不忍, 不忍仁之氣也. 卑謙辭讓, 性之發也, 有與接會, 故惻隱卑謙, 形出於外. 謂性在內, 不與物接, 恐非其實. 不論性之善惡, 徒議外內陰陽, 理難以知. 且從子政之言, 以性爲陰, 情爲陽, 夫人稟情, 竟有善惡不也?”

화를 행하기 위한 논거는 될 수 있으나, 성을 규명하는 원리로는 충분하지 못하다.[13]

왕충의 인성론 문제에 대한 견해는 새로운 주장이라고 말하기는 힘들다고 할 수 있으며, 단지 세석이나 공손니자 등이 주장한 인성 유선유악설有善有惡說 즉 선함도 있고 악함도 있다고 하는 견해와 상당부분에 걸쳐 유사성을 발견할 수 있다. 왕충의 인성론에 대한 견해를 살펴보면 그는 사실에 기인하여 인성의 선함과 악함에 관한 제반의 주장에 대하여 비판한다. 그러나 왕충은 사정은 인식하기 쉬워도 그 배후의 이치는 논의하기 힘들다고 하는 신념으로 주도면밀한 이론체계라 할지라도 모든 사실을 다 포함할 수 없다는 것을 굳게 믿었다.

왕충은 여러 선대학자들의 인성론에 대한 견해들이 비록 인성의 도리를 다 규명하기에는 부족하고 생각했지만, 그러한 견해들 모두는 교화의 이론을 형성할 수는 있는 것이라고 여겼다. 그렇기 때문에 왕충은 인간으로써 사실상 존재의 현상을 삼는다. 즉 인간이 선함도 있고 악함도 있는 존재라는 사실로서 각종 인성론을 검토하는 작업을 진행해나갔으며, 세석과 공손니자의 견해를 선택하여 그것에 음양론을 합치시켜 각종의 인성론을 비판적으로 검토했던 것이다. 이러한 과정을 거쳐 왕충이 최종적으로 도출한 결론은 맹자와 순자의 인성론이 "경서의 도리와 부합 된다면, 교화를 위한 논거가 될 수 있다."고 여긴 것이다. 그러나 왕충은 하나의 특정한 이론이 완벽하여 비평할 수 없는 인성론은 없는 것이라고도 했다.

왕충의 인성론에 대한 견해는 기본적으로 '생지위성生之謂性'의 전통을

13 『論衡』, 「本性」, "實者人性有善有惡, 猶人才有高有下也, 高不可下, 下不可高. 謂性無善惡, 是謂人才無高下也. 稟性受命, 同一實也. 命有貴賤, 性有善惡. 謂性無善惡, 是謂人命無貴賤也.……余固以孟軻言人性善者, 中人以上者也; 孫卿言人性惡者, 中人以下者也; 楊雄言人性善惡混者, 中人也. 若反經合道, 則可以爲教; 盡性之理, 則未也."

계승했다고 볼 수 있으나, 그것을 하늘에서 원기를 부여 받아 생성된 것이라고 생각한 것은 전통의 인성론 관점과 약간의 차이가 있다고 할 수 있다. 그렇다면 천지의 음양이기陰陽二氣를 부여 받아 생성된 본성에 어떻게 선과 악의 문제가 있을 수 있는 것인가? 라고 하는 의문에 왕충은 기氣의 개념을 사용하여 인성의 선악문제에 관하여 대답을 하는데, 이는 천인감응 이론과 참위 및 재이 등의 사상이 지배적인 위치를 점하고 있었던 한대 사회에서 매우 중요한 의미를 갖게 되는 것이라고 할 수 있다.

왕충은 인간이 선천적으로 선할 수도 있고 악할 수도 있다고 생각했지만, 선천적으로 선악이 겸재 되어 있을 수도 있다고 여겼다. 그는 각 개인들 자신의 선하거나 악하거나 하는 특성은 하늘로부터 인간에게 내려준 것이 아니라 인간이 어머니의 태내에 있을 때 자연히 기를 부여받아 생긴 것이라고 했다. 즉 부여 받은 기의 두텁고 얇은 차이에 따라서 인간의 자질 역시 선함과 악함의 구별이 있게 된다는 것이다.

> 부여받는 기에 두텁고 얇음의 차이가 있기에 본성에 선악이 있는 것이다. 잔인하고 난폭한 사람의 경우는 인仁의 기를 적게 받았으며, 과감한 사람의 경우는 용勇의 기를 두텁게 받은 것이다. 인의 기가 박하면 간특하고 자애가 적으며, 용의 기가 짙으면 사납고 의義가 없으며, 또 조화로운 기가 부족하면 즐거워하고 화내는 것이 때에 맞지 않고 생각이 가볍고 어리석다. 경망스럽게 행동하는 사람은 고의로 악한 행동을 하는 것이 아니다. 사람이 오상五常의 기를 받으면 오장五臟에 포함되니 모두 신체에 갖추어져 있다. 받은 기가 박하고 적기 때문에 선한 사람의 행실에 미치지 못하니, 마치 술마다 진하고 연한 차이가 있는 것과 같다. 술이 진하고 연한 것은 양조법이 달라서가 아니라, 누룩의 양에 따라 그런 것이다. 술에 진하고 연한 농도의 차이는 있지만 누룩에서 만들어졌다는 것은 마찬가지다. 사람의 선과 악도 같은 원기에 바탕 한다. 부여받은 기에 많고 적은 차이가 있으므로 현명하고 어리석은 성품의 차이가 생긴다.[14]

이론적인 측면에서 보았을 때, 왕충은 기를 부여받음의 두텁고 얇음이라고 하는 관념의 제기를 통하여 인간에게 선함과 악함의 자질적인 차이가 있다는 사실을 설명하고 있는데,[15] 이러한 왕충의 주장에는 다음과 같은 몇 가지의 문제점이 존재하고 있다고 말할 수 있다.

먼저 두터움과 얇음이라고 하는 개념은 매우 추상적이고 막연한 개념이라는 것이다. 얼마나 두터워야 만이 두터운 것이고 또 얼마나 얇아야 만이 얇다고 말할 수 있는 것인가? 이러한 두텁고 얇다고 하는 관념을 운용하는 가운데 왕충은 계량화 된 판단기준을 만들지 못했다고 볼 수 있다.

다음 부여받은 기의 두터움 얇음과 선함 악함의 내재적인 관련성에 대한 설명 및 근거가 명확하지 못하다는 것이다. 얼마나 어떻게 두터운 것을 선한 것이라고 말할 수 있으며, 또한 얼마나 어떻게 얇은 것을 악한 것이라고 말할 수 있는 것인가?

끝으로 기氣는 자연적 물질적인 성질의 존재일 뿐인데 어떻게 선함과 악함이 있을 수가 있는 것인가? 어떻게 음양이기 자체에 선함과 악함이 이미 존재하지 않겠는가? 왕충의 천인감응 이론에 대한 견해에 비춰 볼 때, 그가 천과 인간 사이에는 상호 감응을 할 수 있다는 사실을 긍정한 것이 아닌가?

이상과 같이 왕충의 주장에 비록 여러 문제점들이 존재하고는 있지만, 사회비판의 각도에서 본다면 왕충은 운명과 본성을 구분해서 언급하고자 했으며 또한 그는 이러한 본성과 운명 둘을 종합하여 본성이 일단

14 『論衡』, 「率性」, "稟氣有厚泊, 故性有善惡也. 殘則授不仁之氣泊, 而怒則稟勇渥也. 仁泊則戾而少愈, 勇渥則猛而無義, 而又和氣不足, 喜怒失時, 計慮輕愚. 妄行之人, 罪故爲惡. 人受五常, 含五臟, 皆具於身. 稟之泊少, 故其操行不及善人, 猶或厚或泊也, 非厚與泊殊其釀也, 麴蘖多少使之然也. 是故酒之泊厚, 同一麴蘖; 人之善惡, 共一元氣. 氣有少多, 故性有賢愚."

15 陳正雄, 『王充學術思想述評』, 臺北, 文津出版社, 1987년, 232쪽 참조.

형성되면 운명이 결정된다性成命定고 하는 주장을 했다. 이러한 주장에는 인간의 본성과 운명은 모두 우연적이고 무의지적인 자연의 기에서 온다고 하는 것을 강조하는 의미를 내포하고 있다. 또한 이와 같은 왕충의 주장은 당시 사회에 보편적으로 유행하고 있었던 인간의 부귀와 빈천이라고 하는 사회적 지위는 바로 하늘이 인간의 성품과 재능에 대하여 내려준 보답이라고 하는 즉 하늘은 선악에 대한 대갚음을 한다고 하는 관념을 반박하기 위한 것이었다.

위에서 언급한 것과 같은 관념 즉 하늘은 선악에 대한 대갚음을 한다고 하는 관념이 야기한 사회적 가치판단을 타파하기 위하여 왕충은 기일원론氣一元論의 자연주의적 관점을 운용하여 인간이 살아가면서 맞이하게 되는 재앙과 축복·부귀와 빈천·국가의 치란 및 인성의 선악 등의 문제에 대한 회답을 제시한다. 바꿔 말하자면, 왕충이 인성론에 대하여 진행한 비판과 논의의 초점은 이론적으로 상세한 인성론을 수립하는데 있지 않고 비판을 위한 비판이었던 것으로 사회의 기존 가치를 비판하기 위해서 부득불 사회적 가치의 핵심문제에 대하여 논의를 진행해 나갔던 것이다. 그렇기 때문에 왕충의 인성론에 대한 논의의 중점은 사회개혁이라고 하는 이상을 달성하기 위함에 있었다고 보는 것이 타당하다고 볼 수 있는 것이다. 아울러 왕충의 인성의 실질적인 의미를 정확하게 이해하기 위해서는 반드시 사회적 맥락 속에서 조명할 때에 만이 비로소 그의 인성론의 요체를 발견할 수 있게 되는 것이라고 할 수 있다.

왕충의 인성론과 관련한 논의의 대부분은 사회적 윤리교화의 주장과 매우 밀접하게 관련되어져 있다고 말할 수 있다. 즉 왕충의 인성론에 관한 논의의 초점은 바로 인간사회 공동체의 규범·생활·조직·협력 측면에서 인성의 중요성을 고찰한 것이라고 할 수 있다. 이러한 왕충의 인성론은 바로 인성이 어떻게 사회 속에서 실현될 수 있을 것인가라고 하는 실천의 문제에 관심이 집중되어져 있었던 것이다.

성정은 사람을 다스리는 근본이며, 예악은 이에 근거하여 만들어진 것이다. 그래서 성정을 극단까지 고찰한 결과, 예의로 그것을 방비하고 음악으로 절도 있게 하였다. 본성에는 겸양하고 사양함이 있어서 예를 제정하여 마땅하게 발휘하게 하였고, 정서에는 좋고 싫음과 기쁨 성냄 슬픔 즐거움이 있어서 음악을 제정하여 조심스럽게 나타나도록 하였다. 예의가 제정되고 음악이 만들어진 근거는 정서와 본성이다.[16]

『논형論衡』의 「솔성率性」에서 왕충은 인간의 본성은 교화를 통하여 바뀔 수 있다고 하는 점을 중점적으로 언급했다. 왕충은 인간이 부여받은 오상五常의 본성은 기氣가 형성한 것이라고 생각했기 때문에 비록 "부여받은 기에 두텁고 얇음이 있기에 본성에 선악이 있는 것이다."라고 할지라도 그는 인간의 선하고 악한 본성은 변화될 수 있는 것이라고 했다.[17]

사람의 본성을 논하면 선한 사람이 있고 악한 사람이 있다. 선한 사람은 본래부터 선한 것이며 악한 사람도 교육과 가르침, 인도와 노력을 통해서 선하게 만들 수 있다. 모든 군주와 아비 되는 이들은 신하와 자식의 성품을 자세히 살펴서, 선하다면 길러주고 힘껏 이끌어 주어서 악을 가까이하지 않게 하며, 악하다면 단속하고 도와주어서 점점 선해지도록 해야 한다. 선이 점점 악에 스며들어 악이 선으로 바뀌면 천성에서 나온 행동같이 된다.……사람의 본성은 이처럼 선이 악으로 될 수 있고, 악이 선으로 될 수 있다.[18]

---

16 『論衡』, 「本性」, "情性者, 人治之本, 禮樂所由生也. 故原情性之極, 禮爲之防, 樂爲之節. 性有卑謙辭讓, 故制禮以適其宜; 情有好惡喜怒哀樂, 故作樂以通其敬. 禮所以制, 樂所爲作者, 情與性也."

17 鍾肇鵬, 周桂鈿, 『桓譚 王充評傳』, 南京, 南京大學出版社, 1993년, 343쪽 참조.

18 『論衡』, 「率性」, "論人之性, 定有善有惡. 其善者, 固自善矣; 其惡者, 故可教告率勉, 使之爲善. 凡人君父, 審觀臣子之性, 善則養育勸率, 無令近惡; 近惡則輔保禁防, 令漸於善. 善漸於惡, 惡化於善, 成爲性行.……人之性, 善可變爲惡, 惡可變爲善."

왕충은 인간의 선하고 악한 본성을 바꿀 수 있는 것은 교육과 법률제도라고 하는 강력한 제도적 장치에 의해서 가능하다고 생각했다. 또한 왕충은 인성 가운데의 선한 부분은 악하게 될 수도 있고, 악한 부분 역시 선하게 될 수도 있는 것이기 때문에 인성문제에 대하여 논의를 할 때는 인성의 선하고 악함에 대해서만 알아서는 안 된다고 하였다. 그는 더나가 반드시 적극적으로 교화를 실시함으로써 "길러주고 힘껏 이끌어줌"·"단속하고 도와줌"의 단계에 까지 도달해야 한다고 하였다. 인간사회 속에서 이러한 임무 등을 담당하여 사람들이 선함을 실현하여 이룰 수 있도록 도와주는 것은 바로 학교의 교육과 법률에 의한 금지와 단속에 있는 것이다.

> 학교는 앞으로 나아가도록 힘쓰게 하고 법은 퇴보하는 것을 막기 때문에, 단주와 같은 성정이라도 선을 향해 노력하도록 할 수 있게 만든다.[19]

교화를 중시했으니 그 다음으로는 이상적인 인격의 본보기를 제시해야 하는데, 왕충은 이에 대하여 역사상 출현했던 고대의 성현들과 폭군들을 본보기 사례로 들어서 그들의 선한 부분은 거울삼기에 충분하고 악한 부분은 경계하기에 충분하다고 생각했다. 또한 그는 이러한 사례들을 절대로 홀시해서는 안 된다고 강조하기도 했다.

> "요임금과 순임금의 백성들은 집집마다 벼슬할 만하며, 걸과 주의 백성들은 집집마다 죽임을 당할만하다. 이러한 백성들을 삼대(하·상·주)에는 도리에 따라 살게 할 수 있었다."고 전한다. 성왕이 다스리는 백성은 이렇게 되고 악한 군주하의 백성은 저렇게 된, 결국 교화에 달린 것이며 본성에 달린 것이 아니다. 백이의 풍격을 듣고 탐욕스런 사람은 청렴해

19 『論衡』, 「率性」, "學校勉其前, 法禁防其後, 使丹朱之志, 亦將可勉."

> 지고 연약한 사람은 견고한 뜻을 세웠으며, 유하혜의 풍격에 대해 듣고 각박한 사람은 후해지고 편협한 사람은 관대해졌다.[20]

그밖에도 왕충은 인성이 본성을 실현하는 가운데 선함의 발전과 전환과정 속에서 환경의 영향은 상당히 주의할 만한 가치가 있다고 생각했다.

> 쑥이 마麻 틈에서 나면 붙들지 않아도 자연히 곧게 되고, 흰 비단이 검은 물감에 들어가면 염색하지 않아도 저절로 검어진다. 쑥의 본성은 곧지 않고 비단의 바탕은 검지 않지만, 마가 지탱해 주면 곧게 되고 검은 것에 물들면 검게 된다. 사람의 본성은 쑥이나 흰 비단과 같아서 점점 선이나 악으로 물들어 가는 것이다.[21]

왕충은 선천적으로 선한 자질을 구비하고 있는 사람이 좋지 않게 변해서 악하게 될 수 있다고 보았으며, 선천적으로 악한 자질을 구비하고 있는 사람이 일정한 교화를 거쳐서 좋은 방향으로 변하여 선하게 될 수 있다고 생각했다. 동시에 왕충은 악한 성품에서 변하여 선한 성품이 된 것과 선천적으로 선한 성품에서 변하여 악한 성품이 된 것에는 기본적인 과정에서는 차별이 없는 것으로 모두가 점점 물들게 된 영향을 받은 것이라고 생각했다. 그렇기 때문에 선천적으로 선한 본성이나 악한 본성이나 또는 선함도 있고 악함도 있다고 하는 것을 막론하고 모두가 반드시 교화의 점진적인 세례를 거쳐야만 한다는 것이다.[22]

---

20 『論衡』, 「率性」, “傳曰 : ‘堯舜之民, 可比屋而封; 桀紂之民, 可比屋而誅.’, ‘斯民也, 三代所以直道而行也.’ 聖主之民如彼, 惡主之民如此, 竟在化不在性也. 聞伯夷之風者, 貪夫廉而懦夫有立志; 聞柳下惠之風者, 薄夫敦而鄙夫寬.”

21 『論衡』, 「率性」, “蓬生麻間, 不扶自直; 白紗入緇, 不練自黑. 彼蓬之性不直, 紗之質不黑, 麻扶緇染, 使之直黑. 夫人之性猶蓬紗也, 在所漸染而善惡變矣.”

왕충은 운명과 본성은 모두가 부여받은 기의 두텁고 얇음의 차이와 우연적으로 결정되는 것이라고 생각했기 때문에 본성이 일단 형성되면 운명이 결정된다고 하는 관념을 제기한 것이다. 그의 이러한 관념은 자연히 광범위한 주관적 능동성이 결여되어 있는 비관적이고 소극적인 숙명론으로 취급되었다. 그렇기 때문에 왕충은 교화의 필요성을 강조하면서 인간이 스스로의 본성 가운데의 선함을 실현하는 것에 대하여 부여받은 것이 어떠한 것이든지 반드시 준수해야 하며 노력하여 실천해야만 한다고 강조했다.[23]

왕충의 인성론을 사회비판의 각도에서 조명하는 가운데, 『논형』의 「솔성」과 「본성」등의 편에서 왕충의 인성과 관련하여 악한 본성을 변화시켜 인문의 작위를 일으켜 선함을 이룬다고 하는 주장의 측면은 순자의 「권학」에서 찾아볼 수 있는 관점의 연속이라고 할 수 있으며, 후천적인 인위의 노력에 대하여 긍정을 한 것이라고 할 수 있는 것이다.

4. 맺는 말

이상과 같이 왕충의 인성론에 대하여 선대 학자들의 이론 비판과 인성의 선악문제와 사회적 윤리교화 문제를 중심으로 논의를 진행해보았는데, 이를 정리하면 다음과 같다.

왕충은 세석의 인성에는 선함도 있고 악함도 있다고 하는 주장에 대하여 그것이 자신의 인성론과 대부분 비슷한 형태를 지니고 있다고 생각했으며, 한걸음 더나가 이러한 인성론에 음양의 이론과 선악의 문제를 상호 관련짓는다. 또한 맹자의 성선설에 대하여 역사적인 인물들을 사례로 들어서 반박을 하는데, 그는 세석의 이론을 기초로 하여 은나라의 주

22 田昌五, 『王充及論衡』, 北京, 三聯書店, 1958년, 149쪽 참조.
23 祝瑞開, 『兩漢思想史』, 上海, 上海古籍出版社, 1989년, 319~320쪽 참조.

임금과 진나라의 양설사아와 요임금의 아들인 단주 및 순임금의 아들인 상균 등의 사례를 들어서 맹자가 인간의 본성은 모두 선한 것이고 선하지 않은 것은 외부적인 환경의 요인에 의해서 그렇다고 하는 주장은 성립될 수 없는 것이라고 했다. 그리고 고자가 언급한 인성에 선악의 구분이 없다고 하는 것에 대하여 고자가 단지 중등의 자질을 갖춘 사람들의 본성에 대해서만 언급했을 뿐이라고 여겼으며, 고자가 제기한 흐르는 물의 비유를 들어서 본성의 선악 구별이 없다고 하는 주장에 대해서도, 인간이 태어났을 때 선악의 조짐을 발견할 수 있는 것이기 때문에 후천적으로 형성된 선악에 대해서 해석할 수 없는 것이라고 비판했다.

순자의 성악설로는 인성 속에 존재하는 선천적으로 선한 본성을 해석할 수 없다고는 했으나, 인간의 정욕에 대해서는 부정하지 않았으며 성장한 후에는 감정을 억제하고 욕망을 없애고 힘껏 노력하여서야 선해진다고 하는 사실에 대해서도 부정하지는 않았다. 아울러 인간이 비록 자신이 받은 명을 살필 수 있는 자각능력을 가지고 있기는 하지만, 인식할 수 있다고 해서 반드시 실천할 수 있는 것은 아니기 때문에 선한 말을 할 수 있는 사람이 반드시 선한 행위를 하는 것은 아니라고 생각했기 때문에 육가의 주장은 선악의 문제를 설명하기에는 부족한 것이라고 비판했다. 또한 성과 정은 제각기 선악을 가지고 있으며 인간은 음양이기의 조화로 인하여 생성된 존재이기 때문에 인간에게는 마땅히 선과 악이 혼재되어 있어야 하는 것이며, 인간은 하늘이 낳았고 음양을 다 갖추고 있으며 선과 악이 서로 혼재되어 있는 존재이기 때문에 순수하게 선할 수는 없다고 하여 동중서의 본성은 선하고 정은 악하다고 하는 주장을 비판했다. 끝으로 유향은 본성과 정의 내외와 음양의 문제만을 언급할 뿐 선악의 문제에 대해서는 전혀 주의를 기울지 않았기 때문에 선악의 문제에 대하여 명확한 판단을 내릴 수 없다고 비판했다.

왕충의 인성론에 대한 견해는 기본적으로 '생지위성'의 전통을 계승했다고 볼 수 있으나, 그것을 하늘에서 원기를 부여 받아 생성된 것이라고 생각한 것은 전통의 인성론 관점과 약간의 차이가 있다고 할 수 있다. 그렇다면 천지의 음양이기를 부여 받아 생성된 본성에 어떻게 선과 악의 문제가 있을 수 있는 것인가? 라고 하는 의문에 대하여 왕충은 기의 개념을 사용하여 인성의 선악문제에 관하여 대답을 한다. 또한 왕충은 인간이 선천적으로 선할 수도 있고 악할 수도 있다고 생각했지만, 선천적으로 선악이 겸재 되어 있을 수도 있다고 여겼다. 그는 각 개인들 자신의 선하거나 악하거나 하는 특성은 하늘로부터 인간에게 내려준 것이 아니라 인간이 어머니의 태내에 있을 때 자연히 기를 부여 받아 생긴 것이라고 했다. 즉 부여 받은 기의 두텁고 얇은 차이에 따라서 인간의 자질 역시 선함과 악함의 구별이 있게 된다는 것이다.

이러한 왕충의 주장에는 다음과 같은 몇 가지의 문제점이 존재하는데, 그것은 두터움과 얇음이라고 하는 개념은 매우 추상적이고 막연한 개념이라는 것과, 부여받은 기의 두터움 얇음과 선함 악함의 내재적인 관련성에 대한 설명 및 근거가 명확하지 못하다는 것 및 기는 자연적 물질적인 성질의 존재일 뿐인데 어떻게 선함과 악함이 있을 수가 있는 것인가? 라고 하는 것들이다.

왕충은 기일원론의 자연주의적 관점을 운용하여 인성론에 대하여 비판과 논의를 진행하는데, 그것의 초점은 사회의 기존 가치를 비판하기 위해서 사회적 가치의 핵심문제에 대하여 맞춰져 있었던 것이다. 이와 같이 왕충의 인성론에 대한 논의의 중점은 사회개혁이라고 하는 이상을 달성하기 위함에 있었다고 할 수 있다. 또한 왕충의 인성론과 관련한 논의의 대부분은 사회적 윤리교화의 주장과 매우 밀접하게 관련되어져 있다고 말할 수 있는데, 바로 인간사회 공동체의 규범·생활·조직·협력 측면에서 인성의 중요성을 고찰한 것이라고 할 수 있다. 즉 이러한 왕충의 인성론은 바로 인성이 어떻게 사회 속에서 실현될 수 있을 것인가라고 하는 실천의 문제에 관심이 집중되어져 있었던 것이라고 할 수 있는 것이다. 이러한 왕충의 인성론은 천인감응 이론과 참위 및 재이 등의 사상이 지배적인 위치를 점하고 있었던 한대 사회에서 매우 중요한 의미를 갖는 것이라고 말할 수 있다.

참고문헌

1. 黃暉,『論衡校解』, 北京, 中華書局, 1995년.
2. 田昌五,『王充及論衡』, 北京, 三聯書店, 1958년.
3. 陳正雄,『王充學術思想述評』, 臺北, 文津出版社, 1987년.
4. 鍾肇鵬, 周桂鈿,『桓譚 王充評傳』, 南京, 南京大學出版社, 1993년.
5. 陳拱,『王充思想評論』, 臺北, 臺灣商務印書館, 1996년.
6. 祝瑞開,『兩漢思想史』, 上海, 上海古籍出版社, 1989년.
7. 樊浩,『中國倫理精神的歷史建構』, 南京, 江蘇人民出版社, 1992년.

제3절 생사관 사상

1. 시작하는 말

왕충의 저작인 『논형』에는 삶과 죽음의 문제에 관한 논의 특히 귀신의 문제에 대한 언급이 상당히 많이 서술되어 있다고 할 수 있다. 그 가운데에서도 특히 「논사論死」, 「사위死僞」 편에서는 사람이 죽은 뒤에 귀신이 되지 않는다고 하는 것에 대하여 상세하게 설명하고 있으며, 「기요紀妖」, 「정귀訂鬼」, 「언독言毒」 등의 편에서는 귀신의 문제에 대하여 자세하게 언급되어져 있다고 볼 수 있다. 이처럼 왕충의 삶과 죽음에 관한 언급과 귀신의 문제에 대한 언급은 상당히 많고 풍부하다고 할 수 있다. 그러나 일부 학자들의 경우 왕충을 무신론자라고 단정하거나 혹은 귀신을 부정한 사상가라고 단언하는 경우도 있다.[1] 사실 왕충의 생사관에서는 죽음 이후에 대해서 귀신의 문제에 초점이 맞춰져 있다고 할 수 있을 정도로 귀신과 관련한 논의가 대부분을 차지하고 있다고 할 수 있을 것이다.

왕충의 생사관에서는 사람이 죽은 뒤에 귀신이 된다고 하는 당시 사회의 미신풍조에 대한 비판적 담론이 담겨져 있으며, 이는 사회적 풍조를 바로잡고자 했던 비판적 지식인의 소명의식이 내재되어 있다고 할 수 있다. 그렇지만 왕충은 세간에 떠돌고 있던 요괴나 괴물 및 고대전적에 기록되어져 있는 괴이한 사건이나 신비한 현상들에 대해서는 부정하지를 않았었으며, 오히려 그러한 사건이나 현상들에 대한 해석을 시도하기조차 했다. 이와 같은 왕충의 생사관을 오늘날의 관점에서 본다면 매우 황당한 주장이라고 생각할 수 있을 것이다. 이러한 잣대를 가지고 고

1 田昌五, 『王充及論衡』, 北京: 三聯書店, 1958, 97쪽 참조.

대의 사상을 멋대로 재단한다면 우리는 과거로부터 어떠한 것도 배울 수가 없게 된다. 비록 왕충의 생사관이 현대적 시각에서 볼 때 비합리적인 면이 발견될지라도, 왕충이 살았던 시대의 입장에서 본다면 상당히 진보적이고 이성적인 세계관이었다고 할 수 있을 것이다. 이러한 측면에서 본다면 왕충의 생사관은 나름대로 시대적 의미를 가지고 있다고 할 수 있을 것이다.

왕충의 생사관은 양한시기의 생사관이 위진남북조시대로 어떻게 계승발전 되었는가에 대한 연결고리로서 매우 중요한 의미를 갖는다고 할 수 있다. 이처럼 중국철학사에 있어서 양한시기와 위진남북조시대의 생사관에 대한 담론을 연결시켜 준 왕충의 생사관에 대하여 본문에는 원기론, 형신론, 귀신론으로 구분하는 거시적인 측면이 아닌 사람이 죽은 이후 귀신이 되는 것인가의 문제로 범위를 좁혀서 논의를 진행해보도록 하겠다. 이를 위해서 본문에서는 인간은 죽어서 귀신이 되지 않는다고 하는 것과 인간이 죽으면 지각 능력이 없다고 하는 것 및 죽은 사람은 살아 있는 인간을 해칠 수 없다고 하는 점을 중심으로 논의를 진행해보도록 하겠다.

2. 인간은 죽어서 귀신이 되지 않음

왕충은 「논사論死」 편의 첫머리에서 요지를 분명하게 "사람들은 사람이 죽으면 귀신으로 변하며, 귀신은 지각이 있어서 사람을 해칠 수 있다고 말한다. 그러나 사람 이외의 사물로써 증명해보면, 죽어서도 귀신으로 변하지 않으며, 지각도 없어서 다른 사람을 해칠 수 없다."[2]라고 언급했으며, 「대작對作」 편의 경우 왕충의 이러한 논의의 목적에 대하여 매

2 『論衡』, 「論死」, "世謂死人爲鬼, 有知, 能害人. 試以物類驗之, 死人不爲鬼, 無知, 不能害人."

우 분명하게 언급한 부분이라고 할 수 있다. 즉 "논사편과 정귀편은 검소한 장례를 치르도록 장려하기 위해 썼다."[3]라고 하는 언급과 "논사편과 사위편은 사람이 죽으면 아무것도 알 수 없고, 귀신도 될 수 없다는 사실을 명백히 설명하기 위해 저작했다. 사람들이 박장의 의미를 깨닫고 장례를 검소하게 치르기를 바라는 마음에서였다."[4]라고 하는 언급에서 왕충의 의도를 충분하게 파악할 수 있다.

왕충의 사람이 죽어서 귀신으로 변하지 않는다고 하는 주장은 주로 형체와 정신의 관계로 설명하는 방식을 취한다.

> 사람은 정기를 받았기 때문에 태어날 수 있다. 죽으면 정기도 소멸된다. 정기를 만들 수 있는 곳은 혈맥이다. 사람이 죽으면 혈맥이 고갈되며, 혈맥이 고갈되면 정기도 소멸된다. 소멸되면 형체가 썩고, 썩으면 재나 흙으로 변한다. 귀신으로 변하고 싶어도 그렇게 될 수 없다. 눈과 귀가 없다면 지각할 수 없기 때문에, 맹인과 벙어리는 초목에 비유된다. 정기의 소멸이 귀나 눈이 없는 정도에 비교될 수는 없다. 썩으면 쇠퇴해서 없어지고 홀연히 보이지 않으므로 귀신이라 여긴다. 그러나 귀신은 죽은 사람의 정신이 변해서 생기는 게 아니다. 귀신이란 홀연히 보이지 않게 되어 붙은 이름이다. 사람이 죽으면 정신은 승천하고 시체는 흙으로 돌아가기 때문에 귀鬼로 여긴다. 귀는 돌아간다는 뜻인 귀歸와 같다. 신神은 홀연히 형체가 없어진다는 뜻이다……사람은 신기의 작용으로 생명을 얻지만, 죽어도 다시 신기로 되돌아간다……양기로 인해 생명을 얻는 일은 물이 얼음으로 변하는 일과 같다. 물이 응결되면 얼음으로 변하듯이, 양기가 응결되면 사람으로 변한다. 얼음이 녹으면 물로 변하듯이, 사람은 죽으면 원래 양기로 되돌아간다. 신이라는 이름은 얼음이 녹은 뒤 물

3 『論衡』, 「對作」, "論死·訂鬼, 所以使俗薄喪葬也."

4 『論衡』, 「對作」, "今著論死及死爲之篇, 明死無知, 不能爲鬼, 冀觀覽者將一曉解約葬, 更爲節儉."

이라는 이름으로 바뀐 것과 마찬가지다.[5]

또한 왕충이 「논사論死」 편에서 "피는 살아 있을 때의 정기다."[6]라고 언급했으며, 또한 "정신은 혈기를 주체로 삼고, 혈기는 언제나 형체와 함께한다."[7]라고 언급한 것에서처럼 알 수 있듯이 살아 있는 사람에게는 반드시 정기가 있으며, 피는 곧 정기인 것이며 정기의 작용과 신기神氣는 서로 같은 것이다. 또한 혈맥은 형체의 한 부분에 속하는 것으로, 이러한 혈맥이 있어야 만이 정기精氣가 작용을 할 수 있게 되는 것이고 혈기와 정기는 모두가 형체에 의탁하는 것이기 때문에 피는 정기이면서 혈기가 되는 것이다. 이러한 혈기와 정기 및 신기는 모두 같은 것으로 보아야 하는 것이며 형체에 의탁해야만 한다고 하는 특색을 가지고 있으며 이를 통칭해서 정기라고 한다. 그렇기 때문에 정신과 형체의 관계에 대하여 말하자면, 곧 정신이 정기의 작용이 되는 것이고 정기는 형체에 의탁하기 때문에 형체가 소멸되면 정기 역시 형체를 따라서 소멸되는 것이며 정신도 작용을 하지 못하게 되는 구조로 이루어져 있는 것이다.[8] 그래서 왕충은 "사람이 죽으면 정신은 승천하고 시체는 흙으로 돌아가기 때문에 귀鬼로 여긴다. 귀는 돌아간다는 뜻인 귀歸와 같다. 신神은 홀연히 형체가 없어진다는 뜻이다."[9]라고 언급했던 것이다. 이러한 왕충의

5 『論衡』, 「論死」, "人之所以生者, 精氣也, 死而精氣滅. 能爲精氣者, 血脈也. 人死血脈竭, 竭而精氣滅, 滅而形體朽, 朽而成灰土, 何用爲鬼? 人無耳目, 則無所知, 故聾盲之人, 比於草木. 夫精氣去人, 豈徒與無耳目同哉? 朽則消亡, 荒忽不見, 故謂之鬼神. 人見鬼神之形, 故非死人之精也. 何則? 鬼神, 荒忽不見之名也. 人死精神升天, 骸骨歸土, 故謂之鬼. 鬼者, 歸也; 神者, 荒忽無形者也.……人用神氣生, 其死復歸神氣.……氣之生人, 猶水之爲冰也. 水凝爲冰, 氣凝爲人; 冰釋爲水, 人死復神. 其名爲神也, 猶冰釋更名水也."

6 『論衡』, 「論死」, "血者, 生時之精氣也."

7 『論衡』, 「論死」, "精神本以血氣爲主, 血氣常附形體."

8 鍾肇鵬, 周桂鈿, 『桓譚 王充評傳』, 南京: 南京大學出版社, 1993, 324-326쪽 참조.

9 『論衡』, 「論死」, "人死精神升天, 骸骨歸土, 故謂之鬼. 鬼者, 歸也; 神者, 荒忽無形者也."

언급은 사람이 죽은 후에는 정신과 형체가 와해된다는 것을 의미함과 동시에 형체가 소멸되면 정신도 그에 따라 소멸되는 것으로 이 둘은 모두 다시는 존재할 수 없게 된다고 하는 것을 의미하는 것이다. 이와 같은 형체와 정신의 관계에 근거해서 볼 때 왕충이 언급한 귀신은 죽은 사람의 정신이 변해서 된 것이 아니라 살아있는 사람의 형상처럼 보이는 것이라고 할 수 있을 것이다.

> 사람들이 보는 귀신은 산 사람의 형상이다. 귀신이 바로 산 사람의 형상이기 때문에, 죽은 사람의 정기가 귀신으로 변하지 않는다는 사실을 알 수 있다. 무엇으로 증명할 수 있을까? 포대에 조나 쌀을 채울 때는 가득 채워서 세워야 포대의 형태를 알 수 있다. 멀리서 바라봐도 쌀이나 조를 담은 포대라는 사실을 바로 알 수 있다. 포대의 형태로써 그 내용물을 살피기 때문이다. 만약 포대에 구멍이 나서 쌀이나 조가 흘러나온다면, 포대가 쭈그러지므로 멀리서는 알아볼 수 없다. 형체 속에 담긴 정신은 포대 속에 담긴 조나 쌀과 같다. 조와 쌀이 흘러나와 버려지면 포대는 형태를 갖출 수 없다. 정기 역시 흩어져 사라지면 원래 형체를 볼 수 없다. 새나 짐승이 죽으면 형체는 사라져도 가죽과 털은 여전히 남는다. 갖옷을 지어 입은 모습을 멀리서 바라보면 새나 짐승 형태와 비슷하다. 개가죽으로 만든 옷을 입고 개 흉내를 내며 도둑질을 하더라도, 사람들은 깨닫지 못한다. 개가죽으로 위장하면 의심하지 않기 때문이다. 지금 사람이 죽어 형체는 부패해버렸다. 설령 정기가 여전히 존재할지라도, 이 썩은 형체에 의지해서 또다시 활동하거나 모습을 드러낼 수는 없다. 죽은 사람은 산 사람의 형체를 빌려 나타날 수 없다. 산 사람이 죽은 사람의 혼을 빌려 죽을 수 없는 일과 같다.[10]

10 『論衡』, 「論死」, "人見鬼若生人之形. 以其見若生人之形, 故知非死人之精也. 何以效之? 以囊橐盈粟米. 米在囊中, 若粟在橐中, 滿盈堅彊, 立樹可見, 人瞻望之, 則知其爲粟米囊橐.. 何則? 囊橐之形, 若其容可察也. 如囊穿米出, 橐敗粟棄, 則囊橐委辟, 人瞻望之,

왕충은 사람의 형체를 포대에 비유하고 사람의 정신을 포대 속의 조나 쌀로 비유하면서, 사람의 형체가 소멸되면 정신 역시 소멸되는 것이라고 하는 사실을 포대가 훼손되면 그 포대 속의 조나 쌀이 흘러나와 버려지는 것과 같은 것으로 보았다. 포대가 조나 쌀을 담을 수 없다면 조나 쌀 역시 다시는 포대 속에 들어갈 수 없게 되어 결국 포대가 다시는 포대로서의 역할을 하지 못하게 되는 것이다. 세상에는 산 사람이 개의 가죽을 뒤집어쓰고 개로 위장하여 도둑질을 하는 사람도 있지만, 일단 개의 가죽이 훼손되면 다시는 개로 위장할 수가 없게 되는 것처럼 죽은 사람의 정신이 다시 산 사람의 형체에 깃들일 수는 없는 것이다. 이는 마치 산 사람의 형체에 죽은 사람의 정신이 깃들지 못하는 것과 같은 것이다.

> 사람이 병기에 찔려 죽으면 피가 인불로 변한다고 말한다. 피는 살아 있을 때의 정기다. 밤길에서 볼 수 있는 인불은 사람의 모습이 아니며, 흐릿하고 흐물흐물하다. 마치 덩어리를 이룬 모습과 같다. 인불은 죽은 사람의 피다. 그 형태도 산 사람의 형체와 다르다. 인불이 산 사람의 모습과 다른 점에서도, 정기가 소멸되면 사람의 모습과 닮을 수 없다는 사실을 알 수 있다. 만약 사람들이 본 귀신이 모두 죽은 사람의 모습과 같다면, 죽은 사람이 귀신으로 변했다고 생각할 수는 있다. 그러나 어떤 사람들이 보았다는 귀신은 오히려 산 사람의 모습이다.[11]

弗復見矣. 人之精神, 藏於形體之內, 猶粟米在囊橐之中也. 死而形體朽, 精氣散, 猶囊橐穿敗, 粟米棄出也. 粟米棄出, 囊橐無復有形, 精氣散亡, 何能復有體, 而人得見之乎! 禽獸之死也, 其肉盡索, 皮毛尙在, 制以爲裘, 人望見之, 似禽獸之形. 故世有衣狗裘爲狗盜者, 人不覺知, 假狗之皮毛, 故人不意疑也. 今人死, 皮毛朽敗, 雖精氣尙在, 神安能復假此形而以行見乎? 夫死人不能假生人之形以見, 猶生人不能假死人之魂以亡矣."

11 『論衡』, 「論死」, "人之兵死也, 世言其血爲燐. 血者, 生時之精氣也. 人夜行見燐, 不象人形, 渾沌積聚, 若火光之狀. 燐, 死人之血也, 其形不類生人之血也. 其形不類生人之形, 精氣去人, 何故象人之體? 人見鬼也, 皆象死人之形, 則可疑死人爲鬼, 或反象生人之形."

죽은 사람의 피가 변화하여 생긴 인불은 사람의 형체와 전혀 다른 모습을 보이고 있는데, 어떻게 죽은 사람의 정신이 사람의 형체와 같을 수 있겠는가? 이에 대하여 왕충은 사람이 죽은 후에 형체에 남아 있는 부분은 모두가 사람의 형체로 변화 될 수가 없는 것인데 하물며 육체가 분해된 죽은 사람의 정신은 더욱이 사람의 형체를 닮을 수 없다고 했던 것이다. 그리고 사람들이 본 귀신이 죽은 사람의 형체를 닮았다고 한다면 죽은 사람이 귀신으로 변화할 수 있을 것이라고 할 수 있을 것이며, 만일 귀신을 보았는데 그것이 산 사람의 형체를 가지고 있다면 그것은 죽은 사람의 정신이 변해서 귀신이 된 것이 아니라고 하는 사실을 파악할 수 있을 것이다. 또한 왕충은 만일 죽은 사람 모두가 변해서 귀신이 되었다고 할 경우 아득한 옛날부터 현재에 이르기까지 수많은 사람들이 죽었는데, 이럴 경우에 세상 온천지에 귀신이 득실득실하게 차있을 텐데 현실은 그렇지 않다고 하는 점을 분명하게 지적한다. 왕충은 이러한 사실을 근거로 사람이 죽으면 귀신이 된다고 하는 주장에 대하여 논리적으로 반박을 했던 것이다.

> 천지가 개벽하고 인류가 존재한 이래 죽은 사람의 숫자는 요절한 사람을 더하면 수억 만 명이다. 지금 살아 있는 사람은 죽은 사람의 수에 미치지 못한다. 사람이 죽어서 바로 귀신이 된다면, 한 걸음에 귀신 하나와 마주칠 것이다. 사람이 죽을 때 귀신을 볼 수 있다면, 수백 수 천 수만의 귀신이 방 안과 뜰에 가득 차고 거리를 가득 메울 것이다. 그러니 겨우 한 두 사람이 보았다고 하는 것은 합당하지 않은 것이다.[12]

12 『論衡』, 「論死」, "天地開闢, 人皇以來, 隨壽而死, 若中年夭亡, 以億萬數. 計今人之數, 不若死者多. 如人死輒爲鬼, 則道路之上, 一步一鬼也. 人且死見鬼, 宜見數百千萬, 滿堂盈廷, 填塞巷路, 不宜徒見一兩人也."

왕충은 당시의 사람들 가운데 귀신을 보았다고 하는 사람들이 겨우 하나나 혹은 두 개에 불과한 귀신을 본 것에 대하여 그 허망함을 매우 논리적으로 조목조목 반박했다. 만일 정말로 사람이 죽은 후에 귀신으로 변한다고 한다면 귀신의 숫자는 수억 만 명에 이르게 될 것이고, 이는 살아 있는 사람의 숫자 보다 귀신의 숫자가 월등하게 많은 것이 되는 것인데 어째서 겨우 한 두 명의 귀신만이 사람들의 눈에 보일 뿐이겠는가? 그렇기 때문에 사람이 죽어서 귀신이 된다고 하는 것은 허황된 주장이라고 하는 것이다.

3. 인간이 죽으면 지각능력이 없다

왕충은 사람이 세상에 태어나기 전에는 원기 가운데에 있다고 생각했다. 그 때는 아직 사람으로 형성되지 못하였기 때문에 원기는 지각능력이 없는 것으로 왕충은 생각했다. 즉 왕충은 사람이 죽은 후에 정기는 흩어지게 되어 자연계의 원기 속으로 다시 돌아가게 되는 것이기 때문에 이미 죽은 사람의 정신은 존재하지 않는 것이며 따라서 죽은 사람의 지각능력 역시 존재하지 못하게 되는 것이라고 생각했던 것이다.[13]

> 죽은 사람은 귀신이 될 수 없다. 어떠한 지각도 없다. 사람이 태어나기 전까지는 아직 지각이 없다. 사람이 태어나기 전에는 원기 속에 존재하며, 죽은 뒤에도 다시 원기로 되돌아간다. 원기는 어슴푸레해서 분명치 않은 모습이며, 사람의 기는 그 속에 존재한다. 태어나기 전에는 지각이 없으며, 죽으면 역시 지각이 없는 근본으로 돌아가는데 어떻게 지각이 있을 수 있겠는가?[14]

13 祝瑞開, 『兩漢思想史』, 上海: 上海古籍出版社, 1989, 310-311쪽 참조.
14 『論衡』, 「論死」, "夫死人不能爲鬼, 則亦無所知矣. 何以驗之? 以未生之時無所知也. 人

왕충은 사람의 총명함과 지혜는 인의예지신仁義禮智信을 포함한 오상五常의 기氣가 사람의 오장五臟 가운데 내재되어 있기 때문이라고 생각했다. 그래서 왕충은 이러한 오장이 상해를 입지 않을 경우 사람의 지혜는 존속되는 것이고 만일 오장에 병이 생기면 사람은 정신과 지혜가 혼미해지게 되는 것이고 결국에는 어리석고 무지몽매한 존재로 전락하게 되는 것이라고 생각했다. 사람이 죽고 육체가 부패된 후에 오장 역시 육체의 부패를 따라서 부패하게 되는 것이기 때문에 오상의 기는 의탁할 곳이 없게 되어 사람의 지혜 역시 육체가 부패함에 따라 완전히 없어지게 되어 존재하지 않게 되는 것이다. 그렇기 때문에 형체는 정기의 필요에 의해서 비로소 생성될 수 있는 것이고 오상의 기 역시 형체의 필요에 의해서 총명함과 지혜의 작용이 생겨나게 되는 것이다. 세상에 저절로 발화되어 연소되는 불이 존재하지 않듯이 형체에 의탁하지 않고 스스로 작용하는 정신은 존재할 수 없는 것이다.

> 사람이 총명하고 지혜가 있는 까닭은 오상의 기운을 품고 있어서다. 오상의 기운이 몸속에 있는 까닭은 몸속에 오장이 있어서다. 오장이 손상되지 않으면 사람은 지혜로울 수 있지만, 병들면 정신이 흐려지고, 정신이 흐려지면 어리석어진다. 사람이 죽으면 오장이 썩고, 썩으면 오상이 의탁할 장소가 없어진다. 지혜가 깃드는 장소가 부패하면 지혜도 더 이상 작동하지 않는다. 형체는 반드시 정기로 이루어지고, 정기는 반드시 형체에 의지해서 지각한다. 천하에 물체와 떨어져 독자적으로 타오르는 불이 없듯이, 이 세상에 형체 없이 단독으로 지각할 수 있는 정기는 결코 존재할 수 없다.[15]

未生, 在元氣之中; 既死, 復歸元氣. 元氣荒忽, 人氣在其中. 人未生無所知, 其死歸無知之本, 何能有知乎?"

15 『論衡』, 「論死」, "人之所以聰明智惠者, 以含五常之氣也; 五常之氣所以在人者. 以五藏在形中也. 五藏不傷, 則人智惠; 五藏有病, 則人荒忽, 荒忽則愚癡矣. 人死, 五藏腐朽, 腐

사람이 사망하면 마치 꿈을 꾸는 것과 같으며 꿈을 꾸는 것은 혼미한 상태와 마찬가지이고, 혼미한 상태는 사망과 비슷하다고 할 수 있다. 그렇기 때문에 사람들이 꿈을 꾸는 동안에는 깨어있는 사람들이 무엇을 하고 있는지 알 수 없는 것이며, 이는 마치 죽은 사람이 살아 있는 사람들이 무엇을 하고 있는지를 알 수 없는 것과 같은 것이다. 잠들어 있는 사람은 비록 형체와 정신이 모두 구비되어 있을지라도 아무것도 알 수가 없는 상태인데, 하물며 죽은 상태에서는 이미 형체와 정신이 모두 소멸되어버렸으니 지각능력이 있을 수 없게 되는 것이다.

> 죽음은 꿈꾸는 일과 같다. 꿈은 혼미와 비슷하고, 혼미는 죽음과 비슷하다. 사람이 혼미에서 깨어나지 않으면 죽게 된다. 혼미에서 깨어나거나 죽은 사람이 소생하는 상황을 꿈에서 깨어나는 일과 대조해보면 실제는 같다. 그러므로 꿈과 혼미와 죽음은 같은 현상이다. 죽으면 생전의 일을 기억하지 못한다는 사실은, 꿈을 꿀 때 평소의 일을 알지 못하는 점으로 유추할 수 있다. 자고 있는 사람 옆에서 이야기를 나누거나 일을 하더라도 잠자는 사람은 알지 못한다. 마찬가지로 죽은 사람의 관에 착한 일이나 나쁜 일을 하더라도, 죽은 사람은 더 이상 알 수 없다. 자고 있을 때는 여전히 정기가 존재하고 형체도 온전하지만 지각이 없다. 하물며 죽은 사람의 정신은 이미 소멸되었으며 형체도 이미 부패했으니, 더 이상 말할 필요조차 없다.[16]

사람이 다른 사람으로부터 맞아서 상처가 생기면 흔히 경찰에 고발을

朽則五常無所託矣, 所用藏智者已敗矣, 所用爲智者已去矣. 形須氣而成, 氣須形而知. 天下無獨燃之火, 世間安得有無體獨知之精?"

16 『論衡』, 「論死」, "人之死也, 其猶夢也. 夢者, 殄之次也; 殄者, 死之比也. 人殄不悟則死矣. 案人殄復悟, 死從來者, 與夢相似, 然則夢, 殄, 死, 一實也. 人夢不能知覺時所作, 猶死不能識生時所爲矣. 人言談有所作於臥人之旁, 臥人不能知, 猶對死人之棺爲善惡之事, 死人不能復知也. 夫臥, 精氣尚在, 形體尚全, 猶無所知, 況死人精神消亡, 形體朽敗乎?"

하는데, 이는 사람에게 지각능력이 있기 때문인 것이다. 만일 죽은 사람에게 지각능력이 있다고 할 경우 다른 사람에게 살해된 사람은 경찰에게 누가 자신을 살해했는지를 말할 수 있어야 하고 가족들에게 자신의 시신이 어디에 방치되어 있다고 알려줄 수 있어야 한다. 그러나 현실에서는 이러한 일이 발생할 수 없다. 왕충은 이러한 사례를 들어 사람이 죽으면 지각능력이 없다고 하는 사실을 증명했던 것이다.

> 다른 사람에게 얻어맞아 상처를 입으면 관가를 찾아가 고소할 수 있다. 이는 사람에게 지각이 있기 때문이다. 그런데 살해당하면 자신을 죽인 사람이 누구인지 알 수 없다. 가족도 시체가 있는 곳조차 모를 수 있다. 죽은 사람이 지각이 있다면 반드시 자신을 죽인 사람에게 분노하거나 관리에게 살인범의 이름을 알려주어야 마땅하다. 혹은 가족에게 돌아가 시체가 있는 곳을 알려주어야 마땅하다. 오늘날에 그렇게 할 수 없는 것은 죽은 사람에게 지각이 없다는 증거다.[17]

왕충은 무당이 죽은 사람의 혼령을 불러와서 죽은 사람이 무당의 입을 빌려 말을 할 수 있다고 하는 것은 터무니없고 황당무계한 주장이라고 생각했다. 만일 정말로 그러한 일이 있다고 한다면 그것은 요상한 기운이 만들어낸 현상일 뿐이라고 치부했다. 왕충은 말을 하고 지각을 하기 위해서는 반드시 형체의 정기와 혈기가 필요한 것이라고 생각했다. 만일 형체가 없다면 정기나 정신이 마땅히 의탁할 거처 역시 없게 되는 것이다. 그러므로 형체가 없으면 말을 할 수가 없는 것이며 마찬가지로 지각능력 역시 있을 수가 없게 되는 것이다.

---

17 『論衡』, 「論死」, “人爲人所毆傷, 詣吏告苦以語人, 有知之故也. 或爲人所殺, 則不知何人殺也? 或家不知其尸所在? 使死人有知, 必恚人之殺己也, 當能言於吏旁, 告以賊主名; 若能歸語其家, 告以尸之所在. 今則不能, 無知之效也.”

> 세상 사람들은 죽은 사람이 살아 있는 사람을 혼미하게 한 다음, 그 입을 빌려 말을 한다거나, 무당이 원현元絃이라는 악기를 흔들어 죽은 사람의 혼을 불러낸다고 말한다. 이는 모두가 황당무계한 말이다. 황당무계하지 않다면, 오래된 사물의 정기가 만들어낸 요상일 수는 있다. 어떤 사람이 죽은 사람은 단지 말을 할 수 없을 뿐이라고 말했다. 그러나 말을 할 수 없다면 지각이 없다는 뜻이다. 지각은 기에 의지하며, 말 역시 기에 의지한다.[18]

또한 왕충은 사람이 병이 들게 되면 정신이 혼란해져서 지각능력을 제대로 발휘할 수 없다고 생각했다. 그러나 죽음은 병이 드는 것보다 훨씬 더 상태가 심각한 것으로 정신이 소멸되어 지각능력이 존재할 수가 없게 되는 것이라고 왕충은 주장했다.

> 사람이 병들기 전에는 지혜도 정신도 모두 정상이지만 병이 들면 정신은 혼미해진다. 죽음은 병이 깊어진 최종 현상이다. 병은 죽음의 기미로 혼미와 같다. 하물며 극에 이른 바에야 더 말할 필요가 없다. 정신이 어지러워지면 자연히 혼미해진다. 하물며 정신이 흩어져버린 바에야 말할 필요조차 없다.[19]

왕충은 사람이 죽은 후에는 더 이상 지각능력이나 지혜와 같은 것들이 존재하지 않는다고 생각했는데, 이는 마치 촛불이 꺼지고 나면 더 이상 불빛이 존재하지 않는 것과 마찬가지인 것이라고 생각했다. 즉 사람이 죽은 후에는 지각능력이나 지혜와 같은 것들이 존재하지 않는다고

18 『論衡』, 「論死」, "世間死者今生人殄, 而用其言, 及巫叩元絃, 下死人魂, 因巫口談, 皆誇誕之言也. 如不誇誕, 物之精神爲之象也. 或曰: 不能言也. 夫不能言, 則亦不能知矣. 知用氣, 言亦用氣焉."

19 『論衡』, 「論死」, "人之未死也, 智惠精神定矣, 病則惛亂, 精神擾也. 夫死, 病之甚者也. 病, 死之微, 猶惛亂, 況其甚乎! 精神擾, 自無所知, 況其散也!"

하는 것은, 촛불이 꺼지고 나면 불빛이 존재하지 않는 것과 마찬가지인 것이다.[20]

> 사람의 죽음은 불의 소멸과 같다. 불이 소멸하면 빛이 소멸하듯이 사람이 죽으면 지각이 작동할 수 없다. 양자는 당연히 동일한 현상이다. 죽어서도 지각이 있다는 논자들의 주장은 잘못되었다. 사람이 병들어 죽는 일은 불이 꺼지는 모습과 다를 바 없다. 빛을 잃어도 초는 남아 있듯이, 사람이 죽어서 정신이 사라져도 형체는 존재한다. 죽어도 지각이 있다고 여긴다면, 불이 꺼져도 다시 빛을 낼 수 있다고 말하는 것과 같다.[21]

아울러 왕충은 서로 질시하는 부부가 항상 싸우고 서로 증오하며 지내다가 어느 날 갑자기 남편 혹은 부인이 죽을 경우에 살아 있는 남편이나 혹은 부인은 새로운 반려자를 맞이하게 될 것이라고 했다. 만일 죽은 사람에게 지각능력이 있다면 이미 죽은 남편 혹은 부인은 상대방에 대하여 분노하고 재앙을 내릴 것인데, 실제로는 이러한 일이 발생한 적이 없다는 것이다. 이러한 사례들을 종합하여 볼 때 왕충이 주장한 죽은 사람에게는 지각능력이 없다고 하는 것을 증명할 수 있는 것이다.

4. 죽은 사람은 산 사람을 해칠 수 없다

왕충은 사람이 죽은 후에 육체가 부패되어 버리면 정신 역시 소실되어 버리는 것이기 때문에 이러한 정신은 다른 사람을 해칠만한 능력이 없는 것이라고 생각했다. 예를 들자면 지금 막 출생한 갓난아기는 그 신

---

20 陳正雄, 『王充學術思想述評』, 臺北: 文津出版社, 1987, 170쪽 참조.

21 『論衡』, 「論死」, "人之死, 猶火之滅也. 火滅而燿不照, 人死而知不惠, 二者宜同一實. 論者猶謂死有知, 惑也. 人病且死, 與火之且滅何以異? 火滅光消而燭在, 人死精亡而形存, 謂人死有知, 是謂火滅復有光也."

체에 정기가 형성 된지 얼마 안 되었기 때문에 신체가 유약하여 다른 사람을 해칠만한 역량이 없는 것이다. 하물며 죽은 사람의 정신은 이미 소실되어 버렸고 육체는 백골이 되어버렸는데 어떻게 다른 사람에게 위해를 가할 수 있겠는가? 이미 정신이 소실되고 육체의 기운도 사라져버린 상태에서 타인을 해친다는 것은 불가능한 일이라고 왕충은 생각했던 것이다.

> 사람은 죽어도 귀신이 될 수 없으며, 지각이 없고 말할 수 없어서 다른 사람을 해칠 수도 없다. 사람이 분노할 때는 기를 사용한다. 다른 사람을 해칠 때는 힘을 사용한다. 남을 해치려면 반드시 근골이 강해야 한다. 분노한 사람이 큰 소리를 지르면 입속의 기가 다른 사람의 얼굴에 분사된다. 그러나 맹분이나 하육일지라도 기만으로는 다른 사람을 해칠 수 없다. 손을 뻗어 가격하거나 발로 차야, 맞거나 차인 사람에게 상처를 입힐 수 있다. 죽으면 뼈는 썩고 근골은 소멸하며, 손발도 들 수 없다. 설령 정기가 여전히 남아 있어서 크게 소리 지를 수 있을지라도, 손발의 보조 작용이 없다면 어떻게 다른 사람을 해칠 수 있겠는가?[22]

왕충은 계란이 아직 부화되지 않은 상태에서는 달걀 속의 병아리의 형상은 형성되지 않고 흐물흐물한 액체 상태에 불과 하다고 생각하였는데, 이를 사람이 죽은 후의 상태와 같은 것으로 비유했다. 즉 왕충은 사람이 죽으면 액체 상태와 같이 형체가 없는 것이 되기 때문에 타인을 해칠만한 능력이 없게 되는 것이라고 생각했던 것이다.

22 『論衡』, 「論死」, "人死不爲鬼, 無知, 不能語言, 則不能害人矣. 何以驗之? 夫人之怒也用氣, 其害人用力, 用力須筋骨而彊, 彊則能害人. 忿怒之人, 呴呼於人之旁, 口氣喘射人之面, 雖勇如賁·育, 氣不害人. 使舒手而擊, 舉足而蹶, 則所擊蹶無不破折. 夫死, 骨朽筋力絕, 手足不舉, 雖精氣尚在, 猶呴吁之時無嗣助也. 何以能害人也?"

> 달걀이 부화하기 전에는 껍질 속에서 흐물흐물한 덩어리로 이루어진 물과 같은 형태로 있다. 암탉이 품어 형체가 이루어지고, 형체가 이루어져야 껍질을 쪼아 부술 수 있다. 사람도 죽으면 흐물흐물해진다. 흐물흐물해진 기가 어떻게 사람을 해칠 수 있겠는가?[23]

왕충은 사람이 음식을 잘 먹어야 만이 신체가 건강해질 수 있다고 생각했으며, 신체가 건강하고 힘이 있어야 다른 사람을 해칠 수 있다고 생각했다. 또한 왕충은 병든 사람은 음식물을 제대로 섭취할 수 없기 때문에 육체가 허약해 질 수밖에 없다고 보았다. 병이 들어서 음식물을 제대로 섭취하지 못해서 육체가 쇠약해진 사람은 설령 철천지원수가 곁에 있을지라도 힘이 없어서 그 원수에게 어떠한 행동도 취할 수 없으며, 다른 사람이 자신의 물건을 훔쳐서 달아나더라도 그를 제지할 수 없는 실정이다. 하물며 죽은 사람의 무력함은 병이 든 사람 보다 더욱 심각할 터인데, 도대체 무슨 능력으로 죽은 사람이 살아있는 사람에게 해를 끼칠 수 있겠는가?

> 다른 사람을 해칠 수 있는 능력은 음식을 섭취하기 때문에 나온다. 배부르게 먹고 강건하고 용맹한 힘을 지녀야 다른 사람을 해칠 수 있다. 병이 들면 먹지 못해 몸이 허약해지고, 허약해지면 병은 더욱 깊어져 결국 죽음에 이른다. 병이 심해지면 적이 옆에 있어도 욕조차 할 수 없다. 다른 사람이 그의 물건을 훔쳐 가도 제지하거나 빼앗을 수 없다. 심하게 허약해졌기 때문이다. 죽음은 허약함의 극치인데, 어떻게 다른 사람을 해칠 수 있겠는가?[24]

---

23 『論衡』, 「論死」, “鷄卵之未字也, 澒溶於轂中, 潰而視之, 若水之形. 良雌傴伏, 體方就成; 就成之後, 能啄蹶之. 夫人之死, 猶澒溶之時, 澒溶之氣, 安能害人?”

24 『論衡』, 「論死」, “人之所以勇猛能害人者, 以飮食也, 飮食飽足則彊壯勇猛, 彊壯勇猛則能害人矣. 人病不能飮食, 則身羸弱, 羸弱困甚, 故至於死. 病困之時, 仇在其旁, 不能咄

일반적으로 허약하고 무기력한 사람이라도 자신의 가축을 도둑맞았을 경우에는 매우 크게 분노하고 분노가 극에 달할 경우에는 훔쳐간 사람을 죽이려고 할 것이다. 또한 전쟁 중에 다른 사람에게 살해당하고 그들에게 자신의 육체가 유린당하게 되는 경우도 있는데, 사람의 육체는 가축 보다 훨씬 더 소중한 것이다. 그렇기 때문에 만일 죽은 사람에게 지각능력이 있다고 할 경우 죽은 사람은 마땅히 자신의 육체를 유린한 사람들에게 복수를 해야만 할 것이다. 그러나 왕충은 죽은 사람이 산 사람에게 복수를 한 사례는 고금을 통해서도 찾아볼 수 없었다고 생각하였다. 그렇기 때문에 왕충은 죽은 사람은 살아 있는 사람에게 어떠한 형태의 위해를 가할 수 없다고 주장했던 것이다.

> 다른 사람이 자기 소유의 닭이나 개를 훔쳐 가면, 설령 겁쟁이거나 원기가 없는 사람일지라도 분노하지 않을 수 없다. 분노가 극에 달하면 도둑을 죽일 수도 있다. 심한 기근 때문에 산 사람을 잡아먹는 일이 발생하는데, 만약 죽은 사람의 정신에 지각이 있다면 당연히 상대를 해치려 할 것이다. 사람의 죽음은 닭이나 개를 도둑맞은 데 비할 바가 아니다. 그런데도 닭이나 개를 도둑맞으면 분노하면서, 자신이 죽임을 당하면 분노하지 않는다. 이러한 것이 죽은 사람이 산 사람을 해칠 수 없다는 증거다.[25]

왕충은 매미가 유충에서 탈피를 한 이후 매미로 변한 뒤에는 유충에게 위해를 가할 수 없다고 하는 비유를 들어서 죽은 사람의 정신도 역시 살아 있는 사람의 신체에 위해를 가할 수 없다고 했다. 왕충의 이러한

叱, 人盜其物, 不能禁奪, 羸弱困劣之故也. 夫死, 羸弱困劣之甚者也, 何能害人?"

25 『論衡』, 「論死」, "有雞犬之畜, 爲人所盜竊, 雖怯無勢之人, 莫不忿怒, 忿怒之極, 至相賊滅. 敗亂之時, 人相啖食者, 使其神有知, 宜能害人. 身貴於雞犬, 己死重於見盜, 忿怒於雞犬, 無怨於食己, 不能害人之驗也."

비유는 합리적인 측면이 다소 부족하다고 말할 수 있다. 즉 매미가 유충에서 탈피한 후에는 당연히 자신이 탈피하기 이전의 유충에게 위해를 가할 수 없는 것이다. 다시 말하자면 이미 탈피한 뒤에는 유충의 껍질만이 존재하기 때문에 그 알맹이에 해당하는 유충 자체는 존재하지 않는 것이다. 그러므로 매미가 자신의 유충시절의 껍질에 대하여 위해를 가할 이유가 존재하지 않는 것이며 설사 위해를 가한다고 해도 그것은 껍질에 불과한 것에 해당되기 때문에 아무런 의미가 없는 것이다. 그러나 매미는 형체가 있는 것이기 때문에 만일 그가 이미 탈피해버린 껍질이나 다른 매미 혹은 아직 탈피하지 못한 유충 상태의 매미의 형체에 대해서는 위해를 가할 수는 있을 것이다. 이는 의심의 여지가 없는 사실인 것이다. 이와 같은 논리로 추론을 해본다면, 죽은 사람의 정신이 육체를 떠난 후에는 죽은 사람이 생전의 의식이 있는 상태의 육체에 대해서 상해를 입힐 수 없다는 논리가 성립되는 것이다. 죽은 사람의 생전의 육체 즉 의식이 있는 상태의 온전한 육체는 이미 다시는 존재할 수 없는 것이기 때문에 이에 대하여 위해를 가한 다는 것은 논리적으로 성립이 불가능한 사실이 되는 것이다. 그러므로 왕충이 "어떻게 산 사람의 육체를 해칠 수 있겠는가?"[26]라고 한 언급은 문제의 소지가 있다고 생각한다. 이는 마땅히 "어떻게 죽은 사람의 생전의 육체를 해칠 수 있겠는가?"라고 정정해야 할 것이다. 이러한 논리는 왕충이 한 "사람은 죽으면 수명이 끝나며 다시 살아날 수 없다. 마찬가지로 나라가 망하면 더 이상 존재할 수 없다."[27]라고 하는 주장과 호응을 이룬다고 할 수 있다. 그렇지만 왕충이 형체가 있는 매미로 형체가 없는 죽은 사람의 정신을 비유한 것은 이미 그 자체에 논리적 모순을 내포하고 있으며, 비록 왕충이 매미가 매미를 해칠 수 있다고는 언급하지는 않았지만 매미가 다른 매미나 또 다른 생

26 『論衡』, 「論死」, "何能害生人之身?"

27 『論衡』, 「異虛」, "人死命終, 死不復生, 亡不復存."

명제를 공격하여 해를 입힐 수 있는 것은 엄연한 사실이다. 그렇기 때문에 이러한 비유로 죽은 사람의 정신이 살아 있는 사람을 해칠 수 없다고 하는 왕충의 주장은 적합하지 않다고 생각한다.

> 매미가 부화하기 전에는 아직 유충 상태지만 탈피하고 나면 매미의 형체로 바뀐다. 형체를 떠난 정신은 매미가 유충을 탈피한 일 따위와도 비교할 수 없다. 매미로 탈피한 뒤에는 유충을 해칠 수 없다. 매미가 매미 이전의 유충을 해칠 수 없듯이, 죽은 사람의 정신이 어떻게 산 사람의 육체를 해칠 수 있겠다는 것인가?[28]

왕충은 사람의 육체를 솥단지에 비유하고 사람의 정신을 솥단지 안에 있는 물에 비유했다. 사람의 정신이 분노를 하게 되면 육체는 자연히 열이 나게 되고 기운은 강하게 변화되는데, 이는 마치 불이 솥단지 안의 물을 끓여서 펄펄 끓게 되면 용솟음치려 하는 현상과 같은 양상을 띠는 것이라고 할 수 있다. 정신이 분노하면 다른 사람에게 해를 끼칠 수가 있는 것이고 분노하지 않을 경우에는 다른 사람에게 위해를 가할 수 없는 것이다. 일반적으로 사람이 죽음에 임박했을 때는 육체가 차가워지고 얼마 후 바로 사망하게 되는데, 죽었을 때 정신은 분노를 할 수 없는 것이다. 사람이 죽은 후 정신은 육체를 떠나는데, 이는 마치 솥단지 안의 물이 증발해버리는 것과 같은 이치인 것이다. 즉 왕충은 사람이 분노하지 않고 물이 끓어오르지 않으면 다른 사람을 해칠 수가 없다고 생각했던 것이다. 그러나 왕충의 이러한 비유는 다소 부적합하다고 할 수 있는데, 그 이유는 솥단지 안에 있는 물은 끓어오르거나 끓어오르지 않거나

---

28 『論衡』, 「論死」, "蟬之未蛻也, 爲復育; 已蛻也, 去復育之體, 更爲蟬之形. 使死人精神去形體, 若蟬之去復育乎? 則夫爲蟬者, 不能害爲復育者. 夫蟬不能害復育, 死人之精神, 何能害生人之身?"

에 관계없이 주동적으로 사람에게 위해를 입힐 수가 없지만 사람은 주동적으로 다른 사람을 해칠 수가 있다. 또한 만일 다른 사람을 해치려고 하는 생각을 가지고 있는 사람은 반드시 분노하는 것은 아니라고 말할 수 있다. 예를 들자면 살인을 모의하고 있거나 전쟁 등을 도모하는 경우가 그러한 경우에 해당된다고 할 수 있다. 이러한 관점에서 볼 때 왕충의 육체와 정신의 관계를 솥단지에 비유한 것은 부적절하다고 생각한다.

5. 맺는 말

이상과 같이 왕충의 생사관에 대하여 인간은 죽어서 귀신이 되지 않는다고 하는 것과 인간이 죽으면 지각 능력이 없다고 하는 것 및 죽은 사람은 살아 있는 인간을 해칠 수 없다고 하는 점을 중심으로 살펴보았는데, 이를 정리하면 다음과 같다.

왕충의 사람이 죽어서 귀신으로 변하지 않는다고 하는 주장은 주로 형체와 정신의 관계로 설명하는 방식을 취한다. 즉 왕충은 사람은 정기를 받았기 때문에 태어나는 것이고 죽으면 정기가 소멸되는 것이라고 했다. 그러면서 왕충은 사람의 정기를 만들 수 있는 곳은 혈맥이며, 이러한 혈맥은 사람이 죽으면 고갈되는 것이며, 혈맥이 고갈되면 정기도 소멸되는 것이라고 주장했다. 또한 왕충은 사람이 죽은 후에는 정신과 형체가 와해된다고 주장했으며, 형체가 소멸되면 정신도 그에 따라 소멸되는 것으로 이 둘은 모두 다시는 존재할 수 없게 된다고 했다. 아울러 왕충은 당시의 사람들 가운데 귀신을 보았다고 하는 사람들이 고작 한 둘에 불과한 귀신을 본 것에 대하여 그 허망함을 매우 논리적으로 조목조목 반박했다. 만일 사람이 죽은 후에 귀신으로 변한다고 한다면 귀신의 숫자는 수억 만 명에 이르게 될 것이고, 이는 살아 있는 사람의 숫자 보다 귀신의 숫자가 월등하게 많은 것이 되는 것인데 어째서 겨우 한 두

명의 귀신만이 사람들의 눈에 보일 뿐이겠는가? 그렇기 때문에 사람이 죽어서 귀신이 된다고 하는 주장은 허황된 주장이라고 하는 것이다.

왕충은 사람이 죽은 후에 정기는 흩어지게 되어 자연계의 원기 속으로 다시 돌아가게 되는 것이기 때문에 이미 죽은 사람의 정신은 존재하지 않는 것이며 따라서 죽은 사람의 지각능력 역시 존재하지 못하게 되는 것이라고 주장했다. 또한 왕충은 사람의 총명함과 지혜는 인의예지신을 포함한 오상의 기가 사람의 오장 가운데 내재되어 있기 때문에 존재하는 것이라고 생각했다. 왕충은 이러한 오장이 상해를 입지 않을 경우 사람의 지혜는 존속되는 것이고 만일 오장에 병이 생기면 사람은 정신과 지혜가 혼미해지게 되는 것이라고 생각했다. 더 나아가 왕충은 사람이 죽고 육체가 부패된 후에 오장 역시 육체의 부패를 따라서 부패하게 되는 것이기 때문에 오상의 기는 의탁할 곳이 없게 되어 사람의 지혜 역시 육체가 부패함에 따라 완전히 없어지게 되어 존재하지 않게 되는 것이라고 생각했다. 그렇기 때문에 왕충은 형체는 정기의 필요에 의해서 비로소 생성될 수 있는 것이고 오상의 기 역시 형체의 필요에 의해서 총명함과 지혜의 작용이 생겨나게 되는 것이라고 주장했던 것이다. 아울러 왕충은 세상에 저절로 발화되어 연소되는 불이 존재하지 않듯이 형체에 의탁하지 않고 스스로 작용하는 정신은 존재할 수 없다고 역설했다.

왕충은 사람이 죽은 후에 육체가 부패되어 버리면 정신 역시 소실되어 버리는 것이기 때문에 이러한 정신은 다른 사람을 해칠만한 능력이 없는 것이라고 생각했다. 즉 왕충은 죽은 사람의 정신은 이미 소실되어 버렸고 육체는 백골이 되어버리면 다른 사람에게 위해를 가할 수 없는 것이라고 생각했다. 바꿔 말하자면 이미 정신이 소실되고 육체의 기운도 사라져버린 상태에서 타인을 해친다는 것은 불가능한 일이라고 왕충은 생각했던 것이다. 또한 왕충은 매미가 유충에서 탈피를 한 이후 매미로 변한 뒤에는 유충에게 위해를 가할 수 없다고 하는 비유를 들어서 죽은 사람의 정신도 역시 살아 있는 사람의 신체에 위해를 가할 수 없다고 주장했는데, 이러한 비유는 다소 부적절하다고 말할 수 있다. 즉 왕충이 형체가 있는 매미로 형체가 없는 죽은 사람의 정신을 비유한 것은 이미 그 자체에 논리적 모순을 내포하고 있기 때문에, 이러한 비유로 죽은 사람의 정신이 살아 있는 사람을 해칠 수 없다고 하는 왕충의 주장은 적합하지 않다고 생각한다.

참고문헌

1. 黃暉,『論衡校解』, 北京, 中華書局, 1995년.
2. 田昌五,『王充及論衡』, 北京, 三聯書店, 1958년.
3. 陳正雄,『王充學術思想述評』, 臺北, 文津出版社, 1987년.
4. 鍾肇鵬, 周桂鈿,『桓譚 王充評傳』, 南京, 南京大學出版社, 1993년.
5. 陳拱,『王充思想評論』, 臺北, 臺灣商務印書館, 1996년.
6. 祝瑞開,『兩漢思想史』, 上海, 上海古籍出版社, 1989년.

제4절 천도론 사상

1. 시작하는 말

일반적으로 철학이론은 형이상학적 기초를 근거로 하고 있다고 할 수 있는데, 왕충王充의 천도天道사상 역시 예외일 수는 없다. 왕충은 고금의 성현들의 학설을 심도 있게 연구한 이후에 도가道家의 '무위자연'의 천도론天道論으로써 기존의 사상계를 풍미하던 '천인감응론'의 이론체계를 철저하게 공격한다. 또한 그는 이러한 학설들을 비판적으로 수용함과 동시에 『관자管子』의 '정기설'과 순자의 '천도자연론' 그리고 『회남자淮南子』의 '원기론'을 계승하여 '원기자연론'이라고 하는 독특한 천도사상을 건립한다.

왕충의 '무위자연'의 천도사상은 '천인감응론'의 이론적 근거를 비판할 뿐만 아니라, 자신의 전체 사상체계의 기초가 된다. 이러한 왕충의 천도사상은 양한시기의 우주론에 있어서 새로운 전기를 마련했다고 할 수 있으며 뒤에 이어지는 위진남북조 시기의 우주론에도 많은 영향을 끼쳤다고 할 수 있다. 그러므로 본문에서는 왕충의 천도론에 대하여 천은 물질실체로 기가 아니라는 것과, 천도무위자연론을 중심으로 분석해 보기로 하겠다.

2. 天의 의미

중국철학사에 있어서 천天은 매우 중요한 범주 가운데의 하나라고 할 수 있다. 천은 우주를 대표하고, 천에 대한 견해는 사상가들의 우주관을 대표하는 견해로 자리잡아왔다. 선진시기의 공자는 일찍이 다음과 같이 말했다.

하늘이 무슨 말씀 있으시더냐? 사계절이 운행되고 만물이 자라고 있지만, 하늘이 무슨 말씀을 하시더냐?[1]

위의 인용문에서 볼 수 있듯이 사계절이 운행되고 만물이 생장하는 것 모두는 천도의 법칙이 운행되는 것으로, 이때의 천은 모든 만물을 주재하는 주재자적 의미이다. 공자는 또 다음과 같이 말했다.

하늘이 이 문화를 없애려 하셨다면, 후세에 나온 내가, 이 문화에 참여할 수가 없었을 것이다. 하늘이 이 문화를 없애려 하지 않고 계신데, 광 사람들이 나를 어찌할 수 있겠느냐?[2]

하늘에 죄를 지으면 빌 곳도 없게 된다.[3]

이상과 같이 공자에 있어서의 천은 이 세상을 움직이는 보편적인 법칙 즉 이법理法의 원리로 나타나며, 그것은 만물을 생성하고 모든 것을 통괄하는 최고의 주재자이기는 하지만 구체적인 인격성을 갖고 있지는 않다.

선진시기의 묵자가 언급한 천은 인격신의 요소를 매우 농후하게 갖고 있는데, 묵자에 있어서의 천은 여러 신들 가운데의 최고의 신과 같은 존재였다. 묵자는 다음과 같이 천을 묘사했다.

---

1 『論語』, 「陽貨」, “天何言哉? 四時行焉, 百物生焉. 天何言哉?”

2 『論語』, 「子罕」, “天之將喪斯文也, 後死者不得與於斯文也. 天之未喪斯文也, 匡人其如予何?”

3 『論語』, 「八佾」, “獲罪於天, 無所禱也.”

> 하늘의 뜻을 알고 따르지 않을 수가 없는 것이다. 하늘의 뜻을 따르는 사람은 모두를 아울러 서로서로 사랑하고, 서로 이롭게 해 주어 반드시 상을 받고, 하늘의 뜻을 어기는 사람은 차별하여 서로 미워하고 서로 해쳐서 반드시 벌을 받을 것이다.[4]

위의 인용문에서 언급된 바와 같이 묵자에 있어서의 천은 상과 벌을 내릴 수 있는 존재이기 때문에 인간은 반드시 천의 의지에 순응해야만 한다고 주장한다. 같은 맥락으로 묵자는 천의 의지를 모든 가치체계의 준칙으로 삼았다고 할 수 있다. 그러므로 묵자에 있어서의 천은 바로 의지를 가지고 있는 인격신의 의미로서의 존재라고 할 수 있겠다.

전국시대의 맹자 역시 천에 대하여 언급하였는데, 다음과 같다.

> 만장이 "요임금이 순임금에게 천하를 주었다고 하는데, 그러한 일이 있었습니까?"라고 묻자, 맹자가 "아니다, 천자는 천하를 남에게 줄 수 없는 것이다."라고 했다. (만장이)"그렇다면 순임금이 천하를 소유한 것은 누가 그것을 주었기 때문입니까?"라고 하자, 맹자가 "하늘이 준 것이다." 라고 말했다. (만장이)"하늘이 준 것은 이렇게 저렇게 명령하는 것입니까?"라고 묻자, 맹자가 "아니다, 하늘은 말을 하지 않고 행위와 사건으로써 보여줄 뿐이다."라고 했다. (만장이)"행위와 사건으로써 보여주는 것은 어떻게 하는 것입니까?"라고 묻자, 맹자가 "천자는 사람을 하늘에 추천할 수는 있지만, 하늘이 그에게 천하를 줄 수 있도록 할 수는 없다."라고 말했다.[5]

---

4 『墨子』, 「天志上」, "當天意而不可不順. 順天意者, 兼相愛, 交相利, 必得賞; 反天意者, 別相惡, 交相賊, 必得罰."

5 『孟子』, 「萬章上」, "萬章曰: '堯以天下與舜, 有諸?' 孟子曰: '否. 天子不能以天下與人.' '然則舜有天下也, 孰與之?' 曰: '天與之.' '天與之者, 諄諄然命之乎?' 曰: '否. 天不言, 以行與事示之而已矣.' 曰: '以行與事示之者, 如之何?' 曰: '天子能薦人於天, 不能使天與之天下.'"

위에서 언급한 바와 같이 맹자는 천이 인간사회의 최고주재자로서 천자를 옹립하는 것 역시 천명에 의해서 결정된다고 생각했던 것이다. 그는 또 다음과 같이 말했다.

> 공들인 것을 이루는 것과 같은 것은 하늘에 달려 있는 것이니, 임금께서는 저들을 어떻게 하시겠습니까? 힘써서 선善을 해야 할 따름입니다.[6]

즉 맹자는 모든 일의 성공 여부는 천이 결정하는 것으로, 천하의 평안과 혼란 역시 천의 의지에 의한다는 것을 언급했다. 이것은 곧 천은 인간사의 최종적인 결정을 내리며 또한 모든 일의 근거가 되는 것을 의미하는 것이다.

서한시기의 동중서董仲舒는 유가의 천론을 계승하여 '천인감응'의 이론을 내놓는데, 그는 다음과 같이 말했다.

> 하늘이란 것은 만물의 조상으로, 만물은 하늘이 생성하지 않은 것이 아니다. 음기 홀로 만물을 생성할 수 없으며, 양기 홀로 만물을 생성할 수 없으며, 음양의 이기와 천지가 서로 교착된 후에 생성되는 것이다.[7]

> 하늘과 같으면 천하의 평안을 얻을 수 있고, 하늘과 다르면 천하의 큰 혼란을 야기하게 된다. 그러므로 군주가 된 사람의 도는, 자신이 하늘과 같아지는 것과 그것을 이용하는 것을 밝히는데 있다.[8]

이상과 같이 동중서에게 있어서의 천은 의지가 있으며 우주만물을 주

6 『孟子』, 「梁惠王下」, "若夫成功則天也. 君如彼何哉? 强爲善而已矣."
7 『春秋繁露』, 「順命」, "天者, 萬物之祖, 萬物非天不生. 獨陰不生, 獨陽不生, 陰陽與天地參然後生."
8 『春秋繁露』, 「陰陽義」, "與天同者大治, 與天異者大亂. 故爲人主之道, 莫明於在身之與天同者而用之."

재하는 존재로서, 만일 군주가 천의 의지에 순응하면 천하는 평안을 얻을 수 있고 그렇지 않으면 커다란 혼란을 야기하게 된다는 것이다. 이와 같은 동중서의 '천인감응'의 주장은 당시의 유학자들로부터 폭넓은 지지를 받았다.

그러나 왕충은 동중서의 입장과는 완전히 다른 반대의 입장을 견지한다. 그는 순자의 자연주의적인 천론을 계승하여,[9] 천이 만물을 생성하는 것에는 어떠한 목적이나 의지가 없다는 주장을 한다. 즉 천은 자연적이며 객관적인 존재이며, 인간의 경험적 대상이라는 것이다. 다시 말하면 천이 자연적이며 객관적인 존재가 되는 이유는 바로 천이 실체이기 때문이다. 그리고 왕충이 언급한 실체라는 것은 바로 형체가 있으며, 굳건한 체질이 있는 실체라는 것이다.[10]

왕충이 이와 같은 주장을 한 것에는 다음과 같은 특별한 이유가 있다고 할 수 있다. 먼저, 천은 이미 실체이기 때문에 당연히 물질적 성질을 갖는다. 이러한 점은 모든 것을 주재하는 전통적 의미의 천을 자연적인 천으로 환원시킨 것을 의미함과 동시에, 천의 감각적 성질과 의지적 성질을 부정한 것을 의미한다. 이로부터 천의 신비주의적 색채가 단절되는 것이다.

다음으로 왕충은 실체와 기氣의 혼합이라는 형식을 제거하여 한대 유학자들의 기로써 천과 인간을 관통한다고 하는 신비주의적 관념을 근본적으로 부정한 것이다. 이러한 점들 이외에 왕충은 천 그 자체가 이미 실체이고 인간 역시 실체이나, 천의 실체는 분명하게 인간의 실체와는 다르다는 점을 다음과 같이 설명한다. 즉 인간에게는 욕망이 있고 천에는 욕망이 없다는 것과 인간은 인위적인 작위가 있으나 천에는 인위적인 작위가 없고 스스로 그러하다고 하여 전통적인 '천인감응'의 관계를 철

---

9 蔡仁厚, 『孔孟荀哲學』, 臺北, 臺灣學生書局, 1990年, 370쪽 참조.

10 徐復觀 『兩漢思想史』, 卷二, 臺北, 臺灣學生書局, 1985年, 611쪽 참조.

저하게 부정한다.[11]

다른 한편으로 왕충은 '기氣'에 대해서는 부정의 태도를 취하지는 않는다. 다만 '기'를 신비주의적 관념으로부터 탈피시키고 새롭게 물질적 의미를 부여한다. 즉 고대의 '원기론元氣論'을 유물주의적 방향으로부터 새로운 경지로 이끌었다고 할 수 있다. 왕충이 보기에는 '기'라고 하는 것은 실체에 부속된 것으로, 즉 '기'는 실체가 함유하고 있는 것이라는 것이다. 다시 말하면 왕충은 '기'를 실체의 속성으로 보았던 것이다.[12] 실체는 물질의 본체이기 때문에 이러한 실체가 함유하고 있는 '기'는 당연히 물질적 '기'가 되는 것이다. 그러므로 '기'와 실체는 같이 물질을 이루고 있는 요소이기 때문에 이 둘 사이에는 실제적인 구별이 있을 수 없다는 것이다.

왕충은 분명히 "천은 물질적 실체로 기가 아니다."[13]라고 주장했지만, 또 다음과 같은 언급도 했다.

> 다시 말해서 천은 기인가? 아니면 실체인가? 만일 기라고 한다면, 그것은 구름이나 연기와 다름이 없을 것이다.[14]

> 만일 천을 형체라고 말한다면 그것은 땅의 실체와 서로 같은 것이다. 만일 천을 기라고 말한다면 그것은 바로 구름이나 연기와 같은 것이 되는데, 구름과 연기와 같은 종류의 것들에게 어떻게 입과 눈이 있다고 할 수 있겠는가?[15]

---

11 黎惟東, 「王充思想研究」, 臺北, 中國文化大學 哲學研究所 博士學位論文, 1984年, 120~121쪽 참조.

12 田昌五, 『王充及其論衡』, 北京, 三聯書店, 1958年, 29쪽 참조.

13 『論衡』, 「談天」, "天, 體, 非氣也."

14 『論衡』, 「談天」, "且夫天者, 氣邪? 體邪? 如氣乎, 雲煙無異."

15 『論衡』, 「自然」, "使天體乎! 宜與地同. 使天氣乎! 氣若雲煙, 雲煙之屬, 安得口目?"

즉 왕충에 있어서의 천은 자연적 의미의 천이다.[16] 그는 천에 대하여 실체라고 혹은 '기'라고 정의를 내리지 않았다. 그러나 단정할 수 있는 사실은 왕충이 언급한 실체라는 것은 형이하학적 물질본체를 의미하고, '기'라는 것은 구름이나 연기와 같은 종류의 기체를 의미하는 것으로 형이상학적 의미를 찾아볼 수 없다는 사실이다.[17]

또한 왕충에게 있어서의 천은 다음과 같은 문장들 속에서 충분히 그 특성을 찾아볼 수 있을 것이다.

> 유학자들이 말하기를, "천은 기이다. 그래서 그것은 인간과는 멀리 떨어진 것이 아니다……사실에 의해서 그것을 평론한다면, 천은 물질적 실체로 기가 아니다.[18]

> 천체는 땅과 다름이 없다. 형체가 있는 것들은 귀가 모두 머리 위에 나있다. 신체와 귀가 떨어져 있다는 것은 지금까지 있어본 적이 없다. 하늘은 인간과 수 만리 떨어져 있는데, 만일 귀를 하늘 위에 걸어 놓고 수 만리 밖의 이야기를 들으려고 한다면 이는 들을 수 없을 것이다.[19]

> 하늘과 땅은 모두 실체이다. 땅보다 낮은 곳이 없으면 곧 하늘보다 더 높은 곳 역시 없다.[20]

> 천이라는 것은 실체이며 땅과 서로 같은 것이다. 하늘 위에는 여러 종류의 별자리가 있고, 땅위에는 주택들이 있다. 주택들은 대지의 형체에 의거하고, 여러 종류의 별자리는 하늘의 형체에 의거한다. 형체가 갖

16 周桂鈿, 『秦漢思想史』, 石家莊, 河北人民出版社, 2000年, 361쪽 참조.

17 李維武, 『王充與中國文化』, 貴陽, 貴州人民出版社, 2000年, 44쪽 참조.

18 『論衡』, 「談天」, "儒者曰: '天, 氣也, 故其去人不遠.……' 如實論之, 天, 體, 非氣也."

19 『論衡』, 「變虛」, "夫天體也, 與地無異. 諸有體者, 耳咸附於首. 體與耳殊, 未之有也. 天之去人, 高數萬里, 使耳附天, 聽數萬里之語, 弗能聞也."

20 『論衡』, 「道虛」, "天之與地皆體也. 地無下, 則天無上矣."

추어져 있으면 곧 입이 있게 되어 비로소 음식을 먹을 수 있는 것이다. 만일 천지가 입이 있어서 음식을 먹을 수 있다면, 위에서 제공하는 음식물을 모두 먹어버릴 것이다. 만일 입이 없다면 역시 형체도 없게 되는 것이니, 형체가 없는 것은 바로 기가 된다. 만일 구름이나 안개와 같이 되어버린다면 음식을 먹을 수 없을 것이다.[21]

무엇을 근거로 천의 무위자연을 안다고 하는 것인가? 천에 입과 눈이 없다고 하는 사실로 알 수 있는 것이다.……무엇을 근거로 천에 입과 눈이 없다고 하는 사실을 알 수 있는 것인가? 땅에 상황을 근거로 그러한 것을 알 수 있는 것이다. 땅은 흙을 형체로 하는데 이러한 흙에는 본래 입과 눈이 없다. 하늘과 땅은 마치 부부와 같기 때문에 땅의 실체에 입과 눈이 없으면 역시 하늘에도 입과 눈이 없다는 것을 알 수 있게 되는 것이다. 만일 하늘을 형체라고 말한다면 그것은 땅의 실체와 서로 같은 것이다. 만일 하늘을 기라고 말한다면 그것은 바로 구름이나 연기와 같은 것이 되는데, 구름과 연기와 같은 종류의 것들에게 어떻게 입과 눈이 있다고 할 수 있겠는가?[22]

이상의 인용문들을 근거로 했을 때, 왕충은 천이 물질실체라는 것을 긍정하는 경향이 있음을 발견해볼 수 있다. 즉 그는 하늘과 땅이 모두 물질실체라는 것을 반복적으로 강조하고 있으며, 이 둘은 모두 이목구비로 대표되는 감각기관이 없으므로, 그에 상응하는 어떠한 지각능력도 생성해낼 수 없는 존재이기 때문에 인간과는 어떠한 교감도 가질 수가 없

21 『論衡』, 「祀義」, "夫天者, 體也, 與地同. 天有列宿, 地有宅舍. 宅舍附地之體, 列宿着天之形. 形體具, 則有口, 乃能食. 使天地有口能食, 祭食宜食盡. 如無口, 則無體, 無體則氣也, 若雲霧耳, 亦無能食."

22 『論衡』, 「自然」, "何以知天之自然也? 以天無口目也.……何以知天無口目也? 以地知之. 地以土爲體, 土本無口目. 天地, 夫婦也, 地體無口目, 亦知天無口目也. 使天體乎? 宜與地同. 使天氣乎? 氣若雲煙, 雲煙之屬, 安得口目?"

다는 것이다. 더나가 그는 하늘과 땅은 어떠한 신비주의적 요소를 갖추고 있지 않다고 하였는데, 예를 들어 천이 '기'라는 설정을 통해서 천의 신비주의적 요소를 무력화시킨다. 즉 '기'라는 것은 구름이나 연기와 같은 것으로서 어떠한 지각능력도 가지고 있지 않다고 주장하였다.

왕충은 이러한 사실들을 근거로 천의 신비주의적 특성과 감각적 성질 그리고 의지적 성질을 부정하여 '천인감응론'의 이론적 근거를 무력화시킨다. 왕충이 강조한 천은 물질실체이지 '기'가 아니라는 주장은 결코 사실무근한 비평이 아닌데, 그 이유는 다음과 같이 정리할 수 있다.

먼저, 천은 '기'라고 하는 견해는 본래 한대의 유학자들이 주장한 것으로, 그들은 음양가의 관점을 답습하여 우주가 조성된 구조를 음양오행의 체계를 운용하여 해석하였다. 또한 그들은 이러한 음양의 이기二氣의 운용을 통하여 천인관계를 관통시킴으로써 모든 재앙과 상서로운 일에 대한 해석의 근거를 만들었다. 그러나 왕충은 천에 인간과 감응할 수 있다는 '기'가 존재한다는 사실에 대한 부정을 통하여 '천인감응'의 이론적 허구를 신랄하게 비판한다.

또한 왕충은 천을 물질실체로 분명하게 규정하여, 천에 대하여 어떠한 신비주의적인 색채도 없게 만들어버렸다. 이와 같이 왕충은 천을 '기'라고 하여 신비주의적인 색채가 짙은 한대 유학자들이 가장 잘 사용하는 천인이 서로 관통한다고 하는 수식어를 철저하게 봉쇄시켜버렸다.[23]

3. 천도무위자연

왕충의 무위자연 천도론은 한편으로는 도가의 무위자연 사상을 계승하였으며, 다른 한편으로는 순자의 자연주의적 천론 사상에서 그 연원을

23 黎惟東, 「王充思想研究」, 臺北, 中國文化大學 哲學研究所 博士學位論文, 1984年, 123쪽 참조.

찾아 볼 수 있다.

도가에서는 우주간의 만물의 변화와 유행은 모두 일정한 조리와 준칙에서 나온다고 주장한다. 노자는 이러한 것들이 실재로 존재한다고 보았으나, 그것들의 규율과 준칙을 구체적으로 파악하기는 힘들다고 보았다. 그러나 그는 그러한 규율 혹은 준칙을 억지로 이름 붙여 도道라고 했다. 그러므로 노자는 만물의 생성과 배양은 모두 이러한 도의 작용으로 보았다.

> 혼돈한 어떤 것이 천지보다 먼저 생겨났다. 그것은 소리가 없어 들을 수도 없고 형태가 없어 볼 수도 없으나, 홀로 서서 언제까지나 변하지 않고, 두루 어디에나 번져 나가며 절대로 멈추는 일이 없어, 천하 만물의 모체라 할 수가 있다. 나는 그 이름을 알 수 없으니 도라고 하겠다.[24]

도는 만물을 생성하고 또 만물의 근본이 되지만, 그것은 비인격적 요소를 가지고 있을 뿐만 아니라 비주재자적 성질을 갖는다. 도가 만물을 생장하고 양육하는 것은 만물을 각자 자기가 있을 자리에 있게 하고 각자의 본성에 들어맞게 하는 것이다. 이 때 도는 만물에 대하여 어떠한 주재와 제어도 하지 않는다. 그래서 노자는 다음과 같이 말했다.

> 도가 만물을 생성하고, 덕은 만물을 양육한다. 만물이 음양의 기로 형성되고, 자연의 힘이 자라게 한다. 그러므로 만물은 도를 존중하고 덕을 귀중하게 여기지 않는 것이 없다. 도를 존중하고 덕을 귀중하게 여김은 남이 강요하는 것이 아니고, 언제나 스스로 그렇게 되게 마련이다. 그러므로 도가 만물을 생성하고, 덕이 만물을 양육한다. 자라게 하고 육성하여 열매를 맺고 성숙하게 하며 길러 주고 돌보아 준다. 만물을 생성하고

---

24 『老子』, 「二十五章」, "有物混成, 先天地生. 寂兮寥兮, 獨立而不改, 周行而不殆, 可以爲天下母. 吾不知其名, 字之曰道."

도 소유하지 않고, 모든 것을 이룩되게 하고도 자랑하지 않고, 주도하면서도 주재하지 않는다. 이를 오묘한 덕이라 한다.[25]

노자는 도가 만물을 생성하는데 있어서 어떠한 목적성과 의도를 갖지 않는다는 것을 강조한다. 즉 도의 만물생성 과정은 어떠한 목적과 의도가 배제된 자연적인 현상이고 각 사물의 성장활동 역시 자유 자발적인 현상이라는 것이다. 또한 만물의 변화 역시 어떠한 외재적 역량에 의해서 유발되는 것이 아니라 자신의 상태와 운행에 의해서 변화 발전하는 것으로 자연스러운 과정이라는 것이다. 이러한 점에 관하여 장자 역시 강조하는데, 그는 다음과 같이 말했다.

하늘은 낳지 않아도 만물은 저절로 생성되고, 땅은 키우지 않지만 만물은 길러지며, 제왕은 인위적으로 하지 않지만 천하에 공을 이룬다.[26]

위의 인용문에서 볼 수 있듯이 만물은 본래 그러한 것으로 어떠한 외재적 역량의 요인에 의한 것이 아닌 본래 그렇게 드러나는 사물의 특수한 형상인 것이다. 즉 만물의 이러한 특성은 그 자체의 본래 그러한 모습과 자연성의 결과인 것이다. 그러므로 각각의 사물의 자연성과 자발성은 곧 도가 되는 것이다.

순자는 천을 영원불변한 자연실체로 보았는데, 그는 천의 운행을 자연의 법칙에 의해 진행되는 것으로 보았다. 그래서 그는 다음과 같이 말했다.

천의 운행에는 일정 불변한 규칙이 있다. 이것은 요임금을 위해서 존

25 『老子』, 「五十一章」, "故道生之, 德畜之, 長之育之, 亭之毒之, 養之覆之. 生而不有, 爲而不恃, 長而不宰, 是謂玄德."

26 『莊子』, 「天道」, "天不産而萬物化, 地不長而萬物育, 帝王無爲而天下功."

재하지 않고 걸임금 때문에 없어지지도 않는다. 다스려지는 쪽으로 대응하면 길하지만, 혼란을 일으키는 쪽으로 대응하면 재앙을 당한다.[27]

순자는 천 즉 자연의 운행에는 일정한 불변의 규칙이 있는 것으로, 이것은 군주의 현명함 여부와 관계없이 항상 되게 운행되는 것이라고 주장했다.

하늘의 별들이 궤도를 따라 선회하고, 해와 달은 교대로 비추고, 사계절이 번갈아 운행하고, 음양이 만물을 크게 육성시키고, 비바람은 널리 만물에 혜택을 베풀어서, 만물은 각각 자신의 조화를 얻어 생성되고 자신의 영양분을 얻어 성장한다. 사람들은 만물들이 하는 일들은 보지 못하고 그 결과만 보고서 이것을 신묘하다고만 말한다. 사람들은 모두 자연이 그렇게 만드는 이유만을 알뿐이지 그것의 형체가 없음을 모르고, 그것을 하늘이라고 한다.[28]

별들이 궤도를 따라 운행되고 해와 달이 교대로 비추고 사계절이 순환하고 음양의 추위와 더위가 만물을 변화시키고 비바람이 시의 적절하게 불어오고 내려주는 것 등은 모두 영원히 변치 않는 자연의 법칙으로, 그것의 효용을 발휘하는 것이다.

하늘은 사람이 추위를 싫어한다고 겨울을 그치게 하지 않고, 땅은 사람이 먼 곳을 싫어한다고 면적을 축소하지 않고, 군자는 소인이 웅성거린다고 자신의 행동을 그치지 않는다. 하늘에는 불변의 법칙이 있고 땅

27 『荀子』, 「天論」, "天行有常, 不爲堯存, 不爲桀亡. 應之以治則吉, 應之以亂則凶."

28 『荀子』, 「天論」, "列星隨旋, 日月遞炤, 四時代御, 陰陽大化, 風雨博施, 萬物各得其和以生, 各得其養以成. 不見其事而見其功, 夫是之謂神. 皆知其所以成, 莫知其無形, 夫是之謂天."

에는 불변의 규칙이 있고 군자에게는 일정불변의 행위 표준이 있다.[29]

순자에게 있어서의 천은 자연적 의미의 천으로 영원불변한 자연의 실체라는 것이다. 즉 천은 의지나 애증 그리고 인간과의 어떠한 소통도 가질 수 없으며 재앙이나 복을 인간에게 내려줄 수 있는 존재가 아니라는 것이다.

> 일부러 하지 않고서도 일이 이루어지고 일부러 찾지 않아도 얻어지는 것은 자연이 하는 일이다.[30]

> 하늘이 만물을 생성해도 만물을 분별하여 다스리지 못하고, 땅이 사람을 실어도 사람을 다스리지는 못한다.[31]

위의 인용문에 언급된 바와 같이 천이 일부러 하지 않고 또 찾지 않고 혹은 일부러 하고 찾고 하는 것 등은 모두 의지의 작용이다. 순자는 천이 의지도 없고 하늘과 땅이 만물을 분별하여 다스리지 못하고 인간사 역시 관여할 수 없다고 하였다. 이상과 같이 볼 때 순자에 있어서의 천은 의지 및 감응을 할 수 없는 물질적 존재임을 알 수 있다.

왕충은 이렇게 도가 및 순자의 사상을 계승하여 천도 무위자연을 주장하면서 천은 단지 무위자연으로 인간과는 어떠한 감응도 할 수 없는 물질이라고 생각했다.[32]

---

29 『荀子』, 「天論」, "天不爲人之惡寒也輟冬, 地不爲人之惡遼遠也輟廣, 君子不爲小人匈匈也輟行. 天有常道矣, 地有常數矣, 君子有常體矣."

30 『荀子』, 「天論」, "不爲而成, 不求而得, 夫是之謂天職."

31 『荀子』, 「禮論」, "天能生物, 不能辨物也; 地能載人, 不能治人也."

32 周桂鈿, 『天地奧秘的探索歷程』, 北京, 中國社會科學出版社, 1988年, 313쪽 참조.

저절로 그러한 무의지적인 활동은 하늘의 도이다.[33]

천도는 저절로 그렇게 형성된 것이며, 저절로 그렇게 형성된 것은 의지가 없다.……만일 천기가 정치와 감응하여 변화된다면, 이것은 곧 천도는 의지가 있게 되는 것으로 저절로 그러하다고 말할 수 없는 것이다.[34]

천도는 저절로 그러한 것이며, 저절로 그러한 것은 의지가 없다. 만일 하늘이 인간에게 꾸짖고 훈계할 수 있다면, 그것은 의지가 있는 것으로 저절로 그러한 것이라고 할 수 없다.……하늘의 본성을 훼손하여 저절로 그러한 무의지적인 일을 인간 의지의 활동으로 변화시키기 때문에 믿기가 어렵다는 것이다.[35]

위의 인용문들은 천도 자연무위의 도리를 언급한 것들이다. 왕충은 하늘을 자연현상으로 파악하여 어떠한 의지도 없다고 생각하였다. 그러므로 인간의 행위에 대하여 꾸짖고 훈계하는 것을 의지가 있는 것으로 보고 스스로 그러한 것이 아니라고 주장하였으며, 또한 만일 의지가 있다면 그것은 하늘이 아니라고 한 것이다. 또한 왕충은 「자연自然」편에서 더욱 집중적으로 이러한 논의를 했으며 한 걸음 더 나아가 천도 무위자연의 진의를 밝혔다.

천체의 운동은 이러한 것을 빌려 만물을 창조하기 위해서가 아니며 또한 만물은 스스로 생성되어지는데 이러한 것을 자연이라고 한다. 천체가 기를 베푸는 것은 만물을 창조하기 위해서가 아니며 또한 만물은 스스로 형성되어 지는데 이러한 것을 무위라고 한다. 그렇다면 과연 무엇

33 『論衡』, 「初禀」, "自然無爲, 天之道也."

34 『論衡』, 「寒溫」, "夫天道自然, 自然無爲.……使應政事, 是有非自然也."

35 『論衡』, 「譴告」, "夫天道, 自然也, 無爲. 如譴告人, 是有爲, 非自然也.……損皇天之德, 使自然無爲轉爲人事, 故難聽之也."

을 천의 자연무위라고 하는가? 그것은 바로 기의 작용을 의미한다. 기는 깨끗하고 고요하여 어떠한 욕망도 없는 것으로, 어떠한 인위적인 작용이나 행위도 없는 것이다.……천도는 본래 어떠한 인위적인 조작이 없기 때문에 봄이 되면 천의 의지와 관계없이 만물의 싹이 나오고, 여름이 되면 천의 의지와 관계없이 만물이 생장하고, 가을이 되면 천의 의지와 관계없이 만물이 결실을 맺고, 겨울이 되면 천의 의지와 관계없이 만물이 거둬들이는 것이다. 양기가 저절로 나오면 만물은 스스로 생장하는 것이며, 음기가 저절로 나오면 만물은 스스로 결실을 맺고 거둬들이는 것이다.[36]

이상과 같이 알 수 있듯이 왕충은 천도 무위자연의 사상으로써 만물이 스스로 생장한다는 원칙을 세웠다. 즉 천체의 운행은 단지 기氣의 작용일 뿐으로, 이러한 기氣의 작용을 거친 후에 만물은 스스로 생성되고 성장하고 결실을 맺게 된다는 것이다.

바꿔 말하면 천체의 운행은 기氣의 작용일 뿐으로 어떠한 목적을 가지고 만물을 생성하고 성장시키는 것이 아니라 만물 자체가 스스로 생성하고 성장할 수 있다는 것이다. 그러므로 우주 속에 있는 만물은 모두 천 아래서 목적이 없이 사물자체가 스스로 생성되고 성장되는 것이다. 이러한 목적이 없는 생성과 성장은 만물 스스로의 생성과 성장으로 천도자연과 무위로써 그 가운데에는 초자연적인 주재나 목적 그리고 의지의 작용이 없다는 것이다.

천체의 운행과 기氣의 작용은 본래 특정한 목적이 없이 만물을 낳고 성장시키는 것이었지만 결국은 만물이 스스로 낳고 성장할 수 있게 되었다. 이것이 바로 천도가 무위자연이 되는 까닭으로 낳지 않고 성장시키

36 『論衡』, 「自然」, "天動不欲而生物, 而物自生, 此則自然也; 施氣不欲爲物, 而物自爲, 此則無爲也. 謂天自然無爲者何? 氣也. 恬澹無欲, 無爲無事者也.……天道無爲, 故春不爲生, 而夏不爲長, 秋不爲成, 冬不爲藏. 陽氣自出, 物自生長, 陰氣自起, 物自成藏."

지 않는다는 것이 아닌 어떤 목적이 없이 낳고 성장시킨다는 것이다. 그러므로 이러한 견해는 왕충이 독자적으로 창출해낸 새로운 견해로 '자생론自生論'이라고 할 수 있을 것이다.[37] 즉 왕충은 자연의 법칙에 의거하여 만물이 초자연적인 힘에 의해 지배되거나 생산된다는 기존의 견해를 부정하고, 물질세계는 어떠한 초자연적인 의지와 관계없이 생성되는 것이라고 생각한 것이다.[38]

또한 왕충은 천도 자연무위의 근거에 대하여 다음과 같이 논증을 하고 있다.

> 무엇을 근거로 천의 무위자연을 안다고 하는 것인가? 천에 입과 눈이 없다고 하는 사실로 알 수 있는 것이다. 모든 의지가 있는 행위를 하는 것들을 살펴보면 모두 입과 눈이라고 하는 기관이 있다. 입은 음식을 먹고자하고 눈은 사물을 보고자하는 것은 마음속으로부터 좋은 것을 먹고 보고자하는 욕망이 발생하여 외부로 표출되는 것이다. 그래서 입과 눈을 이용하여 추구하는 것이며 그러한 것들을 얻게 되면 비로소 만족해하는 것이다. 이러한 것들이 바로 욕망이 발생하게 되는 작용인 것이다. 지금의 천체는 입과 눈에 의한 욕망이 없어 사물에 대하여 어떠한 추구나 독촉도 없는데 어떻게 의지가 있는 행동이 있겠는가?[39]

인간의 욕망과 작위는 모두 눈 코 입 귀 등의 감각기관에 의해서 비롯된 것이다. 인간과 동물은 모두 입과 눈 등의 감각기관의 욕망을 가지고 있으며 그러한 욕망을 실현하기 위하여 외부로 표현하며 목적의식을 가

---

37 王友三, 『中國無神論史綱』, 上海, 上海人民出版社, 1982年, 100쪽 참조.

38 黎惟東, 「王充思想硏究」, 臺北, 中國文化大學 哲學硏究所 博士學位論文, 1984年, 131쪽 참조.

39 『論衡』, 「自然」, "何以知天之自然也? 以天無口目也. 案有爲者, 口目之類也. 口欲食而目欲視, 有嗜欲於內, 發之於外, 口目求之, 得以爲利, 欲之爲也. 今無口目之欲, 於物無所求索, 夫何爲乎?"

지고 행위를 하기 때문에 자연적이라고 하지 않는다. 그러나 천체는 감각기관이 없기 때문에 어떠한 욕망이나 작위가 없다는 것이다. 만일 천체가 의지나 어떤 목적의식을 가지고 만물을 창조하고 생성시켰다면 만물은 스스로 생성된 것이 아니기 때문에 이러한 만물을 주관하고 제어하기 위해서 천체는 많은 인위적인 수단과 방법이 필요할 것이다. 그러나 천체는 인위적인 수단과 방법을 가지고 있지를 않다는 것이 왕충의 견해이다. 그래서 그는 다음과 같이 말했다.

> 봄은 만물의 생장을 지켜보고 가을은 만물의 성숙을 지켜본다. 이러한 것을 천지가 의식적으로 만든 것일까? 아니면 만물이 스스로 생성되는 것일까? 만일 천지가 그러한 것들을 만들었다고 생각한다면 그러한 제조행위에는 손이 필요할 것인데 어떻게 천지에 그렇게 많은 손이 있어서 수많은 사물을 만들어낼 수 있다는 말인가?[40]

실제로 만일 만물이 천지의 의지에 의해서 생성되었다는 것을 긍정한다면, 천지가 만물을 창조하는 데는 반드시 손이 필요하지는 않다. 이러한 부분이 바로 왕충이 물질적인 측면에 매몰되어 정신적인 작용을 간과한 병폐라고 지적할 수 있는 것이다.[41]

또한 왕충은 설사 천체가 이목구비 등의 감각기관이 있어서 의지를 가지고 어떤 일을 도모하고자 해도 천체와 인간의 크기는 서로가 현저한 차이가 있고, 상호간에 너무 많이 떨어져 있는데 어떻게 서로 감응할 수 있겠느냐고 의문을 제기한다. 더 나아가 왕충은 천체가 과연 어떻게 인간에 대하여 좋아함과 싫어함을 길흉으로써 나타낼 수 있느냐고 의문을 제기하며 다음과 같이 해답을 제시한다.

---

40 『論衡』, 「自然」, "春觀萬物之生, 秋觀其成, 天地爲之乎? 物自然也? 如謂天地爲之, 爲之宜用手, 天地安得萬萬千千手, 並爲萬萬千千物乎?"

41 陳拱, 『王充思想評論』, 臺北, 臺灣商務印書館, 1996년, 58쪽 참조.

인간은 천체가 무엇을 하고자 하는지를 모르는데, 천체가 어떻게 인간이 무엇을 하고자 하는지 알 수 있겠는가?[42]

이상과 같이 볼 때, 왕충은 도가와 순자의 천도사상을 계승발전 시켜 독특한 만물자생론을 만들었음을 발견할 수 있을 것이다. 여기에서 우리는 왕충이 주장한 천은 물질적인 실체임을 분명하게 알 수 있으며,[43] 아울러 그는 목적론적인 천을 무위자연의 천으로 환원시켜 천인감응의 가능성을 철저하게 단절시켰음을 발견할 수 있는 것이다.

4. 맺는 말

이상과 같은 논거들을 종합해보면 다음과 같다. 왕충은 천이 물질실체라는 것을 긍정한다. 즉 그는 하늘과 땅이 모두 물질실체라는 것을 반복적으로 강조하고 있으며, 이 둘은 모두 이목구비로 대표되는 감각기관이 없으므로, 그에 상응하는 어떠한 지각능력도 생성해낼 수 없는 존재이기 때문에 인간과는 어떠한 교감도 가질 수가 없다는 것이다. 더나가 그는 하늘과 땅은 어떠한 신비주의적 요소를 갖추고 있지 않다고 하였는데, 예를 들어 천이 '기'라는 설정을 통해서 천의 신비주의적 요소를 무력화시킨다. 즉 '기'라는 것은 구름이나 연기와 같은 것으로서 어떠한 지각능력도 가지고 있지 않다고 주장하였다.

왕충은 이러한 사실들을 근거로 천의 신비주의적 특성과 감각적 성질 그리고 의지적 성질을 부정하여 '천인감응론'의 이론적 근거를 무력화시킨다. 왕충이 강조한 천은 물질실체이지 '기'가 아니라는 주장을 다음과 같이 했다.

---

42 『論衡』, 「自然」, "人不曉天所爲, 天安能知人所行?"

43 侯外廬, 『中國古代思想學說史』, 上海, 國際文化服務社, 1950年, 157쪽 참조.

먼저, 천은 '기'라고 하는 견해는 본래 한대의 유학자들이 주장한 것으로, 그들은 음양가의 관점을 답습하여 우주가 조성된 구조를 음양오행의 체계를 운용하여 해석하였다. 또한 그들은 이러한 음양의 이기二氣의 운용을 통하여 천인관계를 관통시킴으로써 모든 재앙과 상서로운 일에 대한 해석의 근거를 만들었다. 그러나 왕충은 하늘에 인간과 감응할 수 있다는 '기'가 존재한다는 사실에 대한 부정을 통하여 '천인감응'의 이론적 허구를 신랄하게 비판한다.

또한 왕충은 천을 물질실체로 분명하게 규정하여, 천에 대하여 어떠한 신비주의적인 색채도 없게 만들어버렸다. 이와 같이 왕충은 천을 '기'라고 하여 신비주의적인 색채가 짙은 한대 유학자들이 가장 잘 사용하는 하늘과 사람이 서로 관통한다고 하는 수식어를 철저하게 봉쇄시켜버렸다.

그리고 왕충은 천도 무위자연의 사상으로써 만물이 스스로 생장한다는 원칙을 다음과 같이 세웠다. 즉 천체의 운행은 단지 기氣의 작용일 뿐으로, 이러한 기氣의 작용을 거친 후에 만물은 스스로 생성되고 성장하고 결실을 맺게 된다는 것이다.

다시 말하면 천체의 운행은 기氣의 작용일 뿐으로 어떠한 목적을 가지고 만물을 생성하고 성장시키는 것이 아니라 만물 자체가 스스로 생성하고 성장할 수 있다는 것이다. 그러므로 우주 속에 있는 만물은 모두 천 아래서 목적이 없이 사물자체가 스스로 생성되고 성장되는 것이다. 이러한 목적이 없는 생성과 성장은 만물 스스로의 생성과 성장으로 천도자연과 무위로써 그 가운데에는 초자연적인 주재나 목적 그리고 의지의 작용이 없다는 것이다.

천체의 운행과 기氣의 작용은 본래 특정한 목적이 없이 만물을 낳고 성장시키는 것이었지만 결국은 만물이 스스로 낳고 성장할 수 있게 되었다. 이것이 바로 천도가 자연과 무위가 되는 까닭으로 낳지 않고 성장시키지 않는다는 것이 아닌 어떤 목적이 없이 낳고 성장시킨다는 것이다. 그러므로 이러한 견해는 왕충이 독자적으로 창출해낸 새로운 견해로 '자생론自生論'이라고 할 수 있을 것이다. 즉 왕충은 자연의 법칙에 의거하여 만물이 초자연적인 힘에 의해 지배되거나 생산된다는 기존의 견해를 부정하고, 물질세계는 어떠한 초자연적인 의지와 관계없이 생성되는 것이라고 생각한 것이다.

참고문헌

1. 『老子道德經河上公章句』, 北京, 中華書局, 1993년.
2. 劉寶楠, 『論語正義』, 『續皇淸經解』影印本.
3. 朱熹, 『四書章句集注』, 海淵閣明刻本.
4. 孫詒讓, 『墨子閒詁』, 北京, 中華書局, 1954년.
5. 王先謙, 『荀子集解』, 北京, 中華書局, 1992년.
6. 郭慶藩, 『莊子正義』, 北京, 中華書局, 1993년.
7. 蘇輿, 『春秋繁露義證』, 北京, 中華書局, 1992년.
8. 王充, 『論衡』, 上海, 上海人民出版社, 1974년.
9. 蔡仁厚, 『孔孟荀哲學』, 臺北, 學生書局, 1990년.
10. 侯外廬, 『中國古代思想學說史』, 上海, 國際文化服務社, 1950년.
11. 徐復觀 『兩漢思想史』, 卷二, 臺北, 學生書局, 1985년.
12. 周桂鈿, 『秦漢思想史』, 石家莊, 河北人民出版社, 2000년.
13. 田昌五, 『王充及其論衡』, 北京, 三聯書店, 1958년.
14. 李維武, 『王充與中國文化』, 貴陽, 貴州人民出版社, 2000년.
15. 周桂鈿, 『天地奧秘的探索歷程』, 北京, 中國社會科學出版社, 1988년.
16. 王友三, 『中國無神論史綱』, 上海, 上海人民出版社, 1982년.
17. 黎惟東, 「王充思想研究」, 臺北, 中國文化大學 哲學研究所 博士學位論文, 1984년.

제5절 성명론 사상

1. 시작하는 말

일반적으로 중국철학은 우환의식의 각성에서 시작되었다고 한다. 은상시대의 사람들은 점복의 방식을 이용하여 하늘의 뜻과 하늘의 명령 즉 천의와 천명을 체득하고 이해했는데, 이러한 시기의 인간 사고의 초점은 주재자적 의미를 가진 천에 맞춰져 있었다. 은나라 이후 들어선 주나라 사람들의 경우 천명은 일정한 것이 아니라고 하는 관념을 수립하여 주나라 시기의 사람들 마음속에 우환의식을 깊게 심어놓는다. 이러한 우환의식의 작용아래서 인간은 기존의 우주와 천명에 대한 관심의 초점을 인간 자신에게로 전환시켜서 경덕敬德이나 명덕明德이라고 하는 관념을 내놓는다.

공자와 맹자는 인간을 도덕성의 존재로 획정하였으며, 또한 아래로는 인간의 사리를 배우고 위로는 하늘의 도리에 통함이나 인간으로서 해야 할 일을 다 하고 나서 하늘의 뜻을 기다린다는 주장을 통하여 천명과 인간 자신의 노력의 조화를 도모했다. 순자는 직접적으로 천을 기계적으로 운행하는 자연계로 취급하는 한편 더나가 인간이 천을 극복할 수 있다고 하는 주장을 통하여 인간이 자연계를 개조하여 이용할 수 있다고 하는 사실을 부각시켰다.

한나라 시기는 통일제국의 봉건제도적 배경으로 인하여 동중서와 같은 사상가의 천에 대한 관점이 주류를 이루고 있었다. 즉 당시의 천에는 주재성과 자연과 인간사회의 질서를 유지시켜준다고 하는 인격신의 성격이 구비되어 있어서, 인간에 대하여 명령과 감시를 한다고 하는 관념이 보편적으로 산재해 있었다. 그렇기 때문에 인간은 천에 종속되어 있는 존재로 변모하게 되었던 것이다. 왕충은 천을 자연물로 보았는데, 즉 천을 원기가 응집되어 이루어진 물질실체로 보는 한편 천의 주재성에 대해서도 부정적인 태도를 표방했다. 이와 같이 왕충이 천의 주재성에 대하여 부정적인 태도를 견지하고 있는 가운데서 그가 인간 주체성에 대하여 각성한 의미를 발견할 수 있게 된다.

그렇다면 왕충의 인간이란 무엇인가 라고 하는 관점에 대한 분별 이후 진일보 하여 인성 가운데 무엇을 확대하여 완성시킬 수 있을까?와 어떻게 한 인간으로서 거듭날 수 있을까? 및 인성의 선악문제 등에 관한 물음을 제기할 수가 있다. 이러한 물음에 대한 왕충이 인간의 선악에 대한 자질 및 부귀빈천의 현상에 관하여 응답을 할 때, 본성이 일단 형성되면 운명이 결정된다고 하는 관점을 주장하는 것과 그가 천의 주재성을 부정하여 인간 주체성의 각성을 촉진시킨다고 하는 관점 사이에는 표면적으로 병존할 수 없는 모순이 존재한다고 볼 수 있다. 이러한 점이 왕충의 성명론性命論이 비판을 받게 만드는 요인인 것이다.[1]

역대로 수많은 연구자들이 제기한 왕충의 성명론에 대한 비판 속에서 공통적인 요소를 발견할 수 있는데, 그것은 바로 이러한 연구자들 대부분이 통상적으로 왕충의 성명론을 『논형』과 별개의 것으로 독립시켜서 이론 자체의 논리적 합리성에 대한 고찰을 진행하고 있다는 것이다. 이러한 작업을 진행한 결과 인성과 운명의 결정은 두 개의 고립된 이론으로 변모하게 되었던 것이다.

그렇지만 『논형』을 분석하는 과정 속에서 전혀 다른 형태의 이해와 판단을 할 수가 있다고 생각하는데, 그것은 바로 왕충의 성명론이 인성의 존재에 대하여 순수하게 이론적인 형이상학적 탐색을 진행하기 위해서 설정된 것이 아니라는 것이다. 학술 이론적으로 인간에 대한 인식의 완전한 관점을 얻는 것이 왕충의 성명론이 추구하는 목적이 아니라는

1 田鳳台, 『王充思想析論』, 臺北, 文津出版社, 1989년, 65쪽 참조.

것이다. 그러므로 본문에서는 이러한 관점에서 왕충의 성명론에 대하여 논의를 진행하지 않고 왕충이 성명에 대하여 진행한 각양각색의 언급을 통하여 나타내고자 하는 주장을 조명해보도록 하겠다.

왕충 사상체계의 근간을 이루고 있는 성명론은 그의 인성론과 운명론을 이해하는 관건적인 요소라고 할 수 있다. 그러므로 본문에서는 왕충이 성명론을 제기한 배경과 사회적 현상의 비판을 통한 성과 명의 구분 및 성명론의 확대를 중심으로 논의를 진행해 보도록 하겠다.

2. 성명론 제기의 배경

왕충은 봉건제도와 천신을 믿는 종교가 발달했던 시대에 생존했었다. 이러한 시기에는 각종의 천신 신앙이 만들어낸 우주자연의 질서를 이용해서, 그것을 다시 인간 사회에 투영시켜 특수한 사회윤리 관념을 창출하여 모든 개인의 일상생활 속에 심도 있게 개입하고 있는 실정이었다. 이러한 시대적 상황과 사회구조를 이해한 배경 아래서 왕충의 성명론 관점은 정치적 사회적 현상을 비판하는 것과 새로운 가치기준의 긍정적인 의미를 건립하는 것을 동시에 구비하고 있었던 것이다.

동한시기의 정치권력은 호족집단과 사족계층의 결합에 의하여 이루어진 것으로, 사회적으로는 문벌귀족과 빈한한 선비계층이라고 하는 두 종류의 지식인 계층이 형성되어 있었다. 호족집단과 사족계층은 막대한 토지와 재물을 보유하고 있었으며, 황실과 인척관계를 형성하고 있었으며 또한 중앙정부의 권력을 농단하여 정권의 요직을 독차지 하는 등의 방법을 통하여 세력을 확대시키고 있었다.

동한왕조는 경제적으로나 정치적인 측면이나 문화적인 측면을 막론하고 서한왕조를 계승발전 했다고 볼 수 있는데, 사회적으로 수많은 문제점과 폐단이 존재하고 있었다. 즉 동한사회는 서한사회의 문제와 폐단을 품은 상태로 건립되었기 때문에 안고 있는 문제는 갈수록 엄중해져갔던 것이다. 이러한 시기에 가장 돋보이는 특징은 다음과 같다.

> 지주계급 가운데에서 성장한 호족세력은 강력한 힘을 바탕으로 조정과 재야에서를 막론하고 단번에 더욱 강력하고 커다란 세력을 형성 하였으며 더욱 황음무도하여 부끄러움을 몰랐다. 조정에서 외척과 환관이 점진적으로 양대 적대적 세력집단으로 발전하면서 중앙정부의 정치권력을 좌지우지했다. 지방에서는 여전히 고리대금업자와 대지주라고 하는 강력한 두 계층이 지방의 정치권력을 멋대로 행사하고 있었다. 이러한 호족세력의 권력은 대대로 세습되어 이른바 명문사족이라고 하는 권력층을 형성시켰다. 그들은 토지를 겸병하고 떠돌이 농민을 받아들이면서 권세로 백성을 억압하는 등 사실상 봉건영주와 같은 행태를 자행했다. 조정과 지방의 두 세력은 중구난방으로 분열되어 상호간에 투쟁만 일삼을 뿐이었다. 일반적으로 말해서 환관세력은 고리대금업자와 결탁해 있었으며 외척세력은 대지주와 서로 결탁하여 의지하고 있었다. 그들의 투쟁은 갈수록 격렬해져만 갔는데 결국에는 양측 모두가 패망하게 되는 국면으로 치닫게 되었다.[2]

그렇기 때문에 정치적 실권과 사회적 지위에 있어서 문벌귀족은 이익을 취득하는 계층이었던 것이다. 당시의 빈한한 선비계층의 지식인들은 한편으로는 문벌귀족들의 부조리한 행태에 대한 비판을 진행하면서 다른 한편으로는 황실을 옹호하고 황제의 권력을 선양하는 태도를 취함으로써 정치적 실세들과 접촉할 수 있기를 기원했으며 아울러 자신의 사회적 지위가 향상되기를 염원했다.

이상과 같은 두 가지의 기본적인 배경을 파악하는 것에서 다시 『논

---

2 孫叔平, 『中國哲學史稿』(上), 上海, 上海人民出版社, 1991년, 224쪽 참조.

형』으로 돌아가 성명론에 관한 편장 가운데 비교적 상응한 이해를 얻을 수 있는 부분들은 대략적으로 말해서 다음과 같은 것들이 있다고 하겠다. 「봉우逢遇」·「누해累害」·「명록命祿」·「기수氣壽」·「행우幸偶」·「명의命義」·「무형無形」·「솔성率性」·「길험吉驗」·「우회偶會」·「골상骨相」·「초품初稟」·「본성本性」·「물세物勢」·「기괴奇怪」 등의 편들 인데, 이러한 편들에는 성과 명에 관련된 언급들이 있는데, 바로 이와 같은 곳들에서 왕충은 당시의 정치구조와 사회현상에 대하여 날선 비판을 시작했던 것이다.

또한 「답녕答佞」·「정재程材」·「양지量知」·「사단謝短」·「효력效力」·「별통別通」·「초기超奇」·「상류狀留」 등의 편은 왕충이 유학자들과 문관에 대하여 비교한 것을 통하여 성명론을 기반으로 한 인재의 평가와 아울러 새로운 관료의 모습을 수립한 것을 언급하고 있다.

「실지實知」·「지실知實」·「정현定賢」·「정설正說」·「서해書解」·「안서案書」 등의 편은 왕충이 성명론의 가치에 근거하여 새롭게 수립한 가치규범을 언급하고 있으며, 지식인의 모습에 대하여 제창하며 이러한 기준으로 경학과 제자학의 이론을 광범위하게 평가했다.

만일 왕충이 『시경』의 가르침으로서 당시의 병폐에 대하여 애통해 했다는 것을 이해한다면, 그가 사회를 비판한 것에 대해 처음 품은 뜻을 담아서 쓴 문장 즉 「제세齊世」·「선한宣漢」·「회국恢國」·「험부驗符」·「수송須頌」·「일문佚文」 등의 편에 대하여 비교적 공정한 태도로 이해할 수 있을 것이다.

> 『논형』·『정무』는 『시경』과 같아서 채집될 수 있기를 바라며, 그것에 어떠한 잘못이 있는지 말한다. 이것이 바로 내가 『논형』이라고 하는 책을 쓰게 된 동기다. 무릇 책을 잘못 쓰게 된 것은 반드시 그것의 언급 가운데 황당하고 군왕을 비방한 것이 있는 것 때문이라고 생각한다. 『논형』의 실사구시는 허망한 것을 통렬히 배척한 것으로 「제세」·「선한」·「회

> 국」·「험부」·「성포」·「수송」 속에 언급되어져 있으며, 비방하는 언급이 없다. 글을 쓰는 것을 이렇게 한다면 죄짓는 것에서 벗어날 수 있다.[3]

왕충은 당연히 분명하고도 거리낌 없이 직설적으로 사회와 정치상황을 비판하였기 때문에 다른 사람들로부터 비난을 유발했을 것이다. 그러나 그는 자신이 저술한 문장이 채택되거나 심지어는 황실의 눈에 들기를 희망했다. 의심할 여지없이 왕충은 자신이 발표한 시국에 관한 논의가 집권자에게 채택되어 벼슬길에 나갈 수 있기를 희망했다. 「제세」·「선한」 등의 편을 저술한 것은 적극적으로는 관료로 등용될 수 있는 기회를 더 많이 만들기 위함이었으며, 소극적으로는 사상에 대한 탄압이 엄혹했던 시기에 자기 보호의 비책을 잃지 않기 위함이었던 것이다.

이상과 같이 『논형』 가운데의 성명론과 관련 있는 편장의 주요한 내용의 분류와 왕충이 처했던 시대적 상황의 분석을 통하여 그가 성명론을 제기하게 된 배경에 대하여 논의를 해보았는데, 대체적으로 언급하자면 왕충의 성명론은 그가 사회를 비판하는 언급들 가운데 간접적으로 드러나게 된 것임을 알 수가 있다.

3. 사회적 현상의 비판을 통한 성과 명의 구분

앞의 장에서 언급한 것에서 알 수 있듯이 왕충이 『논형』을 저술한 가장 큰 목적은 당시 사회가 안고 있었던 시대적 병폐를 비판하기 위해서였는데, 특히 사회제도의 시스템 가운데 인위적인 요인으로 인하여 조성되는 불공정한 처사를 비판하기 위해서였던 것이다. 이러한 비판 가운데

3 『論衡』, 「對作」, "論衡政務, 其猶詩也, 冀望見采, 而云有過. 斯蓋論衡之書所以興也. 且凡造作之過, 意其言妄而謗誹也. 論衡實事疾妄, 齊世宣漢, 恢國驗符, 盛褒須頌之言, 無誹謗之辭, 造作如此, 可以免於罪矣."

인성의 유동성에 대한 한계성을 발견할 수 있는데, 이는 그가 구분한 성과 명의 주요한 이론적 근거가 된다. 다시 말하자면, 현실 속에서 사안에 당면하여 성과 명을 논의한 것이다.

예를 들자면 『논형』에서 언급되어진 벼슬아치에 대한 문제를 중심으로 논의한 것이 바로 그러한 것이다.

> 현명한 사람의 행동은 항상 현명하지만 벼슬하는 사람은 항상 임금의 마음에 들 수가 없다. 현명한가 아닌가는 재질의 문제이며, 임금의 마음에 드느냐의 여부는 시운에 달린 것이다. 재질이 뛰어나고 행동이 고결해도 반드시 존귀하게 되리라고 보증할 수는 없다. 재능이 모자라고 행동이 비열해도 반드시 비천하리란 보증은 없다. 어떤 사람은 재질이 뛰어나고 행동이 고결해도 임금의 마음에 들지 못하여 낮은 지위에 머물러 있고, 재주가 천박하고 비열한 행동을 해도 임금의 마음에 들어 뭇사람들의 위에 설 수 있다. 세상은 나름의 기준에 따라 선비를 등용하고 선비도 나름의 방법으로 벼슬할 수 있다. 중용됨은 임금의 마음에 든 것이며, 중용되지 못함은 임금의 마음에 들지 못한 것이다. 높고 혁혁한 지위에 있어도 꼭 현명해서가 아니라 임금의 마음에 들었기 때문이다. 낮은 지위에 있어도 꼭 어리석은 것은 아니며 임금의 마음에 들지 못했기 때문이다.……신하와 임금 모두가 큰 재주를 지녀도 도덕상으로 깨끗하고 더러운 차이가 날 수 있다. 도덕적이지 못해도 기예로 임금의 마음에 들기도 하고 기예가 없어도 타고난 용모로 총애를 받기도 한다.[4]

왕충은 한 개인이 관료가 되어 정치적 실권을 쥐고 있는 군주와의 접

---

4 『論衡』, 「逢遇」, "操行有常賢, 仕宦無常遇. 賢不賢, 才也; 遇不遇, 時也. 才高行潔, 不可保以必尊貴; 能薄操濁, 不可保以必卑賤. 或高才潔行, 不遇, 退在下流; 薄能濁操, 遇, 在衆上. 世各自有以取士, 士亦各自得以進. 進在遇, 退在不遇. 處尊居顯, 未必賢, 遇也; 位卑在下, 未必愚, 不遇也.……或俱大才, 道有清濁; 或無道德, 而以技合; 或無技能, 而以色幸."

축을 할 수 있는지의 여부 및 비교적 존귀한 사회적 지위를 누릴 수 있는지의 여부와 그 사람의 재질과 품행은 결코 절대적인 관계가 없다고 생각했다. 오히려 이러한 것들은 권력자의 특별히 좋아함과 싫어함에 의한 영향을 받아서 누릴 수 있는 것으로 결국에는 시운의 요인에 달린 것으로 귀결될 수 있는 것이라고 보았다. 왕충은 수많은 역사적인 인물들의 사례를 들어서 자신의 관점을 표명한다.

> 오원과 백희는 함께 부차를 섬겼어도 백희는 존중받았고 오원은 죽었다.[5]

> 이윤과 기자의 재능은 같았지만 이윤은 재상이 되었으며 기자는 노예가 되었으니, 이윤은 탕임금을 만났고 기자는 주를 만났기 때문이다.[6]

> 공자가 진나라와 채나라의 경계지역에서 식량이 떨어지고 맹자가 제나라와 양나라 땅에서 곤란을 겪은 것.[7]

『논형』의 「누해」는 「봉우」의 진일보한 보완으로, 왕충은 그러한 재능과 품성이 뛰어난 사람이 외부적인 적대시함과 질시로 인해서 손해를 입게 되는 것이라고 여겼다. 이는 왕충이 당시의 관리의 임용을 담당하던 지방정부와 중앙의 조정에 대하여 제기한 엄정한 비판이었던 것이다.

> 자신을 수양해서 올바른 행동을 해도 복이 오게 할 수 없고, 전전긍긍 삼가고 조심해도 화를 피할 수 없다. 복과 화에 이르는 것은 행운을 만나느냐 불행을 당하느냐에 달렸다. 그러므로 자신의 힘으로 얻은 것이 아

5 『論衡』, 「逢遇」, "伍員帛喜, 俱事夫差, 帛喜尊重, 伍員誅死."
6 『論衡』, 「逢遇」, "伊尹箕子才俱也, 伊尹爲相, 箕子爲奴; 伊尹遇成湯, 箕子遇商紂也."
7 『論衡』, 「逢遇」, "孔子絕糧陳蔡, 孟軻困於齊梁."

니기 때문에 복이라 하고, 자기에게서 말미암은 것이 아니기 때문에 화라고 한다. 자신에게서 나온 것이 아니라면 어디서 말미암은 것인가? 그것은 향리와 조정에서 말미암는다. 향리에는 세 가지 누累가 있고 조정에는 세 가지 해害가 있다. 누는 향리에서 생기고 해는 조정에서 발생한다. 예나 지금이나 재능이 많고 행실이 고결한 사람들 중에는 이런 일을 당하는 경우가 많다.……친구와 마음이 맞지 않으면 서로 소원해지고 미워하여 상대방의 행동을 헐뜯게 되니 이것이 첫 번째 누이다. 함께 관직에 나가도 재능이 뛰어난 자가 영화를 얻으면 재주가 없는 자는 원망을 하게 된다. 이것이 두 번째 누이다.……화가 나면 소원해지고 소원해지면 원한이 생겨 상대의 행실을 헐뜯게 된다. 이것이 세 번째 누이다.……장을 만나서 상대방을 헐뜯고 과장하며 사실을 날조한다. 이 때 장이 현명하지 못하면 그가 한 말을 믿고 받아들이니 이것이 첫째 해다.……행실이 좋지 못한 관리는 행실이 고결한 관리에 대해 원한을 품고 서서히 기회를 보며 허물을 찾아낸다. 그래서 조그만 비방으로 죄를 받게 되는 것이 두 번째 해다.……행실이 바르고 깨끗한 관리가 품행을 고상하게 가지고 뜻을 크게 가지면 결국 그들의 미움을 받게 되고 그들은 장에게 비방할 것이니 이것이 세 번째 해다.[8]

『논형』의 「봉우」와 「누해」에 언급되어진 것들 가운데 왕충이 개인의 품행이 고결한 것과 부귀하고 빈천한 사회적 지위는 일치하지 않는다는 주장을 제기하고 있음을 발견할 수 있다. 즉 왕충은 재능이 많고 행실이 고결한 사람이 반드시 존귀해진다는 것을 보증할 수 없고, 재능이 없고

8 『論衡』, 「累害」, "修身正行, 不能來福; 戰栗戒慎, 不能避禍. 禍福之至, 幸不幸也. 故曰: 得非己力, 故謂之福; 來不由我, 故謂之禍. 不由我者, 謂之何由? 由鄉里與朝廷也. 夫鄉里有三累, 朝廷有三害, 累生於鄉里, 害發於朝廷, 古今才洪行淑之人, 遇此多矣.……異心踈薄, 踈薄怨恨, 毀傷其行, 一累也.……同時並進, 高者得榮, 下者慚恚, 毀傷其行, 二累也.……忿則踈遠, 踈遠怨恨, 毀傷其行, 三累也.……見將相毀, 增加傅致, 將昧不明, 然納其言, 一害也.……濁吏懷恚恨, 徐求其過, 因纖微之謗, 被以罪罰, 二害也.……清正之仕, 抗行伸志, 遂爲所憎, 毀傷於將, 三害也."

행실이 지저분한 사람이 반드시 비천해진다는 것도 역시 보증할 수 없는 것이라고 주장했다. 왕충은 인간을 사회구조의 시스템 가운데에 놓고 보는데, 그는 반드시 이와 같은 매우 많은 시스템의 제한 아래서 인성의 문제를 반성해야만 한다고 했다.

왕충은 인간의 재능과 품행 등을 개인이 장악하고 진행한 부분을 성性의 문제로 돌렸으며, 개인이 부귀하거나 빈천한 사회적 지위를 취득하는 것에 대하여 반드시 개인이 조절할 수 없는 외적인 요인 작용한다고 생각했다. 또한 왕충은 윗사람의 좋아하고 싫어하는 것과 여러 간신배들의 참언 등과 같은 외적인 시운과 관련하여 인간에 대한 제한적인 요인을 명命의 문제로 돌렸다. 그렇기 때문에 성과 명은 두 종류의 각기 다른 범주로 변모하게 되는 것이다. 「명록」에서부터 「기괴」 등의 편들에 이르기까지에서 왕충은 성과 명의 생성원인과 작용에 대하여 명확하게 구분하고 있다. 앞에서 언급한 것처럼 왕충은 결코 호기심 차원에서 성과 명에 관한 주장을 제기한 것이 아니라 당시 사회에 출현했던 개인의 품행이 고결한 것과 부귀하고 빈천한 사회적 지위는 일치하지 않는 사회적 현상에 대한 해답의 일환으로 성명과 관련 있는 문제에 대한 논의를 발전시켜나갔던 것이다. 그래서 그는 한편으로는 세상 사람들이 한 개인의 존귀한 사회적 지위를 통하여 그가 반드시 재능이 많고 품행이 고결한 사람일 것이라고 판정하는 하는 편파적인 관념을 비판하고, 다른 한편으로는 품행을 헤아려 재능을 살핀다고 하는 인물평가 방법을 제기하는데, 그는 이러한 것이 마땅히 인간에 대한 가치기준이 되는 것이라고 여겼으며, 인간의 품행과 재능에 의해서 그를 평가해야하고 임용해야만 하는 것으로 보았던 것이다.

한나라 시기 천인감응론의 보편적인 유행은 오랜 전통인 선한 행위는 선한 보답을 받고 악한 행위는 재앙을 받는다고 하는 인과론 관념과 서로 결합하여, 일반적인 사람들의 하늘은 선악에 대한 대갚음을 한다고 하는 인생관 혹은 가치관으로 변모하게 된다. 선한 행위를 하면 하늘은 상을 내리고 악한 행위를 하게 되면 하늘이 벌을 내린다고 하는 관점은 세상 사람들에게 제왕이나 문벌귀족들이 존귀한 지위를 누리는 현실에 대한 최상의 설명 근거로서, 그들의 품행이 선량하기 때문에 하늘의 축복을 받은 것으로 여기게 만들었으며, 일반 백성들과 빈한한 선비계층이 빈천한 것에 대해서는 우물 속에 떨어진 돌멩이처럼 그들의 품행이 바르지 못했기 때문에 천벌을 받은 것으로 여기게 만들었던 것이다.

> 세상에는 다음과 같은 통념이 있다. 현명한 사람은 군주의 마음에 들 수 있다. 군주의 마음에 들지 못하는 것은 바로 자기 탓이다.[9]

이러한 가치관은 무의식중에 계급구성원들의 사회적 신분에 대한 상대적 안정성을 조성하며 아울러 인간이 부단한 노력을 통하여 자신의 이상을 성취할 수 있다고 하는 신념을 부정한다. 이와 같은 가치관은 사회적 불평등 현상을 더욱 심화시키며 인간 존재에 대한 가치에도 부정적인 영향을 가지고 있었다.

만일 사회비판의 각도에서 왕충의 성명론을 새로운 시각으로 볼 수 있다면 왕충이 성과 명에 대하여 언급한 주장들이 결코 자가당착이거나 자기모순의 사상이 아님을 알 수 있을 것이다. 빈한한 선비계층 출신인 왕충은 매우 가난하고 불우한 현실에 직면하여 자신의 재능과 품행을 고결하게 만들기 위해서 최선의 노력을 기울였으나, 결국에는 현실 사회의 정치적 시스템 속에서 중시 받지를 못했다.

일반적인 학자들은 왕충의 성명론이 그가 경험했던 인생의 여정과 매우 밀접한 관련이 있으며 또한 시대적 상황이 사상가에 대하여 영향을

9 『論衡』, 「逢遇」, "世俗之議曰: 賢人可遇, 不遇, 亦自其咎也."

줄 수 있다고 여기고 있지만, 이러한 학자들의 기본적인 이해의 태도는 소극적이고 부정적인 측면이 강하다고 말할 수 있다. 즉 동한 사회의 정치 시스템 속에서 개인의 품행이 고결한 것과 부귀하고 빈천한 사회적 지위는 일치하지 않는 사회적 현상이 존재하는 것은 바로 정치권력이 문벌귀족들에 의해서 농단되고 있기 때문에 빈한한 선비계층 출신의 유능하고 현명한 인재들이 발탁될 기회를 가질 수 없었기 때문이라고 할 수 있다. 이러한 현상은 왕충 개인의 특수한 상황의 문제가 아니라 전체적인 환경의 구조적 문제에서 발생하게 된 현상이라고 할 수 있는 것이다. 왕충의 성과 명에 대한 구분은 개인의 불만에서 비롯된 것이 아니고 사회에 대한 적극적인 비판의식에서 비롯된 것이라고 할 수 있는 것이다.

4. 성명론의 확대

중국의 역대 사상가들 가운데 명命에 대하여 언급한 사람들은 매우 많다고 할 수 있다. 『논어』에 기록되어져 있는 "선생님께서 드물게 말씀하신 것은 이익과 운명과 인에 관해서이다."[10]라고 하는 언급이 있으나, 그렇다고 해서 공자가 명에 대하여 중시하지를 않았다고 하는 의미는 아니다. "운명을 알지 못하면 군자가 될 수 없다."[11]라고 하는 언급에서와 같이 공자의 명의 인식 대한 중량감을 알 수 있다. 그 외에도 묵자의 비명非命이나 맹자의 입명立命 장자의 안명安命과 순명順命 순자의 제명制命 등을 비롯하여 진한시기 이래로 사상가들이 명에 관하여 언급하고 주장한 이론들은 특히 많다고 할 수 있다.[12]

10 『論語』, 「子罕」, "子罕言利與命與仁."

11 『論語』, 「堯曰」, "不知命, 無以爲君子也."

12 唐君毅, 『中國哲學原論-導論篇』, 臺北, 學生書局, 1986년, 520~521쪽 참조.

어떤 한 사상가의 어떠한 관점에 대하여 명확하게 파악하고자 한다면, 먼저 마땅히 그러한 사상가의 논저 가운데서 그가 주장하고 있는 이론적 구조를 찾아내야 한다. 많은 사상가들이 비록 모두가 일찍이 명의 문제에 관한 논의를 진행했지만 그들이 언급한 명의 함의와 이론적 구조는 제각기 다른 의미를 가지고 있다. 후대학자들은 마땅히 어떤 사람의 견해로 다른 사람의 이론이 잘못되었다고 하는 것을 피해야 하며 혹은 그것에 상응하지 않는 이해 역시 피해가야 한다.[13]

그렇기 때문에 본문에서는 왕충이 『논형』에서 언급한 인성의 문제에 관련된 편장의 내용에 대한 분석과 이해를 통하여 그가 논의한 성명론의 함의와 이론적 구조를 살펴보도록 하겠다.

개인에게 있어서의 명은 두 종류로 분류할 수 있다고 왕충은 생각했다.

> 사람이 품수 받은 명에는 두 가지가 있다. 첫째는 우연히 밖에서 닥친 명이며, 둘째는 체질의 강약과 장수와 요절의 명이다. 밖에서부터 우연히 당하는 명이란 병기에 죽는 것, 불에 타 죽는 것, 흙에 깔려 죽는 것, 물에 빠져 죽는 것 등을 말한다. 체질의 강약과 일찍 죽고 오래 사는 것은 받은 기의 두텁고 얇은 정도를 말한다.[14]

우연히 밖에서 닥친 명은 우연적인 운명이라고도 부를 수 있는데, 이것은 곧 병란이나 화재로 인한 죽음이나 토사에 매몰되거나 물속에 익사하는 것 등의 의외의 사고로 인한 것을 의미하며 인간 생명의 정상적인 현상이 아닌 것으로 인간이 재앙을 만나게 되어 당하게 되는 것이다. 반

13 黃俊傑編, 『中國文化新論思想篇(一)』, 臺北, 聯經出版事業公司, 1989년, 9~10쪽 참조.

14 『論衡』, 「氣壽」, "凡人稟命有二品, 一曰所當觸值之命, 二曰彊弱壽夭之命. 所當觸值, 謂兵燒壓溺也; 彊壽弱夭, 謂稟氣渥薄也."

면 체질의 강약과 장수와 요절의 명은 숙명이라고도 불리는데, 이것은 인간이 처음 태어날 때 부여 받아서 갖게 된 기에 의해서 결정된 장수와 요절 및 건강하고 허약하게 되는 운명을 의미한다.

> 삶과 죽음, 장수와 요절의 운명이 있고, 또한 귀천과 빈부의 운명이 있다. 왕공에서 서인에 이르기까지, 성현에서 지극히 어리석은 사람에까지, 모두 머리와 눈이 있고 혈기를 지닌 동물이라면 운명을 지니지 않을 수 없다. 빈천해질 운명이면 비록 부귀하게 해 주더라도 화를 만나고, 부귀해질 운명이면 비록 빈천하게 해도 복을 만난다. 때문에 귀하게 될 운명이면 비천한 위치에 있어도 절로 부귀에 이르고, 비천해질 운명이면 부귀한 위치에 있어도 절로 위태로워진다.[15]

부귀빈천과 관련 있는 녹명祿命은 「봉우」와 「누해」에 담겨져 있는 내용에 비춰볼 때, 그것은 마땅히 우연히 밖에서 닥친 운명으로서 의미의 범위에 속하는 것으로 볼 수 있다.

개인 외에 국가에 대해서 말하자면, 국명國命이라는 것이 있는데 이는 국가의 안위와 치란의 정세를 가리키는 것이다. 만일 개인의 운명과 국가의 운명이라고 하는 둘 사이의 중요성에 대하여 말하자면, 국가의 운명이 개인의 운명보다 더욱 중요한 것이 되며 국가의 운명이 개인의 운명을 지배한다고 할 수 있다. 다시 말하자면, 본래 개별적인 인간에 속하는 개인의 운명은 전체 국가의 운명에 의하여 영향과 제어를 받게 된다는 것이다. 만일 국가의 운명이 쇠퇴해지게 되면 좋은 운명을 타고난 개인도 재앙을 맞이할 수밖에 없다는 것이다.[16]

---

15 『論衡』, 「命祿」, "有死生壽夭之命, 亦有貴賤貧富之命. 自王公逮庶人, 聖賢及下愚, 凡有首目之類, 含血之屬, 莫不有命. 命當貧賤, 雖富貴之, 猶涉禍患矣; 命當富貴, 雖貧賤之, 猶逢福善矣. 故命貴從賤地自達, 命賤從富位自危."

16 唐君毅, 『中國哲學原論-導論篇』, 臺北, 學生書局, 1986년, 584쪽 참조.

> 역양성에서는 남자 여자 할 것 없이 모두 죽었고, 장평에서는 젊은이건 노인이건 할 것 없이 모두 매몰되었다. 수만 명 가운데도 명이 길어서 죽어서는 안 될 사람이 반드시 있었겠지만, 혼란한 시대를 만나 여기저기 전쟁이 일어나자 타고난 수명대로 살 수 없었던 것이다. 사람의 수명에는 길고 짧음이 있고 시세에도 성쇠가 있다. 세상이 어지러우면 질병에 걸려서 죽기 쉬우니 재앙을 당하게 되는 것은 국운이 쇠퇴한 증거다. 송·위·진·정나라는 같은 날 모두 같이 재해를 당했다. 네 나라 사람들 중에는 반드시 녹명이 왕성해서 망하지 않아야 할 사람도 있었겠지만, 다 함께 화재를 당했으니 나라의 재앙이 그들의 녹명을 이긴 것이다. 그러므로 국가의 명은 개인의 명을 이기고 개인의 수명은 녹명을 이긴다.[17]

왕충은 총괄적으로 운명의 함의를 "사람에게는 운명과 녹명이 있고 불행한 운명과 행운이 있다. 운명은 빈부와 귀천이며 녹명은 그것에 따르는 흥망성쇠이다."[18]라고 생각했다. 어떠한 사람이라도 태어날 때부터 본래 부여받은 삶 죽음 장수 요절과 현실적인 인생 가운데의 빈부귀천 모두는 균일하게 운명의 지배와 제어를 받는 것이다. 다시 말하면, 운명은 인간의 자연적인 삶과 사회적인 삶을 지배하고 제어하는 일종의 객관적인 힘이라고 할 수 있는 것이다.

인간에게는 우연적인 운명과 숙명 그리고 공동체적인 성격의 국가의 운명이 있는데, 도대체 이러한 운명이라는 것은 왕충의 사상 속에서 어떻게 인식되어지고 취급되어진 것일까? 대략적으로 말해서 왕충은 모든 것에는 제각기 운명이 있으며, 이러한 운명은 기에 의해서 결정되는 것

17 『論衡』, 「命義」, "而歷陽之都, 男女俱沒; 長平之坑, 老少並陷, 萬數之中, 必有長命未當死之人, 遭時衰微, 兵革並起, 不得終其壽. 人命有長短, 時有盛衰, 衰則疾病, 被災蒙禍之驗也. 宋衛陳鄭同日並災, 四國之民, 必有祿盛未當衰之人, 然而俱災, 國禍陵之也. 故國命勝人命, 壽命勝祿命."

18 『論衡』, 「命義」, "人有命, 有祿, 有遭遇, 有幸偶. 命者, 貧富貴賤也; 祿者, 盛衰興廢也."

이라고 생각했다. 왕충의 기에 의해서 운명이 결정된다고 하는 것의 내용에 관하여 다음과 같은 주장을 찾아볼 수 있다.

먼저 인간 수명의 길고 짧음과 육체의 크고 작음 모두는 공히 기에 의해서 결정된다고 하는 것이다.

> 사람은 하늘에서 원기를 부여받고 제각기 수명을 받아서 크고 작은 형체를 지닌다. 이것은 마치 도공이 흙으로 곡식과 술을 담는 용기를 빚고, 대장장이가 구리로 쟁반과 주전자를 만드는 것과 같다. 그릇의 형태가 일단 만들어지면 다시 줄이거나 늘일 수 없듯이, 일단 사람의 형체가 이루어지면 더하거나 줄일 수 없다.[19]

왕충은 인간이 천지음양의 기를 부여받은 자연물이며, 이러한 원기元氣는 자연의 규정이며, 인간 생명의 길고 짧음과 육체의 크고 작음은 바로 이러한 원기에 의해서 결정되는 것이기 때문에 인간은 이러한 원기의 결정에 대하여 어떠한 형태의 영향력도 행사할 수 없다고 생각했다.

다음은 인간의 부귀빈천과 길흉화복은 모두 기에 의해서 결정된다고 하는 것이다.

> 부귀와 빈천은 모두 처음 기를 부여받았을 때 결정되는 것이지 성장한 뒤에 행실에 따라 이르는 것은 아니다.[20]

> 일반적으로 사람이 명을 받을 경우에, 부모가 기를 베풀 때 길흉의 명을 얻는다.[21]

---

19 『論衡』, 「無形」, "人稟元氣於天, 各受壽夭之命, 以立長短之形, 猶陶者用土爲簋廉, 冶者用銅爲柈杅矣. 器形已成, 不可小大; 人體已定, 不可減增."

20 『論衡』, 「命義」, "富貴貧賤皆在初稟之時, 不在長大之後, 隨操行而至也."

21 『論衡』, 「命義」, "凡人受命, 在父母施氣之時, 已得吉凶矣."

왕충은 한 개인의 신분이 세습되어지고 있는 봉건제도의 시스템적 상황 아래에서는 인간이 처음 태어날 때 이미 그의 일생에 부귀와 빈천이 결정 되어지는 것이라고 생각했다. 왕충의 이러한 견해는 사실상 개인적인 감정의 발로라고 볼 수 있는 것이지, 그가 인성에 대하여 규정한 진정한 의미의 견해라고는 생각되지 않는다. 단 이러한 왕충의 견해 속에는 당시 사회의 진실한 상황이 반영되어져 있다고 볼 수는 있다. 오히려 그는 인간이 그의 부모가 기를 베풀어 줄 때에 이미 길흉의 운명은 받는다고 하는 것은 인간이 선천적으로 부여받은 유전적인 의미를 나타내는 것이라고 여겼다.

다음은 각 개인 수명의 길고 짧음과 부귀빈천에 차이가 있게 되는 원인은 바로 각 개인이 부여받은 기에 두텁고 얇음의 차별이 있기 때문이라는 것이다.

> 다 같이 원기를 받아도 유독 사람이 되기도 하고 금수가 되기도 한다. 다 같은 사람이라도 귀하기도 하고 천하기도 하며, 가난하기도 하고 부유하기도 한다. 부유한 중에도 큰 재물을 모으는 사람이 있고, 가난한 중에도 걸식까지 하는 사람도 있다. 고귀한 제후에 봉해지는 지위에까지 이르기도 하고 천한 노복이 되기도 한다. 하늘이 기를 베풀 때 편애하는 것이 아니라 사람과 사물이 품수 받는 기에 두텁고 얇은 차이가 있기 때문이다.[22]

왕충은 인간이 원기를 부여받아 생겨났다고 생각했으며, 또한 그는 이러한 인간의 운명은 하늘이 기를 베푸는 것과 차이점이 있다고 보았는데, 운명은 인간을 제한하는 것으로 이는 하늘에서 부여받은 것이 아니

---

22 『論衡』, 「幸偶」, "俱稟元氣, 或獨爲人, 或爲禽獸. 並爲人, 或貴或賤, 或貧或富. 富或累金, 貧或乞食; 貴至封侯, 賤至奴僕. 非天稟施有左右也, 人物受性有厚薄也."

고 인간과 사물이 부여받은 기의 두텁고 얇음에 의해서 정해지는 것이라고 여겼다.

끝으로 부여받은 기의 두텁고 얇음의 근원은 동일한 것이지만, 기를 부여받은 이후에 존비와 대소의 차이가 조성된다는 것이다.

> 하늘의 별들에는 백 가지 등급이 있다. 하늘이 기를 베풀고 뭇 별들이 정기를 발산하는데, 하늘이 베푼 기 가운데는 뭇 별들의 기가 있다. 사람은 기를 받고 태어나서 자라다가 귀해질 명을 얻었다면 귀하게 되고, 천해질 명을 얻었다면 천하게 된다. 존귀함에도 높고 낮은 등급이 있으며 부유함에도 재물이 많고 적은 차이가 있는데, 이는 모두 별자리의 높고 낮음과 크기에 따라 부여된 것이다.[23]

위의 인용문 가운데 왕충이 민간에서 유행하고 있는 천인감응론의 관점에서 주장하는 운명의 문제와 관련 있는 견해를 채용한 것처럼 보이는 곳이 발견되어진다. 즉 그는 인간이 비록 기를 받고 태어나서 자라지만 인간의 부귀와 빈천은 녹명祿命에 의해서 결정되는 것이며 오히려 이는 모두 별자리의 높고 낮음과 크기에 따라 부여되는 것이라고 여겼다. 다시 말하자면 인간이 처음 태어날 때 부여받은 기는 하늘의 뭇 별들이 담고 있는 정기라는 것이다. 하늘의 뭇 별들에는 높고 낮음과 크고 작음의 구분이 있기 때문에 인간이 부여받은 정기에도 수명의 길고 짧음과 부귀와 빈천의 차이가 존재하는 것이다.[24]

---

23 『論衡』, 「命義」, "天有百官, 有衆星, 天施氣而衆星布精, 天所施氣, 衆星之氣在其中矣. 人稟氣而生, 舍氣而長, 得貴則貴, 得賤則賤. 貴或秩有高下, 富或貲有多少, 皆星位尊卑小大之所授也."

24 方立天, 『中國古代哲學問題發展史』下冊, 北京, 中華書局, 1992년, 451쪽 참조.

5. 맺는 말

이상과 같이 왕충의 성명론에 대하여 왕충이 성명론을 제기한 배경과 사회적 현상의 비판을 통한 성과 명의 구분 및 성명론의 확대를 중심으로 논의를 진행해보았는데, 이를 정리하면 다음과 같다.

동한시기의 정치권력은 호족집단과 사족계층의 결합에 의하여 이루어진 것으로, 사회적으로는 문벌귀족과 빈한한 선비계층이라고 하는 두 종류의 지식인 계층이 형성되어 있었다. 호족집단과 사족계층은 막대한 토지와 재물을 보유하고 있었으며, 황실과 인척관계를 형성하고 있었으며 또한 중앙정부의 권력을 농단하여 정권의 요직을 독차지 하는 등의 방법을 통하여 세력을 확대시키고 있었다. 그렇기 때문에 당시의 빈한한 선비계층의 지식인들은 한편으로는 문벌귀족들의 부조리한 행태에 대한 비판을 진행하면서 다른 한편으로는 황실을 옹호하고 황제의 권력을 선양하는 태도를 취함으로써 정치적 실세들과 접촉할 수 있기를 기원했으며 아울러 자신의 사회적 지위가 향상되기를 염원했다. 빈한한 선비계층의 지식인이었던 왕충 역시 자신이 발표한 시국에 관한 논의가 집권자에게 채택되어 벼슬길에 나갈 수 있기를 희망했다. 「제세」·「선한」 등의 편을 저술한 것은 적극적으로는 관료로 등용될 수 있는 기회를 더 많이 만들기 위함이었으며, 소극적으로는 사상에 대한 탄압이 엄혹했던 시기에 자기 보호의 비책을 잃지 않기 위함이었던 것이다.

왕충은 인간의 재능과 품행 등을 개인이 장악하고 진행한 부분을 성性의 문제로 돌렸으며, 개인이 부귀하거나 빈천한 사회적 지위를 취득하는 것에 대하여 반드시 개인이 조절할 수 없는 외적인 요인 작용한다고 생각했다. 또한 왕충은 윗사람의 좋아하고 싫어하는 것과 여러 간신배들의 참언 등과 같은 외적인 시운과 관련하여 인간에 대한 제한적인 요인을 명命의 문제로 돌렸다. 그렇기 때문에 성과 명은 두 종류의 각기 다른 범주로 변모하게 되는 것이라고 했던 것이다. 또한 왕충은 결코 호기심 차원에서 성과 명에 관한 주장을 제기한 것이 아니라 당시 사회에 출현했던 개인의 품행이 고결한 것과 부귀하고 빈천한 사회적 지위는 일치하지 않는 사회적 현상에 대한 해답의 일환으로 성명과 관련 있는 문제에 대한 논의를 발전시켜나갔던 것이다. 즉 동한 사회의 정치 시스템 속에서 개인의 품행이 고결한 것과 부귀하고 빈천한 사회적 지위는 일치하지 않는 사회적 현상이 존재하는 것은, 바로 정치권력이 문벌귀족들에 의해서 농단되고 있기 때문에 빈한한 선비계층 출신의 유능하고 현명한 인재들이 발탁될 기회를 가질 수 없었기 때문이라고 할 수 있다. 이러한 현상은 왕충 개인의 특수한 상황의 문제가 아니라 사회 전체의 구조적 문제에서 발생하게 된 현상이라고 할 수 있는 것이다. 왕충의 성과 명에 대한 구분은 개인의 불만에서 비롯된 것이 아니고 사회에 대한 적극적인 비판의식에서 비롯된 것이라고 할 수 있는 것이다.

왕충은 개인에게 있어서의 명은 두 종류로 분류할 수 있다고 생각했다. 그것은 바로 우연적인 운명과 숙명이라고 할 수 있다. 이외에 국가의 운명이 있는데, 이것은 개인의 운명보다 더욱 중요하며 개인의 운명을 지배한다고까지 할 수 있다. 왕충은 총괄적으로 어떠한 사람이라도 태어날 때부터 본래 부여받은 삶 죽음 장수 요절과 현실적인 인생 가운데의 빈부귀천 모두는 균일하게 운명의 지배와 제어를 받는 것이라고 생각했다. 즉 운명은 인간의 자연적인 삶과 사회적인 삶을 지배하고 제어하는 일종의 객관적인 힘이라고 말했던 것이다.

또한 왕충은 기에 의해서 운명이 결정된다고 했는데 그 내용으로는, 먼저 인간 수명의 길고 짧음과 육체의 크고 작음 모두는 공히 기에 의해서 결정된다는 것과 인간의 부귀빈천과 길흉화복은 모두 기에 의해서 결정된다고 하는 것 및 각 개인 수명의 길고 짧음과 부귀빈천에 차이가 있게 되는 원인은 바로 각 개인이 부여받은 기에 두텁고 얇음의 차별이 있기 때문이라는 것 그리고 부여받은 기의 두텁고 얇음의 근원은 동일한 것이지만, 기를 부여받은 이후에 존비와 대소의 차이가 조성된다는 것이 바로 그것이다.

참고문헌

1. 黃暉,『論衡校解』, 北京, 中華書局, 1995년.
2. 田昌五,『王充及論衡』, 北京, 三聯書店, 1958년.
3. 陳正雄,『王充學術思想述評』, 臺北, 文津出版社, 1987년.
4. 田鳳台,『王充思想析論』, 臺北, 文津出版社, 1989년.
5. 鍾肇鵬, 周桂鈿,『桓譚 王充評傳』, 南京, 南京大學出版社, 1993년.
6. 陳拱,『王充思想評論』, 臺北, 臺灣商務印書館, 1996년.
7. 祝瑞開,『兩漢思想史』, 上海, 上海古籍出版社, 1989년.
8. 唐君毅,『中國哲學原論-導論篇』, 臺北, 學生書局, 1986년.
9. 黃俊傑編,『中國文化新論思想篇(一)』, 臺北, 聯經出版事業公司, 1989년.
10. 孫叔平,『中國哲學史稿』(上), 上海, 上海人民出版社, 1991년.
11. 方立天,『中國古代哲學問題發展史』下册, 北京, 中華書局, 1992년.

제4장

왕부의 유학사상

제1절 천인관계론

1. 시작하는 말

유가의 전통사상은 역대로 인간본위의 사상을 중시해왔다고 할 수 있으며, 관심의 소재 역시 현실의 인간세계에 집중되어 있었다고 할 수 있다. 귀신의 세계에 대해서는 그것이 존재하는 것을 부정하지는 않았지만 언급을 하지 않는 등의 공경하되 멀리하는 태도를 견지했다고 할 수 있다. 공자의 "사람도 제대로 섬기지 못하는데, 어찌 귀신을 섬길 수 있겠느냐?", "삶도 알지 못하는데, 어찌 죽음을 알겠느냐?"라는 언급에서 파악할 수 있듯이 유가는 주나라 이래로 부단히 대두되었던 인본사상을 직접 계승해왔다고 할 수 있다. 이러한 관념은 후대에 귀신의 세계에 대한 직접적인 부정의 태도를 견지했던 순자 등에 적지 않은 영향을 끼친다.

한나라 시기에 이르러 동중서董仲舒를 필두로 하는 천인감응학설天人感應學說에는 음양오행설陰陽五行說과 참위설讖緯說 및 재이설災異說이 첨가되어 선진시기 이래로 지속되었던 인본주의 사상에 대하여 지대한 타격을 줌과 동시에 음양오행설과 재이설을 당시 사회 전반에 걸쳐 유행시킨다. 이러한 현상은 양한시기 전반에 걸쳐서 만연하게 되는데, 이러한 종교적·미신적인 색채가 농후했던 시대적 상황 속에서 분연히 시대의 조류를 거슬러 선진시기의 인본사상으로 돌아가자고 주장했던 일군의 학자들이 있었으니, 그들은 바로 왕충王充·왕부王符·중장통仲長統과 같은 사상가들이었다.

왕부는 당시의 시대적 상황을 통감하고 자신의 견해를 담은 저작을 내놓는데, 그것은 바로 『잠부론潛夫論』이다. 왕부의 『잠부론』은 우주론이나 천도天道의 문제나 귀신·운명·인성人性 등 형이상학적 문제에 관해서도 심도 있는 논의를 진행한 저작으로 동한시기의 다른 사상가들의 저작들에서는 찾아 볼 수 없는 새로운 견해들을 담고 있는 저작이라고 할 수 있다.

본문에서는 왕부의 천인관계론에 대하여 자연현상인 천과 감응의 의미인 천 그리고 천인관계론을 중심으로 논의를 진행하도록 하겠다.

2. 자연현상인 천과 감응의 의미인 천

왕부는 우주생성론에서 원기元氣가 변하여 음양陰陽이기二氣를 생성한 후에 천지가 발생하고, 이러한 천지 사이에서 인간을 포함한 만물이 생성된다고 하는 주장을 한다. 이때의 천天은 만물을 생성하는 의미를 지닐 뿐만 아니라 자기 자신 역시 생성된 존재가 되는 것이다. 왕부는 우주 안에서 천天·지地·인人이 가장 중요한 존재가 된다고 생각했으며, 또한 이러한 세 존재물은 각기 정해진 법칙을 따라서 도道를 실천한다고 보았던 것이다.

일반적으로 천天이란 개념은 천지를 개괄하는 의미로 쓰이기도 한다. 천은 만물을 생성변화 시키는 음양이기陰陽二氣를 대표하며, 인간은 그 가운데에 거처하기 때문에 하늘은 양기의 근본이 되고 대지는 음기의 근본이 되고 인간은 중화中和의 근본이 된다고 하는 것이 전국시대 말기 이후로 전승된 중국사상의 일반적인 견해라고 할 수 있다. 이러한 천에 대한 왕부의 견해는 서로 다른 두 종류의 범주로 구분할 수 있는데, 하나는 원기론元氣論적 의미로 자연현상인 천을 의미하고, 다른 하나는 인간의 선악행위에 대하여 포상과 징벌을 할 수 있는 감응의 의미인 천을 의미한다.

이러한 두 종류의 천은 그 연원을 따져 올라가면 자연현상인 천은 전국시대戰國時代 순자의 천론天論에 그 연원을 두고, 감응의 의미인 천은 서한 이래 저변에 확산되었던 동중서의 천인감응에 그 연원을 두고 있다고 할 수 있다. 순자의 자연현상으로서의 천에서는 자연을 인간이 주재할 수 있는 존재로 파악하고 있는 반면, 동중서의 천인감응의 천에서는 인간사를 천이 주재하는 것으로 언급되고 있다. 이러한 두 종류의 천은 왕부의 『잠부론』에서 병존하고 있는데, 이러한 두 종류의 서로 다른 천의 병존은 왕부의 천인관계론을 구성하는 근간이 된다고 말할 수 있다.

먼저 자연현상인 천에 대하여 살펴보도록 하겠다.

왕부의 원기론元氣論을 참조하여 볼 때, 왕부가 해석한 천의 의미는 일정부분 순자의 천론에 매우 근접해 있다는 사실을 발견할 수 있게 된다. 또한 천이 생성하는 각종 현상들을 인간사와 전혀 관련이 없는 자연현상으로 귀결시키는 등의 과학적 태도를 견지하고 있는 점도 발견할 수 있다.

> 그러나 그 질서가 어그러지고 깨어지면, 하늘이 아무리 높아도 기氣가 이를 찢어버리며, 땅이 아무리 커도 기가 이를 동요시키며, 산이 아무리 무거워도 기가 이를 옮겨버리며, 물이 잘 흘러도 기가 이를 끊어버리며, 해와 달이 신령스러워도 기가 이에 일식·월식을 일으키며, 별들이 허공에 떠 있어도 기가 이를 떨어뜨려 버린다. 아침에 해가 떠도 어둡게 하며,

밤이 되어도 □□함이 있으며, 큰바람이 수레를 날리고 나무를 뽑으며, 번개가 얼음이 되고 샘물이 뜨거워져 펄펄 끓고, 기린과 교룡·난새와 봉새의 영명함과 모적·연황의 재해가 나타나니, 이 모두 기氣 때문에 생기는 일이 아닌 것이 없다. 이로 말미암아 보건대 기운의 감동이란 역시 큰 것이다. 무엇이든지 변화시킬 수 있으니, 그 어느 물건이 이에 거역할 수 있겠는가?[1]

위의 인용문에서는 천지의 각종 변화 모두가 '기氣'의 운행에 의해서 발생하는 것이라고 했는데, 이는 순자의 "하늘의 운행에는 일정한 규율이 있다."라고 하는 관념과 매우 비슷하다고 할 수 있으며, 더나가 천인관계에 있어서는 순자의 견해와 같은 것이라고 말할 수 있다.

무릇 하늘의 도를 쓰고 땅의 이익을 나누면, 육축六畜은 때맞추어 생육하고 백물이 들에 가득 모이게 되나니, 이것이 곧 부국富國의 근본이다.[2]

또 근신謹愼한 백성은 하늘의 도로써 살아가고 땅의 이익을 분배하며 살아간다. 풀을 뽑고 흙을 북돋우어 스스로 삼가면서 절약해서 쓴다. 그리고 작고 미세한 것도 모으고 쌓다가 가끔 작은 과실을 저지르기도 한다. 이는 그 본질이 선량하고 착한 백성이라 말할 수 있으며, 이들이야말로 나라의 기틀이다.[3]

이 까닭으로 천天은 양陽에 그 본을 두고, 지地는 음陰에 본을 두며,

---

1 『潛夫論』, 「本訓」, "及其乖戾, 天之尊也氣裂之, 地之大也氣動之, 山之重也氣徙之, 水之流也氣絕之, 日月神也氣蝕之, 星辰虛也氣隕之, 旦有晝晦, 宵有□□, 大風飛車拔樹, 僨電爲冰, 溫泉成湯, 麟龍鸞鳳, 蝥蠹蝝蝗, 莫不氣之所爲也. 以此觀之, 氣運感動, 亦誠大矣. 變化之爲, 何物不能?"

2 『潛夫論』, 「務本」, "夫用天之道, 分地之利, 六畜生於時, 百物聚於野, 此富國之本也."

3 『潛夫論』, 「述赦」, "又謹慎之民, 用天之道, 分地之利, 擇莫犯土, 謹身節用; 積累纖微, 以致小過. 此言質良蓋民, 惟國之基也."

사람은 중화中和를 본으로 삼는다. 이 삼재三才는 각각 그 업무가 다르지만 서로 의지하여 이루어 나가고, 각각 그 도에 순응하여 화기和氣가 다가오고, 기형機衡이 형평을 이루게 되는 것이다. 천도天道를 시施라하고, 지도地道를 화化라하고, 인도人道를 위爲라 한다.[4]

천도天道를 이용하고 땅의 이익을 나눈 뒤에 부국의 근본을 얻는다고 하는 것은, 순자가 주장한 "농사에 힘쓰고 아껴서 쓴다."고 하는 의미와 큰 차이가 없다고 보여 진다. 순자의 천인관계에 대한 견해는 주로 인간이 어떻게 자연을 이용할 것인가에 집중되어 있다고 할 수 있다.

하늘에 대하여 아는 범위는 그중의 형태로 되어 나타난 현상, 그것에 따라 일시를 결정할 수 있는 것만으로 한하고, 땅에 대하여 아는 범위는 그중의 결과로 되어 나타나는 알맞은 것, 그것에 따라 곡물을 번식시킬 수 있는 것만으로 한하며, 사계절에 대하여 알 수 있는 범위는 그중의 누구나 알 수 있는 조리, 그에 따라 일을 할 수 있는 것만으로 한하고, 음양에 대하여 아는 범위는 그 중의 형태로 나타난 조화, 그것을 사용하여 정치를 행할 수 있는 것만으로 한해야 할 것이다.[5]

그러므로 왕부의 "하늘의 도를 쓰고 땅의 이익을 나눈다."라고 하는 관점은 순자의 천론을 계승한 것이라고 할 수 있다. 또한 그는 인간이 천지 자연 가운데 가장 존귀한 존재이기 때문에, 인간은 하늘의 도 즉 자연의 순환법칙을 활용하는 것과 토지를 통한 수확을 분배할 수 있을 뿐만 아니라 자연의 법칙을 정확하게 활용할 수 있는 존재는 인간뿐이라

4 『潛夫論』, 「本訓」, "是故天本諸陽, 地本諸陰, 人本中和. 三才異務, 相待而成, 各循其道, 和氣乃臻, 機衡乃平. 天道曰施, 地道曰化, 人道曰爲."

5 『荀子』, 「天論」, "所志於天者, 已其見象之可以期者矣. 所志於地者, 已其見宜之可以息者矣. 所志於四時者, 已其見數之可以事者矣. 所志於陰陽者, 已其見和之可以治者矣."

고 주장했다.

> 진실로 그 사람이 잘못되었다면 그림쇠가 원을 그리지 못하고 곱자가 네모를 그리지 못하며, 먹줄이 직선을 그리지 못하고, 수준기가 수평을 나타내지 못한다. 마찬가지로 부싯돌을 쳐도 불을 얻지 못하고 풀무질을 해도 쇠붙이를 얻지 못하며, 말을 몰아도 빨리 달리지 못하고 배를 저어도 물을 건너지 못하고 만다. 무릇 이러한 여덟 가지는 하늘이 이치대로 그 도를 펴 보인 것이며, 형태를 마련하여 물건으로 나타내 보여주는 것이다. 그런데도 운용하는 자가 맞지 않게 되면 이는 오히려 아무런 기능을 발휘하지 못한다. 그러니 하물며 도술道術을 지니고 백성을 다스리는 자나, 육룡六龍을 타고 천하를 다스리려는 포부를 가지고 있는 자에게 있어서랴?[6]

그림쇠·곱자·먹줄·수준기·부싯돌·풀무질·말·배 등은 모두 자연의 법칙을 모방한 것으로 오직 인간만이 그것들의 효능을 터득할 수 있으며, 또한 원·네모·직선·수평·불·쇠·빠른 속도·도하 등등 역시 그것들의 효능을 터득하여 활용한 결과물인 것이다. 왕부의 자연현상인 천으로서의 천인관계에서는 하늘로 대표되는 자연의 법칙을 인간이 활용한다고 하는 기반 위에 건립 되었다고 할 수 있는데, 이는 "천도天道를 시施라 하고, 지도地道를 화化라하고, 인도人道를 위爲라 한다. 위爲는 대체로 음양에 감통感通하여 진이珍異를 이룸을 일컫는다."라는 언급에 잘 나타나 있다. 만일 우리가 자연현상인 천으로 "음양에 감통感通하여 진이珍異를 이룸"이라는 구문의 의미를 유추한다면, "음양에 감통함"은 바로 "하늘의 도를 쓰고 땅의 이익을 나누면, 육축六畜은 때맞추어 생육한다."라는

6 『潛夫論』, 「思賢」, "苟非其人, 則規不圓而矩不方, 繩不直而準不平, 鑽燧不得火, 鼓石不下金, 驅馬不可以追速, 進舟不可以涉水也. 凡此八者, 天之張道, 有形見物, 苟非其人, 猶尙無功, 則又況乎懷道術以撫民氓, 乘六龍以御天心者哉?"

의미가 되고, "부국의 근본"은 "진이를 이룸"의 수확이라는 의미가 된다고 할 수 있다. 다시 말하자면 천·지·인의 삼재三才 가운데 인간의 역할은 바로 천도天道와 지도地道를 정확하게 사용하는데 있다고 하는 것이다. 이러한 것이 바로 왕부의 자연현상인 천으로서의 천론의 핵심이라고 할 수 있는 것이다.

다음은 감응의 의미인 천에 대하여 살펴보겠다.

왕부는 자신의 원기론元氣論으로서 자연현상인 천의 변화의 근원을 삼았으며, 천의 구성요소로 삼기도 했다. 기의 순환에 의해서 도가 변화한다고 하였기 때문에 자연적인 천에서는 천도가 제어될 수 있으며 인도와는 차별이 있는 것으로 이해되어졌다. 그러나 왕부의 천인관계 이론 속에는 인격신의 색채를 지닌 의지의 천적인 요소가 있는데, 이를 황천皇天·상천上天·호천昊天·상제上帝 등으로 불리어지기도 하며 인간사와 서로 감응하기도 한다. 이러한 의미로서의 천은 동중서 이래로 형성된 천도관념과 매우 유사한 성격을 보이고 있으며, 천이 인간사를 주목하며 선한 행위에는 축복을 악한 행위에는 징벌을 내리는 존재로 인식되어지고 있다.

> 상은 큰 것이라도 누구나 믿게 되고 벌은 괴로운 것이지만 반드시 실시하자, 신하들은 두려워서라도 열심을 다했으며 다투어 그 직무에 승평升平을 이루었으며, 봉황이 내려오고 기린이 나타났던 것이다. 하늘과 사람이 즐거워하였고 상서로운 징조가 함께 나타났으며 공덕이 무성하여 중종으로 칭하게 된 것이다.[7]

> 무릇 천도天道란 착한 사람에게는 상을 주고 나쁜 짓을 한 자에게는 형벌을 내린다.[8]

7 『潛夫論』, 「三式」, "賞重而信, 罰痛而必, 群臣畏勸, 競思其職. 故能致治安而世升平, 降鳳皇而來麒麟, 天人悅喜, 符瑞並臻, 功德茂盛, 立爲中宗."

이러한 종류의 의지가 있고 인간세상과 감응 할 수 있는 천은 선진시대에 자주 보이는 정권교체의 능력을 가진 천과 그렇게 커다란 차이는 없다고 할 수 있다. 또한 『잠부론』 자체가 정치평론서로서의 성격을 강하게 띠고 있기 때문에 천의 이러한 권능을 버릴 수는 없었을 것이라고 판단 한다.

> 왕망王莽은 재형宰衡이란 지위에 올라 안한공安漢公에 봉해졌다. 게다가 섭정의 위치에 서서 마음대로 법령을 내렸으며, 스스로 남면南面하여 결국 제위를 찬탈해 버렸다. 이렇게 십여 년이 지나자 스스로 오랫동안 제위에 있으면서 잘 다스렸기 때문에 그 위세와 은혜가 널리 퍼져 영원히 재앙이 없으리라고 생각하였다. 그리하여 결국에는 더욱 자의대로 행하면서 가까운 이는 사사로이 해주고, 먼 사람은 망각하여 소인배들이무리지어 모이는 것을 좋아하고, 무거운 세금으로 백성을 파탄에 몰아넣었다. 게다가 공도 없는 자를 받들고, 행동은 간사로 가득하였고, 그러면서도 경의라고 하여 백성을 미망시키고 천지를 속였다. 그렇게 하고도 스스로는 아주 비밀스럽게 하므로 남들이 전혀 모르리라고 여겼다. 그러나 황천皇天은 하늘로부터 그 간악함을 비추어 보고, 신명神明은 그 유현幽玄한 속에서 그 태도를 비춰 보고 있으니, 어찌 그냥 알지 못한 채 넘어갈 수가 있었겠는가![9]

위의 인용문에서 천天은 인간세상의 선악 및 현능함과 간사함을 분명하게 파악하고 있으며 인간 세상사와 대응하고 있기 때문에 성왕이 천하를 다스릴 때는 위로는 하늘의 통치를 계승하고 아래로는 백성들을 돌보

8 『潛夫論』, 「述赦」, "夫天道賞善而刑淫."

9 『潛夫論』, 「忠貴」, "莽爲宰衡, 封安漢公, 居攝假號, 身當南面, 卒以簒位, 十有餘年, 自以居之已久, 威立恩行, 永無禍敗, 故遂肆心恣意, 私近忘遠, 崇聚群小, 重賦殫民, 以奉無功, 動爲姦詐, 託之經義, 迷罔百姓, 欺誣天地. 自以我密, 人莫之知, 皇天從上鑒其姦, 神明自幽照其態, 豈有誤哉!"

게 되는 것이다. 이와 같이 볼 때 천은 실질적으로 모든 정치권력의 정점이라고 말할 수 있는 것이다.

> 성왕聖王이 백관百官을 세운 것은 모두가 천명天命을 받아 지물地物을 다스리고 모든 백성들을 보살피기 위한 것이다.[10]

> 무릇 성인聖人은 하늘을 입으로 삼고 현인은 성인을 통해 말을 풀어낸다. 이런 까닭으로 성인의 말은 하늘의 마음이요, 현인의 말은 성인의 뜻이다.[11]

천天은 권력을 부여하는 권능을 가졌을 뿐만 아니라 선한 행위에 복을 내려주고 악행에 징벌을 가할 수 있으며 현명한 사람과 간악한 사람을 판별할 수 있는 권능을 가지고 있는 존재였다. 또한 인간이 이러한 천의 권능 때문에 위법한 행위를 할 수 없게 만드는 한편 공적이나 덕성이 없고 억지로 부유하게 하고 상을 찬탈 하려고 하는 사람에게 자신의 권능을 드러낸다. 이와 같은 천의 감응 능력은 절대적인 것이며 결코 초월할 수 없는 것이다.

> 세상의 군주가 공적이 없는 자에게 억지로 부유하게 하려는 것은 하늘과 다투려는 것이다. 또 아무런 은덕을 베풀지 못하는 사람으로 하여금 황천皇天과 싸우게 하면서 오래 버티고자 하는 것이니, 자고이래로 일찍이 성공하였던 경우는 없었다.[12]

---

10 『潛夫論』, 「考績」, "聖王之建百官也, 皆以承天治地, 牧養萬民者也."

11 『潛夫論』, 「考績」, "夫聖人爲天口, 賢人爲聖譯. 是故聖人之言, 天之心也. 賢者之所說, 聖人之意也."

12 『潛夫論』, 「思賢」, "世主欲無功之人而彊富之, 則是與天鬥也. 使無德況之人, 與皇天鬥, 而欲久立, 自古以來, 未之嘗有也."

또 무릇 이로운 물건 가운데, 하늘에서 내린 재물이 아닌 것이 없다. 하늘이 이런 재물을 만들어 주는 것은 나라 임금이 곳집을 가진 것과 같다. 부여하고 상주고 빼앗고 주는 것은 각각 사람에 따라 많고 적음이 있으니, 어찌 백성이 억지로 취하려 한다고 될 일이겠는가? 따라서 사람이 덕이 없으면서 부귀하게 되는 것은 흉악한 백성이 관직을 훔치고 곳집을 도적질 하는 것이다. 끝내는 반드시 발각되고, 발각되면 죽임을 당하고 만다. 사람의 것을 도둑질하는 것도 반드시 죽임을 당하거늘 하물며 하늘의 것을 훔친 자임에랴? 어찌 재앙을 받지 않을 수 있겠는가?[13]

감응의 의미인 천은 '신격神格'을 구비하고 있기 때문에, 여기에서의 천인관계는 원래 자연현상인 천의 자연의 순환법칙에 대하여 인간은 모든 매사에 신중한 태도를 견지해야 하며, 천의 의지에 위배되는 행위를 해서는 안 된다고 하는 "인도人道를 위爲라 한다. 위爲는 대체로 음양에 감통感通하여 진이珍異를 이룸을 일컫는다."와 다른 의미를 가지고 있다고 할 수 있다. "음양에 감통感通하여 진이珍異를 이룬다."는 언급은 왕부가 한대의 오행참위설과 음양재이설의 영향에서 완전하게 벗어나지 못하고 있는 사실에 대한 직접적인 증거가 되며, 왕부의 천에 의지가 있다고 하는 관점은 순자의 자연현상으로서의 천 관념과 매우 커다란 차이가 있는 부분이라고 할 수 있을 것이다.

이러한 왕부의 천 관념은 시대적 상황의 한계 때문인 것으로 판단되며, 이러한 관념은 중국의 전통관념 가운데 귀신관념과 관련되어 있다고 할 수 있다. 실질적으로 왕부가 언급한 천론이나 천인감응의 이론은 동중서의 '인부천수人副天數'등의 방대한 이론체계와는 분명한 차별이 존재한다고 말할 수 있으며, 어떤 의미에서는 오히려 선진시기의 『시경詩經』

13 『潛夫論』, 「遏利」, "且夫利物莫不天之財也. 天之制此財也, 猶國君之有府庫也. 賦賞奪與, 各有衆寡, 民豈得强取多哉? 故人有無德而富貴, 是凶民之竊官位盜府庫者也, 終必覺, 覺必誅矣. 盜人必誅, 况乃盜天乎? 得無受禍焉?"

이나 『상서尙書』의 인본주의 사상에 더 접근해 있다고 할 수 있는데, 그 증거로는 이러한 경전 가운데 언급되어진 황천皇天이나 호천昊天이라는 관념들과 유사점이 발견된다고 하는 점을 들을 수 있다.

> 하늘은 친한 사람이 없으시고 오직 덕망이 있는 사람이면 도우시고, 백성들의 마음은 일정하지 않아서 오직 사랑해주는 사람이면 따를 뿐이오.[14]

> 문왕께서 위에 계시어 아아 하늘에서 밝히신다. 주나라가 비록 오래된 나라지만 그 받은 천명은 새롭기만 하다.[15]

> 하늘에서 천명이 내려 이 문왕에게 명령하시었다.[16]

『잠부론』가운데 황천皇天·상천上天·호천昊天·상제上帝 등등의 천 개념은 『시경』·『상서』속에 있는 천신天神관념인데, 왕부는 항상 『시경』과 『상서』 등의 문구를 인용하여 증거자료로 삼는다. 그렇기 때문에 왕부의 천인관계론은 동중서의 천인관계론과 유사하다고 말할 수는 있으나, 완전히 같은 것이라고는 말할 수 없는 이유가 바로 여기에 있는 것이라고 할 수 있다.

3. 천인관계론

앞장에서 언급한 바와 같이 왕부의 사상 속에는 순자의 "자연의 운행에는 일정한 법칙이 있다."는 자연현상인 천의 요소가 있는 한편 동중서의 '천인감응'과 같은 감응의 의미인 천의 요소가 녹아있다고 할 수 있다.

14 『尙書』, 「周書」, "皇天無親, 惟德是輔, 民心無常, 惟惠之懷."

15 『詩經』, 「大雅」, "文王在上, 於昭于天, 周雖舊邦, 其命維新."

16 『詩經』, 「大雅」, "有命自天, 命此文王."

그렇기 때문에 왕부를 연구하는 연구자들 간에는 반드시 서로 다른 관점들이 존재하게 되는 것이다. 왕부를 무신론 사상가로 여기는 사람들은 대부분 왕부의 '원기일원론元氣一元論'에서 출발하여 자연현상인 천의 의미에 치중하여 인간의 지위를 자연보다 위에 두는 한편 자연을 주재하는 위치에 둔다.[17] 다른 한편으로 왕부를 동중서의 영향권에서 벗어나지 못한 사상가로 여기는 사람들 같은 경우, 왕부에게 있어서의 천은 의지가 있는 인격신이며 감응을 할 수 있는 존재로 군권 역시 천으로부터 부여받은 것이라고 하는 등의 천신이 인간사를 주재한다고 하는 관념에서 벗어나지 못하고 있다.[18] 이러한 관점들 외에 왕부의 서로 다른 성격의 천을 병존의 관점에서 보는 경우, 『잠부론』속의 천의 이중성에 대하여 승인하는 하는 태도를 취하는 한편 왕부의 우주생성론 가운데 자연현상인 천 관념을 현실세계와 괴리되는 이론체계로 여기고 천을 인간사의 주재자로 여기는 종교적 의미의 천으로 보는 관점을 견지하기도 한다.[19]

이상과 같은 세 종류의 견해는 모두가 제각기 나름대로의 논거를 가지고는 있으나 『잠부론』속의 천의 의미를 정확하게 규명하기에는 다소 부족한 점이 있다고 판단한다. 『잠부론』가운데의 천은 분명히 두 종류의 의미를 구비하고 있다고 할 수 있는데, 이러한 두 종류의 의미를 가진 천은 병존이 가능하다고 할 수 있다. 즉 왕부의 천인관계론은 바로 '천이 주재가 됨'과 '인간이 주재가 됨'의 중간 단계에 있는 것이라고 할 수 있다. 다시 말하면 순자와 동중서의 중간 단계에 있으면서 다소 인간의 '인위' 측면에 치우친 감이 있다고 말할 수 있는 것이다.

왕부의 천인관계론에 대하여 논의를 진행하기 전에 반드시 먼저 짚고 넘어가야할 문제는 왕부와 순자의 천 관념 차이 및 왕부와 동중서의 천

17 牙含章 編, 『中國無神論史』, 北京, 中國社會科學出版社, 1995년, 317쪽 참조.
18 劉文英, 『王符評傳』, 南京, 南京大學出版社, 1993년, 166쪽 참조.
19 劉文起, 『王符的思想研究』, 貴陽, 貴州教育出版社, 1993년, 187쪽 참조.

관념의 차이에 대하여 분명하게 인식을 해야만 한다는 것이다. 왕부와 순자의 차이 문제와 같은 경우는 그 구별이 비교적 쉬운 문제라고 할 수 있는데, 그것은 바로 순자에 있어서의 천은 말 그대로 순수자연적인 의미의 천인 반면 왕부에게 있어서의 천은 의지가 있으며 감응의 의미가 있는 천으로 분별할 수 있다. 이를 개괄하면 자연현상인 천과 감응의 의미인 천으로 명확하게 구별할 수 있는 것이다. 그러나 왕부와 동중서의 차이는 매우 복잡한 경향을 띠고 있는데, 특히 인간의 주재능력에 있어서가 그러하다고 할 수 있다. 이러한 문제에 대하여 천인감응론을 중심으로 살펴보도록 하겠다.

왕부의 '원기론'에 나타나 있는 의지나 주재능력이 없는 '원기元氣'가 선한 행위에 상을 내리고 악행에 징벌을 내리는 능력을 구비한 천을 생성한다고 하는 문제에 대하여 설명이 필요하다고 생각된다. 사실 왕부는 '원기'와 천 모두가 일정한 법칙에 의해서 운행 한다고 하는 본질을 가지고 있다고 하는 사실만을 제기했을 뿐이다. 이와 같이 일정한 법칙에 의해서 운행 한다고 하는 것과 선한 행위에 상을 내리고 악행에 징벌을 내린다고 하는 것은 서로 충돌 되지 않는다고 할 수 있다. 다시 말하면 선한 행위에 상을 내리고 악행에 징벌을 내린다고 하는 것 등은 천과 인간 사이의 감응으로, 그것 자체는 천의 법칙에 속하는 것이며 인간에 의해서 촉발된 일종의 천도天道라고 하는 것이다. 이러한 측면에서 천은 인간세상의 일에 대응하며 인간의 행동에 따라 영향력을 행사하는 존재가 된다.

> 사람의 행동이 천지를 감동시키는 것은, 비유컨대 수레 위에서 말을 몰아 달리고, 쑥으로 지붕을 만든 배를 타고 노를 저어 가는 것과 같다. 비록 그 배나 수레가 태우고 싣고 가는 일을 하지만, 결국 어디로 갈 것인가는 사람에게 달린 것이다.[20]

인간은 천의 능력에 영향을 줄 수 있기 때문에 상서로움과 괴이함이 모두 인간의 행위로부터 촉발 된다는 것이다.

> 왕자王者는 지극히 귀한 존재로 하늘과 정기가 통한다. 마음에 생각한 바나 뜻에 염려한 바를 소리나 빛깔로 내보이지 않아도, 하늘이 이를 변화시켜 그 징조를 보여준다. 따라서 어떤 경우에는 상서로움과 재앙의 징후가 많이 나타나며, 달이 별을 따라 움직이기도 한다. 이는 마땅히 그에 맞는 일이 있기 때문이다. 그래서 상서로움과 괴이함을 보여주어 어떤 경우에는 군주를 경계시키기도 한다. 그런데 만약 이를 소홀히 여겨 잘 살피지도 아니하고 자기의 느낌이 그런 지경에 이른 것을, 도리어 마치 하늘의 뜻도 그렇게 되기를 바란다고 여기는 것은 옳은 일이 아니다.[21]

동중서 역시 '원기'를 천의 구성물로 보았으며, '인부천수人副天數'이론 속에서 천과 인간사가 서로 감응 한다고 하는 천인감응설을 천명하였다.

> 기쁨과 성냄의 적정성이나 슬픔과 즐거움의 적합성은 사람에게 중요할 뿐만 아니라 하늘에게도 중요하다. 봄과 여름의 주도적인 양기나 가을과 겨울의 주도적인 음기는 하늘에게 중요할 뿐만 아니라 사람에게도 중요하다.[22]

> 왕이 된 자는 하늘의 뜻에 밝지 않으면 안 된다. 하늘의 뜻을 아는 것은 시인이 알기 어려운 영역이다. 하늘의 의지는 확인하기 어렵고 하

---

20 『潛夫論』, 「本訓」, "人行之動天地, 譬猶車上御馳馬, 蓬中擢舟船矣. 雖爲所覆載, 然亦在我何所之可."

21 『潛夫論』, 「述赦」, "王者至貴, 與天通精, 心有所想, 意有所慮, 未發聲色, 天爲變移. 或若休咎庶徵, 月之從星, 此乃宜有是事. 故見瑞異, 或戒人主. 若忽不察, 是乃己所感致, 而反以爲天意欲然, 非直也."

22 『春秋繁露』, 「天辨在人」, "喜怒之禍, 哀樂之義, 不獨在人, 亦在於天; 而春夏之陽, 秋冬之陰, 不獨在天, 亦在於人."

> 늘의 길도 헤아리기 어렵다. 이렇기 때문에 음양의 나가고 들어옴, 가득 참과 텅 빔을 분명히 하여 하늘의 뜻을 파악할 수 있다. 오행의 처음과 끝, 순조와 역조, 크고 작음, 좁고 넓음을 변별하여 하늘의 길을 파악할 수 있다. 하늘의 뜻은 진실한 사랑에 있고 하늘의 길은 올바름이다. 사람의 주인이 된 자가 무엇을 주거나 빼앗거나 누구를 살리거나 죽이거나 각각 네 계절의 기능처럼 하늘의 도와 들어맞아야 한다. 또 관직을 나누고 관리를 두더라도 반드시 오행의 특성처럼 개개인의 능력에 의거해야 한다. 음양의 직분처럼 사랑을 좋아하고 폭력을 미워하고 덕에 치중하고 형벌을 멀리해야 한다. 이것이 하늘과 짝하게 되는 것이다.[23]

왕부와 동중서의 천인감응의 가장 두드러진 차이는, 동중서가 천과 인간의 상호간 영향을 강조하여 천이 인간의 선한 행위에 상을 내리고 악행에 징벌을 내릴 수 있는 능력을 갖추고 있기 때문에 인간 역시 반드시 천의 의지를 받들어야 한다고 하는 등의 천과 짝해야한다고 주장한 반면, 왕부는 단지 인간의 행위가 천을 감응하게 하여 움직임을 이끌어 낼 뿐이고 천은 인간에게 제어당하는 존재로서 인간이 마차를 몰고 선박을 운항하는 것처럼 천 역시 인간이 주재할 수 있다는 것이다. 즉 천은 인간과 매우 밀접한 관계를 가지고 있기는 하지만 인간에 의해 제어당하는 존재라는 것이다. 이러한 양자 간의 차이는 비록 크다고는 할 수 없지만 왕부는 이러한 관점에서 출발하여 인간의 행위에 중점을 두는 천도 관념으로 동중서의 천도 관념을 비판한다.

다른 한편으로 왕부는 인간과 천 모두가 '상'과 '벌'을 동시에 행할 수 있는 능력을 구비하고 있다고 생각하였으며, 더나가 그는 인간은 천의

---

23 『春秋繁露』, 「如天之爲」, "夫王者不可以不知天. 知天, 詩人之所難也, 天意難見也, 其道難理, 是故明陽陰入出·實虛之處, 所以觀天之志; 辨五行之本末·順逆·小大·廣狹, 所以觀天道也. 天志仁, 其道也義, 爲人主者, 予奪生殺, 各當其義, 若四時. 列官置吏, 必以其能, 若五行. 好仁惡戾, 任德遠刑, 若陰陽. 此之謂能配天."

기능을 대신할 수 있는 능력을 가지고 있다고 하는 주장을 했다. "인도人道를 위爲라 한다."는 언급이 바로 그러한 것이다.

> 그렇게 하고도 스스로는 아주 비밀스럽게 하므로 남들이 전혀 모르리라고 여겼다. 그러나 황천皇天은 하늘로부터 그 간악함을 비추어 보고, 신명神明은 그 유현幽玄한 속에서 그 태도를 비춰 보고 있으니, 어찌 그냥 알지 못한 채 넘어갈 수가 있었겠는가![24]

> 다투어 그 직무에 승평升平을 이루었으며, 봉황이 내려오고 기린이 나타났던 것이다. 하늘과 사람이 즐거워하였고 상서로운 징조가 함께 나타났으며 공덕이 무성하여 중종으로 칭하게 된 것이다.[25]

인간이 천의 기능을 대신할 수 있다고 했는데, 특히 인간들 가운데 군주 된 사람이 인간세계 속에서 천을 대신하여 상벌의 시행자가 된다고 했다.

> 무릇 천도天道란 착한 사람에게는 상을 주고 나쁜 짓을 한 자에게는 형벌을 내리되, "하늘이 할 일을 사람으로 하여금 이를 대신하게 한 것이다." 그래서 왕으로 들어선 자는 장차 사악한 이를 주살하여 옳은 선을 길러 주어야 하는 것이다. 그러나 도리어 사악한 자를 풀어주고 있으니, 망령된 짓이 이보다 심한 경우가 없다.[26]

---

24 『潛夫論』, 「忠貴」, "自以我密, 人莫之知, 皇天從上鑒其姦, 神明自幽照其態, 豈有誤哉!"

25 『潛夫論』, 「三式」, "故能致治安而世升平, 降鳳皇而來麒麟, 天人悅喜, 符瑞並臻, 功德茂盛, 立爲中宗."

26 『潛夫論』, 「述赦」, "夫天道賞善而刑淫. 天工人其代之, 故凡立王者, 將以誅邪惡而養正善, 而以逞邪惡逆, 妄莫甚焉."

특히 인간이 받는 축복과 재앙은 꼭 천이 내리는 상벌만은 아니고, 대부분은 인간 스스로가 자초한 것이라는 것이다. 선하고 악한 행위의 결과가 반드시 천에 영향을 미치는 것이 아니고, 또한 천의 영향력 역시 결코 인간세계 전체에 두루 두루 미칠 수 없는 것이라는 것이 왕부의 생각이었다. 천의 기능을 대신한다는 것은 인간의 능력을 의미하는 것이며, 이는 인간세계가 반드시 천의 권능을 대신하여 인간들 스스로가 선한 행위에 상을 내리고 악행에 징벌을 내리는 시스템을 완성해야 한다는 것을 강조하는 것이라고 할 수 있다. 다시 말하자면 천에게도 주재할 수 있는 능력이 있지만 인간에게도 자신을 주재할 수 있는 능력이 구비되어 있기 때문에 매사를 천의 계시를 기다려 처리할 필요가 없다는 것이다.

> 무릇 장수가 그 사졸을 권면하지 못하고 사졸은 그 무기를 사용 할 수 없다면, 이 두 가지는 군대가 없는 것과 같다. 병졸도 없고 무기도 없으면서 전쟁을 치르려고 하면 그 전쟁의 패배는 당연한 것이며 이치나 원리로 보아도 당연하다. 그러므로 "그 패배는 하늘의 재앙이 아니라 장수의 과실"이라고 말할 수 있는 것이다.[27]

> 그 때문에 적들로 하여금 승승장구 국토를 점령하도록 하여 주·군을 파멸시켰고, 그 기세가 등등하였으며 삼보三輔까지 무너뜨렸으며, 귀방鬼方 지역까지 뻗쳐 나갔다. 이처럼 된 상황이 이미 10 년이 되었으며, 백성들의 피해는 지금까지도 끊이지 않고 있다. 그럼에도 어리석은 이들과 무능한 자들은 오히려 구조할 수 없다고 떠들면서, 시간이 자기만을 기다리니 이런 생각을 가진 자가 어찌 인간이겠는가?[28]

---

27 『潛夫論』, 「勸將」, "夫將不能勸其士, 士不能用其兵, 此二者與無兵等. 無士無兵, 而欲合戰, 其敗負也, 理數也然. 故曰: 其敗者, 非天之所災, 將之過也."

28 『潛夫論』, 「邊議」, "故令虜遂乘勝上彊, 破州滅郡, 日長炎炎, 殘破三輔, 覃及鬼方. 若

위인 인용문에서 볼 수 있듯이 왕부는 천과 인간을 분명하게 구분한다. 이와 같은 왕부의 견해는 동중서의 '인부천수人副天數'이론과 분명한 차이를 보이고 있다고 할 수 있다. 동중서는 인간과 천의 음양오행을 대조하는 한편 이러한 것들을 바탕으로 인간과 천을 연결하여 하나의 유기체로 만들고자 했다. 즉 천에서부터 인간까지 모두를 아우르는 거대한 유기체적 구조가 있다고 여겼으며,[29] 이렇기 때문에 인간과 천은 완전히 일치하는 것이며, 인간 존재는 천이 생성한 존재로서 천의 일부분에 속하게 되는 것이다. 그렇기 때문에 동중서의 이론 속에서는 모든 상벌의 원인과 결과가 모두 천 자체에게 귀납되는 것이다.

> 하늘과 대지의 협조적 작용, 음양 두 기의 상호 의존성이 늘 사람의 몸에 그대로 전개되니 몸의 현상은 하늘의 현상과 같고 수치상으로도 하늘과 일치하기 때문에 운명적으로 하늘과 서로 연속되어 있다.[30]

그러므로 동중서의 이론체계 속에서는 이론상으로는 인간의 주재능력이 전혀 존재할 수 없는 반면 왕부의 이론체계에서는 인간이 천의 기능을 대신할 수 있다고 하는 등의 인간 존재가 자기 자신의 행위에 대하여 책임을 질 수 있다고 하는 견해가 엿보이며, 또한 재이 같은 비정상적인 자연 현상들 역시 반드시 천의 의지에 의해서 발생하는 것만이 아니라는 주장이 보인다. 바로 이러한 점들이 왕부와 동중서의 천인감응 이론에 나타나 있는 차이점이라고 할 수 있을 것이다.

此已積十歲矣. 百姓被害, 迄今不止. 而癡兒騃子, 尙云不當救助, 且待天時. 用意若此, 豈人也哉!"

29 徐復觀, 『兩漢思想史』 卷二, 臺北, 學生書局, 1985년, 397쪽 참조.

30 『春秋繁露』, 「人副天數」, "天地之符, 陰陽之副, 常設於身, 身猶天也."

4. 맺는 말

이상과 같이 왕부의 천인관계론에 대하여 자연현상인 천과 감응의 의미인 천 그리고 천인관계론을 중심으로 논의를 진행해 보았는데, 이를 정리하면 다음과 같다.

왕부는 우주생성론에서 원기元氣가 변하여 음양陰陽이기二氣를 생성한 후에 천지가 발생하고, 이러한 천지 사이에서 인간을 포함한 만물이 생성된다고 하는 주장을 한다. 이때의 천天은 만물을 생성하는 의미를 지닐 뿐만 아니라 자기 자신 역시 생성된 존재가 되는 것이다. 왕부는 우주 안에서 천天·지地·인人이 가장 중요한 존재가 된다고 생각했으며, 또한 이러한 세 존재물은 각기 징해진 법칙을 따라서 도道를 실천한다고 보았던 것이다. 이러한 천에 대한 왕부의 견해는 서로 다른 두 종류의 범주로 구분할 수 있는데, 하나는 원기론元氣論적 의미로 자연현상인 천을 의미하고, 다른 하나는 인간의 선악행위에 대하여 포상과 징벌을 할 수 있는 감응의 의미인 천을 의미한다.

왕부의 자연현상인 천으로서의 천인관계에서는 하늘로 대표되는 자연의 법칙을 인간이 활용한다고 하는 기반 위에 건립 되었다고 할 수 있는데, 이는 "천도天道를 시施라하고, 지도地道를 화化라하고, 인도人道를 위爲라 한다. 위爲는 대체로 음양에 감통感通하여 진이珍異를 이룸을 일컫는다."라는 언급에 잘 나타나 있다. 만일 우리가 자연현상인 천으로 "음양에 감통感通하여 진이珍異를 이룸"이라는 구문의 의미를 유추한다면, "음양에 감통함"은 바로 "하늘의 도를 쓰고 땅의 이익을 나누면, 육축六畜은 때맞추어 생육한다."라는 의미가 되고, "부국의 근본"은 "진이를 이룸"의 수확이라는 의미가 된다고 할 수 있다. 다시 말하자면 천·지·인의 삼재三才 가운데 인간의 역할은 바로 천도天道와 지도地道를 정확하게 사용하는데 있다고 하는 것이다. 이러한 것이 바로 왕부의 자연현상인 천으로서의 천론의 핵심이라고 할 수 있는 것이다.

또한 왕부의 천인관계 이론 속에는 인격신의 색채를 지닌 의지의 천적인 요소가 있는데, 이를 황천皇天·상천上天·호천昊天·상제上帝 등으로 불리어지기도 하며 인간사와 서로 감응하기도 한다. 이러한 의미로서의 천은 동중서 이래로 형성된 천도관념과 매우 유사한 성격을 보이고 있으며, 천이 인간사를 주목하며 선한 행위에는 축복을 악한 행위에는 징벌을 내리는 존재로 인식되어지고 있다. 감응의 의미인 천은 '신격神格'을 구비하고 있기 때문에, 여기에서의 천인관계는 원래 자연현상인 천의 자연의 순환법칙에 대하여 인간은 모든 매사 신중한 태도를 견지해야 하며, 천의 의지에 위배되는 행위를 해서는 안 된다고 하는 "인도人道를 위爲라 한다. 위爲는 대체로 음양에 감통感通하여 진이珍異를 이룸을 일컫는다."와 다른 의미를 가지고 있다고 할 수 있다. "음양에 감통感通하여 진이珍異를 이룬다."는 언급은 왕부가 한대의 오행참위설과 음양재이설의 영향에서 완전하게 벗어나지 못하고 있는 사실에 대한 직접적인 증거가 되며, 왕부의 천에 의지가 있다고 하는 관점은 순자의 자연현상으로서의 천 관념과 매우 커다란 차이가 있는 부분이라고 할 수 있을 것이다.

왕부의 사상 속에서의 천은 분명히 두 종류의 의미를 구비하고 있다고 할 수 있는데, 이러한 두 종류의 의미를 가진 천은 병존이 가능하다고 할 수 있다. 즉 왕부의 천인관계론은 바로 '천이 주재가 됨'과 '인간이 주재가 됨'의 중간 단계에 있는 것이라고 할 수 있다. 다시 말하면 순자와 동중서의 중간 단계에 있으면서 다소 인간의 '인위' 측면에 치우친 감이 있다고 할 수 있다. 왕부의 천인관계론과 동중서의 천인관계론이 지니고 있는 차이는 매우 복잡한 경향을 띠고 있는데, 특히 인간의 주재 능력에 있어서가 그러하다고 할 수 있다. 구체적으로 언급하자면, 왕부와 동중서의 천인감응의 가장 두드러진 차이는, 동중서가 천과 인간의 상호간 영향을 강조하여 천이 인간의 선한 행위에 상을 내리고 악행에 징벌을 내릴 수 있는 능력을 갖추고 있기 때문에 인간 역시 반드시 천의 의지를 받들어야 한다고 하는 등의 천과 짝해야한다고 주장한 반면, 왕부는 단지 인간의 행위가 천을 감응하게 하여 움직임을 이끌어 낼 뿐이고 천은 인간에게 제어당하는 존재로서 인간이 마차를 몰고 선박을 운항하는 것처럼 천 역시 인간이 주재할 수 있다는 것이다. 즉 천은 인간과 매우 밀접한 관계를 가지고 있기는 하지만 인간에 의해 제어당하는 존재라는 것이다. 이러한 양자 간의 차이는 비록 크다고는 할 수 없지만 왕부는 이러한 관점에서 출발하여 인간의 행위에 중점을 두는 천도 관념으로 동중서의 천도 관념을 비판한다.

이상과 같은 왕부의 천인관계 사상은 양한시기에 만연했던 천인감응 사상을 뛰어 넘어 다시 인간 중심의 선진시기의 사상으로 회귀했다는 측면에서 또한 인간의 주재 능력을 존중하고 신뢰했다는 측면에서 중국 사상사에 일정부분 공헌을 했다고 생각한다.

참고문헌

1. 司馬遷, 『史記』, 北京, 中華書局, 1983년.
2. 范曄, 『後漢書』, 北京, 中華書局, 1985년.
3. 彭鐸, 『潛夫論箋校正』, 北京, 中華書局, 1985년.
4. 蘇輿, 『春秋繁露義證』, 北京, 中華書局, 1992년.
5. 劉文英, 『王符評傳』, 南京, 南京大學出版社, 1993년.
6. 徐復觀, 『兩漢思想史』 卷二, 臺北, 學生書局, 1985년.
7. 祝瑞開, 『兩漢思想史』, 上海, 上海古籍出版社, 1989년.
8. 金春峰, 『漢代思想史』, 北京, 中國社會科學出版社, 1997년.
9. 周桂鈿, 『秦漢思想史』, 石家莊, 河北人民出版社, 2000년.
10. 劉宗賢 외, 『中國儒學』, 成都, 四川人民出版社, 1994년.
11. 李申, 『中國儒教史』(上), 上海, 上海人民出版社, 1999년.
12. 侯外廬 외, 『中國思想史』, 北京, 人民出版社, 1992년.

제2절 인성론 사상

1. 시작하는 말

동한 후기는 화제和帝 재위시기부터 동한이 멸망한 시기까지를 지칭한다. 이러한 시기에 화제에서 질제質帝가 재위한 시기까지는 외척세력의 발호로 인하여 황제의 권위와 통치력은 이미 유명무실하게 된 상태였다고 할 수 있다. 그러다가 환제桓帝가 보위에 오른 이후 환관세력을 동원하여 외척세력을 제거한 뒤로 중앙정부와 지방정부의 권력은 모두 환관세력에 의해 장악 되게 된다. 그 결과 뛰어난 인재를 추천하여 임용하던 천거제도는 붕괴되고 현명하고 유능한 사람은 한직으로 쫓겨나고 어리석고 무능한 사람이 요직을 차지하고 수많은 탐관오리 등과 같은 무리들이 득세하게 되는 상황이 발생하게 된다. 그래서 중앙정부에는 불공정한 인사가 판을 치고 감찰기관은 책무를 방기하고 사적인 영리를 추구하는 자들은 서로 결탁하여 자기 진영의 인사가 아닌 자들을 철저하게 배제시키는 등 철저하게 국정이 농단되는 현상이 출현하게 된다.

동한 사회의 정치가 부패하게 되자 사회의 풍속도 매우 심각한 지경으로 문란하게 된다. 이러한 시대적 상황은 동한의 유학자들에게 우환의식과 사회에 대한 책임의식을 고취시켜서 당시의 사회에 대한 도덕적 비판을 주요한 담론으로 삼는 사조를 형성케 한다. 게다가 황제의 권위는 끝을 모르게 실추하게 되고 외척과 환관의 발호와 권력투쟁은 천거제도에 심각한 타격을 주게 되어, 당시의 유학자들로 하여금 학문연마와 도덕수양이 반드시 높은 관직과 부귀영화를 수반하는 것이 아니라고 하는 사실을 자각하게 만든다. 즉 현인군자와 부귀영화는 일치할 수 없다고 하는 사실을 깨달은 유학자들은 자신들의 이상에 대한 새로운 확인작업을 통하여 당시의 사회적 분위기에 적응하게 되었던 것이다. 당시의 유학자들은 점차 정치적인 성취를 이루고자 하는 경향에서 탈피하여 개인의 심성수양에 집중하는 추세를 보이기 시작한다. 즉 그들은 더 이상 사회적인 명성이나 정치권에 대한 관심에 주의를 기울지 않고 자신의 도덕수양과 자신의 도덕적 가치 평가에 집중하는 모습을 보였던 것이다. 그렇기 때문에 천인감응 이론을 주요한 사상체계로 삼았던 관변 유가사상은 쇠퇴하게 되고 민간의 유학사상이 유행하게 되는데, 그러한 사상가들 가운데 왕부王符나 조기趙岐나 정현鄭玄과 같은 사람들이 대표적인 인물이라고 할 수 있다.

동한 후기에 생존했던 왕부는 이상적인 인간상과 그에 부합하는 인간의 본성에 대한 주장들을 『잠부론潛夫論』에 담고 있다. 왕부의 『잠부론』은 인성 문제에 관한 논의 외에도 천도天道의 문제나 운명 및 귀신 등 다양한 문제에 관해서도 논의를 진행한 저작이라고 할 수 있다.

왕부의 인성론에 대하여 본문에서는 인성의 근원 기에 대한 분석과 선천적으로 부여받은 성과 후천적으로 형성된 성의 문제를 중심으로 살펴보도록 하겠다.

2. 인성의 근원 기

왕부는 일찍이 "하물며 지극히 정미하여 양호할 수도 없는 심기야 어떠하겠는가?"[1]라고 언급하여 심기心氣로써 마음을 설명했으며, 아울러 "그러므로 인의仁義의 마음과 염치의 지기로써 뼈가 성장하고 맥이 통하여 전체 몸과 함께 자라야 조악하고 더러운 기氣와 사특하고 음란한 욕망이 없어지게 되는 것이다."[2]라고 주장하여 기氣로서 인의仁義의 마음을

1 『潛夫論』, 「德化」, "又況乎心氣精微不可養哉?"

2 『潛夫論』, 「德化」, "是以爲仁義之心, 廉恥之志, 骨著脈通, 與體俱生, 而無麤穢之氣, 無邪淫之欲."

논급했다. 또한 왕부가 "사람과 하늘이 서로 그 뜻이 통하고 기氣와 감感은 서로 조화를 이루고 선함과 악함은 서로 징험을 보이며 이단의 변화는 성인이 이를 움직이는 것이다."[3]라고 언급한 것과 "그러므로 도덕의 공용이란 기氣보다 큰 것이 없다."[4]라고 한 주장에서와 같이 볼 수 있듯이 기氣를 기초로 하여 하늘과 사람이 서로 소통하고 더나가 하나가 될 수 있는 천인합일天人合一과 도덕을 실천하는 관점에 대하여 언급하고 있다. 그러므로 기氣는 왕부의 인성론의 기초가 되는 것이라고 할 수 있는 것이다.

왕부가 언급한 기氣에는 다음과 같은 몇 가지 특징이 있다고 할 수 있다. 먼저 기氣는 우주의 본원이라고 하는 것이다.

> 하늘이 이로써 움직이고 땅이 이로써 조용하며, 해가 이로써 빛을 내고 달이 이로써 밝은 것이다. 사계절과 오행, 귀신과 백성, 억조 만물, 변고나 괴이한 현상과 길하고 흉함이 어찌 이러한 기氣가 그렇게 하는 것이 아닌 것이겠는가?[5]

왕부의 관념 속에서의 기氣는 천지와 만물을 구성하는 원소가 되는 것이며 또한 길함과 흉함 변고나 괴이한 현상의 요소가 되는 것으로 우주만물의 근원인 것이다.

> 상고시대에 천지가 아직 미분화 상태의 혼돈시기에는 원기가 깊고 심원하여 어떤 형태나 조짐도 없었으며, 모든 정기가 합병하여 혼돈 속에 하나가 되어 제압할 수도 통제할 수도 없었다. 이러한 상태가 오래 되다

---

3 『潛夫論』, 「敍錄」, "人天情通, 氣感相和, 善惡相徵, 異端變化, 聖人運之."

4 『潛夫論』, 「本訓」, "是故道德之用, 莫大於氣."

5 『潛夫論』, 「本訓」, "天之以動, 地之以靜, 日之以光, 月之以明, 四時五行, 鬼神人民, 億兆醜類, 變異吉凶, 何非氣然?"

가 돌연히 스스로 변화하여 청탁이 분화 되어, 음양으로 나뉘었다. 음양은 모두 실체가 있어 그 실체는 양의를 낳고, 천지가 음양 이기의 교화작용을 하여 만물이 화순하여 화기가 사람을 낳아 이를 통어하고 다스리게 되었다.[6]

왕부가 언급한 우주의 본원으로서의 기氣는 바로 원기元氣인 것이다. 이러한 원기元氣가 나뉘어 음양이 되고 그것이 만물과 화기和氣를 생성하게 되는 것이다. 그리고 이러한 화기和氣가 사람을 낳는 것이며 아울러 만물이 조화를 이루게 하여 질서가 잡히는 것 등과 같이 총체적으로 형통하게 만들어 주는 것이다. 왕부는 사람을 음양의 화기和氣에 의해 생성된 것으로 귀결시켜 다른 만물과의 차별성을 강조하였던 것이다. 그래서 그는 "천지에서 귀한 것은 사람이다."[7]라고 하는 주장을 했던 것이다.

도라고 하는 것은 기의 뿌리이며 기라고 하는 것은 도의 사용이다. 반드시 그 뿌리가 있어야 기가 생겨나며, 반드시 사용됨이 있어야 변화가 그에 맞추어 이루어지게 된다.[8]

왕부는 도道가 기氣의 근본이 된다고 보는 한편 기는 도의 작용이 된다고 생각했다. 기氣는 우주만물의 근원이 되는 것이지만, 기氣 이전에 도라고 하는 것이 존재한다. 이러한 이유 때문에 후대의 학자들 사이에 왕부의 우주생성론에 대하여 원기일원론元氣一元論[9]이라고 하거나 혹은

6 『潛夫論』, 「本訓」, "上古之世, 太素之時, 元氣窈冥, 未有形兆, 萬精合并, 混而爲一, 莫制莫御. 若斯久之, 翻然自化, 淸濁分別, 變成陰陽. 陰陽有體, 實生兩儀. 天地壹鬱, 萬物化淳. 和氣生人, 以統理之."

7 『潛夫論』, 「讚學」, "天地之所貴者人也."

8 『潛夫論』, 「本訓」, "道者, 氣之根也. 氣者, 道之使也, 必有其根, 其氣乃生; 必有其使, 變化乃成."

9 王步貴·周桂鈿·任繼愈·葛榮晉, 『儒學精蘊新釋·王符哲學新釋』, 濟南, 齊魯書社, 2002

도체기용론道體氣用論[10]이라고 하거나 도기이원론道氣二元論[11]이라고 하는 등 이견이 분분하게 되었던 것이다.

> 이러한 까닭으로 하늘은 양에 그 근본을 두고, 대지는 음에 그 근본을 두며, 사람은 중화를 그 근본으로 삼는다. 이러한 삼재는 각각 그 업무가 다르지만 서로 의지하여 이루어 나가고, 각각 그 도에 순응하여 화기가 다가오고, 기형이 형평을 이루게 되는 것이다. 하늘의 도를 베풀어 줌이라고 하며, 대지의 도를 만물을 길러 성장시켜 줌이라 하고, 사람의 도를 이룸이라고 한다.[12]

도道는 기氣가 만물을 생성하는 과정 가운데 근거로 삼아야 할 규칙과 방법인 것이다. 원기元氣가 아직 음양으로 나뉘지 않은 상태 즉 변화되기 이전에 원기元氣는 이미 존재하고 있었으며, 그리고 기가 불현듯이 스스로 변화하여 규범으로서의 도가 발생하게 되는 것이며, 이를 통하여 비로소 만물이 창출되는 것이다. 그렇기 때문에 기氣는 우주만물의 본원이 되는 것이다.

다음은 기氣라고 하는 것은 무한한 객관적 존재라고 하는 것이다.

왕부는 일찍이 "상고시대에 천지가 아직 미분화 상태의 혼돈시기에는 원기가 깊고 심원하여 어떤 형태나 조짐도 없었으며, 모든 정기가 합병하여 혼돈 속에 하나가 되어 제압할 수도 통제할 수도 없었다. 이러한 상태가 오래 되다가 돌연히 스스로 변화하여 청탁이 분화 되어, 음양으

년, 251쪽 참조.

10 黃盛雄, 『王符思想研究』, 臺北, 文史哲出版社, 1982년, 72쪽 참조.

11 劉文起, 「荀子 '天生人成'與王符 '天道曰施, 地道曰化, 人道曰化'之比較」, 『第二屆先秦學術研討會論文集』, 高雄, 1994년, 180쪽 참조.

12 『潛夫論』, 「本訓」, "是故天本諸陽, 地本諸陰, 人本中和. 三才異務, 相待而成, 各循其道, 和氣乃臻, 璣衡乃平. 天道日施, 地道日化, 人道日爲."

로 나뉘었다."[13]라고 언급하여 원기元氣는 천지가 시작되기 이전에 이미 존재하고 있었다고 주장했다. 왕부가 언급한 우주생성은 『회남자淮南子』에서 언급한 '태시太始'나 혹은 『백호통의白虎通義』에서 언급한 우주생성에 '태초太初'·'태시太始'·'태소太素'의 단계가 있다고 하는 것과 다르며, 기氣 이전에 별도의 시작이 존재하고 있었다고 하는 것으로 볼 수 있다. 그래서 왕부는 직접적으로 "상고시대에 천지가 아직 미분화 상태의 혼돈시기"라고 언급했던 것이지 "천지가 아직 미분화 상태의 혼돈시기가 처음 시작되었다."라고 하는 언급은 하지 않았던 것이다. 이처럼 왕부는 우주의 생성과 원기元氣가 동시에 존재했음을 역설했던 것이다. 원기元氣에는 시작도 없고 끝남도 없으며 생성도 없고 소멸도 없다고 하는 것은 바로 원기가 시간상에 있어서 무한한 객관적 존재라고 하는 사실을 표명하는 것이라고 할 수 있다.

끝으로 기氣는 무의식적으로 스스로 변화하는 작용을 한다고 하는 것이다.

원기元氣는 우주의 본원이기 때문에 이러한 원기元氣 이외에 원기元氣를 초월하여 주재하는 것은 없는 것이다. 이러한 원기元氣가 나뉘어 음양이 되고 그것이 만물을 생성하는 것이나 변고나 괴이한 현상 및 길함과 흉함 모두가 "제압할 수도 통제할 수도 없었다."와 "돌연히 스스로 변화한다."하는 가운데 있는 것으로 이것은 어떠한 형태의 외재적 역량이 개입하지 않고 오직 스스로의 변화에 의해서 그렇게 되는 것이다. 다시 말하자면 모든 변화의 규칙과 원동력은 모두가 원기元氣의 스스로 변화하는 작용인 것이라고 할 수 있는 것이다.

---

13 『潛夫論』, 「本訓」, "上古之世, 太素之時, 元氣窈冥, 未有形兆, 萬精合并, 混而爲一, 莫制莫御. 若斯久之, 翻然自化, 清濁分別, 變成陰陽."

3. 선천적으로 부여받은 성과 후천적으로 형성된 성

왕부의 인성에 대한 전반적인 견해는 『잠부론潛夫論』, 「찬학讚學」 편에서 상세하게 묘사되어 있다고 할 수 있다.

> 사람의 정서와 성품은 그 차이가 백 배 까지 갈 수 없지만, 총명과 재지는 오히려 그 차이가 만 배나 될 수 있다. 이는 그들이 나서면서 곧 그러한 재능, 즉 진성 때문이 아니라 틀림없이 어딘가에 가탁하기 때문에 생기는 결과이다. 군자의 성품은 끝까지 모두 드러내어 보일 필요가 없다. 배움으로 인해 총명이 가려지지 않고 마음과 지혜가 막히지 않아, 앞에 제왕의 일을 벼리로 삼고 백세의 정해질 일을 돌아보는 것이다. 이것이 곧 도의 밝힘으로써, 군자란 이를 가탁하여 스스로 밝게 볼 수 있는 것일 뿐이다.[14]

왕부는 사람의 정서와 성품은 서로 가까운 것이라고 생각했다. 또한 그는 총명과 재지의 작용으로 사람의 정서와 성품에 서로 다른 차이가 있게 만들어 선악을 분별하게 한다고 했다. 선악의 분별은 후천적인 영향인데, 즉 군자가 자신의 성품을 완성할 수 있게 되는 것은 바로 후천적인 학습이 쌓여서 이루어진 성과인 것이다. 이러한 언급 속에서 왕부의 인성론에 대한 주요한 관점이 드러나게 되는 것이다. 즉 왕부는 선천적으로 부여받은 성性과 후천적으로 형성된 성性의 문제를 제기하면서 수양공부의 중요성을 부각시켰으며, 마음과 지혜가 학습에 대하여 미치는 작용에 대해 강조했던 것이다.

왕부는 "사람의 정서와 성품은 그 차이가 백 배 까지 갈 수 없다."고

---

14 『潛夫論』, 「讚學」, "人之情性, 未能相百, 而其明智有相萬也. 此非其真性之材也, 必有假以致之也. 君子之性, 未必盡照, 及學也, 聰明無蔽, 心智無滯, 前紀帝王, 顧定百世, 此則道之明也, 而君子能假之以自彰爾."

하여 사람이 선천적으로 부여 받은 성을 세 등급으로 구분한다.

> 세상에 아주 뛰어난 사람과 아주 어리석은 사람은 그 수가 많지 않다. 오히려 중용의 백성이 많은 법이다. 이런 중간층이 세상에 태어남은 마치 녹는 쇠붙이가 용광로 속에 있는 것과 같다. 이는 주물의 거푸집에 따라 변화하여 어떻게 다루느냐에 따라 네모난 것·둥근 것·얇은 것·두꺼운 것 등이 고루 만들어져 그 용제에 따라 형태가 생겨날 따름이다.[15]

왕부는 세상 사람들을 아주 뛰어난 사람과 아주 어리석은 사람 및 중간층의 사람 즉 세 가지 등급으로 나누었다. 또한 왕부는 중간층의 사람의 성은 외부의 영향을 받아들여서 변화할 가능성이 비교적 크다고 생각했다. 즉 예를 들자면 쇠붙이를 녹여서 네모난 것·둥근 것·얇은 것·두꺼운 것과 같이 다양한 종류의 서로 다른 형태를 만들 수 있는 것처럼 말이다.

> 지금 본성이 악한 사람은 집안에서 효제를 다하지 아니하고, 출입에도 공경의 행동을 하지 않는다. 경박하고 거만하며 흉한하고 변별력이 없이 위세로 모욕하고 이익을 침해하는 것을 명확히 하는 것이 옳은 행동인줄로 여기고, 남을 해치고 잔혹하게 학대하는 짓을 어진행동으로 여기고 있다. 그러다가 자주 왕의 법을 허물어뜨리니 이는 백성을 해치는 어리석고 극악한 인간들이다.[16]

왕부는 "경박하고 거만하며 흉한하고 변별력이 없는" 혹은 "남을 잔인

15 『潛夫論』, 「德化」, "上智則下愚之民少, 而中庸之民多. 中民之生世也, 猶鑠金之在鑪也, 從篤變化, 唯治所爲, 方圓薄厚, 隨鎔制爾."

16 『潛夫論』, 「述赦」, "今夫性惡之人, 居家不孝悌, 出入不恭敬, 輕薄慢傲, 凶悍無辨, 明以威侮侵利爲行, 以賊殘酷虐爲賢, 故數陷王法者, 此乃民之賊, 下愚極惡之人也."

하게 해치고 잔혹하게 학대하는 짓"과 같이 도덕적으로 극악무도한 사람은 아주 어리석은 사람이 되는 것이라고 생각했다. 그러므로 선악을 분별하는 도덕은 왕부가 인성의 등급을 나누는 기준이 되었던 것이다.

> 공자는 이렇게 말하였다. "소송 사건을 맡아 처리하는 것은 나라고 남과 다르지 않다." 이로 말미암아 보건대 중간 이상의 사람이란 모두가 굽은 것과 곧은 것을 변별할 줄 알며, 형법의 이치대로 처리할 능력이 있다.[17]

이처럼 왕부는 옳은 것과 그릇된 것을 구별할 수 있는 사람은 중간 이상의 사람에 속한다고 보았다. 분명하게 옳고 그름과 굽은 것과 곧은 것을 변별할 수 있는 것은 마음과 지혜의 작용에 의한 것이라고 할 수 있다. 그러므로 왕부는 성품을 분별하는 조건 가운데 도덕적으로 선하고 악한지 여부 이외에 마음의 인식작용의 중요성을 강조했던 것이다.

> 옛날 악의樂毅는 나약하기 그지없는 작은 연나라를 가지고, 강한 제나라를 깨뜨려 그 위세를 천하에 떨쳤으니, 정말 훌륭한 장수라고 이를 만하다. 그러나 즉묵의 대부 전단은 그 성을 홀로 지켜 6년이나 함락을 당하지 않으면서 끝내 그 백성을 안전하게 지켜내었다. 그 전단은 지친 병사 5천을 거느리고 기겁을 쳐서 패주시키고, 제나라 성 70여 개를 회복하였으니, 용병에 뛰어난 인물이라고 말할 수 있다. 그러나 그렇게 뛰어난 전단도 료聊와 거莒 두 성을 포위하고 해가 넘도록 끝내 함락시키지 못하였다. 이처럼 모두가 지극히 강한 자가 지극히 약한 자를 공략하고 아주 뛰어난 사람이 아주 어리석은 사람을 상대로 싸웠음에도 오히려 이길 수가 없었던 것은 무슨 이유 때문인가?[18]

---

17 『潛夫論』, 「愛日」, "孔子曰: 聽訟, 吾猶人也. 從此觀之, 中材以上, 皆議曲直之辯, 刑法之理可."

이처럼 왕부는 악의樂毅를 아주 뛰어난 사람이자 훌륭한 장수라고 생각했다. 한편으로 왕부는 훌륭한 장수의 조건으로 다음과 같은 것들이 있다고 주장했다.

> 손자는 "장수란 지혜롭고 인자하며, 공경심이 있고 믿음이 있으며, 용감하고 엄해야 한다."라고 말했다. 그러므로 지혜로는 적을 꺾고, 어짊은 무리가 따르도록 하며, 공경심은 어진 사람들을 불러들이고, 믿음은 포상에 대해 분명하며, 용감함은 사기를 북돋우고, 엄명함은 명령을 일사분란하게 한다. 따라서 적을 꺾은 즉 능히 무리를 변화시켜 합하고, 사랑으로 부하가 따르게 한즉 힘써 싸울 생각을 갖게 하고, 어질고 지혜로운 자가 모여든즉 영특하고 뛰어난 책략을 얻을 수 있으며, 상벌이 분명한즉 사졸들이 힘을 다하고, 용기가 더한즉 세력은 스스로 배가 되며, 명령이 한결같은즉 장수가 부릴 수 있게 된다.[19]

왕부는 반드시 도덕과 총명한 재능과 지혜를 겸비해야 만이 비로소 아주 뛰어난 사람이 되는 조건에 부합할 수 있다고 생각했다. 그렇기 때문에 왕부가 인성에 관하여 언급할 때 부분적으로는 심心으로써 성性을 말하기도 한다. 그리고 왕부는 사람이 아주 뛰어난 사람과 아주 어리석은 사람 및 중간층의 사람 즉 세 등급으로 나누어지게 된 것은 선천적으로 부여 받은 성 때문이고, 만물을 번식시키는 것은 기氣에 의해서 그렇게 되는 것이며 화기和氣를 품음으로써 생성 되는 것이라고 생각했다.

18 『潛夫論』, 「救邊」, "昔樂毅以慱慱之小燕, 破滅彊齊, 威震天下, 真可謂良將矣. 然即墨大夫以孤城獨守, 六年不下, 竟完其民. 田單師窮, 率五千騎, 擊走卻, 復齊七十餘城, 可謂善用兵矣. 圍聊·莒連年, 終不能拔. 此皆以至彊攻至弱, 以上智圖下愚, 而猶不能克者何也?"

19 『潛夫論』, 「勸將」, "孫子曰: 將者, 智也,仁也, 敬也, 信也, 勇也, 嚴也. 是故智以折敵, 仁以附衆, 敬以招賢, 信以必賞, 勇以益氣, 嚴以一令. 故折敵則能合變, 衆附愛則思力戰, 賢智集則陰謀得, 賞罰必則士盡力, 氣勇益則兵勢自倍, 威令一則唯將所使."

또한 왕부는 인의仁義의 마음과 염치의 의지가 있는 사람은 아주 뛰어난 사람이 된다고 여겼다.

> 성인은 이런 도리를 깊이 알아 모두가 자신을 바르게 닦는 것으로 그 표준을 삼고, 예와 의를 명확하게 하는 것으로 교육을 삼아, 일이 생기기 전에 그 덕기를 온화하게 하며, 그들을 어린이 웃음 짓듯 편하게 해준 후에 그 표의를 단정하게 하였다. 인간이란 태내에서부터 이미 중화를 모아 성장하며, 태어나서는 방정을 세워 자라게 되는 것이다. 그러므로 인의仁義의 마음과 염치의 지기로써 뼈가 성장하고 맥이 통하여 전체 몸과 함께 자라야 조악하고 더러운 기氣와 사특하고 음란한 욕망이 없어지게 되는 것이다."[20]

아주 뛰어난 사람은 원기元氣를 품고 합치됨으로써 조악하고 더러운 기氣가 없어지게 되는 것이며, 아주 어리석은 사람은 이치에 어긋나고 비뚤어진 기氣에 의해서 그렇게 된 것이다.

왕부가 비록 사람들이 선천적으로 부여 받은 성性을 세 등급으로 구분했지만, 현실 속에서의 수많은 사람들의 "총명과 재지는 오히려 그 차이가 만 배나 될 수 있다."는 것이기 때문에 총명과 재지는 학습의 정도에 따라 다른 덕성을 만들어 낸다고 할 수 있다. 예를 들자면 어떻게 "현인군자들로 하여금 마음을 바로잡고 곧게 행동하며 정신을 견고하게 한다."[21] 혹은 "지금 본성이 악한 사람들은……어리석고 극악한 인간들이다."라고 하는 것이 가능할 것인가의 문제는 모두 후천적으로 그렇게 된 것이라고 할 수 있는 것이다. 그러므로 후천적인 개조 혹은 변화는 주로

---

20 『潛夫論』, 「德化」, "聖深知之, 皆務正己以爲表, 明禮義以爲教, 和德氣於未生之前, 正表義於咳笑之後. 民之胎也, 合中和以成; 其生也, 立方正以長. 是以爲仁義之心, 廉恥之志, 骨著脈通, 與體俱生, 而無麤穢之氣, 無邪淫之欲."

21 『潛夫論』, 「卜列」, "賢人君子秉心方直, 精神堅固者也."

학습을 통해서 해야만 하는 것이라고 할 수 있다. 그렇기 때문에 사람들이 선천적으로 부여 받은 세 등급의 성품은 후천적인 학습을 통하여 군자가 되기도 하고 소인이 되기도 하는 구분이 발생하게 되는 것이다.

왕부는 사람의 본성 즉 인성을 세 등급으로 나누었다. 또한 왕부는 "이는 그들이 나서면서 곧 그러한 재능, 즉 진성 때문이 아니다"라고 언급하여 그러한 인성은 단지 잠재적인 성일뿐이기에 후천적인 학습을 통해서 선하게 되기도 하고 혹은 악하게 되기도 하는 것과 같이 비로소 인성에 진정한 차이가 생기는 것이라고 생각했다.

> 무릇 사악함과 정의로움의 관계는 마치 물과 불처럼 그 근원이 판이하여, 동시에 흥성할 수는 없다. 정의로운 본성이 이기면 스스로를 존중하여 그 정의를 차마 허물어뜨리지 못한다. 그 때문에 백이는 굶어죽으면서까지 원망이 없었던 것이다. 그러나 사악한 본성이 이기면 겁을 내면서도 그 잘못된 행동을 차마 그만두지 못한다. 이러한 까닭으로 왕망은 나라를 훔치고도 부끄러워 할 줄 몰랐다. 이는 악습이 쌓여 이루어진 결과이다. 무릇 악을 쌓고 비행이 습성이 되면, 마침내 사망에 이르게 된다. 그러한 예는 한 둘이 아니다.[22]

왕망王莽은 악한 습성이 쌓여서 사악한 마음이 생겨나서 황제의 보위를 찬탈하는 악행을 저지르게 된 것이다. 즉 "군자의 성품을 끝까지 모두 드러내어 보일 필요가 없게" 하여서 "스스로 밝게 볼 수 있는 것일 뿐이다."인 상태로 만들어야 하는 것이다. 왕부는 진성眞性은 그러한 잠재적이고 내장되어 있는 성질의 것이 아니라 현실세계에 구체적으로 표현되어 있는 것이라고 하는 것을 강조하였다. 이와 같이 왕부가 언급한 인성

22 『潛夫論』, 「愼微」, "且夫邪之與正, 猶水與火不同原, 不得並盛. 正性勝, 則遂重己不忍虧也, 故伯夷餓死而不恨. 邪性勝, 則忸怵而不忍舍也, 故王莽竊位而不慚. 積惡習之所致也. 夫積惡習非久, 致死亡非一也."

은 현실적인 의미가 담겨져 있다고 할 수 있다.

왕부는 "비록 지극한 성인이라 할지라도 태어나면서부터 아는 것은 아니며, 지극한 재주가 있다 할지라도 나면서부터 능숙한 것은 아니다.……오히려 학문의 단계를 거쳐서야 그 지혜가 해박해졌고 그 덕이 커졌던 것이다."[23]라고 언급하여 후천적인 수양을 통해서야만이 군자로 거듭날 수 있는 것이라고 하는 점을 강조했다. 이처럼 왕부가 언급한 수양방법은 내적 수양과 외적 교화공부로 나누어 볼 수 있다.

먼저 내적 수양공부이다.

> 그러므로 군자는 전전율율戰戰慄慄하여 날마다 그 날을 근신하고, 극기삼성克己三省하여 과실이 보이기 전에 예방하여야 한다. 공자는 "선행을 쌓지 않으면 이름을 이룰 수 없고, 악을 쌓지 않으면 그 몸을 망치지 않는다. 소인은 작은 선이라 이익이 없으려니 하여 실행하지 아니하고, 적은 악이라 해가 될 게 없으려니 하여 이를 버리려 들지 않는다. 이러므로 악이 쌓여 어떻게 숨길 수 없는 지경에 이르며, 죄는 커져서 어떻게 해결할 길이 없게 된다."라고 하였다.[24]

날마다 근신하고 가기 반성을 하여 작은 악행이라도 하지 않거나 작은 선행이라도 안 하지 않으며, 아직 드러나지 않은 미세한 부분도 조심하고 매일 돌이켜 반성적 사고를 한다면 "스스로를 아는 것을 명이라 하고 스스로를 이기는 것을 강이라 한다. 무릇 스스로 훌륭하지 못함이 있을 때 이를 스스로 알지 못하는 경우란 없다. 다만 이를 알고 나서 똑

23 『潛夫論』, 「讚學」, "雖有至聖, 不生而智; 雖有至材, 不生而能.……猶待學問, 其智乃博, 其德乃碩."

24 『潛夫論』, 「愼微」, "是故君子戰戰慄慄, 日愼一日, 克己三省, 不見是圖. 孔子曰: 善不積不足以成名, 惡不積不足以滅身. 小人以小善謂無益而不爲也, 以小惡謂無傷而不去也, 是以惡積而不可掩, 罪大而不可解也."

같은 잘못을 저지르지 않는 것"[25]과 같이 자신의 마음을 발휘할 수 있게 되고 이를 실행에 옮기게 되는 것을 작위라고 하는 것이다.

> 천도를 베풀어 주는 것이라 하고 지도를 만물을 받아 길러주는 것이라 하고, 인도를 작위라고 한다.[26]

> 천지에서 귀한 것은 사람이며, 성인이 숭상하는 것은 의로움이다. 덕과 의로움이 이루는 것은 지혜이며, 밝은 지혜가 요구하는 것은 학문이다.[27]

사람이 귀한 것은 바로 작위를 할 수 있기 때문인데, 작위는 덕과 의로움을 실천하는 것으로 덕과 의로움을 이룩하는 것은 지혜의 탐구를 기다려야 한다. 그렇다면 어떻게 지혜를 탐구할 수 있을 것인가? 그것은 바로 학문의 연마를 통해서 가능한 것이다. "군자의 성품은 끝까지 모두 드러내어 보일 필요가 없다. 배움으로 인해 총명이 가려지지 않고 마음과 지혜가 막히지 않아,……군자란 이를 가탁하여 스스로 밝게 볼 수 있는 것일 뿐이다."라고 하기 때문에 지극한 성인聖人이라도 "오히려 학문의 단계를 거쳐서야 그 지혜가 해박해졌고 그 덕이 커졌던 것이다."라고 했던 것이다.

학문은 경전 속에 담겨져 있는 것이고 또 "도道는 학문에서 이루어져서 책에 저장된다."[28]고 하는 것이기 때문에, 학문이 경전의 도에서 비롯되는 것이라고 할 수 있는 것이다. 그렇기 때문에 학문은 도道를 배우는 것이라고 할 수가 있는 것이다.

---

25 『潛夫論』, 「愼微」, "知己曰明, 自勝曰彊. 夫有不善未嘗不知, 知之未嘗復行."

26 『潛夫論』, 「本訓」, "天道日施, 地道日化, 人道日爲."

27 『潛夫論』, 「讚學」, "天地之所貴者人也, 聖人之所尙者義也, 德義之所成者智也, 明智之所求者學問也."

28 『潛夫論』, 「讚學」, "夫道成於學而藏於書."

> 그러므로 마음에 있어서의 도라는 것은 눈에 있어서의 불빛과 같다. 깊은 방에 갇히면 어둡고 캄캄하여 아무 것도 보이지 않는다. 그러나 밝은 불을 준비하면 모든 물건이 환하게 드러나 보인다. 이는 불의 밝음 때문이지 눈이 빛을 내기 때문은 아니다. 눈이 이를 가탁하면 자신을 위해 밝게 보는 것이다. 천지의 도와 신명의 작위는 눈에 보이지 않는다. 그러나 학문의 성전과 심사의 도술은 모두가 보인다. 이는 곧 도의 재질이지 심의 명은 아니기 때문에, 사람이 다른 것에 가탁하게 되면 스스로를 위해 알 수 있게 되는 것이다.[29]

도道가 사람의 마음에 대해서는 마치 불빛이 눈에 있는 것과 같다고 할 수 있다. 즉 불빛이 없으면 사물을 볼 수가 없게 되는 것처럼 사람의 마음에 도가 없으면 안 되는 것이다. 왕부가 언급한 도道는 우주의 규범이면서 법칙으로서 주로 "학문의 성전과 심사의 도술"과 같이 유가의 경전에 담겨져 있는 도道인 것이다. 도道는 사람의 모든 행위의 지침이면서 기준이 되는 것이기 때문에 도가 없으면 사람의 마음이 돌아가 의탁할 데가 없게 되는 것이다.

> 그러므로 캄캄한 밤에 방안에서 물건을 찾을 때는 불빛에 의거하는 것보다 좋은 것이 없고, 당세에 도를 찾는 데는 전적에 의거하는 것보다 좋은 것이 없다. 전은 경이다. 선성이 제작한 것이다. 선성이 도의 정밀한 것을 터득하여, 자신이 이를 실행하면서 현인들도 스스로 힘써 그 길로 들어오기를 바라는 것이 곧 경이다.[30]

---

29 『潛夫論』, 「讚學」, "夫是故道之於心也, 猶火之於人目也. 中穽深室, 幽黑無見, 及設盛燭, 則百物彰矣. 此則火之耀也, 非目之光也, 而目假之, 則爲明矣. 天地之道, 神明之爲, 不可見也. 學問聖典, 心思道術, 則皆來覩矣. 此則道之材也, 非心之明也, 而人假之, 則爲己知矣."

30 『潛夫論』, 「讚學」, "是故索物於夜室者, 莫良於火; 索道於當世者, 莫良於典. 典者, 經也. 先聖之所制; 先聖得道之精者以行其身, 欲賢人自勉以入於道."

도道가 경전에 담겨져 있다고 하는 것은 바로 "성인이 자신의 마음으로써 경전을 지어내었고, 후세 사람들은 그 경전으로써 이미 흘러간 과거 성인의 마음에 합치됨을 이룰 수 있는 것이다. 따라서 경전을 잘 수학하는 현명함이 있어야 그 덕이 성인에 가까워질 수 있게 되는 것이다."[31] 라고 하는 것으로 이는 곧 성인이 도를 체득하고 몸소 실천한 후에 도의 정수精髓를 얻어서 제정해낸 것이다. 그러므로 부지런히 경전을 학습하고 과거 흘러간 성인의 마음에 합치될 수 있을 때 비로소 작위가 있게 되는 것이다.

> 도道는 학문에서 이루어져서 책에 저장되고, 학문은 진발에서 진전되어 궁색함에서 황폐해지고 만다. 그러므로 동중서는 종신토록 집안일을 묻지 않았고 경군명景君明은 한 해가 다가도록 집 밖을 나가 보지 않았다. 이렇게 그 학문을 예리하고 정치하게 할 수 있었던 것은 그 집안이 부유하였기 때문이었다. 집안이 그렇게 부유하고 편안한 데도 이렇게 부지런히 하고 정밀하게 할 수 있었으니, 이는 재자라 할 수 있다. 그런가 하면 예관倪寬은 거리에서 날품팔이를 하였고, 광형匡衡은 스스로 고용자로 팔려 나갔으니, 이는 그 자신이 가난하였기 때문이다. 가난과 곤액이 그와 같으면서도 학문에 정진함이 이와 같았으니, 이는 수사라 할 수 있다.[32]

동중서董仲舒나 경군명景君明 및 예관倪寬이나 광형匡衡은 비록 훌륭한 스승을 찾아 학문을 구한 적은 없지만, 학문에 정통했던 것은 그들이 경전을 읽으며 학문연마에 매진했기 때문이다. 여기에서 왕부가 언급한 경

31 『潛夫論』, 「讚學」, "聖人以其心來造經典, 後人以經典往合聖心也, 故修經之賢, 德近於聖矣."

32 『潛夫論』, 「讚學」, "夫道成於學而藏於書, 學進於振而廢於窮. 是故董仲舒終身不問家事, 景君明經年不出戶庭, 得銳精其學而顯昭其業者, 家富也; 富佚若彼, 而能勤精若此者, 材子也. 倪寬賣力於都巷, 匡衡自鬻於保徒者, 身貧也; 貧阨若彼, 而能進學若此者, 秀士也."

전이란 주로 유가의 경전을 지칭한다고 볼 수 있다.

> 『예기』·『악기』로 문식하고 『시경』·『서경』으로 인도하며, 『주역』으로 도움을 받고, 『춘추』로 사물을 밝혀 보는 훈련을 받는다면, 그 어찌 제도하지 못할 것이 있겠는가?[33]

> 선성의 지혜는 그 마음이 신명에 통달하고 성품은 도덕에 바로 닿는다. 또 경전을 지어 후세 사람에게 넘겨준다. 가령 현인·군자라 할지라도 학문에서 손을 놓고, 본디 타고난 바탕만 껴안고 행동한다면 틀림없이 이런 것을 구비하지 못할 것이다. 그러나 스승을 따라 배움에 나가고 경전을 표준으로 삼아 행동한다면, 총달聰達의 명석함과 덕의德義의 이치를 거의 구현해낼 수 있을 것이다. 그러므로 성인이 자신의 마음으로써 경전을 지어내었고, 후세 사람들은 그 경전으로써 이미 흘러간 과거 성인의 마음에 합치됨을 이룰 수 있는 것이다. 따라서 경전을 잘 수학하는 현명함이 있어야 그 덕이 성인에 가까워질 수 있게 되는 것이다.[34]

『예기』·『악기』·『시경』·『서경』·『주역』·『춘추』 육경六經은 옛날 성현들의 지혜와 도덕 그리고 우주와 천지만물에 대한 체득을 집대성해 남겨놓은 것으로 인류의 소중한 지적 자산인 것이라고 할 수 있다. 또한 왕부는 『주역』의 "군자가 옛 사람의 말과 행적을 많이 고찰하여 자신의 덕을 기른다."[35]라고 하는 문구를 통하여 옛날 성인들의 언행을 체득하고 선악에 대한 판단을 명료하게 한다면 바로 동중서·경군명·예관·광

---

33 『潛夫論』, 「讚學」, "文之以禮·樂, 導之以詩·書, 讚之以周易, 明之以春秋, 其有濟乎?"

34 『潛夫論』, 「讚學」, "先聖之智, 心達神明, 性直道德, 又造經典以遺後人, 試使賢人君子, 釋於學問, 抱質而行, 必弗具也, 及使從師就學, 按經而行, 聰達之明, 德義之理, 亦庶矣. 聖人以其心來造經典, 後人以經典往合聖心也, 故修經之賢, 德近於聖矣."

35 『潛夫論』, 「讚學」, "君子以多志前言往行以畜其德."

형과 같이 덕성을 갖춘 사람이 될 수 있다고 했다.

> 그러므로 동중서나 경군명의 재주에 예관과 광형의 뜻을 가지지 못하였으면서도 집안의 재물을 다 털고, 자신의 몸을 내던져 긴 시간에 스승의 문하에 나가고자 하는 자는 틀림없이 거의 없다고 볼 수 있다. 무릇 이 네 사람은 이목은 총명하고 충신염용忠信廉勇하니, 그와 같은 무리가 되고 싶어 하지 않는 자는 없을 것이다. 그렇게 하여 그들이 이름을 이루고 공적을 세워 그에 대한 칭송의 소문이 그치지 않게 되니 그 까닭은 무엇이겠는가? 이는 다른 것이 아니라 오직 스스로 능히 옛날 성인의 경전에 의탁하고 공자의 유훈에 마음을 묶어둘 수 있었기 때문인 것이다.[36]

동중서·경군명·예관·광형이 입신양명을 할 수 있었던 것은 바로 공자의 유훈에 마음을 묶어 두었기 때문인 것이다.

끝으로 외적 교화공부에 대하여 언급해보겠다.

왕부는 내적 수양공부에 대한 언급 이외에 외적 교화공부의 중요성에 대하여 주목하고 있었다.

> 군주의 통치로서 도道보다 더 큰 것이 없고 덕德보다 더 중한 것이 없으며, 교敎보다 더 아름다운 것이 없고 화化보다 더 신묘한 것이 없다. 도라고 하는 것은 그것을 지탱해 나가는 것이며, 덕이란 그것을 함양하는 것이며, 교란 그것을 알게 하는 것이며, 화란 그것을 이루게 하는 것이다.[37]

---

36 『潛夫論』, 「讚學」, "是故無董·景之才, 倪·匡之志, 而欲强捐家出身曠日師門者, 必無幾矣. 夫此四子者, 耳目聰明, 忠信廉勇, 未必無儔也, 而及其成名立績, 德音令問不已, 而有所以然, 夫何故哉? 徒以其能自託於先聖之典經, 結心於夫子之遺訓也."

37 『潛夫論』, 「德化」, "人君之治, 莫大於道, 莫盛於德, 莫美於敎, 莫神於化. 道者, 所以持之也; 德者, 所以苞之也; 敎者, 所以知之也; 化者, 所以致之也."

왕부는 이처럼 군주라고 하는 존재는 교화의 책임이 있는 사람이라고 하였던 것이다.

> 중간층이 세상에 태어남은 마치 녹는 쇠붙이가 용광로 속에 있는 것과 같다. 이는 주물의 거푸집에 따라 변화하여 어떻게 다루느냐에 따라 네모난 것·둥근 것·얇은 것·두꺼운 것 등이 고루 만들어져 그 용제에 따라 형태가 생겨날 따름이다. 그러므로 세상의 선함과 악함, 그리고 풍속이 야박함과 후함은 모두가 군주에게 달려 있다.[38]

> 그러므로 백성에게 본디 마음이 있음은 마치 나무를 심되 그 동산이 있어야 함과 같다. 화기를 만나면 그 나무가 무성히 자라 열매를 맺지만, 수재나 한발을 만나면 말라버리거나, 잡초가 대신 무성해지는 것이다. 백성이 좋은 교화를 입으면 사람은 선비나 군자와 같은 마음을 갖게 되지만, 악한 정치를 받게 되면 간사하고 난잡한 생각을 품게 된다.[39]

특히 세상의 풍속이 두터운 것이나 야박하게 되는 것은, 군주가 어떻게 백성들을 통치하고 교육을 시키는가에 따라 결정되는 중요한 사안이라고 할 수 있다. 군주가 백성들을 교화시켜 양호한 풍속을 만드는 것은 사람들의 마음을 올바르게 만드는 것에 그 포인트가 있다고 할 수 있는 것이다.

> 사람이 곧 사람일 수 있는 것은, 그러한 팔 척의 몸이 있기 때문이 아니라 정신을 가지고 있기 때문이다.……풍속을 바꾸는 근본은, 그러한 마음을 열고 그러한 정신을 바르게 해주는 데에 있다. 지금 민생은 정도

---

38 『潛夫論』, 「德化」, "中民之生世也, 猶鑠金之在鑪也, 從篤變化, 唯冶所爲, 方圓薄厚, 隨鎔制爾. 是故世之善否, 俗之薄厚, 皆在於君."

39 『潛夫論』, 「德化」, "故民有心也, 猶爲種之有園也. 遭和氣則秀茂而成實, 遇水旱則枯槁而生孽. 民蒙善化, 則有士君子之心; 被惡政, 則人有懷姦亂之慮."

> 를 보지 못하고, 사악하고 음란하고 광신하여 미혹에 빠지는 것을 키워 주고 있어, 그들이 믿고 있는 것을 능히 해결할 수가 없다. 오직 군주된 자만이 이를 변혁시킬 수가 있는 것이다.[40]

> 백성에게는 습성이 있고 감정이 있으며, 변화가 있고 풍속이 있다. 정성情性이란 마음이며 근본이다. 화속化俗이란 행동이며 말류이다. 말류는 근본에서 생겨나며, 행동이란 마음에서 비롯된다. 이러한 까닭으로 훌륭한 군주는 세상을 쓰다듬되, 그 근본을 먼저하고 그 말단을 뒤로 하며, 그 마음을 순종하게 하고 그 행동을 이치대로 한다. 심정이 진실로 바르게 되면 간사함이 생겨날 수 없고, 사악함이 빌붙을 데가 없게 된다.[41]

백성들에게는 정서와 성품이 있는데, 마음의 정서가 올바르면 간사함이 생겨날 수 없고 사악함이 존재할 수 없기 때문에 행동은 마음에서 일어나는 것이며, 이러한 마음이 행동의 근본이 되는 것이다. 마음을 올바르게 하는 것과 낡은 풍속을 고치는 것 모두는 군주 교화의 중점적인 부분이며 이러한 둘은 근본과 말단 관계가 있다고 할 수 있다. 즉 마음을 올바르게 하는 것을 근본으로 삼고 행위 혹은 행동을 말단으로 삼는 것이다. 또한 "도라고 하는 것은 그것을 지탱해 나가는 것이며, 덕이란 그것을 함양하는 것이며, 교란 그것을 알게 하는 것이며, 화란 그것을 이루게 하는 것이다."에서 도와 덕은 교화의 내용이 되는 것이며, 이러한 도덕의 실천 근거는 바로 인仁·의義·예禮·지智의 네 가지 행동四行과 서恕·평平·공恭·수守의 네 가지 근본四本이다.

---

40 『潛夫論』, 「卜列」, "夫人之所以爲人者, 非以此八尺之身也, 乃以其有精神也.……移風易俗之本, 乃在開其心而正其精. 今民生不見正道, 而長於邪淫誑惑之中, 其信之也, 難卒解也. 唯王者能變之."

41 『潛夫論』, 「德化」, "民有性, 有情, 有化, 有俗. 情性者, 心也, 本也. 化俗者, 行也, 末也. 末生於本, 行起於心. 是以上君撫世, 先其本而後其末, 愼其心而理其行. 心精苟亡, 則姦匿所作, 邪意無所載矣."

> 세상에 크게 어려운 것이 네 가지가 있으니, 사람들은 이를 실행해낼 수가 없다. 즉 첫째는 서恕요, 둘째는 평平이요, 셋째는 공恭, 넷째는 수守이다. 서恕라고 하는 것은 인仁의 근본이고, 평平은 의義의 근본이며, 공恭은 예禮의 근본이며, 수守는 지智의 근본이다. 이 네 가지가 아울러 바로 서야 네 가지 행동이 갖추어 지는 것이다. 네 가지 행동을 갖추고 있는 경우 이를 진정한 현자라고 한다.[42]

행동四行과 서恕·평平·공恭·수守의 네 가지 근본四本의 요구와 실제내용을 파악한다면 곧 인仁·의義·예禮·지智의 네 가지 행동四行을 이룩할 수 있게 되는 것이다. 그러나 "본성이 악한 사람은 집안에서 효제를 다하지 아니하고, 출입에도 공경의 행동을 하지 않는다. 경박하고 거만하며 흉한하고 변별력이 없이 위세로 모욕하고 이익을 침해하는 것을 명확히 하는 것이 옳은 행동인줄로 여기고, 남을 해치고 잔혹하게 학대하는 짓을 어진행동으로 여기고 있다. 그러다가 자주 왕의 법을 허물어뜨리니 이는 백성을 해치는 어리석고 극악한 인간들이다."에 대하여 도덕이 그러한 마음을 바로잡아 주지 못할 경우에 왕부는 법으로써 그들의 악행을 다스리는 것을 배제하지는 않았다. 그래서 왕부는 "그러므로 선왕이 형법을 제정한 것은 사람의 근육과 피부를 해치거나 남의 목숨을 끊기를 좋아해서가 아니라 간악한 무리에게 위엄으로써 악을 징벌하고 백성의 해악을 제거해 주기 위한 것이었다."[43]라고 언급했던 것이다. 또한 왕부는 "의로움이라는 것은 군주의 정치이며, 법이라고 하는 것은 군주의 명령이다."[44]라고 언급한 바와 같이 외적 교화공부에 있어서 군주에게 절

42 『潛夫論』, 「交際」, "世有大男者四, 而人莫之能行也, 一曰恕, 二曰平, 三曰恭, 四曰守. 夫恕者, 仁之本也; 平者, 義之本也; 恭者, 禮之本也; 守者, 信之本也. 四本並立, 四行乃具, 四行具存, 是謂真賢."

43 『潛夫論』, 「述赦」, "是故先王之制刑法也, 非好傷人肌膚, 斷人壽命者也, 乃以威姦懲惡除民害也."

대적 의무를 부여했던 것이다.

4. 맺는 말

이상과 같이 왕부의 인성론에 대하여 인성론의 근원으로서 기에 대한 분석과 선천적으로 부여받은 성과 후천적으로 형성된 성의 문제를 중심으로 논의를 진행해 보았는데, 이를 정리하면 다음과 같다.

왕부는 "하물며 지극히 정미하여 양호할 수도 없는 심기야 어떠하겠는가?"라고 언급하여 심기心氣로써 마음을 설명했으며, 아울러 "그러므로 인의仁義의 마음과 염치의 지기로써 뼈가 성장하고 맥이 통하여 전체 몸과 함께 자라야 조악하고 더러운 기氣와 사특하고 음란한 욕망이 없어지게 되는 것이다."라고 주장하여 기氣로서 인의仁義의 마음을 논급했다. 또한 왕부가 "사람과 하늘이 서로 그 뜻이 통하고 기氣와 감感은 서로 조화를 이루고 선함과 악함은 서로 징험을 보이며 이단의 변화는 성인이 이를 움직이는 것이다."라고 언급한 것과 "그러므로 도덕의 공용이란 기氣보다 큰 것이 없다."라고 한 주장에서와 같이 볼 수 있듯이 기氣를 기초로 하여 하늘과 사람이 서로 소통하고 더나가 하나가 될 수 있는 천인합일天人合一과 도덕을 실천하는 관점에 대하여 언급하고 있다. 그렇기 때문에 기氣는 왕부의 인성론의 기초가 되는 것이라고 할 수 있는 것이다. 이와 같이 왕부가 언급한 기氣에는 몇 가지 특징이 있다. 첫째 기氣는 우주의 본원이라고 하는 것이다. 둘째 기氣라고 하는 것은 무한한 객관적 존재라고 하는 것이다. 끝으로 기氣는 무의식적으로 스스로 변화하는 작용을 한다고 하는 것이다.

왕부는 사람의 정서와 성품은 서로 가까운 것이라고 생각했다. 또한

44 『潛夫論』, 「衰制」, "義者, 君之政也; 法者, 君之命也."

그는 총명과 재지의 작용으로 사람의 정서와 성품에 서로 다른 차이가 있게 만들어 선악을 분별하게 한다고 했다. 선악의 분별은 후천적인 영향인데, 즉 군자가 자신의 성품을 완성할 수 있게 되는 것은 바로 후천적인 학습이 쌓여서 이루어진 성과인 것이다. 이러한 언급 속에서 왕부의 인성론에 대한 주요한 관점이 드러나게 되는 것이다. 즉 왕부는 선천적으로 부여받은 성性과 후천적으로 형성된 성性의 문제를 제기하면서 수양공부의 중요성을 부각시켰으며, 마음과 지혜가 학습에 대하여 미치는 작용에 대해 강조했던 것이다. 또한 왕부는 세상 사람들을 아주 뛰어난 사람과 아주 어리석은 사람 및 중간층의 사람 즉 세 가지 등급으로 나누었다. 또한 왕부는 중간층의 사람의 성은 외부의 영향을 받아들여서 변화할 가능성이 비교적 크다고 생각했다.

왕부가 비록 사람들이 선천적으로 부여 받은 성性을 세 등급으로 구분했지만, 현실 속에서의 수많은 사람들의 "총명과 재지는 오히려 그 차이가 만 배나 될 수 있다."는 것이기 때문에 총명과 재지는 학습의 정도에 따라 다른 덕성을 만들어 낸다고 할 수 있다. 예를 들자면 어떻게 "현인군자들로 하여금 마음을 바로잡고 곧게 행동하며 정신을 견고하게 한다." 혹은 "지금 본성이 악한 사람들은……어리석고 극악한 인간들이다."라고 하는 것이 가능할 것인가의 문제는 모두 후천적으로 그렇게 된 것이라고 할 수 있는 것이다. 그러므로 후천적인 개조 혹은 변화는 주로 학습을 통해서 해야만 하는 것이라고 할 수 있다. 그렇기 때문에 사람들이 선천적으로 부여 받은 세 등급의 성품은 후천적인 학습을 통하여 군자가 되기도 하고 소인이 되기도 하는 구분이 발생하게 되는 것이다.

왕부는 덕과 의로움을 이룩하는 것은 지혜의 탐구를 학문의 연마를 통해서 가능하다고 주장했다. 그래서 왕부는 "군자의 성품은 끝까지 모두 드러내어 보일 필요가 없다. 배움으로 인해 총명이 가려지지 않고 마음과 지혜가 막히지 않아,……군자란 이를 가탁하여 스스로 밝게 볼 수 있는 것일 뿐이다."라고 하기 때문에 지극한 성인聖人이라도 "오히려 학문의 단계를 거쳐서야 그 지혜가 해박해졌고 그 덕이 커졌던 것이다."라고 언급했던 것이다. 또한 왕부는 이러한 학문이 경전 속에 담겨져 있는 것이고 또 "도道는 학문에서 이루어져서 책에 저장된다."고 하는 것이기 때문에 학문이 경전의 도에서 비롯되는 것이라고 했던 것이다. 그렇기 때문에 학문은 도道를 배우는 것이라고 할 수 있는 것이다.

참고문헌

1. 彭鐸,『潛夫論箋校正』, 北京, 中華書局, 1985년.
2. 黃盛雄,『王符思想研究』, 臺北, 文史哲出版社, 1982년.
3. 劉文英,『王符評傳』, 南京, 南京大學出版社, 1993년.
4. 王步貴·周桂鈿·任繼愈·葛榮晉,『儒學精蘊新釋·王符哲學新釋』, 濟南, 齊魯書社, 2002년.
5. 劉文起,「荀子 '天生人成'與王符 '天道日施, 地道日化, 人道日化'之比較」,『第二屆先秦學術研討會論文集』, 高雄, 1994년.

제3절 경제론 사상

1. 시작하는 말

유가의 전통사상은 처음부터 백성이 국가의 근본임을 강조해왔다. 그래서 모든 정치사상의 기저에는 민생에 대한 안정 방안이 포함 되어있었던 것이다. 서한西漢을 계승한 동한東漢 사회의 체제 역시 농업을 입국의 근간으로 삼는 정책을 취하였다. 이러한 동한 사회의 경제생산의 주체는 농업에 종사하던 자작농이었는데, 이들은 동한시대 말기에 발생한 여러 차례의 천재지변으로 인하여 고통을 받았으며, 외척과 환관 등의 발호로 인하여 촉발된 정치적 혼란을 틈타 백성들을 갈취하는 탐관오리들과 국가에 의한 가혹한 부역 및 과중한 세금부담은 농민들을 도탄에 빠지게 만드는 형국을 조성하게 된다.

민생도탄의 형국은 결국 농민들의 삶을 황폐하게 만들어 당장의 생계유지를 위하여 토지를 팔고 농노의 신분으로 전락되거나, 고향을 떠나 각지를 유랑하는 유랑민이 되는 사람들이 속출하게 된다. 이들 유랑민들 가운데 일부는 도시로 들어가 상공업에 종사하는 사람도 있었지만 대부분은 일거리가 없는 신세로 하루하루를 근근이 연명하고 있는 상황이었다. 이러한 민생도탄의 현상은 국가세수 감소로 이어져 결국 국가재정은 그 근간부터 흔들리게 되고 결과적으로 국고는 텅 비어지게 되는 상황에 이르게 된다. 또한 이시대의 모든 재화는 외척과 환관 및 관료집단과 거대상인 집단과 대지주 집단이 독점하고 있는 상황으로, 이러한 세력들은 재화를 통한 권력의 집중과 사치스러운 생활 그리고 끝없는 향락을 추구하고 있었던 반면에 대다수의 농민들은 과중한 부역과 과도한 조세정책 속에서 착취를 당해야만 했다.[1] 왕부王符는 이러한 동한 사회의 정치 사회적 문제와 경제적 문제에 직면하여 기층백성들의 입장을 대변하기 위하여 홀로 고군분투했던 당대의 사상가였다고 할 수 있다.

동한말기에 생존했던 유가사상가 왕부는 자신의 정치적 이상과 사회체제에 관한 변혁 그리고 경제사상에 대한 주장들을 『잠부론潛夫論』이라고 하는 한 권의 정치평론서政治評論書에 담고 있다. 이러한 왕부의 『잠부론』은 정치 사회적 문제에 관한 논의 외에도 우주론이나 천도天道의 문제 등 형이상학적 문제에 관해서도 심도 있는 논의를 진행한 저작으로 동한시기의 다른 사상가들의 저작들에서는 찾아 볼 수 없는 새로운 견해들을 담고 있는 저작이라고 할 수 있다.

본문에서는 왕부의 『잠부론』에서 경제사상에 관한 부분인 「무본務本」을 중심으로 동한 사회의 경제적 문제 발생원인 분석과 본말本末문제의 정립을 통한 경제문제 해결을 중심으로 살펴보도록 하겠다.

2. 동한 사회의 경제적 문제 발생원인 분석

「무본」은 왕부가 당시의 정치 사회 및 경제적 위기 가운데의 각종 비정상적인 현상에 대하여 그 원인과 해결책을 제시한 이론이라고 할 수 있다. 왕부는 정치 사회 및 경제의 영역들 속에는 모두 근본과 말단의 문제가 내포되어 있다고 생각하고, 만일 이러한 문제들을 해결할 수 있다면 정치 사회 및 경제는 그 본래의 질서를 회복할 수 있다고 믿었다.

> 지금 백성은 농업을 버리고 상업에 내달으면서 백성들의 이익을 긁어 이를 한 집의 문으로 모아들이고 있으니, 비록 개인에는 부유함이 있을지 모르나 공적으로 계산해 보면 더욱 가난해지고 만다. 백공이란 자들은 사람들이 온갖 기구를 갖추게 하려는 것이다. 그러나 기구란 일에 편리함을 주는 것으로써 훌륭함을 삼고, 질기고 견고함을 최상으로 삼는

1 李申, 『中國儒教史』(上), 上海, 上海人民出版社, 1999년, 602~603쪽 참조.

다. 지금의 공인들은 조탁한 그릇 만들기를 좋아하고 교묘하게 거짓으로 꾸며 백성을 속이고 재물을 취하니, 이는 공인에게는 비록 이익이 될지 모르나 나라 전체로 헤아려보면 더욱 병들고 마는 것이다. 또 상고라는 자들은 물건을 유통시키는 사람들이다. 물건이라는 것은 쓰임에 맡기는 것이 요체이며 견실하고 튼튼한 것이 그 자질이다. 오늘날의 상인들은 쓸모없는 물건, 사치와 음일의 재물을 다투어 팔면서 백성을 미혹하게 하여 재산을 모으고 있으니, 이는 못된 상인에게는 이익이 있지만 나라 전체로 보면 더욱 큰 손실만 있을 뿐이다.[2]

지금 온 세상이 모두 농업을 버리고 상업에 치닫느라 우마차와 수레가 도로를 메우고 있으며, 손을 놀리고 있는 것을 훌륭한 일인 것처럼 여겨 이러한 부류가 도시에 가득하다. 근본을 다스리는 자는 적고 부식하는 자는 많다. 상읍은 번화한 곳으로, 사방의 표준이 되는 훌륭한 시장이다. 지금의 낙양을 살펴보면 말단에 들떠 있는 자의 수가 농부의 열 배는 되며, 헛된 행동으로 손을 놀리고 있는 자가 말단에 들떠 있는 자의 열 배나 된다.[3]

왕부가 묘사한 당시 동한 사회의 현실은 상공업이 매우 번영하고 있었으며, 이러한 경제 발전에 따라 사회 전반에 걸쳐 사치스러운 풍조가 만연하고 있는 모습을 보이고 있다. 당시의 사치성 소비재 물품은 대중들로부터 좋은 호응을 얻고 있었는데, 상공업자들은 이윤을 극대화하기 위하여 경쟁적으로 이러한 사치성 소비재를 생산 판매하고 있었다. 또한

---

2 『潛夫論』, 「務本」, “今民去農桑, 赴游業, 披采衆利, 聚之一門, 雖於私家有富, 然公計愈貧矣. 百工者, 所使備器也. 器以便事爲善, 以膠固爲上. 今工好造彫琢之器, 巧僞飭之, 以欺民取賄, 雖於姦工有利, 而國計愈病矣. 商賈者, 所以通物也, 物以任用爲要, 以堅牢爲資. 今商競鬻無用之貨. 淫侈之幣, 以惑民取産, 雖於淫商有得, 然國計愈失矣.”

3 『潛夫論』, 「浮侈」, “今擧世舍農桑, 趨商賈, 牛馬車輿, 塡塞道路, 游手爲巧, 充盈都邑, 治本者少, 浮食者衆. 商邑翼翼, 四方是極. 今察洛陽, 浮末者什於農夫, 虛僞游手者什於游末.”

파산한 일반 농민들은 생계유지를 위해서 도시로 유입되어 상공업에 종사하는 신세로 전락하게 된다. 이러한 농촌인구의 유입으로 인하여 사치성 소비재를 생산 판매하는 상공업은 더욱 발달하게 되며, 동시에 더 많은 사회적 문제를 야기 시킨다.[4] 왕부는 「부치浮侈」에서 당시 낙양洛陽의 대부분의 사람들이 모두 생산의 근본이 되는 일을 팽개치고 오락성 일에만 몰두 하고 있는 모습을 서술하였다. 왕부는 당시 낙양의 남자들은 "탄환을 지니고 서로 손잡고 일없이 놀기만 한다."[5]거나 "어떤 사람은 이거·와구·마기·창배를 만들어 여러 가지 어린아이의 완구를 삼아 속임수를 쓰며 놀기까지 하고 있다."[6]고 언급하고 있으며, 여자들은 "베틀 짜는 것도 그만둔 채 모두가 무축을 배워 북치고 춤추며 신을 섬긴다. 그리하여 아무것도 모르는 백성을 속이며 미혹하고 있다."[7]고 언급하고 있다. 또한 부유한 사람들은 "의복·음식·수레·문식·여사가 모두 왕이 정한 법도를 넘었다.……종복과 노비의 처들까지도 월땅에서 나는 세갈포를 입었다."[8]고 하고 있으며, 그들이 혼례나 상례를 치르거나 하는 등의 대사를 오랫동안 치르니, 가난한 사람들은 그러한 것을 따라하지 못함을 부끄러워하고 부유한 사람들의 사치스러운 행태를 모방하여 자신이 감당하지 못할 정도의 "한번 잔치에 드는 비용으로 종신의 본업을 깨뜨리고 만다."[9]와 같은 일을 벌이곤 했다. 이와 같은 왕부가 묘사한 당시 사회의 모습으로부터 다음과 같은 몇 가지의 정보를 알 수 있게 된다.

먼저 사회적으로 빈부의 격차가 갈수록 심화되는 상황이 발생했다는

4 劉文英, 『王符評傳』, 南京, 南京大學出版社, 1993년, 85~86쪽 참조.

5 『潛夫論』, 「浮侈」, "懷丸挾彈, 攜手遨游."

6 『潛夫論』, 「浮侈」, "或作泥車·瓦拘·馬騎·倡俳, 諸戲弄小兒之具以巧詐."

7 『潛夫論』, 「浮侈」, "休其蠶織, 而起學巫祝, 鼓舞事神, 以欺誣細民, 熒惑百姓."

8 『潛夫論』, 「浮侈」, "衣服·飲食·車輿·文飾·廬舍, 皆過王制,……從奴僕妾, 皆服葛子升越."

9 『潛夫論』, 「浮侈」, "一饗之所費, 破終身之本業."

것이다. 그 다음은 농업생산의 축소로 인한 사회적 불안요인의 증가이다. 끝으로 사회 전체에 만연한 사치풍조로 인한 사회 기강이 헤이해지는 현상이 발생했다는 것이다. 왕부가 묘사한 당시의 사회적 현상은 정치문제와도 매우 밀접하게 관련되어 있었다고 할 수 있다. 왕부는 경제문제로부터 당시 동한 사회의 근본과 말단이 도치되어져 있는 사회적 현상을 파악하고, 이러한 현상이 실질적으로는 정치적인 문제를 반영하고 있다고 판단하였다. 그러므로 왕부는 이러한 문제에 대한 언급의 대상을 일반인 계층에 국한하지 않고 통치계층에까지 확대했던 것이었다. 왕부가 '무본론務本論'을 주장하게 된 주된 이유는 바로 일반인과 통치계층의 인사들 모두가 하나같이 마땅히 수행해야할 임무와 직책에 충실하지 못했기 때문이다. 그 결과 사회적 가치관의 혼란이 발생하여 사회와 정치질서의 파괴를 불러 일으켜 동한 사회를 혼란의 도가니로 만들었기 때문에 왕부는 '무본론'을 역설하였던 것이다.

왕부는 당시 사회의 근본과 말단이 도치되어져 있는 사회적 현상을 서술하는데 그치지 않고 이러한 현상이 발생하게 된 원인과 그것이 초래하게 될 결과에 대하여 심도 있는 분석을 했다.

> 공자가 "많은 재물은 덕을 상하게 하며 돈이 많으면 예가 묻히고 만다."라고 말했다.……그런데 하물며 여러 관리와 서민으로서 군주를 참월하는 사치를 부리고 있으니, 이는 천도를 위반하는 것이 아니겠는가? 경제 때에 무원후 위불해가 장례를 법률을 넘어 과도하게 했다고 하는 죄에 걸려 그 봉토를 빼앗겼다. 그리고 명제 때에는 창양후 상민이 역시 규제를 뛰어 넘는 큰 무덤을 만들었다가 삭발 당했다. 지금 천하가 사치에 들떠 근본을 잃고 있으며, 그 참월과 사치가 군주를 넘고 있으니 이 또한 심한 일이로다! 이상 여러 가지 비평한 일들은 모두 백성의 본성이 아니다. 그런 일에 다투어 힘쓰는 자들이 정치를 어지럽히고 교화를 야박하게 함으로써 그런 쪽으로 가게 한 것이다.[10]

왕부는 경제적으로 부유하게 된 결과는 사회적으로 각종 불량한 현상을 초래하게 되는데, 이러한 불량한 사회적 현상이 출현하게 된 주요한 원인으로는 정치적 혼란에 의한 것이라고 말한다. 정치적 혼란이 발생하게 된 주된 이유는 바로 당시의 예악제도가 중시되지 못했다는데 있다고 할 수 있다. 예악제도가 대표하는 것은 정치윤리의 규범으로 존귀하고 비천한 신분에는 정연한 질서가 있어서 약간의 참월도 허용될 수 없는 것이었다. 앞의 인용문 가운데 "참월과 사치가 군주를 넘는다."라는 언급은 통치계층 최고의 권력자의 권위가 철저하게 무시되고 있는 상황을 의미하고 있는 것이다. 이러한 상황이 발생하게 된 원인은 동한 왕조의 외척과 환관 등이 정치를 마음대로 주무르면서부터 나타나게 된 것에 있다고 할 수 있다. 즉 황제의 권위가 쇠락하게 되면서 통치계층에는 구조적인 동요가 발생하게 되어 결국에는 정치윤리 규범이 파괴되는 지경에 이르게 된다. 이러한 정치윤리 규범의 파괴는 자연히 사회규범에도 변화를 가져오게 되는데, 구체적으로는 사회적으로나 정치적인 계층을 총망라해서 모두 근본을 경시하는 풍조가 만연하게 되는 현상이 발생하게 되는 것이다. 왕부가 「무본」에서 드러낸 동한 사회의 경제적 문제는 반드시 정치적 역량에 의해서만이 해결할 수 있는 것으로, 정치체제 자체의 역량이 강력하게 된다면 그것이 각 분야에 적용되어 필요한 효과를 낼 수 있을 뿐만 아니라 경제측면에도 번영을 추구할 수 있게 되는 것이다. 아울러 정치적 사회적 질서에 대해서도 효과적으로 관리를 할 수 있을 것이다. 만일 반대로 정치체제의 역량이 유약하게 된다면 그것이 각 분야에 적용되어도 필요한 효과를 얻을 수 없을 것일 뿐만 아니라 정책

10 『潛夫論』, 「浮侈」, "孔子曰: '多貨財傷於德, 弊則沒禮.'……況於羣司士庶, 乃可僭侈主上, 過天道乎? 景帝時, 武原侯衛不害, 坐葬過律奪國; 明帝時, 桑民摐陽侯, 坐冢過制髡削. 今天下浮侈離本, 僭奢過上, 亦已甚矣! 凡諸所譏, 皆非民性, 而競務者, 亂政薄化, 使之然也."

의 추진이나 질서유지에 대하여 효과적인 관리를 못하게 될 것이다.

왕부는 이와 같은 당시 사회의 근본과 말단이 도치되어져 있는 풍조가 만연한 결과로 인하여 초래될 사태에 대하여 매우 정확하게 분석하고 있다.

> 이와 같이 농부 하나가 농사를 지어 백 명을 먹여 살려야 하며, 아낙 하나가 명주를 짜서 백 명을 입혀야 하니, 그 누가 이를 공급할 수 있겠는가? 천하의 수많은 군현에 수만 개를 헤아리는 시읍이 모두 이와 같이 변한다면 근본과 말단이 어찌 충분하게 공급해 줄 수 있겠는가? 백성에게 어찌 추위와 굶주림이 없도록 할 수 있겠는가? 추위와 굶주림이 함께 몰려온다면 어찌 그릇된 짓을 하지 아니할 수 있겠는가? 그릇된 행동을 하면 간사하고 올바르지 않게 되고, 간사하고 올바르지 않은 사람이 많아지면 관리가 어찌 엄격하고 혹독하게 하지 않을 수 있겠는가? 관리의 엄격함과 혹독함이 심해지면 어찌 큰 원망이 없을 수 있겠는가? 근심과 원망하는 사람이 많아지면 흉악한 조짐이 몰려올 것이며, 백성이 애오라지 힘쓸 곳이 없어지면 하늘은 재앙을 내리게 될 것이요, 그렇게 되면 나라가 위태로워지게 마련이다.[11]

동한시기에 있어서의 농업생산은 백성들의 생계유지의 근본이 되는 것으로, 만일 이러한 산업생산의 근간이 되는 농업생산에 종사하는 사람들의 수가 갈수록 줄어든다면 식량과 의복 등의 공급은 부족하게 되는데, 이러한 입는 것과 먹는 것이 부족하게 되는 상황 속에서 사람들은 쉽게 위험을 무릅쓰고 모험을 감행하게 되어 사회적 혼란을 야기할 것이다. 예를 들면 동한시기의 화제和帝·안제安帝·순제順帝·충제沖帝·질

11 『潛夫論』, 「浮侈」, "是則一夫耕, 百人食之; 一婦桑, 百人衣之. 以一奉百, 孰能供之? 天下百郡千縣, 市邑萬數, 類皆如此, 本末何足相供? 則民安得不饑寒? 饑寒並至, 則安能不爲非? 爲非則姦宄, 姦宄繁多, 則吏安能無嚴酷? 嚴酷數加, 則天安能無愁怨? 愁怨者多, 則咎徵並臻, 下民無聊, 而上天降災, 則國危矣."

제質帝의 재위 때에 발생한 대량의 유랑민들 문제가 바로 그것에 해당된다고 할 수 있다. 당시의 유랑민 문제가 초래한 사회적 혼란은 매우 극심했었다고 할 수 있다.[12] 정부가 백성들의 폭동에 대하여 만일 고압적인 태도로 강경진압을 하게 된다면 상황은 오히려 더욱 악화 일로의 길을 가게 되어 결국은 국가의 근본이 위험해지는 상황에까지 이르게 될 것이다. 왕부는 여기에서 농업문제에만 집중하여 자신의 주장을 펼치고 있는데, 이러한 농업은 당시 국가경제의 가장 중요한 재원이었다. 농업이 국가경제의 가장 중요한 재원이었기 때문에 농업문제는 바로 경제문제와 직결되는 것이라고 할 수 있는 것이다.

3. 본말관의 가치판단을 통한 경제문제 해결

왕부는 '무본론'에서 도대체 어떤 것이 근본이 되고, 또 어떠한 것이 말단이 되는지의 문제와 근본과 말단에 대한 가치판단은 또한 어떤 것인가에 대하여 심도 있는 분석을 했다.

> 무릇 다스림의 대체는 말단을 억제하고 근본을 힘쓰는 것보다 훌륭한 것이 없고, 근본을 떠나 말단을 꾸미는 것보다 잘못된 것이 없다. 무릇 나라를 다스리는 자는 백성을 부유하게 하는 것을 근본으로 삼고, 학문을 바르게 하는 것으로 기초를 삼아야 한다.……무릇 백성을 부유하게 하려면 농업을 근본으로 하고 상공업을 말단으로 해야 한다. 공인은 쓸모 있음을 근본으로 삼고 보기 좋게 꾸미는 것을 말단으로 삼아야 한다. 상인은 재화를 유통시키는 것을 근본으로 삼고 특이한 물건을 파는 것을 말단으로 삼아야 한다. 이러한 세 가지에서 근본을 지키고 말단을 버리면 백성들이 부유해질 것이며, 반대로 근본을 버리고 말단을 붙들고 늘

12 金春峰, 『漢代思想史』, 北京, 中國社會科學出版社, 1997년, 610쪽 참조.

> 어지면 백성들은 가난해지고 만다. 백성들이 가난해지면 궁액에 빠져 선을 잊게 되고, 백성이 부유하게 되면 즐거움을 알게 되고 가르칠 수가 있다. 교훈이라는 것은 도의를 근본으로 삼고 교묘한 말을 말단으로 삼는다. 사어는 신뢰할 수 있는 것을 근본으로 삼고 아름답게 꾸미는 것을 말단으로 삼는다. 열사는 효제를 근본으로 삼고 교유를 말단으로 삼는다. 효제라는 것은 정성을 다해 봉양하는 것을 근본으로 삼고 외양만 화려하게 보이는 것을 말단으로 삼는다. 남의 신하된 사람은 충정을 근본으로 삼고 총애 받는 것을 말단으로 삼는다. 이러한 다섯 가지에서 근본을 지키고 말단을 버리면 인의가 일어날 것이고, 근본을 버리고 말단을 지키면 도덕이 붕괴된다. 근본을 신중히 하면서 말단을 홀략하게 하는 것은 옳은 것이고, 근본을 버리고 말단에 힘쓰게 되면 나쁜 것이다.[13]

왕부의 근본을 숭상하고 말단을 억누른다고 하는 주장의 핵심은 당시 사회의 정치 경제적 위기 상황의 극복에 있었는데, 이는 바로 정상적인 정치와 경제의 질서를 회복하는 것을 의미한다. 왕부의 근본과 말단에 대한 가치판단 역시 이러한 정치 및 경제 질서의 회복에 초점이 맞춰져 있었던 것이다. 정상적으로 정치 및 경제 질서를 유지하는 것이 근본이 되는데, 여기에서의 근본은 근본적인 것이라는 의미 외에도 중요한 것·선한 것이라고 하는 평가까지 그 속에 포함하고 있는 개념이라고 할 수 있다. 반대로 정치 및 경제 질서를 혼란하게 만드는 것은 말단이 되는데, 여기에서의 말단은 중요하지 않은 것 악한 것이라고 하는 가치판단을

---

13 『潛夫論』, 「務本」, "凡爲治之大體, 莫善於抑末而務本, 莫不善於離本而飾末. 夫爲國者, 以富民爲本, 以正學爲基.……夫富民者, 以農桑爲本, 以游業爲末; 百工者, 以致用爲本, 以巧飾爲末; 商賈者, 以通貨爲本, 以鬻奇爲末. 三者守本離末則民富, 離本守末則民貧; 貧則阨而忘善, 富則樂而可教. 教訓者, 以道義爲本, 以巧辯爲末; 辭語者, 以信順爲本, 以詭麗爲末; 列士者, 以孝悌爲本, 以交游爲末; 孝悌者, 以致養爲本, 以華觀爲末; 人臣者, 以忠正爲本, 以媚愛爲末. 五者守本離末則仁義興, 離本守末則道德崩. 愼本略末猶可, 舍本務末則惡矣."

의미하는 것이다.

왕부가 제기한 '무본론'의 중점은 두 가지 측면에서 언급되어질 수 있는데, 그중 하나는 경제이고 다른 하나는 도덕교화가 된다. 농민과 상인 및 공인은 경제문제를 고려하고 사인과 신하는 도덕문제를 고려한다. 왕부는 농민과 상인 및 공인 그리고 신하 등의 각 계층의 인사들에 대하여 근본과 말단의 가치표준을 그들에게 균등하게 부여한다.

왕부는 경제적인 문제를 고려했을 때는 농업이나 상공업을 막론하고 모두 반드시 국가전체의 이익을 출발점으로 하여 매사에 대하여 실효성을 추구해야한다고 했으며, 국가의 이익에 전혀 도움이 되지 않으며 전문적으로 사치와 향락을 일삼는 자들은 모두 말단에 속하는 것으로 일률적으로 배척해야 한다고 했다. 또한 왕부는 상공업이 사람들로 하여금 쉽게 부를 축적할 수 있게 한다는 것을 알고 있었지만, 많은 이익이 한 사람에게만 집중되는 현상이 발생하여 결과적으로는 개인적으로 부유한 사람이 생기지만 일반 백성들은 더욱 빈곤해지게 된다고 보았다. 즉 상공업이 그것에 종사하는 개인을 부유하게 만들어 주기는 하지만 국가적 차원에서 볼 때는 농업생산에 필요한 노동력을 감소시키기 때문에, 왕부는 국가의 공적인 이익이 근본이 되어야하고 개인의 사적인 이익은 말단이 되어야 한다고 생각했다. 게다가 왕부는 상공업은 유동적인 성향이 강해서 사회질서 유지에 부정적인 영향을 줄 수 있다고 보았는데, 예를 들면 부유한 사람들은 그 재력을 이용하여 고위직에 올라서 정치질서를 어지럽히고 거대상인들은 금전을 이용하여 물류를 독점하여 시장의 유통질서를 교란시켜서 결국에는 사회전체에 불량한 풍조를 조성하게 된다는 것이다.

> 오늘날의 거대상인들이 많은 돈을 풀어놓으니, 유력한 가문의 자제들이 돈을 위해서 일을 하며 심지어는 그들을 쫓아서 가신이나 종복 등으

> 로 근무하여 그 수입이 봉토를 가진 군주에 비견된다. 그러므로 많은 사람들이 그러한 것을 부러워하여 농사짓지 않고 먹거나 사치와 향락에 빠져 눈과 귀를 어지럽힌다.[14]

왕부는 농업과 상공업 가운데 농업을 근본 중에 근본으로 선택했다.[15] 또 한 가지 주목할 만한 것은 왕부의 근본과 말단에 대한 가치판단이 전통적인 중농억상重農抑商의 관념과는 완전히 일치하지는 않는다고 하는 점이다. 즉 왕부가 채택한 상공업에 대한 직접적인 평가는 사마천司馬遷과 상홍양桑弘羊과 비슷하다고 할 수 있다.[16] 왕부가 상공업에 대하여 배척한 것은 사치성 소비재 물품을 생산하고 판매하는 행위였던 것이다. 그는 수공업자들에게 편리하며 질기고 견고한 제품을 생산할 것을 독려했는데, 이는 그가 생산된 제품의 실용적 가치에 의미를 두고 있다는 사실을 알 수 있게 하며, 또한 상인들에게는 유용하고 견고한 물품을 판매할 것을 독려했는데, 이는 그가 물품의 효용성에 의미를 두고 있다는 사실을 알 수 있게 해준다. 왕부는 상공업자들이 기구를 갖추고 물건을 유통하는 능력을 갖추고 있는 것으로 여기는 한편 상공업이 재화를 창조할 뿐만 아니라 또한 국가사회 전체의 경제발전을 촉진시킨다고 하는 점을 긍정하였다. 그러나 어떠한 형태의 물품을 생산하거나 판매하거나를 막론하고 반드시 주의해야 할 점은 물품의 실용성이었다. 오직 실용이 있

---

14 『後漢書』, 「桓譚傳」, "今富商大賈, 多放錢貨, 中家子弟, 爲之保役, 趨走與臣僕等勤, 收稅與封君比入. 是以衆人慕效, 不耕而食, 至乃多通侈靡, 以淫耳目."

15 劉文英, 『王符評傳』, 南京, 南京大學出版社, 1993년, 78쪽 참조.

16 『史記』, 「貨殖列傳」, "天下熙熙, 皆爲利來; 天下壤壤, 皆爲利往.……農·工·商·賈畜長, 固求富益貨也."에서 알 수 있듯이 사마천 역시 상공업의 영리행위에 대해서 배척하는 태도를 취하지는 않았다. 또한 상홍양 역시 『鹽鐵論』, 「力耕」에서 농업과 상공업이 서로 보완적인 관계에 있음을 역설했다. 이와 같이 사마천과 상홍양은 기본적으로는 상공업 활동에 대하여 배척하거나 경시하는 태도를 취하지 않고 집적으로 긍정적인 평가를 했다.

어야 만이 비로소 정확한 소비관념이 발생하게 되는 것이며, 정확한 소비관념은 상공업이 비정상적인 방향으로 발전하는 것을 막아주는 역할을 한다는 것이다.

왕부는 도덕적인 문제에 대한 고려에서 윤리질서의 유지에 역점을 두는데, 이러한 윤리질서의 유지는 국가 정권의 안정을 더욱 공고히 하기 위해서 필요한 것이라고 생각했다. 사회 윤리의 측면에서 왕부는 가정윤리의 효도를 근본으로 삼았고, 정치윤리의 측면에서는 충성을 근본으로 삼았다. 이러한 충효를 위주로 하는 도덕가치는 개인의 요구에 대하여 절대적 대가를 지불한다. 이러한 도덕규범은 사회와 정치적인 측면의 안정성을 유지시키는데 적지 않은 도움을 준다.

왕부의 「무본」에 나타나 있는 경제이론의 가치방향은 국가 전체의 이익과 정권 시스템의 안정적 유지를 위한 전제로서 이러한 요구는 근본이 되는 것이며 이는 좋은 사회적 규범에 속하는 것이다. 이와는 반대의 경우는 말단이 되는 것이며 이는 비정상적인 사회적 혼란 현상에 속하게 되는 것이다.

왕부가 주장한 「무본」의 경제정책은 근본과 말단에 관한 가치관의 명확한 정립을 통하여 당시 사회의 위기국면을 극복하고자 한 것이었다고 할 수 있다. 이러한 위기상황에 대하여 그가 제시한 구체적인 해결방안은 크게 두 가지 측면으로 요약할 수 있다. 즉 하나는 경제방면의 농업정책 장려문제로 왕부는 '시간을 아낌'과 '백성과 토지가 서로 균형을 이룸'이라고 하는 의견을 제시한다. 다른 하나는 정치방면의 윤리교화문제로 왕부는 '도덕교화'와 '유능한 인재의 등용'이라고 하는 이론을 내놓는다.

농업정책에 관해서 왕부는 농업생산성을 진작시키기 위해서는 반드시 토지와 인력이라고 하는 두 측면으로부터 착수하여야 한다고 주장했다. 즉 토지분야에 대해서 그는 토지와 인구가 알맞게 조절되어야 만이 비로소 최대의 재화를 창출해낼 수 있다고 하였다.

> 『주서周書』에서는 "땅은 넓으나 사람이 적으면 충분히 그 땅의 소출을 다할 수 없다. 이를 허토라고 말한다. 이런 땅은 쳐서 점령해도 된다. 그러나 땅은 좁고 사람은 많아 그 백성이 백성 노릇을 다하지 못할 때에는, 스스로 쇠갈하도록 두면 된다."고 말했다. 그러므로 토지와 백성들은 반드시 서로 균형을 이루어야 한다.[17]

토지가 넓고 백성들이 적으면 토지의 혜택을 충분하게 이용할 수 없게 된다. 이러한 것을 일컬어 토지를 헛되이 버린다고 하는 것이다. "허토虛土"는 토지자원의 낭비를 초래할 뿐만 아니라 적국으로부터 침략 받을 수 있는 빌미를 제공하기도 한다. 이와는 반대로 토지는 협소하고 백성들이 많으면 백성들의 생존경쟁에 대한 스트레스가 증가하게 된다. 또한 토지겸병 현상이 발생하여 국가적 위기를 초래할 수 있기 때문에 왕부는 '백성과 토지가 서로 균형을 이룸'이라고 하는 방법적 대안을 제시하여 모든 사람들이 토지가 있어 농사를 지을 수 있게 하고자 했다. 또한 이러한 '백성과 토지가 서로 균형을 이룸'이라고 하는 자신의 주장을 실현시키기 위해서 왕부는 내지의 백성들을 변방으로 이주시켜 변방을 튼튼하게 만드는 정책을 제시함과 동시에 토지는 넓고 백성들이 적은 현상과 토지는 협소하고 백성들이 많은 현상의 문제를 해결하고자 했다.

왕부는 노동인력이란 국가의 재화 창출에 없어서는 안 될 소중한 재원이면서 자원 가운데 하나라는 사실을 강조하는 한편 노동에 대하여 계량화의 개념을 적용한다. 또한 그는 이러한 계량화 개념을 통하여 농업생산량이 백성들의 노동시간에 의해서 결정된다고 하는 사실을 설명한다.

17 『潛夫論』, 「實邊」, "『周書』曰: '土多人少, 莫出其材, 是謂虛土, 可襲伐也. 土少人衆, 民非其民, 可匱竭也.' 是故土地人民必相稱也."

> 나라가 나라로서 성립될 수 있는 것은 백성들이 있기 때문이며, 백성이 곧 백성이 될 수 있는 것은 곧 곡식이 있기 때문이다. 또 곡식이 풍성하게 늘어날 수 있는 것은 사람이 힘을 기울이기 때문이며, 노력이 건강하게 솟아날 수 있는 것은 시간의 성과 때문이다. 질서가 잡힌 나라는 시간이 느긋하기 때문에 그로 인해 백성이 한가하여 힘을 축적할 수 있다. 그러나 혼란한 나라의 시간은 촉박하고 짧기 때문에 그로 인해 백성은 일에 곤핍하여 힘이 늘 부족한 것이다.……하늘이 감응하여 재앙을 내려 곡식을 상하게 하는 일은 제외하고, 사람이 저질러 드러난 일을 가지고 말을 풀어나가 보자. 지금 삼부 이하 현·도·향·정 그리고 종사·독우에 이르기까지 그에 맞는 전사가 있다. 백성들이 농업을 폐하고 소송과 고소에 걸려 그에 매달려 있는 자가 있다. 그리고 그에 맞춰 관사로 그 일에 응해주는 자가 하나씩 있다. 그 날 하루만 계산해도 이는 십만 명이 일을 전폐하고 있는 셈이다. 다시 그에 딸린 사람을 계산해 보면 한 사람의 소송 사건에 두 사람이 이를 위해 먹여주며 뒷바라지를 해야 한다. 이렇게 보면 결국 삼십만 명이 그 본업을 떠나 있는 것이다. 이를 농사지어 먹여 살리는 계산에 맞춰 보면 한 해에 삼백만 명이 굶주림을 받게 되는 것이다.[18]

왕부는 물질생산과 노동시간을 함께 연계하고자 했는데, 그가 언급한 "관대함과 한가함"이란 것은 더욱 많은 노동시간을 의미하는 것이고, "시간을 촉박하게 구는 것"은 노동시간이 없다는 것을 의미한다. 국가나 백성들의 빈곤함과 부유함은 노동시간의 길고 짧음에 의해서 결정되는

---

18 『潛夫論』, 「愛日」, "國之所以爲國者, 以有民也; 民之所以爲民者, 以有穀也; 穀之所以豊殖者, 以有人功也; 功之所以能建者, 以日力也. 治國之日舒以長, 故其民閒暇而力有餘; 亂國之日促以短, 故其民困務而力不足.……除上天感動, 降災傷穀, 但以人功見事言之, 今自三府以下, 至於縣道鄕亭, 及從事督郵, 有典之司, 民廢農桑而守之, 辭訟告訴, 及以官事應對吏者, 一人之, 日廢十萬人, 人復下計之, 一人有事, 二人獲餉, 是爲日三十萬人離其業也. 以中農率之, 則是歲三百萬口受其饑也."

것이기 때문에 왕부는 통치계층이 "부역을 줄여 주고 백성을 위해 시간을 아껴야 한다."고 언급하여 백성들에게 생계를 유지할 수 있는 절대노동시간을 부여해줘야 한다고 주장했다.[19] 이러할 때에 비로소 백성들은 온전하게 농업에 전념하게 될 수 있어 산업생산량이 증대되는 것이다.

윤리규범에 관해서 왕부는 '도덕교화'와 '유능한 인재의 등용'이라고 하는 정책대안을 제시한다. 도덕교화란 통치자 자신의 자기수양과 도덕에 의한 교화 내용을 포함하는 것이다.

> 근본과 말단 생장과 소멸에 대한 쟁점은 모두가 군주에게 그 원인이 있는 것이지 아래의 백성이 고쳐줄 수 있는 것이 아니다.……그러므로 현명한 군주가 국가를 다스림에는 반드시 근본을 숭상하고 말단을 억눌러서 혼란과 위태로움의 싹을 막아야 한다.[20]

왕부는 근본과 말단이 전도되어 발생하는 사회적 정치적 문제를 해결하기 위해서는 통치계층의 최상위 인물인 군주의 책무가 막중하다고 생각했다. 그렇다면 현명한 군주는 과연 어떤 방법으로 사회적 정치적 혼란의 현상을 해결 하려고 했을까?

> 현명한 군주의 통치에는 스스로 이를 교화시켜 몸소 보여주는 것 만한 것이 없다. 도덕을 근본으로 하고 인의를 보좌로 하여 생각과 마음에 순리대로 다스리며 백성을 책임 지우되 널리 힘쓰게 하면 사해가 다스려질 것이니, 어찌 성쇠의 소장이 있겠는가?[21]

---

19 祝瑞開, 『兩漢思想史』, 上海, 上海古籍出版社, 1989년, 368쪽 참조.

20 『潛夫論』, 「務本」, "夫本末消息之爭, 皆在於君, 非下民之所能移也.……故明君蒞國, 必崇本抑末, 以遏亂爲之萌."

21 『潛夫論』, 「敍錄」, "明王統治, 莫大身化, 道德爲本, 仁義爲佐, 思心順政, 責民務廣, 四海治焉, 何有消長?"

왕부는 통치자 스스로가 자기수양의 교화를 백성들에게 직접 보여주는 것이야말로 불량한 사회풍조를 바로잡을 수 있는 최선의 방법 가운데 하나라고 생각했다. 또한 왕부는 이러한 방법 외에도 학문을 바르게 하는 것과 교화와 훈육의 내용은 도의道義와 충효를 근본으로 해야 한다고 역설했으며, 이러한 도덕을 교화의 내용으로 삼아서 윤리규범의 구속력을 증가시키려고 했다.

왕부는 유능한 인재를 등용하기 위해서는 정부 관료의 선발 임용의 문제로부터 착수해야 한다고 주장했다.[22]

> 이에 오직 공선에 신중하며 출척에 대해서는 분명하였다. 관직에는 그에 맞는 인물을 뽑아 그 직위에 맞는 임무를 맡겼다. "위대한 하늘의 뜻을 공경하여 백성을 인도하되 농사짓는 때를 위배하지 않으리!", "며느리 아기 데리고 남쪽 밭으로 밥 이고 오네." 윗사람은 예절에 힘써 바른 몸가짐을 아랫사람에게 보이고 아랫사람은 그 정치를 즐거워하며, 각기 자기 힘 다하기를 힘쓰며 그 윗사람을 받들고 모신다.[23]

관리의 역할은 군주를 대신하여 백성들을 다스리는 것 외에도 백성들의 모범이 되는 역할과 사회적으로 미풍양속을 유지시키는 역할도 있다. 그러므로 한 사회의 풍조가 좋고 나쁨의 여부는 정부 관료의 선발 및 임용과 매우 밀접하게 관련되어 있는 것이라고 할 수 있다. 왕부의 「무본」에 나타나 있는 여러 가지 경제관련 정책들을 검토했을 때 '무본론'의 핵심점은 바로 경제적인 윤택함과 도덕교화의 문제 있다는 것을 알 수 있다. 이러한 점들은 비록 유가에서 일관되게 주장한 것이지만 왕부

22 周桂鈿, 『秦漢思想史』, 石家莊, 河北人民出版社, 2000년, 430쪽 참조.

23 『潛夫論』, 「班祿」, "乃惟愼貢選, 明必黜涉, 官得其人, 人任其職; 欽若昊天, 敬授民時. 同我婦子, 饁彼南畝.上務節禮, 正身示下, 下悅其政, 各樂竭己, 奉戴其上."

는 이론적 서술에만 그치지 않고 동한 사회가 처한 현실 속에서 문제의 소재를 찾아내고 그에 대한 해결 방법을 모색했었다는 데 그 공로가 있는 것이다.

4. 맺는 말

이상과 같이 왕부의 『잠부론』에서 경제사상에 관한 부분인 「무본務本」을 중심으로 동한 사회의 경제문제 발생원인 분석과 본말本末문제의 정립을 통한 경제문제 해결을 중심으로 살펴보았는데 정리하면 다음과 같다.

왕부는 경제문제로부터 당시 동한 사회의 근본과 말단이 도치되어져 있는 사회적 현상을 파악하고, 이러한 현상이 실질적으로는 정치적인 문제를 반영하고 있다고 판단하였다. 그래서 왕부는 이러한 문제에 대한 언급의 대상을 일반인 계층에 국한하지 않고 통치계층에까지 확대했다. 왕부가 '무본론'을 주장하게 된 주된 이유는 동한 사회의 모든 계층의 사람들이 하나같이 자신이 수행해야할 임무와 직책에 충실하지 못했기 때문에 사회적 가치관의 혼란이 발생하여 사회와 정치질서의 파괴를 초래하고, 그러한 결과 동한 사회를 혼란의 도가니로 만들었기 때문에 이를 바로 잡고자 '무본론'을 주장하게 되었던 것이다.

왕부가 제기한 '무분론'의 중점은 두 가지 측면에서 언급되어질 수 있는데, 그중 하나는 경제이고 다른 하나는 도덕교화다. 즉 농민과 상인 및 공인은 경제문제를 고려하고 사인과 신하는 도덕문제를 고려한다. 왕부는 농민과 상인 및 공인 그리고 신하 등의 각 계층의 인사들에 대하여 근본과 말단의 가치표준을 그들에게 균등하게 부여한다.

왕부는 경제적인 문제를 고려했을 때는 농업이나 상공업을 막론하고 모두 반드시 국가전체의 이익을 출발점으로 하여 매사에 대하여 실효성을 추구해야한다고 했으며, 국가의 이익에 전혀 도움이 되지 않으며 전문적으로 사치와 향락을 일삼는 자들은 모두 말단에 속하는 것으로 일률적으로 배척해야 한다고 했다. 또한 왕부는 상공업이 사람들로 하여금 쉽게 부를 축적할 수 있게 한다는 것을 알고 있었지만, 많은 이익이 한 사람에게만 집중되는 현상이 발생하여 결과적으로는 개인적으로 부유한 사람이 생기지만 일반 백성들은 더욱 빈곤해지게 된다고 보았다. 즉 상공업이 그것에 종사하는 개인을 부유하게 만들어 주기는 하지만 국가적 차원에서 볼 때는 농업생산에 필요한 노동력을 감소시키기 때문에, 왕부는 국가의 공적인 이익이 근본이 되어야하고 개인의 사적인 이익은 말단이 되어야 한다고 생각했다. 게다가 왕부는 상공업은 유동적인 성향이 강해서 사회질서 유지에 부정적인 영향을 줄 수 있다고 보았는데, 예를 들면 부유한 사람들은 그 재력을 이용하여 고위직에 올라서 정치질서를 어지럽히고 거대상인들은 금전을 이용하여 물류를 독점하여 시장의 유통질서를 교란시켜서 결국에는 사회전체에 불량한 풍조를 조성하게 된다는 것이다.

왕부는 도덕적인 문제에 대한 고려에서 윤리질서의 유지에 역점을 두는데, 이러한 윤리질서의 유지는 국가 정권의 안정을 더욱 공고히 하기 위해서 필요한 것이라고 생각했다. 사회 윤리의 측면에서 왕부는 가정윤리의 효도를 근본으로 삼았고, 정치윤리의 측면에서는 충성을 근본으로 삼았다. 이러한 충효를 위주로 하는 도덕가치는 개인의 요구에 대하여 절대적 대가를 지불한다. 이러한 도덕규범은 사회와 정치적인 측면의 안정성을 유지시키는데 적지 않은 도움을 준다.

왕부가 주장한 「무본」의 경제정책은 근본과 말단에 관한 가치관의 명확한 정립을 통하여 당시 사회의 위기국면을 극복하고자 한 것이었다고 할 수 있다. 이러한 위기상황에 대하여 그가 제시한 구체적인 해결방안은 크게 두 가지 측면으로 요약할 수 있다. 즉 하나는 경제방면의 농업정책 장려문제로 왕부는 '시간을 아낌'과 '백성과 토지가 서로 균형을 이룸'이라고 하는 의견을 제시한다. 다른 하나는 정치방면의 윤리교화문제로 왕부는 '도덕교화'와 '유능한 인재의 등용'이라고 하는 이론을 내놓는다.

농업정책에 관해서 왕부는 농업생산성을 진작시키기 위해서는 반드시 토지와 인력이라고 하는 두 측면으로부터 착수하여야 한다고 했다. 즉 토지분야에 대해서 그는 토지와 인구가 알맞게 조절되어야 만이 비로소 최대의 재화를 창출해낼 수 있다고 하였다. 윤리규범에 관해서 왕부는 '도덕교화'와 '유능한 인재의 등용'이라고 하는 정책대안을 제시한다. 도덕교화란 통치자 자신의 자기수양과 도덕에 의한 교화 내용을 포함하는 것이다.

참고문헌

1. 司馬遷,『史記』, 北京, 中華書局, 1983년.
2. 范曄,『後漢書』, 北京, 中華書局, 1985년.
3. 彭鐸,『潛夫論箋校正』, 北京, 中華書局, 1985년.
4. 劉文英,『王符評傳』, 南京, 南京大學出版社, 1993년.
5. 祝瑞開,『兩漢思想史』, 上海, 上海古籍出版社, 1989년.
6. 金春峰,『漢代思想史』, 北京, 中國社會科學出版社, 1997년.
7. 周桂鈿,『秦漢思想史』, 石家莊, 河北人民出版社, 2000년.
8. 劉宗賢 외,『中國儒學』, 成都, 四川人民出版社, 1994년.
9. 李申,『中國儒教史』(上), 上海, 上海人民出版社, 1999년.
10. 侯外廬 외,『中國思想史』, 北京, 人民出版社, 1992년.
11. 吳萬種, 陸馨,「王符之『潛夫論』的引詩初探」,『中國人文科學研究』, 제40집, 2008년.

제5장

조기의 유학사상

1. 시작하는 말

동한 왕조는 후기에 이르러 외척세력과 환관세력의 발호로 인하여 국가의 통치시스템은 이미 마비된 상태였다고 할 수 있다. 특히 환관세력에 의해서 중앙과 지방의 권력은 농단되는 지경에 이르게 된다. 그 결과 사회의 모든 시스템이 정상적으로 작동하지 못하게 되고 실력 있는 인재들은 더 이상 정치권에 자리를 잡을 수 없는 지경에 이르게 된다. 유능한 인재가 쫓겨난 자리를 무능하고 탐욕스러운 자들이 대신하고 수많은 사이비 잡배 등과 같은 무리들이 동한 사회에 주류로 편입되는 현상이 발생하게 된다.

동한 왕조의 정치적 부패는 사회적 풍속에 매우 심각한 영향을 미치게 되어 동한 사회는 급격하게 문란한 상황으로 치닫게 된다. 이와 같은 동한 왕조의 위기 상황은 당시의 유학자들에게 그들이 처한 현실사회에 대한 도덕적 비판을 주요한 과제로 삼는 학풍을 형성케 한다. 아울러 황제의 권위는 이미 유명무실 하게 되고 환관세력의 득세는 당시의 유학자들에게 높은 도덕성과 깊은 학문적 소양이 자신들의 이상을 펼칠 수 있는 여건을 마련해주지 않는다고 하는 사실을 일깨워준다.

즉 군자의 길과 정치권력은 일치할 수 없다고 하는 사실을 자각한 당시의 유학자들은 자신들의 이상에 대한 새로운 반성적 사고를 통하여 당면한 현실사회에 적응하게 되었던 것이다. 그들은 개인의 도덕 수양에 몰두하는 추세를 보이며 상대적으로 정치무대에 등용 되고자 하는 경향에서 탈피하는 추세를 보이기 시작한다. 즉 유학자들은 더 이상 대외적인 명예나 권력에 대한 집착에 관심을 기울지 않고 자신의 도덕적 성취에 몰두하는 모습을 보였던 것이다. 그렇기 때문에 민간의 유학사상이 유행하게 되는 반면 서한시기 동중서가 제창한 천인감응설을 기본적인 사상체계로 삼았던 관방 유학사상은 쇠락의 길을 걷게 된다. 이러한 민간 유학사상가들 가운데 조기趙岐나 정현鄭玄과 같은 사람들이 대표적인 인물이라고 할 수 있다.

동한 말기에 생존했던 조기는 인간의 본성에 대한 주장들을 『맹자장구孟子章句』에 담고 있다. 조기의 『맹자장구』는 인성 문제에 관한 논의 외에도 천도天道의 문제 및 이상적인 정치 그리고 전국시대의 전장제도 등 다양한 문제에 관해서도 논의를 진행한 저작이라고 할 수 있다. 이러한 조기의 인성론에 대하여 조기의 생애와 천에 대한 분석 및 성선설에 대한 조명을 중심으로 논의를 진행해보도록 하겠다.

2. 조기의 생애

조기趙岐(A.D 108~201년)의 자는 빈경邠卿으로 경조京兆 장릉長陵사람이다.[1] 어렸을 때의 이름은 가嘉였으며 자는 대경臺卿이었으나, 화를 피해 사방으로 도피하면서 이름을 바꾸게 된다. 이와 관련하여 『후한서後漢書』에 다음과 같은 사실이 기록되어져 있다.

---

1 경조京兆 장릉長陵은 오늘날 섬서성 咸陽에 해당된다.

조기는 어려서 경서에 밝았으며, 뛰어난 재능이 있어서 마융의 형의 딸을 아내로 맞이한다. 마융은 외척 세도가였는데 조기는 항상 그를 비천하게 생각하고 마융과 만나지 않았다.……삼십 여세가 되었을 때 중병에 걸려 7년간 병석에 누워 지내다가 스스로 생각한 것을 갑자기 형의 아들에게 유훈을 남겨 말하기를 "대장부가 세상에 태어나 은둔하여 기산에서 절조를 지키며 살수가 없고, 벼슬자리에 나가 이윤이나 여망처럼 공훈을 세울 수도 없으니 이는 하늘이 나와 같이하지 않음이니 다시 무슨 말을 하리요! 내 묘지 앞에 비석 하나를 세우고 '한나라에 은자가 있었는데 성은 조이고 이름은 가였다. 뜻을 품고 있었으나 때를 못 만났으니 어찌된 운명이란 말인가!'라고 새겨달라고 했다." 그 뒤로 병이 나았다.[2]

후한 영수永壽연간(A.D 155～157년)에 조기는 당시 경조윤京兆尹이었던 연독延篤의 부름을 받고 공조功曹[3]벼슬을 하게 된다. 그런데 이러한 벼슬 때문에 환관 당형唐衡의 형인 당현唐玹에게 밉보이게 된다. 그래서 연희延熹 원년(A.D 158년)에 당현이 경조윤에 임명되자 조기는 자신에게 화가 미칠 것을 염려하여 황급히 도피한다. 당현은 조기의 가솔들과 종친들을 잡아들여 중죄를 뒤집어씌우고 그들을 모조리 죽여 버린다. 조기는 당시에 지방 곳곳을 전전하며 도피행각을 벌이면서 자신의 이름을 숨기고 떡을 팔면서 근근이 생계를 유지했다. 그 후 연희延熹 7년(A.D 165년)에 당현이 죽고 나서 조기는 사면되고 병주자사并州刺史로 제수된다. 후한 영제靈帝 즉위 초에 즉 제2차 당고黨錮의 화禍가 발생하고 약 10여 년이 지난 뒤에 조기는 의랑議郎과 태복太僕의 벼슬을 역임한다. 조조가 정권을 잡았을 때는 사공司空의 지위에 오르기도 하다가 태자소부太子少府인 공융孔融의 천거로 태상의 벼슬을 제수 받게 된다. 이후 구십 여세까

2 『後漢書』, 「吳延史盧趙列傳·趙岐」.

3 한대漢代 이래 주군州郡의 속료屬僚로서 인재추천 및 공로의 기록을 담당하는데, 삼국시대부터는 현縣에도 두었으며, 진대晉代 이후 '서조西曹'라고도 하였다.

지 살다가 건안建安 6년(A.D 201년)에 세상을 떠났다. 조기가 남긴 저작은 적지 않은데, 『맹자장구孟子章句』와 『삼보결록三輔決錄』이 전해져 오고 있다.[4]

조기는 『맹자제사孟子題辭』에서 "효문황제께서 학문의 길을 넓히고자 『논어』·『효경』·『맹자』에 박사를 설치하고 후에 전기 박사를 철패하고 오경박사만을 독립적으로 세웠다."[5]라고 언급했는데, 이와 같은 사실로 알 수 있는 것은 『맹자』가 서한 문제文帝 시기에 박사관에 설치되었다고 하는 것이다. 그러나 서한 무제武帝 이후 더 이상 박사관에서 보이질 않는다. 양한시기에 『맹자』에 주석 작업을 한 학자로는 주로 동한시기에 집중 되어 있는데, 양웅揚雄의 『맹자주孟子注』·정증程曾의 『맹자장구孟子章句』·정현鄭玄의 『맹자주孟子注』·고유高誘의 『맹자장구孟子章句』·유희劉熙의 『맹자주孟子注』·조기趙岐의 『맹자장구孟子章句』가 그것이다. 이들 가운데 지금까지 전해져오는 것은 유희의 『맹자주』와 조기의 『맹자장구』뿐으로 그 외의 것들은 모두 유실되었다.[6]

3. 천에 대한 분석

조기趙岐는 "사람이 진실로 선한 본성을 받은 것은 하늘로부터 받은 것이다. 그러므로 천도라고 한다."[7]라고 하고 또 "이것은 하늘이 사람의 정서와 본성에 부여한 것으로, 먼저 그 대체를 세운다고 하는 것을 일컬어 태어나면서부터 선한 본성이 있는 것이라고 하는 것이다."[8]라고 언급

4 『後漢書』, 「吳延史盧趙列傳·趙岐」.
5 『孟子章句』, 「孟子題辭」.
6 조원일, 『맹자의 철학사상』, 광주, 전남대학출판부, 2012년, 21쪽 참조.
7 『孟子章句』, 「離婁下」注, "授人誠善之性者, 天也, 故曰天道."
8 『孟子章句』, 「告子上」注, "此乃天所與人情性, 先立乎其大者, 謂生而有善性也."

한 것에서 볼 수 있듯이, 천天을 사람의 본성의 근원으로 삼았던 것이다.

조기는 때로는 천도天道 혹은 도道로써 천天을 대체하기도 했다. 조기가 천天이라고 불렀을 때에는 천天의 주체적 작용을 강조할 때 인데, 그것은 "천은 만물을 낳고 각각의 만물은 하나의 근원에서 나온다."거나 혹은 "천만이 이러한 인간의 본성을 악하게 만드는 것이 아니다."거나 혹은 "군주는 도술에 의하지 않고 천의 의지를 헤아릴 수 있다."라고 하는 것처럼 만물을 생성하고 인간에게 본성을 부여하면서 인간세상의 법칙의 근거가 되는 것이다. 또한 조기는 천도로 천을 대체하여 말하기도 하는데, 이는 천의 속성과 특징을 강조한 것이다. 즉 "천도는 광대하게 큰 것이며 사사로움이 없고 만물을 생성하지만 그것의 유래는 알 수가 없는 것이다."[9]라고 조기는 언급했는데, 이는 천도란 광대함과 사사로움이 없는 존재이기 때문에 그것이 만물을 생성할 때 그 근본을 알지 못한다고 하는 것이다.

> 인간의 본성에는 인함과 의로움 예의와 지혜의 단서가 있는데, 본심으로 그것을 제어하며 오직 마음으로서 만이 그것을 바르게 인도한다. 사람이 이러한 본심을 지극하게 하고 반성적 사고로써 선함을 실천할 수 있다면, 곧 그 본성을 인식한다고 말할 수 있다. 그러한 본성을 인식하게 되면 곧 천도가 선함을 귀하게 여기는 것을 알게 되는 것이다.[10]

천도는 선한 것을 귀하여 여기는 것이기 때문에 인의예지仁義禮智를 인간의 심성에 부여한 것이다.

---

9 『孟子章句』, 「滕文公上」注, "天道蕩蕩乎大無私, 生萬物而不知其所由來."

10 『孟子章句』, 「盡心上」注, "性有仁義禮智之端, 心以制之, 惟心爲正. 人能盡極其心, 以思行善, 則可謂知其性矣. 知其性, 則知天道之貴善者也."

> 천도는 생명을 좋아하고 어진 사람 역시 생명을 좋아한다. 천도는 친함이 없고 오직 인만이 이것과 함께 하는 것이다. 행위가 천도와 더불어 합치 되는 것을 하늘을 섬기는 까닭이라고 말하는 것이다.[11]

천도가 생명을 좋아하고 친함이 없기 때문에 사람과 더불어 생명을 좋아하는 인함이 있는 것이며, 아울러 천지만물을 인과 동일하게 보고 커다란 인仁을 실천하는 것이다. 그렇기 때문에 천도에는 선함을 귀하게 여기는 것과 생명을 좋아하는 것과 광대하게 크고 사사로움이 없는 특성이 있는 것이다.

조기가 도道로써 천天을 대체하여 언급했을 때는 천의 본체적인 성질을 강조한 것이다.

> 도를 음양이라고 일컫는데, 대도는 형체가 없고 살아 있는 것은 형체가 있다. 그것을 펼치면 천지사방을 채우지만 그것을 말면 주먹을 채우지 못하게 되는 것으로, 천지를 감싸고 있으면서 모든 생명체에게 부여된 것이다. 도와 기를 양성할 수 있고 의리를 실천할 수 있게 되면 이로써 항상 오장을 충만하게 만드는 것이다. 만일 그러지 못하게 될 경우에는 창자가 굶주리게 되어 사람이 굶주리게 되는 것과 같게 되는 것이다.[12]

조기가 "도道와 기氣를 양성할 수 있고 의리를 실천할 수 있게 되면 이로써 항상 오장을 충만하게 만드는 것이다."라고 인용한 문장 속에서 도道와 기氣를 합쳐서 부른 것에서와 같이 볼 수 있듯이 조기의 관념 속에서 도의 본질은 기라고 하는 사실을 알 수 있다. 즉 도道와 기氣는 천지

---

11 『孟子章句』, 「盡心上」注, "天道好生, 仁人亦好生. 天道無親, 惟人是與. 行與合天, 故曰所以事天也."

12 『孟子章句』, 「公孫丑上」注, "道謂陰陽, 大道無形而生有形, 舒之彌六合, 卷之不盈握, 包洛天地, 稟授群生者也. 言能養道氣而行義理, 常以充滿五臟. 若其無此, 則腹腸饑虛, 若人之餒餓也."

간에 가득 차 있으며 만물이 그것을 부여받아서 생명이 있게 만드는 한편 의리를 실천할 수 있도록 만들어 주는 것이다. 그렇다면 도道와 기氣는 도대체 어떠한 방식으로 의리를 실천할 수 있는 것일까?

> 이러한 것이 지극히 크고 강건하다고 하는 것은 바르고 곧은 기를 말하는 것이다. 그러나 그것은 작은 구멍을 관통하는 아주 미세한 것이기 때문에 신명에 의해서 다스려지는 것이다. 그렇기 때문에 그것에 대하여 언급하기가 어려운 것이다. 그것을 의리로써 기른다고 하는 것은 사악한 행위가 그것의 줄기를 해치지 않게 하는 것으로, 이는 곧 그러한 것이 무성하게 자라게 하여 천지간에 가득 차게 되어 덕에 의한 교화가 온 천하에 끝없이 펼쳐지게 하는 것이다.[13]

조기의 관념 속에 있어서 도는 곧 기氣이기 때문에, 그 역시 수많은 한대의 사상가들과 마찬가지로 기氣를 우주만물을 구성하는 요소로 간주하는 기화氣化 우주론적 입장을 견지하게 된 것이라고 말할 수 있다.

4. 성선설

조기는 "인간의 심성은 모두 같은 것이다."[14]라고 언급하여 인간의 심성은 모두가 같은 것이며 선한 것이라고 했다.

> 사람의 본성은 태어날 때부터 선한 것인데, 이는 물이 아래로 흘러내림과 같은 것이다. 그렇기 때문에 사람에게는 모두 선한 본성이 있다고 하는 것을 알 수 있는 것이며, 이는 물이 아래로 흐르지 않음이 없다고

13 『孟子章句』, 「公孫丑上」注, "言此至大至剛, 正直之氣也. 然而貫洞纖微, 治於神明, 故言之難也. 養之以義, 不以邪事幹害之, 則可使滋滿, 塞滿天地間, 布旅德教, 無窮極也."

14 『孟子章句』, 「告子上」注, "人之心性皆同也."

하는 것과 같은 것이다. 튀어 오름은 도약한다는 것이고 이마는 머리를 말하는 것이다. 사람이 손으로 물을 쳐서 튀어 오르게 하면 이마를 넘을 수 있고, 거세게 흐르게 하면 산에라도 올라가게 할 수 있지만 인위적인 힘에 의해서 그렇게 한 것일 뿐이지 물의 본성이 그러한 것은 아니다. 사람이 불선하게 될 수 있음은 그러한 본성을 따라서 그렇게 된 것이 아니고, 이익과 욕구의 유혹과 핍박에 의해서 그렇게 된 것일 뿐으로 물이 인위적인 힘에 의해서 거슬러 올라가는 것과 같은 것이다. 그러므로 사람의 본성은 선하지 않다고 말할 수 없는 것이다.[15]

조기는 맹자가 물이 아래로 흐른다고 하는 특성을 예로 들어서 사람의 본성이 선한 것이라고 하는 주장에 적극 공감했다. 또한 조기는 "인의예지는 사람이 모두 그것의 단서를 가지고 있는데, 이는 마음속에 있는 것으로 외부에서 나에게 녹아들어 온 것이 아니다."라고 언급하여 인의예지는 사람에게 선천적으로 갖춰져 있는 도덕으로 후천적인 학습에 의해서 생겨난 것이 아니라고 생각했다. 그래서 조기는 "인과 의는 안에서 생겨나는 것이고 그 가운데서 그것을 실천하게 되는 것이지 강제적인 힘에 의해서 인의를 실천하는 것은 아니다. 그렇기 때문에 성선 말할 때는 말씀마다 반드시 요순을 언급하셨던 것이다. 그러나 군자는 그러한 것을 보존하고 서민은 그러한 것을 버리고 그것에 말미암지 않을 뿐이다."[16]라고 하여 사람들 모두가 인의를 실천할 수 있게 되면 요임금이나 순임금과 같이 될 수 있다고 했던 것이다. 즉 모든 사람은 요임금이나 순임금과 선한 본성에 있어서는 같다는 것이다.

15 『孟子章句』, 「告子上」注, "人性生而有善也, 猶水之欲下也. 所以知人皆有善性, 似水無有不下者也. 躍, 跳. 顙, 額也. 人以手躍水, 可使過顙, 激之可令上山, 皆迫於勢耳, 非水之性也. 人之可使爲不善, 非順其性也, 亦妄爲利欲之勢所誘迫耳, 猶是水也. 言其本性非不善也."

16 『孟子章句』, 「離婁下」注, "仁義生於內, 由其中而行, 非强力行仁義也. 故道性善, 言必稱於堯舜. 但君子存之, 庶民去之而不由爾."

조기는 사람이 요임금이나 순임금과 같이 선한 본성을 가지고 있다고 하는 것 이외에 평범한 사람들 모두가 현명한 사람과 같이 서로 유사한 마음이 있다고 생각하여 "사람은 모두가 인의의 마음이 있다."[17]고 했던 것이다. 또한 조기는 사람에게는 인한 마음과 인한 본성이 있다고 했는데, 이는 곧 사람에게는 선천적으로 인한 마음과 인한 본성이 구비되어 있는 것이며, 이러한 본심과 본성은 모두 선한 것이라고 하는 것이다.

> 그렇게 하여 모든 일에 어지럽게 하는 것이 있게 되면 밤 동안 자라나는 바를 잃어버리게 만드는 것이다. 혼란이 반복되면 이익을 추구하는 마음이 본심에 해를 끼치게 되고, 밤사이에 길렀던 깨끗하고 조용한 기운을 다시 보존할 수 없게 되는 것이다. 사람들이 악한 사람이나 금수의 행위를 보고 일찍이 선한 본성이 없었다고 생각하는데, 이러한 것은 사람의 실상이 아닌 것이다.[18]

조기는 악한 사람과 금수를 같은 부류로 취급했다. 그러나 조기는 "악이나 악한행위는 자신의 선한 본성을 다 발휘하지 못했기 때문에 생기는 것이다. 그러므로 악한 사람이 있게 되는 것은 하늘이 그러한 사람에게만 악한 본성을 부여했기 때문이 아닌 것이다."[19]라고 언급하여, 악한 사람이 되는 것은 선천적으로 악한 본성을 가지고 태어난 것이 아니고, 자신의 선한 본성을 다 발휘하지 못했기 때문에 그렇게 되는 것이라고 주장했다. 또한 조기는 사람의 선한 본성을 언급했지만 그 안에 생리적인 본능은 포함시키지 않았다.

---

17 『孟子章句』, 「告子下」注, "仁皆有仁義之心."

18 『孟子章句』, 「告子上」注, "其所爲萬事有梏亂之, 使亡失日夜之所息也. 梏之反覆, 利害於其心, 其夜氣不能復存也. 人見惡人禽獸之行, 以爲未嘗存善本性, 此非人之情也."

19 『孟子章句』, 「告子上」注, "所以惡乃至是者, 不能自盡其才性也. 故使有惡人, 非天獨與此人惡性."

조기는 사람들 모두가 선한 본성을 가지고 있다고 생각했으며, 아울러 사람에게 "맛있는 것을 좋아하고 아름다운 색을 좋아하는 것이 사람의 본성이다."[20]라고 하는 생리적인 욕구가 내재되어 있다고 하는 사실을 인정했다.

> 사체라는 것은 사지를 말하는 것이고 이러한 사지를 나태하게 만들면 힘든 것을 싫어하고 안일한 것만 생각하게 된다. 이러한 것은 모든 사람들이 원하는 것으로 이러한 즐거움에는 장수하는 것과 많은 봉록을 받는 것이었지만, 사람들 모두가 그러한 소망이 같을 수는 없는 것이다. 평범한 사람은 정서가 욕구하는 것을 추구하지만 군자의 도는 인의를 우선으로 삼으며 예의로써 절제하여 생리적인 욕구가 추구하는 것을 따르지 않기 때문에 군자는 그러한 생리적인 욕구를 본성이라고 말하지 않는다.[21]

팔다리와 눈 귀 입의 욕구 역시 사람의 본성에 속한다고 할 수 있지만 "사람이 불선하게 될 수 있음은 그러한 본성을 따라서 그렇게 된 것이 아니고, 이익과 욕구의 유혹과 핍박에 의해서 그렇게 된 것일 뿐으로 물이 인위적인 힘에 의해서 거슬러 올라가는 것과 같은 것이다. 그러므로 사람의 본성은 선하지 않다고 말할 수 없는 것이다."[22]라고 한 것처럼 사람의 욕구는 항상 외부로부터의 유혹에 노출되어 있기 때문에 선하지 않게 되는 것이다. 그래서 조기는 감각기관의 욕구를 추구하는 사람을 소인이라고 단정 지었던 것이다.[23] 그렇기 때문에 군자는 감각기관의 욕

---

20 『孟子章句』, 「告子上」注, "人之甘食, 悅色者, 人之性也."

21 『孟子章句』, 「盡心上」注, "四體謂之四肢, 四肢懈倦, 則思安佚不勞苦. 此皆人性之所欲也, 得居此樂者, 有命祿, 人不能皆如其願也. 凡人則有情從欲而求可身, 君子之道, 則以仁義爲先, 禮節爲制, 不以性欲而苟求之也, 故君子不謂之性也."

22 『孟子章句』, 「告子上」注, "人之可使爲不善, 非順其性也, 亦妄爲利欲之勢所誘迫耳, 猶是水也. 言其本性非不善也."

23 『孟子章句』, 「告子上」注, "務口腹者爲小人."

구를 본성이라고 말하지 않았던 것이다. 그러므로 조기는 감각기관의 욕구를 선한 본성의 범주에서 제외시킨다.

> 사람들 모두에게 이러한 본심이 있다고 하는 까닭은 바로 평범한 사람이 찰나의 순간에 어린아이가 우물에 빠지려고 하는 상황을 목격했을 때, 현명하거나 어리석음에 관계없이 모두가 깜짝 놀라는 감정이 생기게 된다. 그러한 감정이 발생하게 되는 과정 속에는 다른 사람을 위해서도 아니고 불인한 사람이라고 하는 오명을 듣기 싫어서라고 하는 계산이 담겨져 있지 않기 때문에 두려워서 마음이 조마조마하다고 하는 것이다.[24]

사람에게는 타인의 불행을 불쌍하게 여기는 마음이 있기 때문에 찰나의 순간에 천진난만한 어린아이가 우물에 빠지려고 하는 상황을 목도했을 때 깜짝 놀라고 안타까워하는 감정이 발생하게 되는 것이다. 이러한 감정은 바로 심성에서 비롯되는 것이라고 할 수 있다.

> 본성과 감정은 서로 표리를 이루고 있는데, 선한 본성은 감정보다 우위에 있는 것이기 때문에 감정이 그러한 선한 본성을 따르게 되는 것이다. 『시경』에 "이렇게 슬프고 안타까운 감정"이라고 언급한 것은 감정이 본성을 따른다고 하는 것을 의미한다. 이러한 감정에 순응하여 그것을 선하게 하는 것을 진실로 선한 것이라고 말하는 것이다.[25]

본성과 감정은 서로가 표리관계를 이루고 있다고 할 수 있다. 본성은 선한 것이 되기 때문에 감정은 선한 본성을 따르게 되어 슬퍼하고 안타

---

24 『孟子章句』, 「公孫丑上」注, "所以言人皆有是心, 凡人暫見小孺子將入井, 賢愚皆有驚駭之情, 情發於中, 非爲人也, 非惡有不仁之聲名, 故怵惕也."

25 『孟子章句』, 「告子上」注, "性與情相爲表裏, 性善勝情, 情則從之. 詩經云: 此哀戚之情, 情從性也. 能順此情, 使之善者, 眞所謂善也."

까워하는 감정이 생겨나게 되는 것이다. 그러나 사람에게는 불선不善한 정서도 있기 때문에 선한 본성에 순응하지 않은 상태에서 발현 될 경우에 외부 사물에 얽매이게 되는 빌미를 주게 되는 것이다.

> 맹자가 말하기를 노인들이 구운 고기를 좋아하는 것은 모두 같은데, 이것은 좋아하는 감정 속에서 나온 것이다. 초나라 사람의 노인을 공경하는 것과 우리 집 노인을 공경하는 것 역시 자신의 감정과 본성이 그들을 공경하는 것과 같은 것이다. 비록 구운 고기가 자신의 것이 아니라고 하더라도 맛있게 보이는 것은 마찬가지이다. 그렇기 때문에 사물이 있으면 그러한 것에 대한 감정이 있게 되는 것이라고 하는 것이라고 했다.[26]

다른 사람의 노인을 공경할 수 있다고 하는 것은 자신의 노인을 공경하는 것과 같은 것이니, 이는 본성과 정서가 서로 상응하는 것으로 정서는 본성이 표현되는 것에서 발현될 수 있게 되는 것을 의미하는 것이다.

조기는 사람의 심성이 본래부터 선하다고 생각하여 "사람이 불선하게 될 수 있음은 그러한 본성을 따라서 그렇게 된 것이 아니고, 이익과 욕구의 유혹과 핍박에 의해서 그렇게 된 것일 뿐으로 물이 인위적인 힘에 의해서 거슬러 올라가는 것과 같은 것이다. 그러므로 사람의 본성은 선하지 않다고 말할 수 없는 것이다."라고 주장했으며, 또한 "만일 사람이 불선한 행위를 하게 된다면, 그것은 하늘이 부여한 본성의 죄가 아니고 외부 사물의 미혹에 의해서 그러한 행위를 하게 되는 것이다."라고 주장했던 것이다. 즉 조기는 사람이 불선不善한 행위를 하게 되는 원인으로 "이익과 욕구의 유혹과 핍박" 혹은 "외부 사물의 미혹"과 같은 것들을 들었으며, 이들 모두가 외부 환경의 영향을 받는 것이라고 생각했다. 그

26 『孟子章句』, 「告子上」注, "孟子曰: 耆炙同等, 情出於中. 敬楚人之老, 與敬己之老, 亦同己情性敬之. 雖非己炙, 同美, 故曰物則有然者也."

래서 조기는 흉년이 든 해에는 사람들의 본래 선한 심성이 표출될 수 없다고 하는 사실을 강조했던 것이다.

> 하늘이 내려준 자질과 본성이 그러한 것과 다른 것이 아니다. 굶주림과 추위 같은 재앙이 그러한 선한 본심을 빠져들게 하여 악한 행위를 하게 만드는 것이다.[27]

> 항심이 있다는 것은 사람에게 항상 선한 본심이 있다는 것이다. 오직 학문을 배운 선비의 마음만이 비록 궁핍한 상황에 처할지라도 그러한 도(선한 본심)를 잃지 않으며 구차하게 재물을 구하려 하지 않는 것이다. 일반 사람들은 굶주림과 추위에 못 이겨 그러한 선한 본심을 항상 지키지 못하게 되는 것이다.[28]

굶주림과 추위와 같은 재난은 사람의 선한 본성을 악행에 빠져들게 만들어서 결국에는 사람이 악한 행위를 하게 만드는 요인이 되는 것이라고 할 수 있는 것이다.

비록 외부의 환경이 사람의 선한 심성을 변화시키는 중요한 요인이 된다고 할지라도 가장 주요한 요소는 바로 자기 자신의 주체적인 역량이라고 할 수 있다.

> 스스로가 선한 행위를 할 수 없다고 하는 것은 스스로 선한 본성을 해쳐서 선한 행위를 할 수 없게 만드는 것이다.[29]

> 인·의·예·지는 모두가 사람에게 그러한 단서가 있는 것으로 내부에

27 『孟子章句』, 「告子上」注, "非天降下才性與之異也, 以饑寒之厄陷溺其心, 使爲惡者也."

28 『孟子章句』, 「梁惠王上」注, "恒心, 人常有善心也. 惟有學士之心者, 雖窮不失道, 不求苟得耳. 凡民迫於饑寒, 則不能守其常善之心也."

29 『孟子章句』, 「公孫丑上」注, "自謂不能爲善, 自賊害其性, 使不爲善也."

간직되어 있는 것이지 외부로부터 나에게로 녹아져 들어온 것이 아닌 것이다. 그러한 것을 구하여 보존하면 그것을 얻어서 활용할 수 있고, 그것을 놓아서 버려버리면 잃게 되는 것이다.[30]

모든 사람들에게는 인仁·의義·예禮·지智의 심성이 갖춰져 있는데, 만일 "그러한 본심을 보존할 수 있고 그러한 선한 본성을 잘 기를 수 있다면"[31] 곧 "고수를 아비로 모시고 있으면서도 순이 변하여 악행을 할 수 없었다. 걸을 임금으로 모시면서 미자계와 비간이 형제의 친함이 있어서 그 두 사람을 불인하게 만들지 못했다."[32]와 같이 만들 수 있는 것이다. 그러나 만일 자신의 선한 본성을 해치게 되면 곧 불선不善을 하게 되는 것이다.

조기는 사람의 선한 본성을 변하게 만드는 주요한 요인으로 사람의 주동적인 통제작용에 있는 것이라고 생각했다. 그렇기 때문에 심성의 개선에 있어서 조기는 마음의 주동적인 제어작용을 중요시 했던 것이다.[33]

본성에는 인·의·예·지의 단서가 있는데, 마음이 그러한 것을 제어하며 오직 본심만이 올바르게 한다. 사람이 그러한 본심을 지극하게 다할 수 있으면 그러한 것으로 반성적 사고를 통하여 선을 실천하게 되는 것이니, 이러한 것을 일컬어 그러한 본성을 안다고 하는 것이다.[34]

본심의 제어하고 통제하는 기능과 반성적 사고 기능의 발휘를 통하여

30 『孟子章句』, 「告子上」注, "仁·義·禮·智, 人皆有其端, 懷之於內, 非從外銷鑠我也. 求存之, 則可得而用之; 舍縱之, 則亡失之矣."

31 『孟子章句』, 「盡心上」注, "能存其心, 養育其正性"

32 『孟子章句』, 「告子上」注, "瞽瞍爲父, 不能化舜爲惡. 紂爲君, 又與微子比干有兄弟之親, 亦不能使其二子爲不仁."

33 『孟子章句』, 「盡心上」注, "心者, 人之北辰也."

34 『孟子章句』, 「盡心上」注, "性有仁·義·禮·智之端, 心以制之, 惟心爲正. 人能盡極其心, 以思行善, 則可謂知其性矣."

선을 인식하고 그러한 선을 실천하는 것이다.

> 의지는 본심이 사려하는 것이다. 기는 육체에 가득 차있는 것이기 때문에 기쁨과 성냄이 되는 것이다. 의지는 기를 통솔하여 그것이 행하는 것이 올바른지의 여부를 헤아리는 것이다.[35]

> 의지는 그러한 근본을 확립하려고 하는 것이 되고, 기는 다음에 따라오는 것이 되는 것이다.[36]

> 의지가 지향한다고 하는 것은 기가 그러한 의지의 마땅히 올바른 것을 따른다고 하는 말이다. 그러한 의지를 견지하게 되면 그러한 기가 어지럽지 않게 되고, 그럼으로써 제멋대로 기쁨과 성냄의 감정이 사람에게 더해지지 않게 되는 것이다.[37]

의지는 본심의 사고 기능을 집중시킬 수 있다. 즉 의지는 사람의 정신을 이끌어 나갈 수 있는 것으로, 만일 의지에 의해서 선한 본심을 항상 견지시킬 수 있게 된다면 기쁨이나 성냄과 같은 감정이 제멋대로 사람에게 더해질 수가 없게 될 것이다. 그렇기 때문에 조기는 "마음이 선함을 생각하지 않기 때문에 그러한 도를 잃게 되어 소인배의 나락으로 전락되는 것이다."[38]라고 언급했던 것이다.

> 하늘이 사람에게 부여한 것은 정서와 본성인데, 먼저 그 큰 것을 확립하는 것을 일컬어 선천적으로 가지고 있는 선한 본성이라고 하는 것이

35 『孟子章句』, 「公孫丑上」注, "志, 心所念慮也. 氣, 所以充滿形體, 爲喜怒也. 志帥氣而行之, 度其可否也."

36 『孟子章句』, 「公孫丑上」注, "志爲至要之本, 氣爲其次焉."

37 『孟子章句』, 「公孫丑上」注, "言志所向, 氣隨之當正. 持其志, 無亂其氣, 妄以喜怒加人也."

38 『孟子章句』, 「告子上」注, "心官不思善, 故失其道而陷爲小人也."

> 다. 작은 것은 정욕이라고 한다. 선함은 악함을 이기는 것이라고 하는 것은, 곧 악함이 그러한 선한 본성을 빼앗을 수 없다는 것을 의미할 따름이다.[39]

또한 마음은 사려하는 것의 주체가 되는 것이고 사악한 짓을 하는 것을 방지해주는 역할도 한다.

> 바로잡아 고친다고 하는 것은 비뚤어진 마음을 바르게 하는 것으로, 스스로가 선천적으로 선한 본성을 깨닫는 것이다. 그런 후에 여유 있거나 모자란 것을 따르거나 떨쳐버리고 덕성과 시혜를 더하는 것이다.[40]

마음이 만일 사특한 것에 치우쳐 있게 되면 그러한 것을 올바르고 곧게 만들어 본래 선한 심성으로 돌아가게 만들어야 하는 것이다. 이와 같이 조기는 맹자의 심성을 확충한다고 하는 함양공부를 계승하였다.

> 무릇 사단이 나에게 있다고 하는 것은, 그러한 것을 모두 확대시켜 채우고 크게 할 줄 안다면, 마치 불이나 샘물이 처음에는 작게 시작되더라도 커다랗게 확대되면 이르지 않는 곳이 없게 되는 것과 같은 것이다. 사람 스스로가 자신의 사단을 깨닫고 그러한 것을 크게 채울 수 있다면 천하의 모든 백성들 보호할 수 있지만 크게 채우지 못한다면 안으로는 부모를 섬기기에도 부족하게 되는 것이다. 인·의·예·지가 없는데 어떻게 부모를 섬기겠는가?[41]

---

39 『孟子章句』, 「告子上」注, "天所與人情性, 先立乎其大者, 謂生而有善性也. 小者, 情欲也. 善勝惡, 則惡不能奪之而已矣."

40 『孟子章句』, 「滕文公上」注, "匡正直其曲心, 使自得其本善性, 然後從而振其羸窮, 加德惠也."

41 『孟子章句』, 「公孫丑上」注, "凡有四端在於我者, 知皆擴而充大之, 若火泉之始微小, 廣大之則無所不至. 以喩人之四端也, 人誠能充大之, 可保安四海之民, 誠不充大之, 不足

사람에게 선천적으로 갖춰져 있는 선한 심성을 확대하고 충실하게 만들면 가까이는 부모를 봉양할 수 있고 멀리는 천하를 보전할 수 있게 되는 것이다. 그러므로 선한 심성을 충실하게 발휘함으로써 내성외왕의 경지를 실천할 수 있게 되는 것이다.

> 무릇 사람에게는 감정이 있어서 욕구를 쫓고 추구하는 것에 자신을 맡기지만, 군자의 도는 인의를 우선으로 삼고 예의 절도로 제어하여 본성의 욕구가 원하는 것을 추구하지 않는다.[42]

> 사람은 감정에 의해서 욕구를 쫓아서는 안 되고 마땅히 예의에 따라서 행위를 해야 한다고 하는 말이다.[43]

생리적인 정욕 역시 선천적으로 타고 나는 것이라고 할 수 있다. 그러나 이러한 생리적인 정욕은 외부 사물에 의해서 속박되고 이끌리게 되어 선하지 않은 행위를 하게 되는 것이다. 그렇기 때문에 마땅히 예의 절도로써 제어해야 만이 그것이 정서와 이치에 부합되는 범위 내에서 발전하게 되어 결국에는 "자신이 원하는 것을 다른 사람이 추구할 수 있도록 만들어준다. 그렇게 하면 선한 사람이 되는 것이다. 자신이 원하지 않는 것을 다른 사람에게 베풀지 않는다. 자신에게 그러한 것이 있으면 다른 사람에게도 그러한 것을 있게 해준다. 그렇게 하면 신뢰할 수 있는 사람이 되는 것이다."[44]와 같은 경지에 이르게 되는 것이다. 즉 내 자신이 욕구하는 것은 타인 역시 욕구하는 것이며, 내 자신이 원하지 않는 것을

以事父母, 言無仁義禮智, 何以事父母也?"

42 『孟子章句』, 「盡心下」注, "凡人則有情從欲而求可身, 君子之道, 則以仁義爲先, 禮節爲制, 不以性欲而苟求之也."

43 『孟子章句』, 「滕文公下」注, "言人不可觸情從欲, 須禮而行."

44 『孟子章句』, 「盡心下」注, "己之可欲, 乃使人欲之, 是爲善人. 己所不欲, 勿施於人也. 有之於己, 乃謂人有之, 是爲信人."

타인에게 강요하지 말라는 것이다.

5. 맺는 말

이상과 같이 조기의 인성론 사상에 대하여 조기의 생애와 천에 대한 분석 및 성선설에 대한 조명을 중심으로 살펴보았는데, 이를 정리하면 다음과 같다.

조기는 후한 영수 연간에 공조벼슬을 하게 되나, 이러한 벼슬 때문에 유력한 환관 당형의 형인 당현에게 질시를 받게 된다. 그 후 당현이 경조윤에 임명되자 조기는 화가 미칠 것을 염려하여 도피하지만, 조기의 가솔들과 종친들은 모두 죽음을 당한다. 그 후 연희 7년에 조기는 사면되고 병주자사로 제수된다. 그러다가 후한 영제 재위시기에 조기는 의랑과 태복의 벼슬을 역임한다. 또한 조조가 정권을 잡았을 때는 사공의 지위에 오르기도 하다가 태자소부인 공융의 천거로 태상의 벼슬을 제수 받게 된다. 이후 구십 여세까지 살다가 건안 6년에 세상을 떠났다.

조기는 천天을 사람의 본성의 근원으로 삼았다. 또한 조기는 때로는 천도天道 혹은 도道로써 천天을 대체하기도 했다. 조기가 천天이라고 불렀을 때에는 천天의 주체적 작용을 강조할 때 인데, 그것은 만물을 생성하고 인간에게 본성을 부여하면서 인간세상의 법칙의 근거가 되는 것이다. 또한 조기는 천도로 천을 대체하여 말하기도 하는데, 이는 천의 속성과 특징을 강조한 것이다. 즉 천도란 광대함과 사사로움이 없는 존재이기 때문에 그것이 만물을 생성할 때 그 근본을 알지 못한다고 하는 것이다. 아울러 천도는 선한 것을 귀하여 여기는 것이기 때문에 인의예지仁義禮智를 인간의 심성에 부여한 것이다. 또한 천도가 생명을 좋아하고 친함이 없기 때문에 사람과 더불어 생명을 좋아하는 인함이 있는 것이며, 아울러 천지만물을 인과 동일하게 보고 커다란 인仁을 실천하는 것이다.

그렇기 때문에 천도에는 선함을 귀하게 여기는 것과 생명을 좋아하는 것과 광대하게 크고 사사로움이 없는 특성이 있는 것이다.

조기는 "인간의 심성은 모두 같은 것이다."라고 언급하여 인간의 심성은 모두가 같은 것이며 선한 것이라고 했다. 즉 조기는 맹자가 물이 아래로 흐른다고 하는 특성을 예로 들어서 사람의 본성이 선한 것이라고 하는 주장에 적극 공감했다. 또한 조기는 "인의예지는 사람이 모두 그것의 단서를 가지고 있는데, 이는 마음속에 있는 것으로 외부에서 나에게 녹아들어 온 것이 아니다."라고 언급하여 인의예지는 사람에게 선천적으로 갖춰져 있는 도덕으로 후천적인 학습에 의해서 생겨난 것이 아니라고 생각했다. 그래서 조기는 사람들 모두가 인의를 실천할 수 있게 되면 요임금이나 순임금과 같이 될 수 있다고 했다. 즉 모든 사람은 요임금이나 순임금과 선한 본성에 있어서는 같다는 것이다.

조기는 사람이 요임금이나 순임금과 같이 선한 본성을 가지고 있다고 하는 것 이외에 평범한 사람들 모두가 현명한 사람과 같이 서로 유사한 마음이 있다고 생각하여 "사람은 모두가 인의의 마음이 있다."고 했던 것이다. 또한 조기는 사람에게는 인한 마음과 인한 본성이 있다고 했는데, 이는 곧 사람에게는 선천적으로 인한 마음과 인한 본성이 구비되어 있는 것이며, 이러한 본심과 본성은 모두 선한 것이라고 했다.

조기는 사람의 심성이 본래부터 선하다고 생각하여 "사람이 불선하게 될 수 있음은 그러한 본성을 따라서 그렇게 된 것이 아니고, 이익과 욕구의 유혹과 핍박에 의해서 그렇게 된 것일 뿐으로 물이 인위적인 힘에 의해서 거슬러 올라가는 것과 같은 것이다. 그러므로 사람의 본성은 선하지 않다고 말할 수 없는 것이다."라고 주장했으며, 또한 "만일 사람이 불선한 행위를 하게 된다면, 그것은 하늘이 부여한 본성의 죄가 아니고 외부 사물의 미혹에 의해서 그러한 행위를 하게 되는 것이다."라고 주장했다. 즉 조기는 사람이 불선不善한 행위를 하게 되는 원인으로 "이익과 욕구의 유혹과 핍박” 혹은 “외부 사물의 미혹”과 같은 것들을 들었으며, 이들 모두가 외부 환경의 영향을 받는 것이라고 생각했다. 그래서 조기는 흉년이 든 해에는 사람들의 본래 선한 심성이 표출될 수 없다고 하는 사실을 강조했던 것이다.

참고문헌

1. 趙岐, 『孟子章句』, 『四部叢刊』 本.
2. 范曄, 『後漢書』, 北京, 中華書局, 1990년.
3. 黃俊傑 主編, 『孟子思想的歷史發展』, 臺北, 中央研究院 中國文哲研究所籌備處, 1995년.
4. 劉鄂培, 『孟子大傳』, 北京, 清華大學出版社, 1998년.
5. 조원일, 『맹자의 철학사상』, 광주, 전남대학출판부, 2012년.

제6장

순열의 유학사상

1. 시작하는 말

동한 말기에 여러 차례의 천재지변이 발생하게 되자 이로 인하여 일반 백성들 특히 농민들은 매우 심각한 지경의 고통을 받게 된다. 이러한 고통 위에 동한 황실의 외척세력과 환관세력 등의 득세는 정치적 혼란을 가중시키게 된다. 또한 이러한 혼란을 틈타 수많은 탐관오리들이 백성들을 갈취하는 한편 국가적 차원에서 자행된 백성들에 대한 가혹한 부역 및 과중한 세금부담은 일반 백성들의 삶을 피폐하게 만드는 주요한 요인으로 자리매김 하게 된다.

이러한 동한 왕조의 정치적 사회적 폐해는 사회적으로 상당히 심각한 영향을 미치게 되어 동한의 사회적 시스템은 급속하게 허물어져 가게 된다. 이와 같은 동한 왕조의 위기 상황은 당시의 지식인들에게 자신들이 처한 현실사회에 대한 유학의 도의적 비판을 하게 만들어 그러한 것을 주요한 과제로 삼는 일군의 사회비판 사조 학자집단을 형성시킨다. 이러한 학자들 가운데 순열은 대표적인 비판사상가였다고 할 수 있다.

아울러 이 시기에는 유가사상과 도가사상 및 법가사상이 적절한 조화를 이루어 융합된 형태의 새로운 사상체제를 구축하는 경향을 보이고 있는 시기였다고 할 수 있다. 마찬가지로 순열은 당시의 학문적 분위기에서 자유로울 수는 없었다고 할 수 있다. 즉 순열의 사상은 유학을 기본적인 골격으로 하고 도가와 법가사상이 가미된 형태의 사상체계를 이루고 있었다고 할 수 있다. 이러한 순열 사상의 종합적인 특색은 그의 인성론사상에서 가장 두드러지게 나타나고 있다고 할 수 있다.

본문에서는 순열의 인성론에 대하여 순열의 생애와 천과 도에 대한 분석 및 성선악설에 대한 조명을 중심으로 논의를 진행해보도록 하겠다.

2. 순열의 생애

순열荀悅(A.D 148~209년)의 자는 중예仲豫로 영천潁川 영양潁陽사람으로 순자의 십 삼대 후손이다.[1] 『후한서後漢書』의 기록에는 “순열은 열두 살에 『춘추春秋』에 대하여 언급할 수 있었다. 집안이 가난해서 책을 살 수 없게 되자 매일 한가한 시간을 이용하여 서점에 가서 책을 읽었는데, 한번 보면 대부분을 암기할 수 있었다. 천성이 조용하고 용모가 단정하였으며 저술하는 것을 특히 좋아했다.”[2]라고 하는 사실이 잘 나타나 있다. 또한 순열의 조부 순숙荀淑은 유학의 종사에 오르기도 했다. 이는 『후한서』의 “당시 세상에 유명한 현자로 이고와 이응 등이 있었는데 모두 그를 종사로 모셨다.”[3]라고 하는 기록에 잘 드러나 있다. 아울러 순숙에게는 자질이 매우 출중한 여덟 명의 아들이 있었는데, 사람들로부터 여덟 마리의 용이라고 불렸으며 전설 속 고양씨高陽氏의 여덟 명의 아들과 같이 비유되곤 했다. 순씨 집안의 거주지 역시 서호西豪로 불리어지다가 후에 고양高陽으로 바뀌게 된다. 이와 같은 사실은 당시 순씨 집안의

1 潁陽은 오늘날 河南省 登封市의 북부지역에 해당된다.

2 『後漢書』, 「荀悅傳」.

3 『後漢書』, 「荀淑傳」.

사회적 지위와 위상이 이미 상당히 높은 정도에 이르렀음을 알 수 있게 해준다. 이러한 까닭으로 순열의 가문은 당고黨錮의 화禍에 연루되어 박해를 받게 된다. 순열의 숙부였던 순상荀爽은 "당고의 화를 피해 바닷가에서 은둔하다가 남쪽 한수 근처에서 십여 년을 숨어 살았다."[4]고 했으며, 순열 역시 핍박을 받게 되자 "병을 핑계로 은거하여 당시의 사람들이 그를 알지 못했다."고 하는 상황에 처하게 되었다.

그 후에 순열은 헌제獻帝 재위시기에 조조의 수하에서 황문시랑黃門侍郎의 벼슬을 맡게 된다. 동한의 헌제는 문학을 무척이나 좋아해서 순열과 태자소부太子少府인 공융孔融이 황궁에서 시강侍講을 했는데, 보통 한 번 시작하면 저녁때까지 지속되곤 했었다. 그럴 때마다 황제를 보필하던 신하들과 환관들은 피곤을 이기지 못하고 자리를 떠났다. 순열은 벼슬생활을 순조롭게 하다가 육십 일세의 나이로 생을 마감한다.

순열은 "정권이 조조의 손으로 넘어가고 천자는 명목상의 존재로 공경만 받을 뿐인 신세로 전락했다. 순열은 헌제가 다시 권력을 회복할 수 있기를 원했지만 불가능 하다고 하는 사실을 깨닫게 된다."[5]라고 하는 현실을 통감하였기 때문에 역사적 교훈과 경험을 총괄하는 한편 유가의 도리로써 선대와 한나라 시기의 정치적 공과를 비교 검토하여『신감申鑒』을 저술하여 군주에게 거울로 삼게 하고자 했다. 헌제는 순열의『신감』을 읽어보고 매우 좋아했다. 이러한『신감』에는 순열 자신의 철학사상이 반영되어 있다고 할 수 있다.

순열 사상의 특징에 대한 후세 학자들 견해는, 먼저 그의 사상의 주요한 근원을 전통유학에서 찾기 때문에 정통 유가학파의 학설이라고 부르기도 한다. 다른 한편으로는 순열이 동한 말기의 사상에 대하여 비판과 반성을 신랄하게 했기 때문에 동한 말기의 비판사조라고 부르기도 한다.

4『後漢書』,「荀爽傳」.
5『後漢書』,「荀悅傳」.

예를 들자면 정사허鄭師許나 와타나베 히데가타渡邊秀方와 같은 학자들이 순열을 유가학파로 분류하기도 한다.[6] 그리고 임계유任繼愈나 주순남周舜南의 경우 순열을 동한 말기 사회비판 사조의 대표적인 인물로 보기도 한다.[7] 또한 주계전周桂鈿의 경우에는 순열의 사상을 "변함없이 유가사상의 인의의 도를 지도사상으로 삼았다. 결론적으로 말하면 여전히 경학의 범주에 속하는 것이다."[8]라고 하였으며, 순열을 동한 말기의 사회비판 사조의 대표적인 인물로 삼았다.

또한 순열의 정치사상에 대하여 유택화劉澤華의 경우 중장통仲長統의 정치사상과 비교하여 "덕성과 형벌로 국가를 통치하는 과정 속에서 통치자 자신의 행위에 중점을 두었다……순열은 덕성과 형벌을 병용하는 기초 위에 진일보한 치국방략의 기술을 제시했다."[9]와 같이 언급했다. 그리고 하증민夏增民의 경우에는 윤리사상이 순열의 정치사상의 방법론이라고 주장했다. 즉 그는 순열의 정치의 함의는 군주와 신하, 덕성과 형벌의 관계 그리고 백성들에 대한 중시와 국가제도 시스템의 분명한 확립 등을 포괄하고 있는 것으로, 이는 동한 말기의 유가와 법가 그리고 유가와 도가사상의 통합의 경향을 반영하는 것이라고 했다.[10]

순열은 비록 동중서의 천인감응설天人感應說을 계승했지만 그는 오히려 사람은 마땅히 천지의 자연법칙에 순응해야 한다고 하는 것을 강조하여, 동중서의 인격신적인 천의 천인상응설天人相應說의 이론적 토대를 와

6 鄭師許, 「漢末年儒家學者荀悅的思想」, 『青年進步』, 1931년, 141期. 渡邊秀方, 『中國哲學史概論』, 臺北, 臺灣商務印書館, 1976년.

7 任繼愈, 『中國哲學發展史-秦漢卷』, 北京, 人民出版社, 1985년. 周舜南, 「東漢後期的社會批判思潮」, 『船山學刊』, 1999년, 2期.

8 周桂鈿, 『秦漢思想史』, 石家莊, 河北人民出版社, 2000년, 471쪽 참조.

9 劉澤華, 『中國政治思想史-秦漢魏晉南北朝卷』, 杭州, 浙江人民出版社, 1996년, 393~396쪽 참조.

10 夏增民 「試論荀悅政治思想簡論」, 『華中理工大學學報-社會科學版』, 1999년, 4期, 6~9쪽 참조.

해시킨다. 그래서 진계운陳啓雲의 경우 "순열의 사상은 한나라 시기의 사조를 종결시킨 마지막 장을 장식했으며 아울러 중고사상사의 핵심단락을 열었다고 할 수 있는 것이다."[11]라고 언급했던 것이다.

3. 천과 도

순열은 동중서의 천인상응설天人相應說을 계승하여 천을 지고무상의 권위를 가진 최고의 주재자로 생각했다.

> 군주는 천명을 계승하여 백성을 기르는 사람이다. 백성이 존재하면 사직이 존재하고 백성이 없으면 사직도 없게 된다. 그러므로 백성을 소중하게 여긴다고 하는 것은 사직을 귀중하게 여기는 것이며 천명을 계승하는 것이다.[12]

> 선왕이 정치를 할 때 제일 먼저 천명을 계승한다고 말했고 두 번째로 자신을 바르게 한다고 말했으며 세 번째로 현명한 사람을 등용한다고 했으며 네 번째로 백성들을 친애한다고 했으며 다섯 번째로 제도를 명확하게 밝힌다고 했으며 여섯 번째로 대업을 세운다고 말했다. 천명을 계승하는 것은 허락을 받아야 하는 것이고, 자신을 바르게 한다고 하는 것은 항상 그래야 하는 것이고, 현명한 사람을 등용하는 것은 한결같이 해야 하는 것이며, 백성을 친애하는 것은 힘써해야 하는 것이고, 제도를 명확하게 밝히는 것은 규범을 갖춰야 하는 것이고, 대업을 세운다고 하는 것은 다스린다는 것이다. 이러한 것을 정치의 요체라고 한다.[13]

---

11 陳啓雲, 『中國古代思想文化的歷史論析』, 北京, 北京大學出版社, 2001년, 256쪽 참조.

12 『申鑒』, 「雜言上」, "人主承天命以養民者也, 民存則社稷存, 民亡則社稷亡, 故重民者, 所以重社稷而承天命也."

13 『申鑒』, 「政體」, "惟先哲王之政, 一曰承天, 二曰正身, 三曰任賢, 四曰恤民, 五曰明制,

군주는 천명을 받들어 백성들을 다스리는 사람이다. 군주가 정치를 함에 있어서 제일 중요한 것은 바로 천명을 받아야 하는 것이고, 이러한 천명을 받음으로써 자신을 바르게 할 수 있는 것이고 백성들 앞에 떳떳하게 나설 수 있게 되는 것이다.

> 무릇 해 달 별의 정기의 변이는 모두 음양의 정기에 의한 것이다. 음양의 정기는 본래 대지에 근원하는 것이나 위로 올라가 하늘에서 펼쳐지는 것이다. 땅에서 정치가 어지러워지면 하늘에서 변화가 발생하게 된다. 이는 형상의 그림자와 같은 것이고 소리의 메아리와 같은 것이다. 그러므로 현명한 군주는 그러한 변이현상을 보게 되면 바로 깨닫고 삼가하고 자신을 바르게 한다. 또 자신의 허물을 반성하고 과오를 사죄하면 재앙이 제거되고 복이 생겨나게 되는 것이다.[14]

하늘은 인간세상의 변화와 발전을 주도하고 사람은 하늘의 뜻을 계승하고 그것에 부합하게 행동해야 하는 존재다.

순열은 천이 정치와 인간사의 변화를 주재한다고 생각했으며, 사람의 본성 역시 하늘이 부여한 것이라고 하는 주장을 했다.

> 어떤 사람이 성명에 대하여 물었다. 태어나면서부터 가지게 되는 것을 본성이라고 하는데, 육체와 정신이 바로 그러한 것이다. 삶을 시작하고 마감하는 것을 운명이라고 하는데, 길함과 흉함이 바로 그러한 것이다. 무릇 삶은 나 자신이 제어하는 것이고 본성과 운명은 그대로 존재하는 것일 뿐이다.[15]

六曰立業. 承天惟允, 正身惟常, 任賢惟固, 恤民惟勤, 明制惟典, 立業惟敦, 是謂政體也."

14 『漢紀』, 「高皇后紀」.

15 『申鑒』, 「雜言上」, "或問性命. 曰: 生之謂性也, 形神是也, 所以立生終生者之謂命也, 吉凶是也. 夫生我之制, 性命存焉爾."

비록 순열이 "태어나면서부터 가지게 되는 것을 본성이라고 한다."라고 하는 언급만 했을 뿐 천天의 본성에 대한 주체적 작용성에 관해서는 명확하게 지적하지 않았을 지라도, 천天이 우주의 본원이며 주재자가 된다고 하는 의미 속에는 천天에게 인간의 본성에 대한 규정성이 담겨져 있다고 할 수 있다. 즉 이러한 의미의 천天 관념 속에는 인간의 본성을 지배한다고 하는 의미가 포함되어져 있다고 할 수 있는 것이다.

> 안으로는 본성을 상하게 하지 않고 외부적으로는 사물을 상하게 하지 않는 것이 위로는 천도에 위배되지 않는 것이고 아래로 인도에 위배되지 않는 것이다. 올바른 곳에 처하여 중도에 거하면 육체와 정신이 조화를 이루게 되는 것이다. 그러므로 허물을 불러들이지 않고 경사스러운 일이 모이게 되는 것이니, 이러한 것이 바로 장수의 비결인 것이다.[16]

중화中和를 받아서 본성을 상하게 하지 않으면 곧 천의 의지에 위배되지 않는 것이다. 그리고 본심의 좋아함과 싫어함의 취향은 천명을 따르는 것을 표준으로 삼아야 하는 것이다. 사람의 성명性命은 천으로부터 제어 받는 것이며 천명이 사람에게 내재되어 있는 것이 본성이 되는 것이다. 아울러 순열은 "하늘은 도를 만들고 황제는 법을 만든다."[17]라고 하여 천이 모든 만물과 만사를 주재하는데, 그것의 발전에는 규칙이 있다고 했으며 그러한 규칙이 도가 되는 것이라고 했다.

> 하늘의 도를 세우는 것은 음과 양이고, 대지의 도를 세우는 것은 부드러움과 강건함이며, 사람의 도를 세우는 것은 인과 의이다. 음양으로써 그것의 정기를 통솔하고 강건함과 부드러움으로써 그것의 다양한 형체

16 『申鑒』, 「俗嫌」, "內不傷性, 外不傷物, 上不違天, 下不違人, 處正居中, 形神以和, 故咎徵不至, 而休嘉集之, 壽之術也."

17 『申鑒』, 「政體」, "天作道, 皇作極."

> 를 품별하고 인의로써 그것의 사업을 경영하는 것이 바로 도가 되는 것이다.[18]

순열은 음양陰陽·강유剛柔·인의仁義로써 각각 하늘과 대지와 사람의 본질을 삼았는데, 도道는 하늘과 대지와 사람이라고 하는 각기 다른 범주 속에서 서로 다른 형식으로 나타난다. 도道는 만물과 만사를 통섭하는 것으로 우주의 본체이자 근원이 되는 것이다.

> 오직 도를 활용할 수 있어야 만이 본성대로 장수할 수 있게 된다. 만일 그러한 본성이 아닐 경우에는 수신을 해도 도달하지 못하게 된다. 학문을 연마하면 반드시 성인의 경지에 도달할 수 있는 것이며 본성을 지극하게 할 수 있게 되는 것이며, 장수를 위해서 반드시 도를 활용할 경우 운명을 지극하게 만드는 것이다.[19]

도道 역시 사람에게 간직되어져 있는 것으로 그것이 곧 사람의 심성이 되는 것이다. 인仁과 의義는 바로 인도人道의 본질이 되는 것으로 곧 사람의 심성의 내함이 되는 것이다. 천天은 인간의 심성이 형성되는 것을 주재하고, 도道는 사람의 심성의 내함이 담겨져 있는 것이다. 그렇기 때문에 천과 도는 사람 심성의 근원이 된다고 하는 측면에서 볼 때, 천은 바로 심성의 작용성을 강조한 것이고 도는 심성의 본체적인 의미에 치우쳐 있는 것이라고 할 수 있는 것이다. 그러므로 사람의 심성은 하늘이 부여한 것이고 도는 천의 의지가 아래로 사람의 심성 속에 체현되어 있는 것임과 동시에 사람이 현실 생활을 해나가는 과정 속에서 변화 발전해나

18 『申鑒』, 「政體」, "立天之道, 曰陰與陽; 立地之道, 曰柔與剛; 立人之道, 曰仁與義. 陰陽以統其精氣, 剛柔以品其群形, 仁義以經其事業, 是為道也."

19 『申鑒』, 「俗嫌」, "惟能用道, 則性壽矣. 苟非其性也, 修不至也. 學必至聖, 可以盡性, 壽必用道, 所以盡命."

가는 것이다.

4. 성선악혼재설

> 어떤 사람이 성명에 대하여 물었다. 태어나면서부터 가지게 되는 것을 본성이라고 하는데, 육체와 정신이 바로 그러한 것이다. 삶을 시작하고 마감하는 것을 운명이라고 하는데, 길함과 흉함이 바로 그러한 것이다. 무릇 삶은 나 자신이 제어하는 것이고 본성과 운명은 그대로 존재하는 것일 뿐이다.[20]

> 무릇 정신이라고 하는 것은 기에 상당히 가까운 것인데 기가 있으면 그것에 형체가 있게 되는 것이고, 정신이 있으면 그것에 좋아하고 싫어하고 기뻐하고 노여워하는 감정이 있게 되는 것이다. 그러므로 사람에게 감정이 있는 것이며 기에 의해서 형체가 생겨나게 된 것이다. 선함에는 흑백이 있고 정신에는 선악이 있는 것이고, 형체와 흑백은 함께 하는 것이고 감정과 선악은 함께 하는 것이다.[21]

순열은 고자의 "태어나면서부터 가지게 되는 것을 본성이라고 한다."라고 하는 명제를 인용하여 본성은 태어날 때부터 가지고 있는 것으로 사람이 자연적으로 부여받은 것이 되는 것이며 그 안에는 형체와 정신을 포함하고 있다고 설명했다. 형체는 사람의 육체와 구체적인 생명을 가리키는 것으로 모두가 기氣에 의해서 갖춰지게 되는 것이며, 각기 다른 형상과 길고 짧은 수명을 가지고 있는 문제가 있다. 반면 정신은 사람의

20 『申鑒』, 「雜言上」, "或問性命. 曰: 生之謂性也, 形神是也, 所以立生終生者之謂命也, 吉凶是也. 夫生我之制, 性命存焉爾."

21 『申鑒』, 「雜言下」, "凡言神者, 莫近於氣, 有氣斯有形, 有神斯有好惡喜怒之情矣. 故人有情, 由氣之有形也. 氣有白黑, 神有善惡, 形與白黑偕, 情與善惡偕."

의식 측면에 관하여 언급한 것으로 선악의 문제를 가지고 있다.

순열이 언급한 형체는 사람의 육체를 지칭하는 것이며, 정신은 그러한 육체 속에 담겨져 있는 것이라고 할 수 있다. 또한 순열은 형체란 기氣에 의해서 생겨나게 된 것이며, 이러한 기氣에는 음양陰陽이 있는데 "음양으로써 그것의 정기를 통솔하고 강건함과 부드러움으로써 그것의 다양한 형체를 품별한다."[22]라고 하였으며, 아울러 "선함은 양이고, 악함은 음이다."[23]라고 주장했다. 그러므로 기氣의 음양陰陽이나 강유剛柔 및 흑백黑白은 사람의 형상이 제각기 다른 모습을 지니게 만들어주는 요인이 되는 것이기 때문에 순열은 그러한 사람의 형상을 상품과 중품 및 하품이라고 하는 삼품으로 구분을 했던 것이다. 아울러 순열은 정신 역시 형체에 담겨져 있는 것이기 때문에 형체의 좋고 나쁨에 따라서 제각기 다르게 결정되는 것이라고 하는 주장을 했던 것이다.

사람의 의식 측면이 되는 정신에 대해서 순열은 "무릇 정신이라고 하는 것은 기에 상당히 가까운 것인데, 기가 있으면 그것에 형체가 있게 되는 것이다."라고 언급하여 형체와 같이 서로 같은 부분이 없다고 하면서 정신이 기를 품수 받아서 생긴 존재라고 하는 것을 직접적으로 지적했다. 그러나 순열은 사람이 천의 의지를 계승했다고 하는 생각에 근거하여 도가 사람의 심성에 담겨져 있다고 하는 견해를 내놓음과 동시에 정신이 도를 체현해내서 인성의 주요한 내함이 된다고 보았다. 또한 순열은 "정신이 있으면 그것에 좋아하고 싫어하고 기뻐하고 노여워하는 감정이 있게 되는 것이다……정신에는 선악이 있는 것이고,……감정과 선악은 함께 하는 것이다."라고 언급했는데, 이러한 주장을 통하여 정신과 감정은 밀접한 관계를 가지고 있으며 "본성과 감정은 서로 감응한다."라고 하는 언급을 했던 것이며, 한걸음 더나가 선악의 문제까지 논급했

22 『申鑒』, 「政體」, "陰陽以統其精氣, 剛柔以品其群形."

23 『申鑒』, 「雜言下」, "善, 陽也; 陰, 惡也."

던 것이다.

> 이것은 만물이 제각기 본성이 있다고 하는 말이다. 그러한 본성이 감응한 것을 살펴보면 천지만물의 정서를 볼 수 있게 되는 것이다. 이것은 정서라고 하는 것을 언급한 것으로 마땅히 감응하고 움직이는 것이라고 하는 것이다.[24]

순열은 만물 모두에는 본성이 있다고 생각했으며, 만물 자체는 외부 사물과 접촉하여 감응을 하게 되어 정서가 발생하게 되는 것이라고 여겼다. 그렇기 때문에 정서는 외부 사물의 자극을 받아서 움직이게 되는 것이다.

> 무릇 정서의 의미와 마음의 의지라고 하는 것은 모두 본성이 움직이는 것에 대한 별칭이라고 할 수 있다. 정서는 드러난 후에 언급되는 것이니 이러한 것을 감정이라고 하는 것이다. 언어는 뜻을 온전히 전달 할 수 없는 것이니 이러한 것을 의미라고 하는 것이다. 마음 가운데서 그러한 것을 좋아하니 이러한 것을 마음이라고 하는 것이다. 의지로써 그러한 것을 제어하는 것이니 의지라고 하는 것이며, 마땅히 들어맞는 것은 각자의 칭호가 명분에 부합하는 것일 뿐이다. 그런데 어떻게 정서에 악함이 있을 수 있겠는가? 그러므로 반드시 이름을 바로 잡는다고 하는 것이다.[25]

정情·의意·심心·지志는 본성이 움직여서 생겨난 결과인 것이다. 그러

24 『申鑒』, 「雜言下」, "是言萬物各有性也. 觀其所感, 而天地萬物之情可見矣. 是言情者, 應感而動者也."

25 『申鑒』, 「雜言下」, "凡情意心志者, 皆性動之別名也. 情見乎辭, 是稱情也; 言不盡意, 是稱意也; 中心好之, 是稱心也; 以制其志, 是稱志也, 惟所宜, 各稱其名而已, 情何主惡之有? 故曰: 必也正名."

므로 만물은 감응하여 움직이는데, 이는 본성의 근본이 움직이기 때문인 것이다. 정서는 내재되어 있는 본성이 작용하는 것을 체현해 내는 것이기 때문에 본성은 본체가 되고 정서는 쓰임이 되는 것이다. 그렇기 때문에 본성과 정서는 서로 감응하는 것이다.

순열이 인식한 정서에는 좋아하고 싫어하는 것을 표현하는 것 이외에 욕망의 감정을 포함하고 있다고 할 수 있다.

> 어떤 사람이 "법을 가르치는 것을 얻으면 안정되게 다스릴 수가 있고 법을 가르치는 것을 상실하게 되면 혼란하게 된다. 만일 얻거나 잃는 것이 없게 된다면 백성들의 정서는 방종하게 되고 그러한 가운데 안정과 혼란이 있을 수 있겠는가?"라고 물었다. 그러자 "무릇 양의 본성이 올라가면 음의 본성은 내려간다. 올라가는 것은 어려우나 내려가는 것은 쉽다. 선함은 양이고 악함은 음이다 그렇기 때문에 선함을 실행하는 것은 어려운 것이고 악함을 행하는 것은 쉬운 일이다. 백성들의 정서가 방종하게 되면 그들의 의지를 자유롭게 만들어 아래로 내려가는 것이 많아지게 되는 것이다."라고 대답했다.[26]

위에서 언급한 바와 같이 이러한 정서에는 욕망이 포함되어져 있어서 사람들이 쉽게 타락의 길로 빠져들게 만드는 요인이 된다고 할 수 있다. 그렇기 때문에 마땅히 법을 가르쳐서 혼란한 상황을 안정시켜야만 하는 것이다. 그리고 정서라고 하는 것은 본성의 움직임인 것이니 본성과 정서는 서로 감응한다고 하는 관점에서 볼 때, 정서에 내려가는 것은 쉽고 올라가는 것은 어렵다고 하는 욕망이 구비되어 있기 때문에 순열은 본성에 악한 본질이 갖춰져 있다고 생각했던 것이다.

---

26 『申鑒』, 「雜言下」, "或曰: 法教得則治, 法教失則亂, 若無得無失, 縱民之情, 則治亂其中乎? 曰: 凡陽性升, 陰性降, 升難而降易. 善, 陽也; 惡, 陰也, 故善難而惡易. 縱民之情, 使自由之, 則降於下者多矣."

순열의 성선악性善惡에 대한 견해는 본성과 정서가 서로 감응한다고 하는 관계에 치우쳐져 있다고 볼 수 있다. 순열은 역대로 전해져 내려오는 본성性과 정서情의 선악 문제에 대하여 총괄적인 정리와 비평작업을 함으로써 자신의 인성의 선악에 관한 주장을 나타냈다.

> 맹자께서는 성선이라고 하였고, 순자께서는 성악이라고 하였으며, 공손자는 성에는 선악이 없다고 말했으며, 양웅은 사람의 본성에는 선과 악이 혼재되어 있다고 했고, 유향은 본성과 정서는 서로 감응하는 것이기 때문에 본성만이 홀로 선할 수 없는 것이고 정서만이 홀로 악할 수 없는 것이라고 말했다. 그러한 이유를 물었다. 대답하기를 성선이라고 하면 곧 네 명의 악인이 없을 것이고, 성악이라고 하면 곧 세 명의 어진 사람이 없게 된다. 선과 악이 없다고 하는 것은 문왕의 가르침은 같은 것이었으나 주공이나 관숙 및 채숙의 구분이 없다는 것이다. 본성은 선하고 정서는 악하다는 것은 걸과 주와 같은 폭군에게는 성이 없고 요임금이나 순임금과 같은 성군에게는 정이 없다고 하는 것이다. 본성에 선과 악이 혼재되어 있다고 하는 것은 지혜로운 사람은 시혜를 베풀려는 뜻을 간직하고 있고 어리석은 사람은 그러한 것을 움켜쥐고서 아끼려고만 하는 것이다.[27]

만일 맹자가 언급한 성선性善의 측면에 볼 경우에는 환두驩兜·공공共工·삼묘三苗·곤鯤과 같은 네 명의 흉악한 사람이 없어야 마땅하다고 할 수 있을 것이며, 또한 만일 순자가 언급한 성악性惡의 측면에서 볼 경우에는 미자微子·기자箕子·비간比干과 같은 어진 사람이 없어야 마땅할 것

27 『申鑒』, 「雜言下」, "孟子稱性善; 荀卿稱性惡; 公孫子曰: 性無善惡; 揚雄曰: 人之性善惡渾; 劉向曰: 性情相應, 性不獨善, 情不獨惡. 曰: 問其理. 曰: 性善則無四凶; 性惡則無三仁人; 無善惡, 文王之教一也, 則無周公·管·蔡; 性善情惡, 是桀紂無性, 而堯舜無情也; 性善惡皆渾, 是上智懷惠, 而下愚挾善也."

이다. 그리고 만일 본성에 선악이 없는 것이라고 할 경우에는 주공과 관숙 및 채숙은 모두 문왕의 아들인데 그들의 성품에 어떠한 차별도 있어서는 안 되는 것이 마땅하다고 할 수 있다. 또한 만일 본성은 선하고 정서는 악하다고 할 경우에는 걸이나 주에게는 마땅히 선한 본성이 없어야 하고 요임금이나 순임금에게는 악한 정서가 없어야 하는 것이 마땅하다고 할 수 있다. 그리고 본성에는 선과 악이 혼재되어 있다고 할 경우에는 지혜로운 사람은 악한 의도를 품고 있고 어리석은 사람은 선한 마음을 가지고 있게 되는 것이다. 순열은 이러한 주장들이 사리에 맞지 않다고 생각했는데, 다만 유향劉向이 언급한 본성과 정서는 서로 감응한다고 하는 기초 위에 본성만이 홀로 선할 수 없으며 정서 역시 홀로 악할 수 없다고 하는 주장이 비교적 합리적인 것이라고 생각했던 것이다.

> 여기에서 말하는 정서라고 하는 것은 감응하여 움직임이 있는 것이다. 곤충이나 초목 모두는 본성은 있으나 다 선한 것은 아니다. 천지와 성인은 모두가 정서를 일컫지만 주도적으로 악한 것은 아니다. 또 말하기를 "효괘와 단괘는 정으로 언급한다."라고 한 것 역시 그러한 맥락과 같다. 무릇 정서의 의미와 마음의 의지라고 하는 것은 모두 본성이 움직이는 것에 대한 별칭이라고 할 수 있다. 정서는 드러난 후에 언급되는 것이니 이러한 것을 감정이라고 하는 것이다. 언어는 뜻을 온전히 전달 할 수 없는 것이니 이러한 것을 의미라고 하는 것이다. 마음 가운데서 그러한 것을 좋아하니 이러한 것을 마음이라고 하는 것이다. 의지로써 그러한 것을 제어하는 것이니 의지라고 하는 것이며, 마땅히 들어맞는 것은 각자의 칭호가 명분에 부합하는 것일 뿐이다. 그런데 어떻게 정서에 악함이 있을 수 있겠는가? 그러므로 반드시 이름을 바로 잡는다고 하는 것이다.[28]

28 『申鑒』, 「雜言下」, "是言情者, 應感而動者也, 昆蟲草木, 皆有性焉, 不盡善也; 天地聖人, 皆稱情焉, 不主惡也. 又曰: 爻·象以情言, 亦如之. 凡情意.心志者, 皆性動之別名也. 情見乎辭, 是稱情也; 言不盡意, 是稱意也; 中心好之, 是稱心也; 以制其志, 是稱志也, 惟

모든 만물에는 본성이 있지만 모두가 선한 것은 아니다. 그리고 본성은 감응하여 움직이게 되어 그것이 외부로 드러나게 되는 것이 바로 정서이며 그러한 정서 모두가 악한 것 역시 아니다. 그렇기 때문에 성인은 결코 본성만 있고 정서가 없는 존재가 아니다. 정서는 외부의 자극에 의해서 발생하게 되는 것이기 때문에 거기에는 선천적으로 선함과 악함의 자질이 구비되어져 있는 것이 아닌 것이다. 선악의 자질이 있는 것은 본성의 내함이나 그렇다고 해서 거기에 선악이 표현되어 있는 것은 아니다.

> 어떤 사람이 "인과 의는 본성이고 좋아하고 싫어하는 것은 정서다. 인과 의는 항상 선한 것이지만 좋아하고 싫어하는 것은 어떤 경우에는 악하기도 하기 때문에 정서에는 악함이 있는 것이다."라고 말했다. 대답하기를 "그렇지 않다. 좋아하고 싫어하는 것은 본성이 취사선택하는 것으로, 실제로 외부에 드러나는 것이다. 그렇기 때문에 정서라고 하는 것일 따름이지만 반드시 본성에 근본을 둔 것이다. 인과 의라고 하는 것은 선함의 진실 된 것이니 어떻게 그것이 늘 선함을 싫어할 수 있겠는가? 좋아하고 싫어한다고 하는 것은 선과 악이 나누어지지 않은 것이니 어떻게 그러한 것에 악함이 있는 것을 이상하게 여기겠는가?"[29]

본성에는 선함과 악함의 자질이 있는 것이기 때문에 이러한 것이 외부로 드러나게 되면 좋아하고 싫어하는 정서가 되는 것이다. 즉 정서는 본성을 근본으로 삼고 있는 것이기 때문에 본성은 안에 있고 정서는 밖에 있는 것이라고 하며 또 본성은 본체가 되고 정서는 쓰임이 된다고

所宜, 各稱其名而已, 情何主惡之有? 故曰: 必也正名."

29 『申鑒』, 「雜言下」, "或曰: 仁義性也, 好惡情也, 仁義常善而好惡或有惡, 故有情惡也. 曰: 不然, 好惡者, 性之取舍也, 實見於外, 故謂之情爾, 必本乎性矣. 仁義者, 善之誠者也, 何嫌其常善; 好惡者, 善惡未有所分也, 何怪其有惡."

하는 것이다. 그리고 좋아하고 싫어하는 것은 정서의 표현이므로 선하다거나 악하다고 하는 판단을 할 수 없는 것이다. 좋아하거나 싫어하는 정서가 행위로 표출 된 후에 비로소 선함과 악함의 구별이 있게 되는 것이다. 그러나 본성은 본체가 되고 정서는 쓰임이 된다고 하는 명제에서와 같이 볼 수 있듯이 정서는 본성의 쓰임이기 때문에 정서의 좋아하거나 싫어하는 것의 선택은 역시 본성의 선함과 악함에 의해서 좌지우지될 수밖에 없는 것이다.

> 어떤 사람이 "사람은 이익에 대해서 보면 좋아한다. 인과 의로써 그러한 이익을 절제할 수 있으면, 이는 본성이 그러한 정서를 끊어버린 것이다. 본성이 적고 정서가 많을 경우에는 본성이 그러한 정서를 끊을 수가 없는 것이기 때문에 정서가 홀로 악을 행하게 되는 것이다."라고 말했다. 대답하기를 "그렇지 않다. 선함과 악함에 많고 적음이 있는 것이지 정서에 많고 적음이 있는 것이 아니다. 어떤 사람이 술과 고기를 좋아하는데 고기를 더 좋아하면 고기를 먹고 술을 더 좋아하면 술을 마시는 것이다. 이러한 둘은 서로가 경쟁하는 것이니 더 좋아하는 것을 먹거나 마시는 것이다. 정서가 술을 원하거나 본성이 고기를 원하는 것이 아니다. 어떤 사람이 이익과 의로움을 좋아할 경우 의로움을 더 좋아하면 의로움을 취하고 이로움을 더 좋아하면 이로움을 취하게 된다. 이러한 둘은 서로가 경쟁하는 것이니 더 좋아하는 것을 취하는 것이다. 정서가 이로움을 원하거나 본성이 의로움을 원하는 것이 아닌 것이다. 그러한 것들을 다 포용할 수 있으면 모두 포용하고, 모두 포용할 수 없으면 더 중요한 것을 취하면 되는 것이다."[30]

30 『申鑒』, 「雜言下」, "或曰: 人之於利, 見而好之, 能以仁義爲節者, 是性割其情也. 性少情多, 性不能割其情, 則情獨行爲惡矣. 曰: 不然. 是善惡有多少也, 非情也. 有人於此, 嗜酒嗜肉, 肉勝則食焉, 酒勝則飮焉, 此二者相與爭, 勝者行矣. 非情欲得酒, 性欲得肉也. 有人於此, 好利好義, 義勝則義取焉, 利勝則利取焉, 此二者相與爭, 勝者行矣, 非情欲得利, 性欲得義也. 其可兼者, 則兼取之, 其不可兼者, 則隻取重焉."

위의 인용문에서 볼 수 있듯이 순열은 본성과 정서가 서로 감응한다고 하는 것을 강조하고 있다. 그렇기 때문에 순열은 본성에는 고기를 좋아하고 정서에는 술을 좋아하는 것이 있다거나 본성에는 의로움을 좋아하고 정서에는 이로움을 더 좋아하는 상황이 있을 수 없다고 주장했던 것이다. 좋아하거나 싫어하는 경향은 정서가 본성을 근본으로 삼은 것의 표현인 것이라고 할 수 있다. 정서가 이익을 좋아하거나 의로움을 좋아할 때에는 내부의 감정에 있는 의로움과 이익을 분별하는 것에 의지할 따름으로, 이러한 것은 송명리학에서 주장하는 천리와 인욕의 분별과 같은 맥락을 형성하고 있다고 볼 수 있다. 즉 이익을 좋아하는 것이 더 크면 곧 이익을 취하게 되어 이익을 추구하는 행태를 보이게 되어 악하게 되는 상황을 조성하게 되는 것이다. 반대로 의로움을 좋아하는 것이 더 크면 곧 의로움을 취하게 되어 의로움을 추구하는 행태를 보이게 되어 선하게 되는 상황을 조성하게 되는 것이다. 물론 의로움과 이익을 함께 아울러서 취할 수도 있다. 그렇기 때문에 본성과 정서에는 주체적인 성향이 있는 것이라고 할 수 있다. 즉 선함과 악함의 결과는 본성이 정서의 좋아하는 것과 싫어하는 것을 주도하는 것에서 비롯되는 것이라고 할 수 있는 것이다. 이는 일부 학자들이 주장하는 순열의 인성론에서 인성의 선악에 대하여 결정하는 요소는 외부적인 조건에 좌우된다고 하는 것과는 배치되는 것이라고 할 수 있다.[31]

> 어떤 사람이 "맹자가 모든 사람은 요임금이나 순임금처럼 될 수 있다고 한 말을 믿습니까?"라고 물었다. 대답하기를 "사람은 아랫사람이라고 해서 어리석은 것이 아니고 모두가 요임금이나 순임금처럼 성인이 될 수 있는 것이다. 요임금이나 순임금의 모습을 따라 할 경우 요임금이나

---

31 羅光, 『中國哲學思想史-秦漢南北朝篇』, 臺北, 學生書局, 1985년, 343쪽 참조. 姜國柱, 『論人·人性』, 北京, 中國社會科學出版社, 1989년, 78쪽 참조.

순임금의 성을 같이 쓰는 것은 안 되는 것이고, 요임금의 제도에 복종하고 요임금의 도에 맞게 행동하는 것이다. 행동하기 전에는 옛날의 요임금이나 순임금을 따르는 것이고, 행동한 후에는 오늘날의 요임금이나 순임금을 따르는 것이다." 어떤 사람이 "사람들 모두가 폭군 걸이나 주처럼 될 수 있습니까?"라고 물었다. 대답하기를 "걸과 주와 같은 행위를 하는 것이 걸과 주가 되는 것이다. 요임금이나 순임금 걸과 주의 행위는 늘 세상에 병존하는 것으로 오직 사람들이 그러한 것을 선택하여 사용할 뿐인 것이다. 양주가 갈림길에서 운 것은 어느 길로 가야할지에 대한 압박 때문에 그러한 것이다."[32]

요임금이나 순임금 혹은 폭군 걸이나 주와 같은 부류의 사람이 되는 것은, 바로 요임금이나 순임금의 도리에 맞춰 행위를 하거나 혹은 걸이나 주와 같은 폭군의 행위를 본받아 행동을 한 결과에 의해서 그렇게 되는 것이다. 요임금이나 순임금의 경우처럼 성인의 도道에 맞는 행위와 폭군 걸이나 주의 포악한 행위는 항상 세상에 병존하게 되는 것으로, 다만 사람이 어떠한 선택을 하느냐에 따라 요임금이나 순임금 혹은 걸과 주처럼 되는 것이다. 마찬가지로 양주가 갈림길에서 운 것은 어떠한 길을 가야하는 것인지에 대하여 자신이 결정해야 함을 슬퍼해서 운 것으로 갈림길 자체에는 어떠한 잘못도 없는 것이라고 할 수 있다. 그렇기 때문에 순열은 사람에게 선함과 악함의 자질이 있다고 하는 것을 강조한 것이며, 선하게 되거나 혹은 악하게 되는 것은 본인 스스로의 의지로 결정한 결과인 것이라고 하는 사실을 천명한 것이다.

순열이 주장한 자기 의지의 결정 작용은 교육과 법률을 통하여 자기

32 『申鑒』, 「雜言上」, "或問曰: 孟軻稱人皆可以爲堯舜, 其信矣? 曰: 人非下愚, 則愚可以爲堯舜矣. 寫堯舜之貌, 同堯舜之姓則否; 服堯之制, 行堯之道則可矣. 行之於前, 則古之堯舜也; 行之於後, 則今之堯舜也. 或曰: 人皆可以爲桀紂乎? 曰, 行桀紂之事, 是桀紂也. 堯舜桀紂之事, 常並存於世, 唯人所用而已. 楊朱哭岐路, 所通逼者然也."

의지를 선함으로 결정하게 할 수 있는 것이라고 할 수 있다.

> 어떤 사람이 "선함과 악함 모두가 본성이라고 한다면 법률과 교육은 무엇 때문에 베푸는 것입니까?"라고 물었다. 대답하기를 "본성이 비록 선하다고 할지라도 교육을 거쳐서 완성되는 것이고, 본성이 비록 악하다고 할지라도 법률에 의해서 소멸시킬 수 있는 것이다. 뛰어난 지혜를 가진 사람과 어리석은 자질을 가진 사람은 절대 변화하지 않는 것이며, 그 다음은 선함과 악함이 서로 다투는 것이기 때문에 교육은 그것이 선하게 되도록 도와주는 것이고 법률은 그것이 악하게 되지 않도록 억눌러 주는 것이다.[33]

순열은 『논어論語』에 언급된 "뛰어난 지혜를 가진 사람과 어리석은 자질을 가진 사람은 절대 변화하지 않는 것이다."라고 하는 문구를 근거로 하여 인성을 "뛰어난 지혜를 가진 사람과 어리석은 자질을 가진 사람은 절대 변화하지 않는 것이며, 그 다음은 선함과 악함이 서로 다투는 것이다."라고 하는 상중하의 삼품으로 나누었으며, 중품에 해당되는 사람은 법률과 교육의 혜택을 받을 수 있다고 보았다. 그래서 뛰어난 지혜를 가진 사람과 어리석은 자질을 가진 사람과 같은 상품의 사람이나 하품의 사람은 소수에 불과한 것이다. 그 외에 중품에 해당되는 사람들의 경우 선함과 악함을 좋아하는 것 사이에서 교육을 통하여 선함을 취할 수 있거나 혹은 악함을 취하는 것을 억제할 수 있게 되어 결국에는 선함을 완성할 수 있게 되는 것이다. 순열은 인성의 선악 문제에 대하여 그러한 것이 행위로 표출되는 것에 중점을 두어 언급했을 뿐이지 선악의 자질이 선악이 된다고는 하지 않았던 것이다.

---

33 『申鑒』, 「雜言下」, "或曰: 善惡皆性也, 則法教何施? 曰: 性雖善, 待教而成, 性雖惡, 待法而消. 唯上智下愚不移, 其次善惡交爭, 於是教扶其善, 法抑其惡."

5. 맺는 말

이상과 같이 순열의 인성론에 대하여 순열의 생애와 천과 도에 대한 분석 및 성선악설에 대한 조명을 중심으로 살펴보았는데, 이를 정리하면 다음과 같다.

본래 순열의 가문은 사회적으로 상당히 높은 위상을 가지고 있었는데, 바로 이러한 이유 때문에 순열의 가문은 당고黨錮의 화禍에 연루되어 박해를 받게 된다. 그래서 순열은 핍박을 받게 되자 "병을 핑계로 은거하여 당시의 사람들이 그를 알지 못했다."고 하는 상황에 처하게 되었다. 그 후에 순열은 동한 헌제 재위시기에 조조의 수하에서 황문시랑의 벼슬을 맡게 된다. 헌제는 문학을 무척이나 좋아해서 순열과 태자소부인 공융이 황궁에서 시강을 했는데, 보통 한번 시작하면 저녁때까지 지속되곤 했었다. 그럴 때마다 황제를 보필하던 신하들과 환관들은 피곤을 이기지 못하고 자리를 떠났다. 순열은 벼슬생활을 순조롭게 하다가 육십 일세의 나이로 생을 마감한다.

순열은 천이 정치와 인간사의 변화를 주재한다고 생각했으며, 사람의 본성 역시 하늘이 부여한 것이라고 하는 주장을 했다. 또한 순열은 음양陰陽·강유剛柔·인의仁義로써 각각 하늘과 대지와 사람의 본질을 삼았는데, 도道는 하늘과 대지와 사람이라고 하는 각기 다른 범주 속에서 서로 다른 형식으로 나타난다. 도道는 만물과 만사를 통섭하는 것으로 우주의 본체이자 근원이 되는 것이다. 도道 역시 사람에게 간직되어져 있는 것으로 그것이 곧 사람의 심성이 되는 것이다. 인仁과 의義는 바로 인도人道의 본질이 되는 것으로 곧 사람의 심성의 내함이 되는 것이다. 천天은 인간의 심성이 형성되는 것을 주재하고, 도道는 사람의 심성의 내함이 담겨져 있는 것이다. 그렇기 때문에 천과 도는 사람 심성의 근원이 된다고 하는 측면에서 볼 때, 천은 바로 심성의 작용성을 강조한 것이고 도는 심성의 본체적인 의미에 치우쳐 있는 것이라고 할 수 있는 것이다. 그러므로 사람의 심성은 하늘이 부여한 것이고 도는 천의 의지가 아래로 사람의 심성 속에 체현되어 있는 것임과 동시에 사람이 현실 생활을 해나가는 과정 속에서 변화 발전해나가는 것이다.

순열의 성선악性善惡에 대한 견해는 본성과 정서가 서로 감응한다고 하는 관계에 치우쳐져 있다고 볼 수 있다. 순열은 역대로 전해져 내려오는 본성性과 정서情의 선악 문제에 대하여 총괄적인 정리와 비평작업을 함으로써 자신의 인성의 선악에 관한 주장을 나타냈다. 순열은 본성에는 선함과 악함의 자질이 있는 것이기 때문에 이러한 것이 외부로 드러나게 되면 좋아하고 싫어하는 정서가 되는 것이라고 했다. 즉 정서는 본성을 근본으로 삼고 있는 것이기 때문에 본성은 안에 있고 정서는 밖에 있는 것이라고 하며 또 본성은 본체가 되고 정서는 쓰임이 된다고 하는 것이다. 그리고 좋아하고 싫어하는 것은 정서의 표현이므로 선하다거나 악하다고 하는 판단을 할 수 없는 것이다. 좋아하거나 싫어하는 정서가 행위로 표출 된 후에 비로소 선함과 악함의 구별이 있게 되는 것이다. 그러나 본성은 본체가 되고 정서는 쓰임이 된다고 하는 명제에서와 같이 볼 수 있듯이 정서는 본성의 쓰임이기 때문에 정서의 좋아하거나 싫어하는 것의 선택은 역시 본성의 선함과 악함에 의해서 좌지우지될 수밖에 없는 것이다.

또한 요임금이나 순임금 혹은 폭군 걸이나 주와 같은 부류의 사람이 되는 것은, 바로 요임금이나 순임금의 도리에 맞춰 행위를 하거나 혹은 걸이나 주와 같은 폭군의 행위를 본받아 행동을 한 결과에 의해서 그렇게 되는 것이다. 요임금이나 순임금의 경우처럼 성인의 도道에 맞는 행위와 폭군 걸이나 주의 포악한 행위는 항상 세상에 병존하게 되는 것으로, 다만 사람이 어떠한 선택을 하느냐에 따라 요임금이나 순임금 혹은 걸과 주처럼 되는 것이다. 마찬가지로 양주가 갈림길에서 운 것은 어떠한 길을 가야하는 것인지에 대하여 자신이 결정해야 함을 슬퍼해서 운 것으로 갈림길 자체에는 어떠한 잘못도 없는 것이라고 할 수 있다. 그렇기 때문에 순열은 사람에게 선함과 악함의 자질이 있다고 하는 것을 강조한 것이며, 선하게 되거나 혹은 악하게 되는 것은 본인 스스로의 의지로 결정한 결과인 것이라고 하는 사실을 천명한 것이다.

참고문헌

1. 荀悅,『申鑒』,『四部叢刊』 本.
2. 荀悅,『漢紀』,『四庫全書』 本.
3. 范曄,『後漢書』, 北京, 中華書局, 1990년.
4. 渡邊秀方,『中國哲學史槪論』, 臺北, 臺灣商務印書館, 1976년.
5. 任繼愈,『中國哲學發展史-秦漢卷』, 北京, 人民出版社, 1985년.
6. 羅光,『中國哲學思想史-秦漢南北朝篇』, 臺北, 學生書局, 1985년.
7. 姜國柱,『論人·人性』, 北京, 中國社會科學出版社, 1989년.
8. 劉澤華,『中國政治思想史-秦漢魏晉南北朝卷』, 杭州, 浙江人民出版社, 1996년.
9. 周桂鈿,『秦漢思想史』, 石家莊, 河北人民出版社, 2000년.
10. 陳啓雲,『中國古代思想文化的歷史論析』, 北京, 北京大學出版社, 2001년.
11. 鄭師許,「漢末年儒家學者荀悅的思想」,『青年進步』, 1931년, 141期.
12. 周舜南,「東漢後期的社會批判思潮」,『船山學刊』, 1999년, 2期.

제7장

중장통의 유학사상

제1절 천인관계론

1. 시작하는 말

중장통仲長統이 생존하던 시기는 동한시대 후기로서 이시기는 중국 역사상 정치적으로 가장 암울했던 시기 중의 하나에 해당하며, 사회적으로도 혼란이 극에 달했던 시대라고 말할 수 있다. 즉 이시기는 동한 왕조의 외척세력과 환관들의 발호로 인하여 민생은 극도로 피폐해졌고, 천재지변이나 기근이 잇달아 발생하게 되어 농민들은 만성적인 기근상태에 빠지게 된다. 결국 기근을 견디지 못한 농민들은 제국의 각지에서 반란을 일으키게 되고 마침내는 황건의 대봉기가 폭발하게 된다.[1] 황건적의 난이 수십 년에 걸쳐 진행되는 동안 동한 제국은 그 근저에서부터 서서히 무너져 내리고 있었다. 또한 황건적의 난을 진압하기 위해 동원된 군벌들 간의 권력다툼은 무너져가고 있던 동한 제국의 멸망을 촉진하는 촉매제의 역할을 했는데, 특히 동탁의 발호와 여타 군벌들 간의 권력쟁탈전은 동한 사회를 극도로 혼란한 지경에 빠트려버렸다고 할 수 있다.

---

1 松丸道雄 외, 조성을 역, 『中國史概說』, 서울, 한울아카데미, 1989년, 124~125쪽 참조.

이러한 역사적 변화의 과정과 정치적 상황의 불안정성은 중장통의 인생관에 적지 않은 영향을 끼쳤다고 할 수 있다. 중장통의 인생관은 어떠했을까? 긍정적으로 말한다면, 중장통의 인생관은 소극적이었고 주어진 수명을 온전히 보전하고 유유자적한 삶을 추구하는 것이었다고 할 수 있다. 이와 같은 인생관을 가지고 있었기 때문에 중장통은 당시의 여러 주州나 군郡의 유력한 정치인들이 불러도 번번이 병을 핑계로 불응했던 것이다.[2] 그러나 한편으로 중장통은 출세지향적인 성향도 가지고 있었다고 할 수 있는데, 그것은 자신이 유학자로서 치국평천하의 포부를 품고 있었지만 그 자신이 처한 시국이 혼란한 형국에 빠져있고 비정상이 정상으로 치부되는 등 현명하고 유능한 인재가 능력을 발휘할 수 없는 상황이었기에 적극적으로 출사를 하지 않았던 것이다. 또 다른 한편으로는 당시의 경학은 이미 지리멸렬하고 번잡한 자구 해석에만 매몰되어 있는 전혀 생기가 없는 죽은 학문이 되어서 그 효용성을 상실한 상태였다. 그렇기 때문에 중장통은 소극적인 인생관을 추구할 수밖에 없었던 것이다.

이와 같이 소극적이고 유유자적한 인생관을 가지고 있었던 중장통에게 있어서 하늘과 인간의 문제에 관한 논의는 그의 사회관과 역사관 및 정치관에 대하여 조명할 수 있는 매우 소중한 자료라고 할 수 있을 것이다. 다시 말하자면, 정치적·사회적으로 혼란이 극에 달했던 시기를 살아가고 있었던 중장통은 하늘과 인간의 관계 문제에 관한 조명을 통하여 자신이 가지고 있었던 정치적 포부를 밝히고자 했던 것이다.

동한에서 삼국시대로 넘어가는 과도기적 상황 속에서 혼란한 현실을 타개하기 위해서 다양한 정치적 문제에 대하여 자신의 사상을 설파한 중장통의 사상은 매우 중요하다고 할 수 있을 것이다. 그렇기 때문에 본문에서는 중장통의 천인관계론에 대하여 사상적 연원과 천인관계론을

2 『後漢書』, 「仲長統傳」, "每州郡命召, 輒稱疾不就."

중심으로 논의를 진행해 보도록 하겠다.

2. 사상의 연원

천인관계론은 인간과 자연 혹은 인간과 우주의 관계에 대한 논의라고 할 수 있다. 우주론에서 인생론에 이르는 다양한 논의들 가운데 첫 걸음이 바로 천인관계론이라고 할 수 있는 것이다. 양한시기의 우주론에 관하여 언급한 사람들 대부분은 모두가 당시 천문학적 지식을 근거로 하여 자신들의 주장을 펼쳤기 때문에 역사적이고 시대적인 한계에 봉착하지 않을 수가 없었다고 할 수 있다. 또한 그들이 벌였던 논쟁의 초점은 우주 생성 자체의 문제가 아니라, 자연계에서 발생하는 제반 현상이 천신의 의지를 구현하는 것인지의 문제와 종법윤리를 체현하는지 여부의 문제에 맞춰져 있었던 것이다.

양한시기는 동중서董仲舒부터 시작해서 참위설讖緯說이 유행하던 시절을 거쳐 백호관白虎觀회의 등으로 대표되는 신학과 미신 및 경학 등은 당시의 천문학적 지식을 이용하여 천인감응天人感應의 이론체계 세트를 만들어 냈던 시기라고 말할 수 있다. 이와 같은 천인감응의 이론체계는 군주의 전제정치와 국가의 체제 및 강상명교綱常名教에 상당히 듬직한 이론적 근거를 제공하게 된다.

동중서는 양한시기의 천인관계론과 관련한 대표적인 사상가라고 할 수 있을 것이다. 동중서는 역작인 『춘추번로春秋繁露』와 「현량대책賢良對策」을 통하여 자신의 천인관계론 사상의 기본 모식인 천인감응설 이론체계를 세상에 내놓는다. 동중서의 천인관계론 사상은 상당히 방대하고 복잡하다고 할 수 있으며, 그것의 핵심적인 내용은 정치적인 문제와 관련된 것들이 주류를 이루고 있다고 할 수 있다. 그렇기 때문에 서복관徐復觀과 같은 경우 "동중서의 천인관계론 사상은 실제로는 그의 정치사상을 지탱하기 위해서 수립된 것이라고 할 수 있다."[3]라고 언급하고 있다.

동중서의 천인관계론 사상의 시작은 바로 자연적 의미의 천을 종교적 의미의 천으로 바꾼 것에 있다고 할 수 있는데, 그는 천을 의지가 있고 목적이 있으며 의식이 있는 존재로 보는 한편 만물을 주재하는 인격신으로 보기도 했다.[4]

> 천天은 높은 곳에서 자리 잡고 있으면서 비와 이슬을 내려 보내고, 제 모습을 숨기지만 해와 달로 빛을 내뿜는다. 위치가 높기에 존엄한 존재로 생각되고, 비와 이슬을 내리기에 진실한 사랑을 펼치는 것으로 여겨지게 되고, 모습을 감추기에 현묘한 존재로 생각되고, 빛을 내뿜기에 명철한 존재로 생각된다. 위치가 존귀하고 작용이 인자하며 숨어서 신묘하고 드러나 빛나는 것은 천天의 기능이다.[5]

> "인仁의 아름다움은 천天에 달려 있다. 천天은 인仁의 표본으로 천天은 만물을 지켜주고 길러주며 이미 탈바꿈하게 하고서 제대로 살아가게 하고 또 길러주고서도 틀을 갖추도록 한다. 이처럼 (天은) 하는 일의 공적은 끝이 없지만 한 주기의 매듭이 지어지면 다시 시작하고 모든 움직임이 사람에게로 집중되고 사람을 위해 이루어진다. 천天의 뜻을 살펴보면 끝과 한계가 없는 인仁이다. 사람은 천天으로부터 명령을 받고 천天으로부터 인仁을 받아서 그런 인仁을 펼친다."[6]

---

3 徐復觀, 『兩漢思想史』, 卷二, 臺北, 學生書局, 1985년, 413쪽 참조.

4 馮友蘭, 『中國哲學史新編』, 第三冊, 北京, 人民出版社, 1995년, 53쪽 참조.

5 董仲舒, 『春秋繁露』, 「離合根」, "天高其位而下其施, 藏其形而見其光. 高其位, 所以爲尊也; 下其施, 所以爲仁也; 藏其形, 所以爲神; 見其光, 所以爲明. 故位尊而施仁, 藏形而見其光者, 天之行也."

6 『春秋繁露』, 「王道通三」, "仁之美者在於天, 天, 仁也. 天覆育萬物, 旣化而生之, 有養而生之, 事功無已, 終而復始, 凡擧歸之以奉人, 察於天之意, 無窮極之仁也. 人之受命於天也, 取仁於天而仁也."

천天은 이미 지고무상의 존재로 자리 잡았으며, 하늘과 대지는 인간을 낳고, 인간은 뭇 사물들을 초월한 존재인 것이다. 그렇기 때문에 동중서는 "하늘과 대지는 자신의 정기로 만물을 생성시키는데 (그 중에)사람보다 더 고귀한 존재는 없다. 사람은 하늘로부터 명령을 받으므로 만물보다 훨씬 뛰어나서 (하늘, 대지와) 나란히 자리할 수 있다."[7]라고 주장했던 것이다. 또한 동중서는 인간과 하늘·대지가 서로 유사하다고 보았는데, "둥근 머리는 하늘과 닮았고, 머리카락은 별들과 닮았으며, 눈과 귀는 해와 달을 닮았으며, 입과 코의 호흡은 바람과 대기를 닮았다."[8]라고 언급했던 것이다.

그러므로 인간은 마땅히 천을 본받아야 하는 것이며, 인간들 가운데 가장 지존의 위치에 있는 천자 역시 예외가 될 수 없는 것이다. 그렇기 때문에 천자는 마땅히 백성들에게 은택을 베풀어야 하고, 덕성과 예의를 중시하고 형벌을 가볍게 해야 하는 것이다.

> 동중서는 천을 종교적인 성격으로 변화시킴과 동시에 통치자가 천을 본받는 천자가 될 수 있기를 희망하였으며, 천과 마찬가지로 은택을 백성들에게 베풀어주고 모든 생명체를 사랑하기를 염원했다. 여기에서 동중서는 천을 기준이 되는 근거로 삼아서 이상적인 형태의 군주의 도리를 수립하고자 했으며, 종교적인 권위로써 천자를 견제하려고 했던 것이다."[9]

천자는 하늘을 본받아서 정치를 해야 하는 존재로서, 즉 "천하의 사람들이 모두가 한 마음으로 천자에게 귀의하는 것이 마치 부모에게 귀의하

7 『春秋繁露』, 「人副天數」, "天地之精所以生物者, 莫貴於人. 人受命乎天也, 故超然有以倚."
8 『春秋繁露』, 「人副天數」, "首而員, 象天容也; 髮, 象星辰也; 耳目戾戾, 象日月也; 鼻口呼吸, 象風氣也."
9 韋政通, 『中國思想史』, 上冊, 臺北, 大林出版社, 1979년, 469쪽 참조.

는 것과 같기 때문에, 하늘은 상서로움으로 호응한다."[10]고 하였다. 그러나 만일 그렇지 않을 경우 천天은 반드시 재이災異를 보여준다. 동중서가 언급한 재이라고 하는 것은 "재앙이라고 하는 것은 하늘의 꾸짖음이고, 괴이한 일이라고 하는 것은 하늘의 위협이다. 꾸짖었는데도 알지 못하면 위협으로써 두렵게 만든다."[11]와 같은 것이다.

하늘과 인간이 서로가 감응할 수 있게 되면 진일보하여 하늘과 인간이 하나로 합치되는 천인합일天人合一에 도달하게 되는 것이다. 따라서 백성들의 지위는 하늘과 같이 귀한 것이니 비록 제왕의 지위가 존귀한 것이기는 해도 반드시 하늘의 뜻에 의거해서 정사를 펼쳐야만 하는 것이다. 만일 그렇지 않을 경우에는 천天이 반드시 재앙을 내리게 된다는 것이다. 천天은 백성들로써 마음을 삼으니 백성들의 마음이 곧 하늘의 마음 즉 민심이 곧 천심이 되는 것이다. 그렇기 때문에 제왕이 백성들의 마음을 어루만져 주고 그들의 삶을 보살펴 줄 때에 비로소 하늘의 마음 즉 천심에 부합하게 되는 것이다. 이와 같을 때 비로소 유가의 천하를 안정시킨다고 하는 이상이 달성되는 것이다.

이와 같이 종교적 색체가 농후한 재이설이나 참위설의 세례를 받은 천인감응설天人感應說은 동한시기 말기의 시대적 상황 속에서 점진적으로 교착상태에 빠지다가 결국에는 생명력을 상실하게 된다. 임계유任繼愈의 경우 "천인감응설의 장엄한 설교는 군중들이 보기에 단지 조정의 통치자가 자신들을 조롱하는 자료로서 만들었을 뿐으로 다시는 통일된 사상을 발휘할 수 없었고 백성들을 진압하는 작용 역시 할 수가 없었다."[12]라고 언급하고 있다. 이처럼 천인감응설은 자연히 의식 있는 선비들의 호응을 받지 못하게 되다가 결국에는 천인감응설의 이론체계에 대하여

10 『漢書』, 「董仲舒傳」, "天下之人, 同心歸之, 若歸父母, 故天瑞應."

11 『春秋繁露』, 「必仁且智」, "災者, 天之譴也; 異者, 天之威也. 譴之而不知, 乃畏之以威."

12 任繼愈, 『中國哲學發展史 - 秦漢』, 北京, 人民出版社, 1985년, 712쪽 참조.

비판하는 일군의 학자들이 등장하게 된다. 중장통은 이러한 비판세력들 가운데 가장 대표적인 사상가였던 것이다.

양한시기의 천인관계론 사상 가운데 중장통에게 가장 커다란 영향을 끼친 사상가로는 두 사람이 있었는데, 그들은 바로 왕충王充과 왕부王符라고 할 수 있다. 왕충의 천인관계론은 우주론에서부터 시작된다고 할 수 있다. 왕충은 천天은 형체가 있는 것으로 기氣가 아니라고 생각하였으며, 인간이 비록 형체가 있는 존재라고 할지라도 천의 형체와 인간의 형체는 다른 것이라고 보았다. 즉 왕충은 인간에게는 욕망이 있는 반면에 천에게는 욕망이 없으며, 인간에게는 유위有爲가 있는 반면 천에게는 무위無爲가 있기 때문에 하늘과 인간은 서로 인식할 수 없으며, 하늘과 인간은 서로 감응하지 않는다고 생각했던 것이다.

위정통韋政通의 경우 "왕충이 철저하게 천인감응설을 내팽개칠 수 있었기 때문에 그의 사상이 비약적으로 발전할 수가 있었던 것이다. 즉 그는 노자의 천도자연관을 계승하였을 뿐만 아니라 순자의 천인지분의 의미를 이해할 수 있었기 때문에 천인감응설에서 벗어날 수 있었던 것이다."[13]라고 언급하고 있다. 그렇기 때문에 왕충의 사상은 천인감응설을 반대하는 이론적 도구가 되었던 것이라고 할 수 있었던 것이다. 그렇지만 왕충은 인간의 주관적 능동성을 홀시했기 때문에 사회적 영역이나 정치적 분야에 관한 비판은 미약하고 무기력했던 것이며, 결국에는 운명론에 빠지게 되는 오류를 범하게 되었던 것이다.[14]

왕부는 원기일원론元氣一元論의 관점으로 천지의 기원에 관한 문제에 대하여 해석을 내놓는다. 즉 왕부는 천지만물의 발생은 처음 시작할 때 원기元氣에서 나오는 것이라고 생각했으며, 기氣의 운행과 감동感動이 궁극에 도달하게 되면 자연계 전체의 규칙과 현상 모두가 그것에 의해서

13 韋政通, 『中國思想史』, 上冊, 臺北, 大林出版社, 1979년, 531쪽 참조.

14 任繼愈, 『中國哲學發展史 - 秦漢』, 北京, 人民出版社, 1985년, 738쪽 참조.

조작되고 작용되는 것이라고 생각했다. 왕부는 인간이 천지와 기氣의 정수를 받아 생겨난 존재이기 때문에, 인간의 정신과 천지자연은 서로 소통되는 것이고 서로가 감응할 수 있다고 생각했다. 그렇기 때문에 왕부의 천인관계론 사상의 실질적인 연원은 동중서로부터 비롯된 것이라고 할 수 있는 것이다. 하지만 이와 같은 왕부의 천인관계론 사상과 동중서의 천인관계론 사상 사이에는 약간의 차이점이 존재하는데, 그 주요한 차이는 바로 왕부가 인간의 주동적인 작용을 특별하게 중시한 것에 있다고 하는 점이다. 그래서 왕부는 "인도人道라고 하는 것은 작위다."라고 하는 관념을 제기했던 것이다. 이러한 왕부의 "인도는 작위다."라고 하는 관념에 대하여 호초생胡楚生과 같은 경우 다음과 같이 말하고 있다.

> 인간의 작용은 천지와 서로 보좌하는 것에 있는 것으로, 장차 하늘이 베풀고 땅이 화육시키는 작용을 하려고 할 때 이를 널리 퍼트림으로써 적극적이고 주동적인 작용을 발휘하게 한다. 또한 더 나아가 만물을 통괄하고 제어함으로써 우주 사이의 만물이 끊임없이 생성하고 번성할 수 있도록 도모하여 하늘과 땅 그리고 인간이라고 하는 삼재의 큰 작용을 완성하는 것이다. 이러한 것이 바로 작위의 표현이 되는 것이다.[15]

이상과 같은 주장을 근거로 보았을 때, 왕부는 과연 인간의 주관적 능동성을 상당히 중시했음을 알 수 있게 된다. 하지만 왕부는 일찍이 천명天命으로써 군주의 기원을 해석하는 등 천도의 권선징악과 같은 작용이 있다고 하는 그릇된 주장을 하기도 했다.[16]

---

15 胡楚生, 「王符思想中一基本概念 "人道曰爲"之解釋」, 『幼獅月刊』, 第四十七卷, 第六期, 1978년, 5~11쪽 참조.

16 『潛夫論』, 「考績」, "聖王之建百官也, 皆以承天治地, 牧養萬民者也."에서와 같이 볼 수 있듯이 왕부는 군주가 관리를 두고 정치를 하는 것을 하늘이 땅을 다스리고 모든 백성들을 양육하는 것을 계승한 것으로 보고 있다. 이처럼 왕부는 군주의 기원을

중장통의 천인관계론은 왕부의 사유방식의 오류들을 비판적으로 흡수한 결과 더 이상은 원기元氣가 만물을 생성했다고 하는 것과 같은 이론체계를 수립하지 않고 직접적으로 "인간사가 근본이 되고, 천도는 말단이 되는 것이다."라고 하는 주장을 제기한다.

3. 천인관계론

중장통의 천인관계론은 정치적·사회적 및 역사적인 요소들을 귀납시켜 내놓은 결과물이라고 할 수 있다. 중장통의 주장은 인간 세상과 관련된 일을 근본으로 하고 천도를 말단으로 한다고 하는 것을 원칙으로 하여, 역사적으로 커다란 치적을 남기고 그 명성이 멀리까지 알려진 군주들 모두는 "오직 인간사에 관련 된 일에 진력을 다했을 뿐 천도의 문제에 대하여서는 배우질 않았다."[17]고 했다.

> 옛날 한 고조께서 진나라를 멸하고 항우를 제거하고 천자의 재위에 오르셨고, 광무제는 재위를 찬탈한 왕망을 토벌하여 이미 멸망한 한나라를 회복시켰는데, 이들은 모두가 천명을 받은 성인군주이다. 소하, 조참, 위표, 진평, 곽광 등은 오랑캐에 대하여 원칙을 가지고 대했으며 대종을 존중하고 창읍을 폐하고 효선제를 옹립하여 국가를 잘 경영하고 사직을 안정시킨 훌륭한 신하들이다.……위엄을 사해에 떨치고 덕을 베풀어 백성들을 돌보아서 공적을 세우고 명성이 자손대대로 전해지게 되는 것은 바로 오직 인간사에 관련 된 일에 진력을 다했을 뿐 천도의 문제에 대하여서는 배우질 않았기 때문이다. 그렇다면 왕도를 천하에 시행한 군주의 신하된 사람은 천도를 아는 것에 의지할 필요가 없는 것이기 때문에 하

천명에 있는 것으로 보고 있는 것이다.

17 魏徵, 『群書治要』, 卷四十五, "唯人事之盡耳, 無天道之學焉."

늘의 도를 이용하는 것을 귀하게 여기는 것이다. 즉 별자리의 움직임을 잘 살펴서 백성들의 농사에 도움을 주고 사계절의 운행을 잘 따라서 농업을 흥성하게 한다.……그러므로 천도만 알고 인간사에 대해서는 관심이 없는 사람은 무당이나 점술사와 같은 무리들로서 우매하고 사람 축에 끼지 못하는 백성들이다. 천도만을 맹신하고 인간사에 위배되는 일을 하는 사람은 혼란하고 미혹에 빠진 군주이며 국가를 망치게 하는 신하이다.[18]

오직 인간사에 진력을 다하고 천도를 신경 쓰지 말아야 한다고 하는 주장은 한나라 시기에 있어서 파천황적인 탁견이라고 할 수 있다는 찬사를 받았다.[19] 중장통의 관념 속에 있어서 천도와 천의 도리는 분명하게 다른 것이었다. 즉 그가 언급한 천도라고 하는 것은 재이나 귀신 따위를 맹신하는 것이었고, 천의 도리는 자연계의 규칙이나 법칙 등과 같은 것으로 객관적으로 존재하는 사실을 의미하는 것이었다.

중장통은 왕도를 천하에 펼친 군주의 신하가 된 사람은 천도를 아는 것에 의지할 필요가 없기 때문에 하늘의 도를 이용하는 것을 귀하게 여긴다고 생각했다. 그러므로 하늘의 도에 대하여 명료하게 알고 있기 때문에 별자리의 움직임을 살펴서 백성들의 생업에 도움을 주고 사계절의 운행을 잘 따라서 농업을 흥성하게 하고 수공업생산력을 증대시킬 수 있게 만들어 주는 것이다. 그렇기 때문에 중장통은 "천도에서 취하는 것은 사계절의 마땅함이고, 인간사에 전일하는 것은 혼란을 다스리는 것의 실질적인 행위인 것이다."[20]라고 하였던 것이다. 그렇기 때문에 『주례周禮』에 기재되어 있는 풍상馮相과 보장保章의 직책은 천인감응의 도리를 간략하게 대비한 것에 불과한 것으로, 그 직책의 주요한 업무는 별자리

18 魏徵, 『群書治要』, 卷四十五, 『四部叢刊初編』 本.

19 侯外廬, 『中國思想通史』, 第二卷, 北京, 人民出版社, 1992년, 443쪽 참조.

20 魏徵, 『群書治要』, 卷四十五, "所取於天道者, 謂四時之宜也; 所壹於人事者, 謂治亂之實也."

의 관찰을 통하여 길흉을 판별하고 사계절의 변화 시점과 음양의 변화에 관한 자료를 제공해줌으로써 인간사에 이용할 수 있도록 준비해주는 것이었다. 이들의 직책은 "결코 천하를 다스리는 것의 근본이나 백성들을 생육케 하는 이법의 요체가 아니었던 것이다."[21]

> 어떤 사람이 천하를 다스리는 것의 근본과 요체는 어디에 있는 것이냐고 묻자, 중장통이 대답했다. 군주가 백성들을 관리하는 것에는 사사로이 하는 것이 없고, 오직 현명한 사람을 친애하며 정사에 부지런히 힘쓰고 자주 공훈이 있는 신하들을 살펴서 그들의 공로에 부응하게 포상을 내려주고 죄악을 저지른 자들에게는 형벌이 돌아가게 하면 정치는 안정되고 백성들은 평안해질 것이다. 각자가 맡은바 소임을 다하면 곧 천지가 저절로 우리로부터 바르게 될 것이고 아름다운 징조가 저절로 우리로부터 감응하여 모이게 될 것이며, 나쁜 사물들이 저절로 우리에 의해서 버림당하고 없어지게 될 것이니, 그러한 것의 그렇지 아니함을 구한다면 결국은 얻지 못하게 된다.[22]

> 군주가 하는 일이라는 것이 친족이 아니면 다른 사람을 총애하는 것인데, 총애한다고 하는 것은 아름다운 여인이 아니면 곧 아첨꾼이다. 같고 다른 것으로써 선악판단의 기준을 삼고, 기쁘고 노함으로써 상벌의 기준을 삼으면, 아름다운 여인을 취하게 되고 오랫동안 태만하게 되어 결국에는 백성들의 원성을 사게 되고 □류를 잔인하게 해치게 된다.…… 풍상이 천체관측대의 위에 앉아서 아래로 내려오지 않고, 축사가 제단 옆에 엎드려 가려고 하지 않으니, 무익함이 패망하는 것과 같다. 이로부터 말하자면, 인간사가 근본이 되고, 천도는 말단이 되는 것이다.[23]

---

21 魏徵, 『群書治要』, 卷四十五, "決非治天下之本, 理生民之要."

22 魏徵, 『群書治要』, 卷四十五, 『四部叢刊初編』 本.

23 魏徵, 『群書治要』, 卷四十五, 『四部叢刊初編』 本.

중장통은 여기에서 진일보하여 "인간사가 근본이 되고, 천도는 말단이 되는 것이다."라고 하는 주장을 제기한다. 그는 이러한 주장을 통하여 군주 된 사람이 성심성의를 다하여 인간사의 문제에 전력을 기울여야 한다고 생각했다. 또한 그는 군주가 천하의 혼란을 다스리는 것의 실질적인 행위에 뜻을 두고 있다면, 천도에 대해서 섬기는 태도를 갖지 말아야 하며 또한 백성들을 다스리고 치적을 쌓는데 방해가 없어야 하는 것이라고 했다. 만약 그렇지 않으면 군주가 정치를 펼치는 것에 있어서 인간사의 일들에 대하여 등한시하게 되고 매사를 천도에 기대어 처리하고자 하면, 결국에는 패망하게 되는 운명을 피해나갈 수가 없게 되는 것이다.

그렇기 때문에 중장통은 "인간사가 근본이 되고, 천도는 말단이 되는 것이다."라고 하는 것을 군주를 분류하는 기준으로 삼았던 것이다.

> 그러므로 자신을 살펴서 이미 선하다는 것을 알고 다시는 천도에 의지하지 않는 것을 가장 으뜸이라고 하고, 내가 아직 선하지 않다는 것을 의심하여 천도를 끌어들임으로써 스스로를 구제하는 자가 그 다음이고, 자기 자신에게서 구하지 않고 하늘에서 구하는 사람을 가장 어리석은 군주라고 한다.[24]

군주는 인간사의 문제를 엄격하게 시행할 수 있는지의 여부에 따라서 훌륭한 임금과 그 다음 등급의 임금 및 가장 우둔한 임금으로 구분될 수 있다. 세속사회에서 군주 된 사람은 마땅히 전심전력으로 혼란을 다스리는 것과 같은 실질적인 행위를 해야만 하는 것이고, 천도에 가탁해서 인간사의 일을 처리해서는 안 되는 것이다.

24 魏徵, 『群書治要』, 卷四十五, "故審我已善, 而不復恃乎天道, 上也; 疑我未善, 引天道以自濟者, 其次也; 不求諸己, 而求諸天者, 下愚之主也."

> 오늘날의 군주는 정성과 충심을 다해 자신을 성찰해야 하고, 통치의 도리에 전일하여 사려해야 한다. 스스로 성찰하여 허물이 없고 통치의 도리에 오류가 없으며, 곧 좋은 사물이 생겨나고 아름다운 징조가 나타난다. 이는 내가 물을 긷는 우물에 물이 솟아나고 밥을 짓는 아궁이에 불이 타오르는 것과 같은 것으로 어찌 축하하기에 충분하지 않겠는가? 그러므로 즐거움은 보응에 있고 기쁨은 보배로운 조짐에 있는 것이다.[25]

중장통의 논증은 경험적 관점에서 출발했다고 볼 수 있다. 즉 중장통은 군주가 정성을 다하고 전심전력으로 인간사 문제에 매진할 경우에 아름다운 징조가 수반된다고 보았다. 이는 마치 물을 긷는 우물에서 물이 솟아나오고 밥을 짓는 아궁이에 불이 타오르는 것과 같은 것으로, 본래 괴이하다고 여기기에는 부족한 것으로 축하하기에 충분한 것이라고 하는 것이다. 그렇지만 시국이 매우 번잡하여 이해 할 수 없게 되면 항상 사사로운 정에 치우치게 되는 것이다. 그래서 즐거움은 보응에 있는 것이고 기쁨은 보배로운 조짐에 있는 것이라고 하는 것이다.

그렇기 때문에 중장통은 장수하고 상서로운 방향으로부터 이성과 미신의 구별을 설명을 한다. 즉 그는 일반적인 사람들이 불행을 당하고 질병이 생기게 되면 마땅히 약과 침으로부터 치료에 착수하여 목숨을 구하는 방법을 모색해야 한다고 생각했다. 또한 중장통은 세상 사람들이 불행을 당하고 재앙이 발생할 경우에 그러한 것을 극복하는 방법으로는 마땅히 전심전력을 다해서 곤란한 상황을 극복해야 한다고 여겼다. 그러나 세상 사람들은 흔히 이러한 방법을 팽개쳐버리고 사용하려 하지 않고서 항상 미신적인 것이나 잘못된 방법이나 미혹된 방법에 스스로를 빠트리는 과오를 범한다고 중장통은 생각했다.

---

25 魏徵, 『群書治要』, 卷四十五, “令夫王者, 誠忠心於自省, 專思慮於治道, 自省無愆, 治道不謬, 則彼嘉物之生, 休祥之來, 是我汲井而水出, 爨竈而火燃者耳, 何足以爲賀者耶? 故歡於報應, 喜於珍祥.”

신령한 기운과 조화를 이루고, 쓸데없는 생각을 하지 않으며, 습한 기후로 인해 생기는 병을 피하고, 음식을 조절하며 좋아하는 욕구를 적절하게 조절하는 것이 바로 장수하는 방법이다. 불행을 당하고 질병이 생기면 침과 탕약이 있는 의원으로 간다. 정중하게 예의바른 태도를 하고, 치우치지 않고 올바름에 거처하며, 도덕을 즐거워하고, 항상 인의를 지키며, 천지를 공경하고, 종묘에서 삼가는 것이 상서롭게 하는 술책인 것이다. 불행을 당하고 재앙이 있게 되면 극기하여 자기 자신을 책망하여 재난을 극복한다. 하지만 기도를 올리는 예는 무당 일에 종사하는 사람이 하는 것이며, 그러한 사람들은 전력을 다하여 치우치지 않고 올바르게 기도를 올려야 하고 그러한 기도에 정성을 다하여야 하는 것이다. 훗날 그 근본이 간사하게 되는 계층은 이리하여 음란하고 난잡한 귀신을 모시는 의식이 흥성하게 될 것이고, 기만하는 말을 크게 떠벌리고 이상한 재변에 관한 언급들이 일어나게 될 것이며, 붉게 새겨 쓴 글씨와 같은 것들의 범람이 사물을 만드는 것을 능가하게 된다. 그러므로 항상 세속에서 꺼려하고 싫어하는 것은 가소로운 일이며, 그러한 시류를 따라가는 것은 사람들이 심한 질병에 빠져드는 것과 통하는 것이다. 또한 땅을 아홉 길이나 파서 물을 끌어올리고, 산을 백보나 뚫어서 철광을 채취하고, 숲에 들어가 벌목하는 것에 대하여 길일을 점치지 않고 들판에 나가 풀을 베는 것에 대하여 시간을 선택하지 않는 것 및 그러한 것을 조합하여 거처하고 제어하여 사용하면 곧 그것의 길함과 흉함을 의심하는 것이니 또한 미혹되지 않겠는가? 교제사와 사직제사를 간단하게 하고, 조상 신주 모시는 것에 태만하고, 절기를 거슬러 대자연의 순리에 위배되는 짓을 하면서, 오히려 상서롭지 못한 사물에게 축복을 구하고, 우매하고 의혹된 사람의 말을 정성껏 신뢰하니 이 또한 그릇되지 않은 것인가?[26]

26 魏徵, 『群書治要』, 卷四十五, “和神氣, 懲思慮, 避風濕, 節飲食, 適嗜欲, 此壽考之方也; 不幸而有疾, 則鍼石湯藥之所去也. 肅禮容, 居中正, 康道德, 屨仁義, 敬天地, 恪宗廟, 此吉祥之術也; 不幸而有災, 則克己責躬之所復也. 然而有禱祈之禮, 史巫之事者, 盡中正竭精誠也. 下世基本而爲姦邪之階, 於是淫厲亂神之禮興焉, 侜張變怪之言起焉, 丹書厭

귀신이나 재이현상과 금기 및 미신을 신봉하는 사람들은 자기 자신의 금기로 인해서 일상생활을 영위해나가는 가운데에서 항상 신령의 존재에 대하여 의심을 하게 되고 귀신의 존재에 대해서도 의혹의 눈길을 거두지 않는다. 그렇기 때문에 무엇을 하려고만 하면 타인에게서 비난을 받게 된다.

중장통은 여기에서 행위의 상호 모순으로부터 사물의 이치의 인과관계 및 상식의 이해를 통하여 앞에서 언급한 미혹이나 그릇된 것의 행위에 대하여 대부분이 교활하고 웃음을 자아내는 일이라고 언급하였다. 즉 중장통은 그러한 것들이 단지 천도만을 지키는 것에 매몰되어 인간사의 현안에 대해서는 돌보지 않는 것이기 때문에 오히려 혼란을 다스리는 것의 실질적인 행위에 대하여 걸림돌이 되고 있는 것으로 보았던 것이다.

이상과 같은 논의를 통하여 중장통의 현실적인 정치적 역사적 행적들 가운데서 "인간사가 근본이 되고, 천도는 말단이 되는 것이다."라고 하는 주장을 도출해 낼 수 있었다. 현존하는 자료에서 언급된 바에 의하면, 중장통이 양한시기에 조정과 민간에 널리 퍼져서 맹신되고 있었던 천인감응설에 대하여 반대의 입장을 취하고 더 나아가 적극적으로 부정을 한 것은, 사람들이 마땅히 자연적 의미의 천도 가운데에서 원리를 찾고 원칙을 추구하고 아울러 그러한 원리나 원칙을 제어하고 이용해야 한다고 생각했기 때문이었던 것이다. 또한 중장통은 하늘의 도리 혹은 법칙은 사계절의 순환이 각기 시기에 알맞게 이루어지는 것과 같은 것으로 보았으며, 자연을 인간들이 이용해야 하는 대상으로 파악하는 한편 진일

勝之物作焉. 故常俗忌諱可笑事, 時世之所遂往, 而通人所深疾也. 且夫堀地九仞以取水, 鑿山百步以攻金, 入林伐木不卜日, 適野刈草不擇時, 及其搆而居之, 制而用之, 則疑其吉凶, 不亦迷乎? 簡郊社, 慢祖禰, 逆時令, 背大順, 而反求福祐於不祥之物, 取信誠於愚惑之人, 不亦誤乎?"

보하여 그것을 이용하여 농업생산을 증대시키고 수공업생산력을 확대시켜야 하는 것으로 보았던 것이다.

그렇기 때문에 중장통은 기도를 올리는 예는 무당 일에 종사하는 사람이 하는 것이며, 그러한 사람들은 전력을 다하여 치우치지 않고 올바르게 기도를 올려야 하고 그러한 기도에 정성을 다하여야 하는 것이라고 하면서 하늘과 사람의 도리에 대비할 뿐이라고 언급했던 것이다. 바꿔 말하자면, 중장통의 사상은 현실정치를 완전하게 실현하는 것에 있었기 때문에 특별히 인간세상의 혼란을 다스리는 것의 실질적인 행위를 중시했던 것이다. 인간사에서 발생하는 제반행위는 사람들이 가장 잘 파악할 수 있는 것이며 또한 가장 잘 각인되어 용인을 늦출 수 없는 일이라고 할 수 있다.

중장통은 천도의 상서로운 징조와 재이현상과 같은 것들은 자연계의 일에 속하는 것이기 때문에 매우 괴이하다고 하기에는 충분치 않을 수 있다고 생각했다. 또한 그는 모든 사람들이 그러한 재이나 상서로운 징조와 같은 현상들이 발생했을 때, 그러한 것을 제어할 수 있게 되어 인간사에 이용할 수 있게 된다면, 이는 혼란을 다스리는 것의 실질적인 행위에 도움이 될 수 있다고 보았던 것이다.

중장통은 자신의 사회와 정치에 대한 비판적인 이론체계의 전제를 확립시키기 위해서 현실의 사회·정치상황 속에서 "인간사가 근본이 되고, 천도는 말단이 되는 것이다."라고 하는 주장을 도출해냈다고 할 수 있다. 중장통의 양한시기 천인감응설에 대한 엄중하고 예리한 비판 과정 속에서 발견할 수 있었던 사실은 바로 양한시기의 사상사적 맥락 가운데 중장통의 사상 역시 선대 사람들의 사상노선을 계승한 점이 있다고 하는 사실과 선대 사람들과 다른 점 역시 있다고 하는 사실이다. 이와 같은 중장통의 천인관계론은 당시의 시대적 상황에서 비춰봤을 때 비교적 진보된 형태의 이론체계라고 하는 생각이 든다. 이러한 중장통의 천인관계론의 특색은 다음과 같이 몇 가지로 종합해 볼 수 있다.

먼저, 중장통은 현실정치 자체에 착안하여 당시의 정치 현실의 당면한 문제를 해석한다. 즉 그는 축복과 재앙은 모두가 인간이 공공의 도덕을 실천하고 인간사의 문제에 대하여 전력을 기울여 해결했는지의 여부에 달려있다고 보았던 것이다. 인간이 주동적으로 성실하게 공공의 도덕을 실천하고 인간사의 문제 해결에 전력을 다하면 반드시 축복을 받을 것이고 그렇지 않으면 반드시 재앙을 당하게 되는 것이기 때문에 축복과 재앙은 인간 스스로가 자초하는 것일 뿐이라는 것이다. 이와 같은 중장통의 주장은 왕충과 왕부의 장점들만을 취합했으며, 그들의 오류는 회피한 것이라고 할 수 있다. 그렇기 때문에 중장통의 천인감응설에 대한 비판은 철학사상의 영역에서부터 현실 사회를 포함한 정치적인 분야까지 모두를 아우르는 것으로, 견해는 상당히 예리하고 심도가 있다고 볼 수가 있는 것이다.

다음으로 중장통은 재이현상이나 상서로운 조짐의 발생과 같은 것들은 순수한 자연계의 현상일 뿐이라고 보고, 이러한 현상에 대하여 괴이하게 여길 필요가 없다고 보았다. 그렇기 때문에 중장통은 "자신을 살펴서 이미 선하다는 것을 알고 다시는 천도에 의지하지 않는 것"이야말로 가장 뛰어난 성왕이 되는 첩경임을 역설했던 것이다. 하지만 세상에는 수많은 중간 등급에 해당하는 인재들이 있으며, 가장 뛰어난 지혜를 가진 인재와 가장 우매한 사람들은 소수에 불과 하다고 할 수 있는데, 정치를 해야 한다고 주장하면서 가장 뛰어난 지혜를 가진 군주를 희망하는 것은 이는 상황이 매우 급한데 대처하는 것이 너무 늦는 것과 같은 것이라고 할 수 있다. 중장통은 현실정치에 모든 심혈을 기울였는데, 특히 혼란을 다스리는 것의 실질적인 행위에 관심을 집중하는 것과 같이 자신의 사상을 현실에 실현하고자 했던 것이다. 그래서 중장통은 "인간사가 근본이 되고, 천도는 말단이 되는 것이다."라고 하는 주장을 했던 것이며, 아울러 천도의 작용 역시 완전히 부정하지는 않았던 것이다. 또한 중장통의 사상 가운데 천도와 하늘의 도리는 분명하게 차이가 존재한다고 할 수 있는데, 그가 긍정하는 것은 하늘의 도리를 사용하는 것이었다고 할 수 있다. 즉 자연계의 운행법칙을 활용하여 인간사에 관한 문제해결에 도움이 되게 하는 것에 그 관심의 초점이 있었다고 할 수 있는 것이다. 이러한 주장은 왕부의 "인도라고 하는 것은 작위다."라고 하는 관념을 더욱 강화시키고 발전시켜 인간의 주관적 능동성을 긍정하였을 뿐만 아니라, 치세의 도리에 전념을 함과 동시에 인간사의 문제를 해결하는데 전력을 다하는 현실적인 사유체계라고 할 수 있다.

끝으로 중장통의 철학사상은 현실사회와 정치현실에서 출발하여 사회와 정치의 문제에 대한 비판을 기반으로 형성되었다고 할 수 있다. 그렇기 때문에 중장통의 사회와 정치문제에 대한 주장은 심도가 있으며 매우 광범위했던 것이다. 또한 중장통 자신이 동한 말기의 동란이 다반사였던 사회에 살아가고 있었던 관계로 시시각각으로 위험한 상황에 노출되어 있었다. 그래서 중장통은 유학자의 신분으로 양지와 양능을 통하여 당시 사회에 대한 면밀한 고찰과 공명정대한 마음가짐으로 질서가 무너져 요동치고 있는 사회와 정치에 대하여 객관적 비판을 진행하였던 것이다. 이러한 비판을 통하여 중장통은 당시 사회의 어둡고 잔혹한 단면을 폭로하는 한편 정치적으로 부패한 현실에 대한 질타를 하면서 사회개혁과 정치의 쇄신을 부르짖었던 것이다.

4. 맺는 말

이상과 같이 중장통의 천인관계론에 대하여 사상적 연원과 천인관계론을 중심으로 논의를 진행해 보았는데, 이를 정리하면 다음과 같다.

양한시기는 동중서부터 시작해서 참위설이 유행하던 시절을 거쳐 백호관회의 등으로 대표되는 신학과 미신 및 경학 등은 당시의 천문학적 지식을 이용하여 천인감응의 이론체계 세트를 만들어 냈던 시기라고 말할 수 있다. 이와 같은 천인감응의 이론체계는 군주의 전제정치와 국가의 체제 및 강상명교에 상당히 듬직한 이론적 근거를 제공하게 된다. 동중서의 천인관계론 사상의 시작은 바로 자연적 의미의 천을 종교적 의미의 천으로 바꾼 것에 있다고 할 수 있는데, 그는 천을 의지가 있고 목적이 있으며 의식이 있는 존재로 보는 한편 만물을 주재하는 인격신으로 보기도 했다.

양한시기의 천인관계론 사상 가운데 중장통에게 가장 커다란 영향을 끼친 사상가로는 두 사람이 있었는데, 그들은 바로 왕충과 왕부라고 할 수 있다. 왕충의 천인관계론은 우주론에서부터 시작된다고 할 수 있다. 왕충은 천天은 형체가 있는 것으로 기가 아니라고 생각하였으며, 인간이 비록 형체가 있는 존재라고 할지라도 천의 형체와 인간의 형체는 다른 것이라고 보았다. 즉 왕충은 인간에게는 욕망이 있는 반면에 천에게는 욕망이 없으며, 인간에게는 유위가 있는 반면 천에게는 무위가 있기 때문에 하늘과 인간은 서로 인식할 수 없으며, 하늘과 인간은 서로 감응하지 않는다고 생각했던 것이다. 이처럼 왕충이 노자의 천도자연관을 계승하였을 뿐만 아니라 순자의 천인지분의 의미를 이해할 수 있었기 때문에 천인감응설에서 벗어날 수 있었던 것이다.

왕부는 원기일원론의 관점으로 천지의 기원에 관한 문제에 대하여 해석을 내놓는다. 즉 왕부는 천지만물의 발생은 처음 시작할 때 원기에서 나오는 것이라고 생각했으며, 기의 운행과 감동이 궁극에 도달하게 되면 자연계 전체의 규칙과 현상 모두가 그것에 의해서 조작되고 작용되는 것이라고 생각했다. 왕부는 인간이 천지와 기의 정수를 받아 생겨난 존재이기 때문에, 인간의 정신과 천지자연은 서로 소통되는 것이고 서로가 감응할 수 있다고 생각했다. 그렇기 때문에 왕부의 천인관계론 사상의 실질적인 연원은 동중서로부터 비롯된 것이라고 할 수 있는 것이다. 하지만 이와 같은 왕부의 천인관계론 사상과 동중서의 천인관계론 사상 사이에는 약간의 차이점이 존재하는데, 그 주요한 차이는 바로 왕부가 인간의 주동적인 작용을 특별하게 중시한 것에 있다고 하는 점이다. 그래서 왕부는 "인도라고 하는 것은 작위다."라고 하는 관념을 제기했던 것이다.

중장통의 천인관계론은 정치적·사회적 및 역사적인 요소들을 귀납시켜 내놓은 결과물이라고 할 수 있다. 중장통은 "인간사가 근본이 되고, 천도는 말단이 되는 것이다."라고 하는 주장을 제기한다. 그는 이러한 주장을 통하여 군주 된 사람이 성심성의를 다하여 인간사의 문제에 전력을 기울여야 한다고 생각했다. 또한 그는 군주가 천하의 혼란을 다스리는 것의 실질적인 행위에 뜻을 두고 있다면, 천도에 대해서 섬기는 태도를 갖지 말아야 하며 또한 백성들을 다스리고 치적을 쌓는데 방해가 없어야 하는 것이라고 했다. 만약 그렇지 않으면 군주가 정치를 펼치는 것에 있어서 인간사의 일들에 대하여 등한시하게 되고 매사를 천도에 기대어 처리하고자 하면, 결국에는 패망하게 되는 운명을 피해나갈 수가 없게 되는 것이라고 하였다.

중장통이 양한시기에 조정과 민간에 널리 퍼져서 맹신되고 있었던 천인감응설에 대하여 반대의 입장을 취하고 더 나아가 적극적으로 부정을 한 것은, 사람들이 마땅히 자연적 의미의 천도 가운데에서 원리를 찾고 원칙을 추구하고 아울러 그러한 원리나 원칙을 제어하고 이용해야 한다고 생각했기 때문이었던 것이다. 또한 중장통은 하늘의 도리 혹은 법칙은 사계절의 순환이 각기 시기에 알맞게 이루어지는 것과 같은 것으로 보았으며, 자연을 인간들이 이용해야 하는 대상으로 파악하는 한편 진일보하여 그것을 이용하여 농업생산을 증대시키고 수공업생산력을 확대시켜야 하는 것으로 보았던 것이다.

중장통은 자신의 사회와 정치에 대한 비판적인 이론체계의 전제를 확립시키기 위해서 현실의 사회·정치상황 속에서 "인간사가 근본이 되고, 천도는 말단이 되는 것이다."라고 하는 주장을 도출해냈다고 할 수 있다. 중장통의 양한시기 천인감응설에 대한 엄중하고 예리한 비판 과정 속에서 발견할 수 있었던 사실은 바로 양한시기의 사상사적 맥락 가운데 중장통의 사상 역시 선대 사람들의 사상노선을 계승한 점이 있다고 하는 사실과 선대 사람들과 다른 점 역시 있다고 하는 사실이다. 이와 같은 중장통의 천인관계론은 당시의 시대적 상황에서 비춰봤을 때 비교적 진보된 형태의 이론체계라고 할 수가 있는 것이다.

참고문헌

1. 班固, 『漢書』, 北京, 中華書局, 1990년.
2. 范曄, 『後漢書』, 北京, 中華書局, 1985년.
3. 彭鐸, 『潛夫論箋校正』, 北京, 中華書局, 1985년.
4. 蘇輿, 『春秋繁露義證』, 北京, 中華書局, 1992년.
5. 魏徵, 『群書治要』, 『四部叢刊初編』 本.
6. 韋政通, 『中國思想史』, 上册, 臺北, 大林出版社, 1979년.
7. 任繼愈, 『中國哲學發展史 - 秦漢』, 北京, 人民出版社, 1985년.
8. 徐復觀, 『兩漢思想史』, 卷二, 臺北, 學生書局, 1985년.
9. 侯外廬, 『中國思想通史』, 第二卷, 北京, 人民出版社, 1992년.
10. 馮友蘭, 『中國哲學史新編』, 第三册, 北京, 人民出版社, 1995년.
11. 松丸道雄 외, 조성을 역, 『中國史概說』, 서울, 한울아카데미, 1989년.
12. 胡楚生, 「王符思想中一基本概念 "人道曰爲"之解釋」, 『幼獅月刊』, 第四十七卷, 第六期, 1978년.

제2절 정치사상

1. 시작하는 말

중국의 역사 속에서 동한시대 후기는 정치적·사회적으로 매우 혼란했던 시기 가운데의 하나였다고 말할 수 있다. 동한 후기는 환관세력과 황실의 외척세력의 득세로 정치권에서 민생을 돌볼 여력이 없었기 때문에 일반 백성들의 삶은 무척이나 참혹한 지경에 이르게 되었고, 수많은 자연재해가 연속적으로 발생하게 되어 백성들의 삶은 피폐해질 대로 피폐해진다. 결국 굶주림을 견디지 못한 백성들은 각지에서 지방관아를 습격하는 것을 시작으로 전면적인 민중봉기를 일으키게 된다. 이러한 민중봉기는 이후 황건적의 난이라고 하는 조직적이고 대규모의 반란으로 변화해가는 양상을 보이게 된다. 황건적의 난이 오랜 기간에 걸쳐 진행되는 동안 동한은 점차 멸망의 길로 접어들고 있었다. 또한 전국적인 반란세력을 토벌하기 위해 동원된 수도와 지방세력 사이의 권력쟁탈전은 동한의 붕괴를 한층 더 빠른 속도로 인도했다. 이러한 유력 정치인들 간의 권력다툼은 동한 사회를 근저에서부터 허물어가고 있었다고 할 수 있다.

이러한 정치적·사회적 상황은 중장통仲長統의 사상에 많은 영향을 끼쳤다고 할 수 있다. 중장통의 사상은 어떠했을까? 중장통의 사상은 현실정치와 민생 속에 구체적으로 투영되어 있다고 할 수 있다. 중장통은 당시 동한 사회의 폐해에 대하여 심각한 문제의식을 가지고 적극적으로 해결방안을 제시한다. 특히 현실 정치에 관한 다양한 폐해를 지적하고 그에 대한 다양한 해결책을 내놓는다. 중장통이 제시한 개혁방안은 장려해야 할 사안과 혁신해야 할 사안이 모두 포함되어 있었으며, 아울러 그는 그러한 개혁에 대하여 근본적이고 구체적인 주장을 전개해 나간다. 이처럼 중장통이 내놓은 개혁에 대한 구체적인 청사진은 먼저 외척과 환관의 폐해를 청산할 것과 재상제도의 도입 및 봉건제도의 철폐 그리고 어질고 유능한 인재의 등용 등과 같은 것들이다.

이와 같이 중장통에게 있어서 현실 정치문제에 관한 논의는 그의 사회관과 정치관에 대하여 규명할 수 있는 매우 가치 있는 작업이라고 할 수 있을 것이다. 다시 말하자면, 정치적·사회적으로 혼란이 극에 달했던 시기를 살아가고 있었던 중장통은 현실 정치문제에 관한 개혁방안을 통하여 자신이 가지고 있었던 정치적 포부를 밝히고자 했던 것이다.

동한 말기의 암울한 현실 속에서 혼란한 상황을 바로잡기 위해서 정치·사회문제에 대하여 현실 정치 개혁방안을 역설한 중장통의 정치사상은 동한 말기 유학자들의 정치사상을 조명하는데 있어서 빠져서는 안 될 사상체계라고 할 수 있을 것이다. 그렇기 때문에 본문에서는 중장통의 정치사상에 대하여 외척과 환관의 폐해 청산과 승상제도의 도입 및 봉건제도의 철폐 그리고 현명하고 유능한 인재의 등용을 중심으로 논의를 진행해 보도록 하겠다.

2. 외척과 환관의 폐해 청산

동한시기 외척과 환관의 발호는 동한의 정치상황을 돌이킬 수 없는 지경으로 악화시켰다. 중장통은 동한의 영제靈帝와 헌제獻帝 재위시기에 생존했었다. 동한의 환제桓帝에서부터 영제에 이르는 시기는 동한 역사상 환관과 외척의 득세가 최고조에 달했던 시기였다고 할 수 있다. 그 가운데 환관들의 정치 농단에 의한 폐해는 필설로 형용하기 힘들 정도로 심각한 지경에 이르렀었다. 당시 환관은 외척세력과의 권력다툼에서 우위를 확보하기 위해서 수단과 방법을 가리지 않았음은 물론이거니와 자신들의 집권에 장애요인이 되는 지식인들을 탄압하고 더 나아가 무참히 살해하는 등의 만행을 서슴지 않게 자행하였다.[1] 이로 인하여 당시 동한의 조정은 유능하고 현명한 관리가 모두 사라지게 되고 환관의 세상으로 변하게 된다. 중장통은 이러한 환관과 외척의 발호로 인하여 발생하게 된 폐해에 대하여 비분강개한 심정으로 강력한 비판을 진행했다.

> 동한 왕조가 일어선 이래로 황제의 어머니와 부인 쪽 사람들이 항상 상장군의 직책을 도맡아왔는데, 그들은 이러한 것을 정치를 보필하는 것이라고 말했다. 그러나 제대로 법도에 맞게 정무를 수행한 자는 매우 드물고, 수수방관하면서 위기를 초래하는 자는 매우 많다. 좋은 벼슬은 모든 사람들이 바라는 것이지만, 그것은 뛰어난 사람일지라도 자기가 원한다고 해서 얻을 수 있는 것이 아니고 등용되어야만 얻을 수 있는 것과 같은 것이다. 하물며 왕비의 친척 무리들이 그러한 것을 원한다고 해서 그것을 교만하고 분수에 넘치게 취하고서 오히려 다행스럽게도 하늘이 그 사람에게 내린 것을 저절로 획득했다고 한다. 일반적으로 남자의 지혜는 공정함을 오랫동안 유지하기 힘들기 때문에 이해관계를 오래 생각하며 부귀영화를 탐하고 여색을 즐기는 것을 죽을 때까지 멈추지 않는다. 또한 여자는 어리석기 때문에 그가 올바른 길을 따라갈 것을 바라고 겸손하고 검약하며 심사숙고하며 국가를 위한 계책을 고민하게 해야 한다.……항상 이와 같은데 하물며 여태후와 조비연 및 부소의 등의 무도함에 있어서랴![2]

1 166년 환관 독재에 대한 항의는 200명이 넘는 관리와 학생(태학생)의 체포와 투옥이라는 결과를 빚었다. 환관 후람侯覽은 자신의 대저택과 사방 30미터의 능을 짓기 위해 집과 토지를 몰수하였다고 전한다. 그 폐해에 대한 새로운 투쟁으로 인해 100명 이상의 '명절파明節派'들이 역모를 꾀하였다고 하여 마침내는 감옥에서 처형되기에 이르렀다. 이외에도 약 700여 명의 관료와 1천여 명의 학생들이 투옥되어 고통을 당하였는데, 이를 당고黨錮의 화禍라고 한다. 찰즈 허커, 박지훈 박은화 이명화 공역, 『中國文化史』, 서울, 한길사, 1985년, 137쪽 참조.

2 魏徵, 『群書治要』, 卷四十五, "漢興以來, 皆引母妻之黨爲上將, 謂之輔政. 而所賴以治理者甚少, 而所坐以危亂者甚衆. 妙采於萬夫之望, 其良猶未可得而遇也. 況欲求之妃妾之黨, 取之於驕盈之家, 徼天幸以自獲其人者哉? 夫以丈夫之智, 猶不能久處公正, 長思

중장통이 "또한 여자는 어리석기 때문에 그가 올바른 길을 따라갈 것을 바라고……"라고 언급한 것처럼, 그는 여자를 매우 열등한 존재로 보아서 항상 올바른 도리를 행할 수 없다고 보았다. 그러나 중장통은 모든 여자가 꼭 그런 것만은 아니고 간혹 뛰어난 여자도 있다고 생각했다. 그렇게 된 이유로 중장통은 예의교화와 좋은 환경의 영향을 들었다.

중장통은 외척의 집을 보거나 환관의 위세를 보면 한 왕조의 권력을 장악한 자가 스스로 권력의 달콤함이나 욕망의 수렁에 빠지지 않는 경우는 매우 드문데, 이는 "태어나고 장성하면서 교만함이 넘쳐흐르는 것에 처하고 스스로 방자하게 여색을 취하며 쾌락을 좇는 가운데에서 있게 되는 것은 옛날 전적에 있는 성현의 법도를 듣지 않고 스승이 전한 훌륭한 가르침을 따르지 않았기 때문이다."[3]라고 말했다. 그렇기 때문에 그들의 심태는 오랑캐와 같아졌고 행위는 이미 금수와 같아지게 된 것이다. 중장통은 일단 대권을 장악하고 있으면서도 스스로를 단정하게 하고 자신이 욕구하는 것을 함부로 추구하지 않는 사람이 과연 몇 명이나 될 것인가라고 의문을 제기했다. 또한 그는 하물며 여자들의 개성은 비교적 유약하고 항상 온정에 이끌리는 경향이 있기 때문에 아버지와 형제 및 자식들의 교만함을 바르게 인도할 줄 모른다고 하였다. 이러한 상황이 극단으로 치닫게 되면 결국에는 조정에 커다란 재앙을 불러오게 되는 것이다.

중장통은 또한 군주 된 사람의 심리는 외척들로부터 총애를 받고자 하는 경향이 강하다고 생각했다.

利害, 耽榮樂寵, 死而後已. 又況婦人之愚, 而望其遵巡正路, 謙虛節儉, 深圖遠慮, 爲國家校計者乎?……猶尚若此, 又況呂后·飛燕·傅昭儀之等乎?"

3 魏徵, 『群書治要』, 卷四十五, "然而生長於驕溢之處, 自恣於色樂之中, 不聞典籍之法言, 不因師傅之良敎."

> 어머니는 나에게 있어서 존경하고 사랑해야 될 분이며, 그분의 친족들 역시 내 아버지가 그의 부친이나 형제들에게 후하게 대하고자 하는 것과 같이 대해야 할 사람들이다. 부인은 나에게 있어서 아끼고 사랑해야 할 사람이며, 그녀의 친족들 역시 내가 아버지나 형제들에게 후하게 대하고자 하는 것과 같이 대해야 할 사람들이다. 내가 어머니에게 효도를 다하고자 하는 것은 선택의 여지가 없는 일이다. 내가 부인에게 사모하는 정을 주고자 하는 것 역시 선택의 여지가 없는 일이다. 또한 내가 추구하고자 하는 것은 나의 육체를 수고롭게 하는 것도 아니고 육신을 써서 얻게 되는 질병이 아니다. 무릇 이러한 것으로써 기침을 하면서 침을 한 번 뱉는 것을 쳐다보는 순간에 이르러 바뀌게 되는 것이니 누가 이러한 것을 위반할 수 있겠는가?[4]

중장통이 묘사한 것을 보면 군주 된 사람의 심리를 매우 철저하게 분석하고 있음을 알 수 있다. 만일 이러한 논리대로 언급을 한다면 "오직 불세출의 군주만이 독단적이고 뛰어나게 다른 명철함을 품고서 굳건하여 움직일 수 없는 기개가 있은 후에 타락의 늪에 빠지지 않을 기틀을 가질 수가 있을 뿐이다."[5]라고 하는 결론이 도출된다. 그렇다면 세상에 얼마나 많은 불세출의 군주가 있어서 의로움으로써 사모함을 자를 수 있으며 지혜로써 정을 제어할 수 있을 것인가? 그렇기 때문에 동한시기에 외척들의 발호와 그들의 교만함 방자함 사치스러움에 대한 기록은 이루 말 할 수 없을 지경이라고 할 수 있다.

중장통은 환관들에 대해서도 환관제도의 기원과 환관들에 의해서 자

---

4 魏徵, 『群書治要』, 卷四十五, "夫母之於我尊且親, 於其私親, 亦若我父之欲厚其父兄子弟也. 妻之於我愛且媟, 於其私親, 亦若我之欲厚我父兄子弟也. 我之欲盡孝順於慈母, 無所擇事矣. 我之欲效恩情於愛妻妾, 亦無所擇力矣. 而所求於我者, 非使我有四體之勞苦, 肌膚用之疾病也 夫以此欬唾盼睇之間, 至易也. 誰能違此者乎."

5 魏徵, 『群書治要』, 卷四十五, "唯不世之主, 抱獨斷絕異之明, 有堅剛不移之氣, 然後可庶幾其不陷没流淪耳."

행된 해악에 대해서도 적지 않은 언급을 했다.

> 환관이라고 하는 것은 황제의 칙령을 전달하는 관리이다.……선제 재위시기에 환관 홍공이 중서령이 되고 환관 석현이 복야가 되어 선제의 위엄을 밝혔다. 선제의 뒤를 이어 황제가 된 원제는 항상 병을 앓고 있었으며 음악을 좋아하기만 했다. 그래서 국사의 중요한 결정을 모두 다 환관 석현에게 맡겨버렸다. 그러자 한나라의 정치는 혼란의 도가니로 빠져들게 되어 간신배가 득세하고 정의로운 자가 오히려 해를 입는 재앙이 발생하게 된다. 아아! 부자지간이 가까이에서 서로 감시하고 밝음과 어두움의 구분이 이와 같으니, 어찌 불량한 것이 충분히 비극적이지 않겠는가! 선제는 어렸을 때 스스로를 좀과 같이 여겼으나, 제위에 올라서는 후람侯覽과 장양張讓 등이 득세하여 정권을 휘두르며 정치를 극도로 혼란스럽게 만들어 황제는 혼미하게 되어 온 세상이 혼탁한 난세에 처하게 되었다. 태학생을 비롯한 사인士人들이 이러한 상황을 개탄하고 바로 잡을 것을 직언하여 환관들과 마찰을 빚게 되자, 환관들의 모함에 의해서 숙청을 당하게 되는데, 이들을 당인이라고 불렀다.[6]

동한시기의 환관은 황제의 명령을 전달하는 시중에 불과할 뿐인 자들로 궁궐에 머물면서 하루 종일 군주의 주변에서 있으며 군주가 좋아하는 것과 싫어하는 것을 살펴 최상의 서비스를 제공했다. 또한 환관은 군주가 뜻하고 하는 바를 신하들에게 정확하게 전달하는 등 군주의 비위를 과도할 정도로 잘 맞춰주는 역할을 했다. 그렇기 때문에 환관들은 군주

6 魏徵, 『群書治要』, 卷四十五, “宦竪者, 傳言給使之臣也.……孝宣之世, 則以弘恭爲中書令, 石顯爲僕射, 中宗嚴明, 二竪不敢容錯其奸心也. 後曁孝元常抱病而留好於音樂, 悉以樞機委之石顯, 則昏迷霧亂之政起, 而仇忠害正之禍成矣. 嗚呼! 父子之間相監至近, 而明暗之分若此, 豈不良足悲耶! 孝桓皇帝起自蠡吾而登至尊, 侯覽·張讓之等, 以亂承亂, 政令多門, 權利并作, 迷荒帝主, 濁亂海內. 高命士惡其如此, 直言正論, 與相摩切, 被誣見陷, 謂之黨人.”

로부터 총애를 받게 되고 더 나아가 군주의 신임 하에 막대한 권력을 쥐고 휘두르게 된다. 궁궐의 내부 관리들이나 외부 경비대를 막론하고 모두가 환관의 지휘를 받게 되고 심지어는 군사와 사법권까지도 환관들이 장악하고 있었던 것이 동한 왕조의 현실이었다. 황제의 측근 관리나 중신들 및 태학생 그리고 사인士人들 모두가 힘써 환관들의 전횡과 패악을 막아보자 하였으나 오히려 환관세력에게 역습을 당하여 수많은 관리와 태학생 및 사인들이 숙청을 당하게 된다.[7] 이처럼 동한시기에 외척과 환관들의 발호 및 정권쟁탈전으로 인한 폐해는 이루 말할 수 없을 정도로 막대한 것이었는데, 그러한 가운데 최종적으로 정권을 장악한 집단은 바로 환관들이었다.[8]

중장통은 외척과의 정권쟁탈전에서 승리한 환관세력이 대부분 자신들과 가까운 사람들과 당파를 형성하고, 사사로이 친분이 있는 사람을 등용하는 방법을 통하여 내부로는 도읍인 낙양에 온통 자신들의 사람을 채워 놓았으며, 외부로는 전국의 군현에도 자신들의 사람을 심어 놓은 현실을 목도했다. 그러한 결과 동한 사회는 현명하고 유능한 사람이 어리석은 사람보다 못한 지위에 있게 되었으며, 탐관오리가 발호하여 백성들의 삶은 갈수록 피폐해져만 가고 있는 실정이었다. 이러한 상황을 타개하기 위하여 중장통은 군주 된 사람은 마땅히 지극히 공정해야 하고 인덕을 베풀면서 평상심을 유지하면서 근검절약하는 자세로 정성을 다하여 수양에 힘써야 한다고 주장했다. 한걸음 더 나아가 그는 군주가 환관들의 감언이설을 멀리하는 한편 예로써 신하를 대우해줄 것과 신하들의 간언을 수용하고 자신을 돌이켜 성찰한 후 법도에 맞게 천하를 다스

7 환제 재위시기에 환관의 독재에 200명이 넘는 관리와 태학생이 적극적으로 대항하였다. 이에 대해 환관들은 황제를 움직여 사예교위司隷校尉 이응李膺과 태부太傅 진번陳蕃 등이 중심이 되어 붕당을 만들어 조정을 비방한다고 탄핵하였다. 이를 들은 황제는 이들을 당인黨人이라 하여 종신금고형을 내렸다.

8 薩孟武, 『中國社會政治史』, 臺北, 三民書局, 1967년, 383쪽 참조.

리면 동한 사회가 직면한 혼란한 상황을 타개해 나갈 수 있을 것이라고 생각했다.

3. 승상제도의 도입

재상이란 본래 제후가 천자의 조정에 조회하러 갈 때 제후를 보좌하여 의례를 담당했던 관리였다. 그 실례로 『춘추좌전春秋左傳』, 「정공십년하定公十年夏」에 정공이 제나라 경공과 협곡에서 회맹을 맺을 때 공자가 의례를 담당했다고 하는 기록이 전해오고 있다. 춘추시대에는 제후들 사이에 회맹을 맺는 일이 자주 있었는데, 당시 군주들은 회맹을 맺을 때 의례에 대하여 해박하고 학식이 있는 인사를 재상으로 삼아 자신을 보필하도록 하는 것이 일반적인 현상이었다. 재상은 군주의 곁에 있으면서 의례를 집도하고 큰 사안이 발생했을 때 군주에게 자신의 의견을 개진하여 군주가 올바른 판단을 내릴 수 있도록 해주는 조력자의 역할을 하기도 했다. 이와 같이 재상은 의례를 집전하는 관리이면서 국가의 정사에 참여하는 관리였던 것이다. 전국시대에 이르러서 귀족계층이 몰락하고 군주의 권력이 갈수록 강화 되면서 각국의 군주들은 귀족들을 억압하는 한편 재상의 지위를 높여줬다. 진나라 무왕 2년(B.C 309년)에 처음 승상을 두었는데, 저리질樗里疾이 좌승상이 되고 감무甘茂가 우승상이 되었다.[9] 한나라 시대에 들어서 성제成帝가 즉위하기 전까지 삼공三公제도가 있었는데, 삼공은 승상과 대사마大司馬 및 어사대부御史大夫를 지칭한다. 대사마는 비록 승상과 같은 만석의 녹봉을 받았지만 상설 직책은 아니었으며, 어사대부는 녹봉이 이천 석에 불과했으므로 승상의 권위가 가장 존엄했던 것이다. 한나라 성제 이후 삼공의 명칭은 대사마大司馬와 대사

9 司馬遷, 『史記』, 「秦本紀」, "二年, 初置丞相, 樗裏疾·甘茂爲左右丞相."

도大司徒 대사공大司空으로 바뀌게 된다. 후한 광무제 이후에 권신들의 전횡으로 인하여 삼공의 직책은 있었지만 허명에 불과한 지위로 전락하게 되었다.

> 춘추시대에 제후들 가운데 덕에 밝은 사람들은 모두가 재상을 두어 정사를 돌보게 했다. 전국시대에 이르러서도 모두가 그러했다. 그리고 진나라가 육국을 통일하고 승상을 두었으며, 어사대부 급의 직책을 둘 두었다. 한나라 고조에서부터 성제에 이르기까지 이대로 바꾸지 않고 지속했으며 대부분 종신토록 임명되었는데, 한나라의 융성은 바로 이러한 제도에 기인한 것이다. 무릇 한 사람에게 정치를 맡기면 곧 정치에 전일하고, 여러 사람에게 정치를 맡기면 곧 서로에게 미루게 된다. 정치에 전일하면 곧 조화롭게 되고, 서로에게 미루게 되면 곧 어그러지게 된다. 조화롭게 되면 곧 태평성대가 흥기하게 되는 것이고, 어그러지게 되면 곧 황음무도한 혼란이 발생하게 되는 것이다. 광무황제는(황실이) 여러 세대에 걸쳐서 권력을 잃은 것을 분노하고, 권력을 가진 신하들이 권력을 탈취하는 것을 미워하여 잘못을 고치는 것이 너무 심해서, 정치는 일체 아랫사람들에게 맡기지 않았다. 비록 삼공을 설치하기는 하였으나 정무는 대각(상서성)으로 귀속되었다. 이로부터 삼공의 직무는 관원을 갖추는데 불과하였다.[10]

위의 인용문에서 중장통이 언급한 바와 같이 동한의 정치권력은 이미 상서성尙書省으로 넘어가게 되고 상대적으로 삼공三公은 허울에 불과한 직함만 가지게 되었다. 그러나 정치가 혼란스러워지자 삼공이 희생양으

10 范曄, 『後漢書』, 「王充王符仲長統列傳」, "春秋之時, 諸侯明德者, 皆一卿爲政. 爰及戰國, 亦皆然也. 秦兼天下, 則置丞相, 而貳之以御史大夫. 自高帝逮于孝成, 因而不改, 多終其身. 漢之隆盛, 是惟在焉. 夫任一人則政專, 任數人則相倚. 政專則和諧, 相倚則違戾. 和諧則太平之所興也, 違戾則荒亂之所起也. 光武皇帝慍數世之失權, 忿彊臣之竊命, 矯枉過直, 政不任下, 雖置三公, 事歸臺閣. 自此以來, 三公之職, 備員而已."

로 전락하게 되어 모든 허물을 다 뒤집어쓰는 형국 발생하게 된다.

> 그러나 정치에서 잘못된 부분이 있다면 오히려 삼공에게 책임을 물었다. 권력이 외척들의 수중으로 옮겨지게 되고 총애는 가까이 시봉하는 환관들에게 입혀져서 그 당류黨類를 친하게 여기고 사사로운 친분이 있는 사람을 기용했다. 안으로는 도성에 가득차고 바깥으로는 여러 군현에 널려있으니 현명한 사람과 어리석은 사람이 뒤바뀌고 교역의 방식으로 인재를 선발하였다. 무능한 인간이 변경을 수비하고 탐욕스럽고 잔인한 사람이 백성들을 다스리니 그들은 백성들을 괴롭히고 사방의 민족들을 원한에 차게 만들었다. 이로써 반란을 불러와 사방에서 난리가 일어나고 원한의 기운이 더불어 생기니 음양이 조화를 잃고 해와 달, 별의 빛이 이지러졌고 기괴한 일이 수차례 이르러 벌레들이 농작물을 먹어치우고 홍수와 가뭄이 재앙으로 나타난 것이다. 이는 모두 외척, 환관들이 불러온 것인데 오히려 책서를 내려 삼공을 탓하니 죽거나 면관되는데 이르러 마침내 족히 창천을 향해 울부짖고 통곡하여 피눈물을 흘릴만한 일이다.[11]

이러한 현상이 발생하게 된 것은 바로 동한 조정의 불합리한 시스템에 기인한 것이다. 그렇기 때문에 중장통은 조정의 불합리한 시스템에 대하여 비평을 했다. 또한 중장통은 조정에서 삼공을 천거하여 등용하는 기준이 실제로는 그 직책을 맡기기에는 배우 부족하다고 하는 점을 발견하고 이러한 것이 바로 조정의 커다란 병폐라고 하는 사실을 밝혔다.

> 옛날 한 문제는 등통에 대해 지극히 좋아했다고 할 만한데 오히려 (당

11 范曄, 『後漢書』, 「王充王符仲長統列傳」, "然政有不治, 猶加譴責. 而權移外戚之家, 寵被近習之豎, 親其黨類, 用其私人, 內充京師, 外佈列郡, 顚倒賢愚, 貿易選擧, 疲駑守境, 貪殘牧民, 撓擾百姓, 忿怒四夷, 招致乖叛, 亂離斯瘼, 怨氣並作, 陰陽失和, 三光虧缺, 乖異數至, 蟲螟食稼, 水旱爲災. 此皆戚宦之臣所致然也, 反以策讓三公, 至於死免, 乃足爲叫呼蒼天, 號咷泣血者矣."

> 시의 승상인) 신도가가 자신의 뜻대로 할 수 있었다. 무릇 신임을 받는 것이 이와 같다면 어찌 좌우의 소신小臣들을 두려워하겠는가? 근세에 이르러 외척과 환관들이 청탁을 해서 안 들어 주면 의기意氣가 불만하여 곧바로 사람을 예상치 못한 재앙에 빠트릴 수 있는데 어찌 잘못을 바로 잡는 사람을 얻을 수 있겠는가![12]

삼공三公의 직위가 허울뿐인 이름에 불과하고 인재를 천거하여 등용하는 시스템이 비합리적이기 때문에 현명하고 사리에 밝은 군자는 그러한 직책을 맡으려 하지 않게 된다. 그러므로 이로 인한 손실은 몇몇의 대신들에게 그치는 것이 아니라 국가의 정무를 자신들의 손에 쥐고 좌지우지하려고 하는 외척이나 환관들의 횡포로 인해서 백성들의 삶은 도탄에 빠지게 되는 지경에 이르게 된다. 이렇듯 조정에서 삼공의 권력을 빼앗아버리게 되면서 자연스럽게 외척과 환관에 의한 전횡의 국면이 발생하게 되었던 것이다.

그렇기 때문에 군주 된 사람은 이러한 폐해를 차단하기 위해서 반드시 정치시스템의 개혁을 진행해야만 하는 것이다. 중장통은 "승상을 두지 않으면 모든 정무를 군주 자신이 처리해야 하지만, 삼공을 두어 정무를 맡기면 책무가 분산되어 잘 처리된다."[13]라고 주장하여, 승상제도를 도입하고 승상을 군주가 장악함으로써 모든 정무에 관해서 보조를 받게 되면 권력이 군주 한 사람에게 집중되어 권력의 운용이 조화롭게 이루어질 수가 있으며 이로 인해서 쉽게 태평성대를 구가할 수 있다고 보았다. 또한 중장통은 만일 조정에 삼공三公을 두게 된다면 반드시 책무를 분산시켜 정무를 처리케 하여서 서로가 보완할 수 있게 만들면 정치의 혼란

---

12 范曄, 『後漢書』, 「王充王符仲長統列傳」, "昔文帝之於鄧通, 可謂至愛, 而猶展申屠嘉之志. 夫見任如此, 則何患於左右小臣哉. 至如近世, 外戚宦豎, 請託不行, 意氣不滿, 立能陷人於不測之禍, 惡可得彈正者哉!"

13 范曄, 『後漢書』, 「王充王符仲長統列傳」, "未若置丞相自總之. 若委三公, 則宜分任責成."

을 피할 수 있다고 생각했다.

4. 봉건제도의 철폐

주나라는 본래 서쪽 변방의 소국에 불과했으나 당시 중원을 통치하고 있었던 상나라의 주임금이 포악무도하여 온 천하에 원성이 가득 차게 되자 인덕으로 여러 제후들을 규합하여 결국에는 상나라를 멸망시켰다. 주나라가 천자의 나라가 된 후에 천하의 영토를 분할하여 천자의 종실과 전쟁에 참여한 공신들에게 공적의 대소에 따라서 분봉을 하게 되자 천하에는 여러 종류의 크고 작은 국가들이 병립하게 된다. 이것이 바로 주나라가 천하를 차지한 후에 봉건제도를 실시하게 된 이유인 것이다. 전목錢穆의 경우 주나라 초기에 시행된 봉건제도를 "침략적인 성격을 띤 무장이민과 군사점령"[14]이라고 보았다.

서한 시기에 봉건제도가 실시된 주된 원인 역시 주나라 초기의 상황과 대략적으로 비슷했다고 볼 수 있다. 초나라와 한나라가 천하를 놓고 서로 경쟁관계에 있었을 때 유방은 항우를 고립시키고 세력을 확장시켜 전쟁을 조기에 종결시키기 위해서 대외적으로 다른 세력과 우방관계를 맺을 필요가 있었으며, 내부적으로는 공훈이 있는 신하에게 분봉을 내려주는 방법으로 내외의 모든 역량을 집중시켜 초나라 군대와 대적하고자 했다. 그래서 유방은 부득이하게 여러 번국을 세워 항우를 고립시키는 책략을 펼칠 수밖에 없었으며, 이러한 책략이 맞아떨어져 결국에는 천하를 제패할 수 있었던 것이다. 그러나 통일제국을 건설한 이후 유방과 다른 핏줄의 제후들의 세력이 증대됨에 따라 한나라 황실은 상당한 부담을 가지게 된다. 한나라 황실의 입장에서는 주나라의 사례를 보면 비록 봉

14 錢穆, 『國史大綱』上冊, 北京, 商務印書館, 1996년, 45쪽 참조.

건제도의 폐해로 인한 혼란이 있었지만 나라의 수명은 매우 장기간에 걸쳐서 유지되었으며, 봉건제도를 철폐하고 군현제도를 채택했던 진나라의 경우 단명하였기 때문에 이들에 대한 보완책으로 유방의 핏줄들로 이루어진 번국을 확대하는 방법을 사용하게 되었던 것이다. 그러나 주나라나 한나라가 시행한 봉건제도에는 치명적인 폐해가 있었기 때문에 중장통은 한나라의 역사적 사례를 들어서 봉건제도의 철폐를 강력하게 주장했던 것이다.

> 한나라가 처음 흥기했을 때 황제의 자제들을 분봉하여 왕으로 삼고 사인과 백성들의 운명을 그들에게 맡겼으며 그들의 생사여탈 권한을 그들에게 위임했다. 그래서 그들은 교만하고 사치스럽고 음란한 태도로 방종을 일삼으면서 탐욕스러운 마음이 그칠 줄 모르게 되었다. 백성들은 생선과 고기로 그들의 욕망을 만족시켰으나 오히려 백성들을 더 잔학하게 탄압했는데 이는 백성들이 생산을 더욱 빠르게 하기 위해서였다. 위에서는 재위를 찬탈하고 반역 등 법도에 벗어나는 일을 도모하고 아래에서는 폭동이 일어나 혼란이 발생하고 서로가 서로를 해치는 것과 같은 국가와 백성들에게 위해가 가해졌다. 비록 그들 모두는 친족의 은혜와 온정을 빙자했으나, 역사적 연원과 현실적인 상황은 그들이 그러한 행위를 하게 만들었던 것이다. 그들의 작위를 강등시켜야 하고 봉토를 삭감시켜야 하며 점진적으로 봉토를 없애고 작위를 빼앗아 결국에는 그들이 앉아서 국가의 봉록만을 받아먹게 만들어야 한다. 그러나 그들의 그러한 지저분하고 더러운 행위와 음란하고 어리석은 죄악은 여전히 매우 많았다. 그러므로 비록 그들의 뿌리를 흔들어 그들에 대한 은택을 삭감했을지라도 그들은 여전히 존귀한 존재로서 사인이나 백성들이 그들을 위하여 힘쓰는 노고를 받았다.[15]

15 范曄, 『後漢書』, 「王充王符仲長統列傳」, "漢之初興, 分王子弟, 委之以士民之命, 假之以殺生之權. 於是驕逸自恣, 志意無厭. 魚肉百姓, 以盈其欲; 報蒸骨血, 以快其情. 上有

봉토를 분배 받은 왕들은 그들의 봉토를 자손에게 세습해주었으며, 그들은 제왕을 조상으로 둔 덕분에 자신들의 자질이 출중하거나 그렇지 않거나 혹은 현명하고 유능하거나 어리석거나에 관계없이 "사인과 백성들의 운명"과 "그들의 생사여탈 권한"을 손쉽게 거머쥐었던 것이다. 그렇기 때문에 그들은 "태어나고 장성하면서 교만함이 넘쳐흐르는 것에 처하고, 스스로 방자하게 여색을 취하는 쾌락을 좇는 가운데에서 있게 되는 것은, 옛날 전적에 있는 성현의 법도를 듣지 않고 스승이 전한 훌륭한 가르침을 따르지 않았기 때문이다."[16]와 같은 상황에 처하게 되었던 것이다. 그러므로 이들은 항상 교만방자하고 방탕한 생활을 일삼으면서 끊임없이 탐욕스러운 마음으로 백성들을 착취하는 한편 백성들을 매우 흉폭하게 학대했는데, 이로 인해서 결국에는 학정을 견디다 못한 백성들의 폭동을 유발시킬 수밖에 없었던 것이다. 바로 이러한 점이 봉건제도의 병폐인 것이다. 그렇기 때문에 중장통은 군주가 된 사람은 봉건제도의 폐해를 막아야 하는 것이며, 자신의 혈육에게 은택을 내려주기를 원한다면 마땅히 "그를 재물로 부유하게 해주되, 지위를 주지 말아야 한다."[17]와 같이 해야 한다고 주장했다. 이처럼 중장통은 군주가 자신의 혈육들에게 절대로 봉토와 권력을 주지 말 것을 강조하는 한편 더 나아가 자손에게 권력이 대대로 전수되는 것을 반대했다. 만일 그렇지 않을 경우에는 분봉 받은 봉토를 기반으로 세력을 키워 조정을 압박하고 지방을 난도질 경우 조정에서는 속수무책으로 바라볼 수밖에 없게 된다고 중장통은 보았다.

篡叛不軌之姦, 下有暴亂殘賊之害. 雖藉親屬之恩, 蓋源流形埶使之然也. 降爵削土, 稍稍割奪, 卒至於坐食奉祿而已. 然其洿穢之行, 淫昏之罪, 猶尚多焉. 故淺其根本, 輕其恩義, 猶尙假一日之尊, 收士民之用."

16 魏徵, 『群書治要』, 卷四十五, "然而生長於驕溢之處, 自恣於色樂之中, 不聞典籍之法言, 不因師傅之良敎."

17 魏徵, 『群書治要』, 卷四十五, "豊之以財, 以勿與地位."

이상과 같은 중장통의 주장들을 살펴보면 비록 대부분이 봉건제도를 폐지해야 한다고 하는 사안에 관한 언급들로 이루어져 있음을 발견할 수 있다. 그렇지만 이러한 중장통의 언급의 의미를 분석해 보면 중앙정권과 지방정권의 권한의 조화에 대하여 논의하고 있음을 찾아볼 수 있을 것이다. 일반적으로 중앙집권제를 시행하게 되면 지방정권은 실질적인 권한이 없게 되어 사사건건 중앙정부의 간섭과 지시를 받아야만 한다. 이러할 경우 지방정부에서는 모든 사안이 제대로 처리되지 않을뿐더러 책임소재 또한 불분명하게 되며 심지어는 무력의 부재로 인하여 외부세력의 침략에 중앙정부를 효과적으로 보위할 수 없게 된다. 이럴 때 만일 외적의 침략이나 내부의 반란이 일어나게 되면 지방정권에서는 그러한 것들을 효과적으로 제어할 수 있는 무력수단이 없기 때문에 외부의 침략세력이나 내부의 반란군들이 방해받지 않고 손쉽게 중앙정부가 소재한 도성으로 쇄도할 수 있게 되는 것이다. 그러나 만일 "사인과 백성들의 운명을 그들에게 맡겼으며 그들의 생사여탈 권한을 그들에게 위임했다"라고 하는 것처럼 지방정권에 충분한 자주적인 권력이 주어지고 거기에 인재를 적소에 배치하여 쓰는 것과 같은 제대로 된 체제가 갖춰질 경우 중앙정부의 보호막이 될 수 있는 것이다. 그러나 만일 인재를 제대로 쓰지 않으며 쉽게 무력수단을 보유하면서 자중하지 않고 자신의 세력을 과시하면서 할거하게 된다면 이는 아랫사람의 세력이 커서 통제할 수 없는 국면이 조성되는 것이다.

그렇다면 중장통은 과연 어떠한 방법으로 중앙정권과 지방정권의 권한을 조화롭게 유지시키고자 했을 것인가라고 하는 물음이 제기 될 수 있다. 현재까지 전해지는 자료를 분석해보면 중장통이 이러한 문제에 대하여 상세하게 설명한 것은 찾아보기 힘든 실정이라고 말할 수 있다. 그렇지만 중장통이 "도는 위대한 중도의 덕에 있는 것이기 때문에 존귀한 것이다."[18]라고 한 언급에서와 같이 볼 수 있듯이 중도의 덕으로써 중앙정권과 지방정권의 권한을 조화롭게 하여 이로운 것과 폐해의 균형을 맞춘다면 이는 가장 이상적인 조처라고 할 수 있을 것이다. 중장통은 비록 봉건제도의 폐지를 주장하면서 군현제도의 시행을 적극적으로 강조했지만, 그 군현의 수령들 역시 봉토를 가진 관리들이기 때문에 조정에서는 반드시 그들이 현지에서 무소불위의 권력을 휘두르지 못하도록 제도적 장치를 마련해야 하고 또한 그 직위가 자손들에게 세습되지 않게 만들어 폐단을 최소화해야 한다고 역설했던 것이다. 더 나아가 조정은 지방정부의 수령들이 전횡을 하지 못하도록 항상 감시의 끈을 늦추지 않아야 함을 주장했다. 만일 그렇지 않을 경우 지방의 수령들은 자신들의 권세를 믿고 전횡을 일삼게 될 것이며, 각자가 독립적으로 정사를 추진할 경우에 중앙정부의 정령은 통일적으로 시행되기가 어렵게 되어 국가는 반드시 혼란한 상황에 빠지게 되고 심각한 위기상황에 직면하게 될 것은 자명한 사실이다.

중장통은 조정에서 지방의 수령들에 대한 감시의 끈을 늦추지 않아야 함을 역설함과 동시에 만일 지방의 수령이 그 직무를 충실하게 수행하지 않았을 경우에는 장수가 한쪽 팔을 잘라내는 심정으로 즉시 파면을 시켜야 한다고 주장했다. 아울러 그 빈자리를 현명하고 유능한 사람으로 대체해야 할 것을 주장했다.

5. 현명하고 유능한 인재의 등용

정치라고 하는 것은 사람들과 관련한 사안을 관리하는 것이라고 할 수 있다. 그러나 모든 사람들은 제각기 다른 사고의 유형을 가지고 있는 것이기 때문에 저마다 삶의 방식이 다르게 나타나는 것이다. 이처럼 다

18 魏徵, 『群書治要』, 卷四十五, “道有大中, 所以爲貴.”

양하고 복잡한 사람들의 사유와 행동방식에 대한 효과적인 대응은 동서 고금을 막론하고 그 전례를 찾아보기 힘들 지경이며 아울러 기준이 될 만한 방법도 없는 실정이라고 할 수 있을 것이다.

고대 중국의 성인들이 정치에 대하여 언급한 사례들 가운데 대부분은 사람을 등용하는 것에 관한 것들이 주류를 이루고 있다고 할 수 있다. 공자의 경우 "문왕과 무왕의 정치가 문헌에 실려 있으니, 문왕 무왕과 그 신하들 같은 사람이 있으면 정치가 이루어지고, 그러한 사람들이 없으면 정치가 종식됩니다. 사람의 도는 정치에 빠르게 나타나고 땅의 도는 나무에 빠르게 나타나니 정치라는 것은 효과의 신속함이 쉽게 자라는 갈대와 같습니다. 그러므로 정치를 하는 것은 사람에게 달렸습니다."[19]라고 언급했으며, 맹자의 경우 "선한 마음만 가지고 정치를 할 수 없고, 엄격한 법만으로 저절로 이루어지지 않는다."[20]라고 언급한 바와 같이 법은 단지 종이 위에 쓰인 조문에 불과할 뿐인 것으로 그것을 집행할 사람이 없으면 법이 있어도 무용지물에 불과한 것이 된다. 하물며 다양한 인간사회의 변화무쌍한 상황 속에서 모든 사안을 기록하고 그에 부합하는 정령을 밝히고 집행해야 하는 것은 오직 사람만이 그렇게 할 수 있는 것이다. 그렇기 때문에 정치를 하는 것은 사람에게 달려 있는 것이라고 했던 것이다. 중장통의 사상 속에서 강조하는 것도 역시 이와 같다고 볼 수 있다. 중장통은 인재의 등용에 대한 원칙으로 천거원칙을 고수하고 있다. 그의 인재 등용과 승진 및 인사고과 방법에 관한 주장을 살펴보면 다음과 같다.

먼저 인재가 있으나 등용하지 않고 수준 미달의 사람을 등용하는 것과 같은 우를 범하지 말아야 한다. 훌륭한 인재를 구하는 것은 쉽지 않기

19 『中庸』, 「二十章」, "文武之政, 布在方策. 其人存, 則其政; 其人亡, 則其政息. 人道敏政, 地道敏樹. 夫政也者, 蒲盧也. 故政在人."

20 『孟子』, 「離婁上」, "徒善不足以爲政, 徒法不能以自行."

때문에 군주 된 사람은 항상 인재를 주변에 비축시켜 놓고 언제라도 필요할 경우 등용시켜야 한다는 것이다. 그러나 수많은 군주들은 인재가 쓸모없다고 생각하고 현명한 사람을 혐오하기 때문에 세상에 현명하고 유능한 인재가 없다고 말하고 있는데, 이는 변명에 불과할 뿐이다. 그렇기 때문에 군주 된 사람은 인재를 비축해야 하고 유능한 사인을 적극적으로 등용시켜야 한다는 것이다.

> 과거에 천하에 천만이 넘는 가구가 있었는데, 그 가운데 노약자들을 제외하면 각 가구당 한명의 장정이 있다고 했을 때 그 수가 천만 명에 달한다. 이들 가운데 누락된 가구가 이미 상당수 있으며 거기에 한나라 경내에 거주하는 오랑캐의 인구는 포함시키지 않은 숫자이다. 장정들 가운데 십장什長이나 오장伍長 정도의 가구 규모를 담당할 수 있는 사람들이 반드시 있을 것인데, 십장 이상의 규모를 담당할 수 있는 사람이 백만 명 정도가 될 것으로 추산된다. 또한 이들 가운데 열 개에서 한 개를 취한다고 했을 때 좌사佐史를 담당할 수 있는 인재가 이미 십만 명 이상 된다. 또 다시 이들 가운데 열 개에서 한 개를 취한다고 했을 때 정리政理 지위를 담당할 수 있는 사람이 만 명이나 된다. 노동력을 써서 다른 사람에게 기용되는 자를 사람이라고 부르고 사람은 건장해야만 한다. 재능과 지혜를 써서 다른 사람에게 기용되는 자를 사인이라고 부르고 사인은 노인 보다 더 귀한 대접을 받는다. 이러한 계산법으로 천하의 사람들과 사인을 기용한다면 수많은 인재를 비축할 수 있는데 어째서 인재가 부족할 것을 걱정하는 것인가?[21]

21 范曄, 『後漢書』, 「王充王符仲長統列傳」, "向者, 天下戶過千萬, 除其老弱, 但戶一丁壯, 則千萬人也. 遺漏既多, 又蠻夷戎狄居漢地者尙不在焉. 丁壯十人之中, 必有堪爲其什伍之長, 推什長已上, 則百萬人也. 又十取之, 則佐史之才已上十萬人也. 又十取之, 則可使在政理之位者萬人也. 以筋力用者謂之人, 人求丁壯; 以才智用者謂之士, 士貴耆老. 充此制以用天下之人, 猶將有儲, 何嫌乎不足也?"

다음은 현명하고 유능한 인재를 발탁하여 등용하는 것이다. 인재의 공급원이 부족하지 않은 이상 인재를 천거하는 것이야말로 천거제도를 제대로 실현하는 것이라고 할 수 있다. 조정에 인재가 없다고 하는 것은 현명한 인재를 구하기 위한 의도가 없는 것이 아니라 인재를 등용하기 위한 제도적장치가 마련되어 있지 않기 때문이다. 당시 인재를 천거하는 것이 항상 권신들과 환관 및 외척들에 의해서 독점되었기 때문에 현명하고 유능한 인재들이 등용될 기회를 상실하게 되었던 것이다. 그래서 관직에 등용되는 사람들 대부분이 평범하고 무능하거나 우매한 자들로 채워지게 되었던 것이다. 또한 사사로운 청탁에 의해서 관직에 등용시키거나 거짓된 명성을 이용하여 관직에 등용된 자들이 이루 헤아릴 수 없을 정도로 많아서 진정으로 현명하고 유능한 인재들은 은둔생활을 하면서 정치와 거리를 두고 있었다. 이러한 악순환이 반복적으로 되풀이 되면서 천거제도는 유명무실하게 되었으며 정치 풍토는 나날이 저질화 되어가고 있었다. 그렇기 때문에 중장통은 군주 된 사람은 마땅히 "독단적이고 뛰어나게 다른 명철함을 품고서 굳건하여 움직일 수 없는 기개가 있어야 한다."[22]라고 주장하며, 또한 "정무에 임해서는 공정하게 하고 그것의 실천은 충실함과 어짊으로써 한다."[23]라고 주장했다. 또한 중장통은 군주는 "정권은 외척집안 사람들과 나누지 않고, 권력은 환관의 세력이 개입하지 못하게 해야 한다."[24]라고 역설했으며, 이러한 후에 현명하고 유능한 인재를 등용할 때는 그 사람의 출신배경을 따지지 말아야 한다고 주장했다. 다시 말하자면, 중장통은 천거의 목적이 현명하고 유능한 인재를 등용하는 것에 있으며, 인재를 등용하는 절차는 반드시 공정해야 하는 것으로 사사로운 입장이 개입되어서는 절대로 안 된다고 하는 것을 역설했

22 魏徵, 『群書治要』, 卷四十五, "抱獨斷絶異之明, 有堅剛不移之氣."
23 魏徵, 『群書治要』, 卷四十五, "臨之以至公, 行之以忠仁."
24 魏徵, 『群書治要』, 卷四十五, "政不分於外戚之家, 權不入於宦竪之門."

다. 그래서 중장통은 당시 인재를 천거하면서 문벌과 가문을 따지는 것과 같은 왜곡된 천거제도에 대한 비판과 함께 군주가 현명하고 유능한 인재만을 가까이 해야 한다고 하는 주장을 제기했던 것이다.

다음은 발탁한 인재에게 직책에 맞는 임무를 배정하는 것이다. 중장통은 "인재가 있으나 등용하지 않고 수준 미달의 사람을 등용함"이라고 하는 언급을 하면서 현명하고 유능한 인재를 등용할 것을 주장하면서 동시에 현명하고 유능한 인재를 가까이 할 것을 역설했다. 그 후에 더 나아가 유능한 사인士人을 임용할 때는 반드시 직책에 맞는 임무를 부여할 것을 주장했다. 중장통은 "재능과 기예를 잘 살펴서 관직에 맞게 쓴다."[25]라고 언급하여 관리를 임용하면 반드시 그 직책을 부여해서 그의 재능과 기예가 뛰어난지 혹은 열등한지를 살펴보고 능력이 있고 없음을 세심하게 관찰하여 그에 합당한 관직을 부여해야 한다고 생각했다. 이와 같을 때 비로소 그가 제대로 직무를 수행하여 원만하게 정사를 처리할 수 있게 되는 것이며, 뛰어난 인재가 하찮은 임무에 매몰되지 않게 되고 어리석고 난폭한 사람이 높은 지위에 임명되는 우를 범하지 않게 되는 것이다.

> 적은 수의 사람은 다른 사람들의 윗자리에 있는 것이고 많은 수의 사람은 다른 사람들의 아랫자리에 있는 것이다. 한 오伍의 오장伍長은 한 오를 통솔하기에 충분한 사람이고, 한 국가의 군주는 한 나라를 다스리기에 충분한 사람이며, 천하의 제왕은 온 천하를 다스리기에 충분한 사람이다. 어리석은 사람이 지혜로운 사람에게 부림을 당하는 것은 마치 나뭇가지가 나무줄기에 의지하는 것과 같은 것으로, 이러한 것은 천하를 다스리는 일반적인 법칙인 것이다.[26]

25 范曄, 『後漢書』, 「王充王符仲長統列傳」, "覈才藝, 以敍官宜."

26 范曄, 『後漢書』, 「王充王符仲長統列傳」, "寡者, 爲人上者也; 衆者, 爲人下者也. 一伍之長, 才足以長一伍者也; 一國之君, 才足以君一國者也; 天下之王, 才足以王天下者也. 愚役於智, 猶枝之附幹, 此理天下之常法也."

사람에게는 각자 저마다의 장기가 있기 때문에 비로소 능력과 신분의 상하 구분이 있게 되는 것이다. 그러므로 각자 저마다 자신의 재질에 맞는 업무가 있는 것이다. 사인士人의 경우 모든 정치 사안에 대한 책임을 도맡아 다 질 필요가 없는 것이며 자신의 직분에 맞는 업무에 대하여 충실하게 처리하면 되는 것이다.

끝으로 현명한 인재를 적시에 등용하고 아울러 경력에 의거하여 승진을 시키는 것이다. 중장통은 군주 된 사람은 항상 국가를 정도에 맞게 다스리는 것에 전념해야 하는 것에 심사숙고해야 하는 것이며, 현명한 인재를 등용하여 능력에 부합하는 직책을 부여해야 한다고 생각했다. 아울러 그는 군주는 인재를 시의적절 하게 등용해야만 하고 등용한 인재에게 직책에 맞는 임무를 배정하는 것을 결코 소홀히 해서는 안 된다고 생각했다. 또한 중장통은 당시 집권세력이 대부분 외척과 환관으로 이루어진 상황 속에서 등용된 인재들이 붕당을 이루어서 자신들의 당파사람들 위주로 승진이나 인사업무를 처리하는 행태를 목격했다. 특히 조정의 고위직에 있는 사람들이 실무경험이 전혀 없는 인사들로서 국정업무를 처리할 능력이 되지 않는 상황에서 국가의 봉록만을 축내고 있는 현실에 대하여 개탄을 금치 못한다. 그렇기 때문에 중장통은 승진인사 제도를 수립하여 관리들의 인사와 관련한 승진이나 강등 혹은 취임이나 퇴임은 모두 규정에 의해서 진행할 것을 주장했던 것이다.

6. 맺는 말

이상과 같이 중장통의 정치사상에 대하여 외척과 환관의 폐해 청산과 승상제도의 도입 및 봉건제도의 철폐 그리고 현명하고 유능한 인재의 등용을 중심으로 살펴보았는데, 이를 정리하면 다음과 같다.

동한의 환제桓帝에서부터 영제에 이르는 시기는 동한 역사상 환관과 외척의 득세가 최고조에 달했던 시기였다고 할 수 있다. 그 가운데 환관들의 정치 농단에 의한 폐해는 필설로 형용하기 힘들 정도로 심각한 지경에 이르렀었다. 당시 환관은 외척세력과의 권력다툼에서 우위를 확보하기 위해서 수단과 방법을 가리지 않았음은 물론이거니와 자신들의 집권에 장애요인이 되는 지식인들을 탄압하고 더 나아가 무참히 살해하는 등의 만행을 서슴지 않게 자행하였다. 그러한 결과 동한 사회는 현명하고 유능한 사람이 어리석은 사람보다 못한 지위에 있게 되었으며, 탐관오리가 발호하여 백성들의 삶은 갈수록 피폐해져만 가고 있는 실정이었다. 이러한 상황을 타개하기 위하여 중장통은 군주 된 사람은 마땅히 지극히 공정해야 하고 인덕을 베풀면서 평상심을 유지하면서 근검절약하는 자세로 정성을 다하여 수양에 힘써야 한다고 주장했다. 한걸음 더 나아가 그는 군주가 환관들의 감언이설을 멀리하는 한편 예로써 신하를 대우해줄 것과 신하들의 간언을 수용하고 자신을 돌이켜 성찰한 후 법도에 맞게 천하를 다스리면 동한 사회가 직면한 혼란한 상황을 타개해 나갈 수 있을 것이라고 생각했다.

중장통은 “승상을 두지 않으면 모든 정무를 군주 자신이 처리해야 하지만, 삼공을 두어 정무를 맡기면 책무가 분산되어 잘 처리된다.”라고 주장하여, 승상제도를 도입하고 승상을 군주가 장악함으로써 모든 정무에 관해서 보조를 받게 되면 권력이 군주 한 사람에게 집중되어 권력의 운용이 조화롭게 이루어질 수가 있으며 이로 인해서 쉽게 태평성대를 구가할 수 있다고 보았다. 또한 중장통은 만일 조정에 삼공三公을 두게 된다면 반드시 책무를 분산시켜 정무를 처리케 하여서 서로가 보완할 수 있게 만들면 정치의 혼란을 피할 수 있다고 생각했다.

한나라 초기 황제로부터 봉토를 분배받은 군주들은 항상 교만방자하고 방탕한 생활을 일삼으면서 끊임없이 탐욕스러운 마음으로 백성들을 착취하는 한편 백성들을 매우 흉폭 하게 학대해서 결국에는 백성들의 폭동을 자주 유발시키게 된다. 이러한 봉건제도의 고질적인 병폐 때문에 중장통은 군주가 된 사람은 봉건제도의 폐해를 막아야 하는 것이며, 자신의 혈육에게 은택을 내려주기를 원한다면 마땅히 "그를 재물로 부유하게 해주되, 지위를 주지 말아야 한다."와 같이 해야 한다고 주장했다. 이처럼 중장통은 군주가 자신의 혈육들에게 절대로 봉토와 권력을 주지 말 것을 강조하는 한편 더 나아가 자손에게 권력이 대대로 전수되는 것을 반대했다. 만일 그렇지 않을 경우에는 분봉 받은 봉토를 기반으로 세력을 키워 조정을 압박하고 지방을 난도질 경우 조정에서는 속수무책으로 바라볼 수밖에 없게 된다고 중장통은 보았다.

중장통은 인재의 등용에 대한 원칙으로 천거원칙을 고수하고 있다. 그의 인재 등용과 승진 및 인사고과 방법에 관한 주장은 먼저 인재가 있으나 등용하지 않고 수준 미달의 사람을 등용하는 것과 같은 우를 범하지 말아야 한다는 것이다. 즉 훌륭한 인재를 구하는 것은 쉽지 않기 때문에 군주 된 사람은 항상 인재를 주변에 비축시켜 놓고 언제라도 필요할 경우 등용시켜야 한다는 것이다. 다음은 현명하고 유능한 인재를 발탁하여 등용하는 것이다. 즉 인재의 공급원이 부족하지 않은 이상 인재를 천거하는 것이야말로 천거제도를 제대로 실현하는 것이라고 할 수 있다. 그래서 중장통은 당시 인재를 천거하면서 문벌과 가문을 따지는 것과 같은 왜곡된 천거제도에 대한 비판과 함께 군주가 현명하고 유능한 인재만을 가까이 해야 한다고 하는 주장을 제기했던 것이다. 다음은 발탁한 인재에게 직책에 맞는 임무를 배정하는 것이다. 이와 같을 때 비로소 그가 제대로 직무를 수행하여 원만하게 정사를 처리할 수 있게 되는 것이며, 뛰어난 인재가 하찮은 임무에 매몰되지 않게 되고 어리석고 난폭한 사람이 높은 지위에 임명되는 우를 범하지 않게 되는 것이다. 끝으로 현명한 인재를 적시에 등용하고 아울러 경력에 의거하여 승진을 시키는 것이다. 중장통은 군주는 인재를 시의적절 하게 등용해야만 하고 등용한 인재에게 직책에 맞는 임무를 배정하는 것을 결코 소홀히 해서는 안 된다고 생각했다. 아울러 중장통은 승진인사 제도를 수립하여 관리들의 인사와 관련한 승진이나 강등 혹은 취임이나 퇴임은 모두 규정에 의해서 진행할 것을 주장했던 것이다.

참고문헌

1. 焦循, 『孟子正義』, 『焦氏遺書』 本.
2. 朱熹, 『中庸章句』, 『海淵閣』 明刻本.
3. 司馬遷, 『史記』, 北京, 中華書局, 1982년.
4. 班固, 『漢書』, 北京, 中華書局, 1990년.
5. 范曄, 『後漢書』, 北京, 中華書局, 1985년.
6. 魏徵, 『群書治要』, 『四部叢刊初編』 本.
7. 薩孟武, 『中國社會政治史』, 臺北, 三民書局, 1967년.
8. 錢穆, 『國史大綱』上册, 北京, 商務印書館, 1996년.

참고문헌

〔원전류〕

朱彬,『禮記訓纂』,『宜祿堂』 淸刻本.

孫星衍,『尙書今古文注疏』,『平津館叢書』 本.

朱公遷,『詩經義疏』,『四庫全書』 本.

李光坡,『周易述注』,『四庫全書』 本.

『老子道德經河上公章句』, 北京, 中華書局, 1993년.

黃侃,『論語義疏』,『皇淸經解』 本.

劉寶楠,『論語正義』,『續皇淸經解』 本影印.

朱熹,『孟子章句集註』,『海淵閣』 本.

焦循,『孟子正義』,『焦氏遺書』 本.

王先謙,『荀子集解』, 北京, 中華書局, 1992년.

王忠林,『荀子讀本』, 臺北, 三民書局, 1996년.

王先愼,『韓非子集解』, 北京, 中華書局, 1998년.

孫詒讓,『墨子閒詁』, 北京, 中華書局, 1954년.

劉文典『莊子補注』, 昆明, 雲南人民出版社, 1991년.

郭慶藩,『莊子正義』, 北京, 中華書局, 1993년.

許維遹,『呂氏春秋集釋』, 北京, 文學古籍刊行社, 1955년.

中法漢學硏究所編,『呂氏春秋通檢/論衡通檢』, 上海, 上海古籍出版社, 1986년.

司馬遷,『史記』, 北京, 中華書局, 1982년.

班固,『漢書』, 北京, 中華書局, 1990년.

范曄,『後漢書』, 北京, 中華書局, 1990년.

王利器,『新語』, 北京, 中華書局, 1996년.

王利器,『新語校注』, 北京, 中華書局, 1996년.

黃暉,『論衡校解』, 北京, 中華書局, 1995년.
賈誼,『新書』,『四庫全書』 本.
蘇輿,『春秋繁露義證』, 北京, 中華書局, 1992년.
彭鐸,『潛夫論箋校正』, 北京, 中華書局, 1985년.
黃暉,『論衡校解』, 北京, 中華書局, 1995년.
荀悅,『申鑒』,『四部叢刊』 本.
荀悅,『漢紀』,『四庫全書』 本.
董治安 編,『兩漢全書』 第一册, 齊南, 山東大學出版社, 1999년.
魏徵,『群書治要』,『四部叢刊初編』 本.

〔중국자료〕

蔡仁厚,『孔孟荀哲學』, 臺北, 學生書局, 1990년.
黃俊傑 主編,『孟子思想的歷史發展』, 臺北, 中央硏究院 中國文哲硏究所籌備處, 1995년.
劉鄂培,『孟子大傳』, 北京, 淸華大學出版社, 1998년.
董治安,『先秦文獻與先秦文學』, 濟南, 齊魯書社, 1994년.
呂思勉,『秦漢史』, 上海, 上海古籍出版社, 1983년.
顧頡剛 ,『秦漢的方士與儒生』, 上海, 上海古籍出版社, 1978년.
李澤厚,『中國古代思想史論』, 北京, 人民出版社, 1986년.
楊聯陞 主編,『國史釋論』, 臺北, 食貨出版社, 1988년.
田昌五 外,『秦漢史』, 北京, 人民出版社, 1993년.
蕭淸,『中國古代貨幣思想史』, 台北, 臺灣商務印書館, 1992년.
侯外廬,『中國古代思想史』, 北京, 三聯書店, 1950년.
羅光,『中國哲學思想史 - 兩漢南北朝篇』, 台北, 學生書局, 1985년.
金春峰,『漢代思想史』, 北京, 中國社會科學出版社, 1987년.
祝瑞開,『兩漢思想史』, 上海, 上海古籍出版社, 1989년.
徐復觀,『兩漢思想史』 卷二, 臺北, 學生書局, 1985년.

黃錦鋐,『秦漢思想研究』, 臺北, 學海出版社, 1979년.
周桂田,『秦漢思想史』, 石家庄, 河北人民出版社, 2000년.
賀凌虛,『中國古代政治思想論集』, 臺北, 霧峯出版社, 1970년.
侯外廬,『中國古代思想學說史』, 上海, 國際文化服務社, 1950년.
馮友蘭,『中國哲學史新編』 第三册, 北京, 人民出版社, 1996년.
馮友蘭,『中國哲學史新編』, 臺北, 臺灣商務印書館, 1996년.
楊憲邦,『中國哲學通史』 第二卷, 北京, 中國人民大學出版社, 1988년.
薩孟武『中國政治思想史』, 臺北, 三民書局, 1967년.
任繼愈,『中國哲學發展史-秦漢』, 北京, 人民出版社, 1985년.
唐君毅,『中國哲學原論-導論篇』, 臺北, 學生書局, 1986년.
黃俊傑編,『中國文化新論思想篇(一)』, 臺北, 聯經出版事業公司, 1989년.
孫叔平,『中國哲學史稿』(上), 上海, 上海人民出版社, 1991년.
渡邊秀方,『中國哲學史概論』, 臺北, 臺灣商務印書館, 1976년.
葛榮晉,『中國哲學範疇導論』, 北京, 中國人民大學出版社, 1986년.
湯一介,『中國傳統文化中的儒道釋』, 北京, 中國和平學出版社, 1988년.
方立天,『中國古代哲學問題發展史』上册, 北京, 中華書局, 1992년.
方立天,『中國古代哲學問題發展史』下册, 北京, 中華書局, 1992년.
劉宗賢 외,『中國儒學』, 成都, 四川人民出版社, 1994년.
李申,『中國儒敎史』(上), 上海, 上海人民出版社, 1999년.
田昌五,『王充及論衡』, 北京, 三聯書店, 1958년.
陳正雄,『王充學術思想述評』, 臺北, 文津出版社, 1987년.
鍾肇鵬, 周桂鈿,『桓譚 王充評傳』, 南京, 南京大學出版社, 1993년.
張立文,『中國哲學範疇發展史-天道篇』, 北京, 中國人民大學出版社, 1989년.
蕭公權,『中國政治思想史』(上), 臺北, 聯經出版事業公司, 1990년.
劉澤華,『中國政治思想史-秦漢魏晉南北朝卷』, 杭州, 浙江人民出版社, 1996년.
周桂鈿,『中國傳統哲學』, 北京, 北京師範大學出版社, 1991년.
徐復觀,『中國經學史的基礎』, 臺北, 學生書局, 1995년.

勞思光,『新編中國哲學史』 卷一, 臺北, 三民書局, 1986년.
勞思光,『新編中國哲學史』 卷二, 臺北, 三民書局, 1986년.
韋政通,『中國思想史』, 上冊, 臺北, 大林出版社, 1979년.
牙含章,『中國無神論史』(上), 北京, 中國社會科學出版社, 1993년.
陳大齊,『荀子學說』, 臺北, 中國文化大學出版部, 1989년.
傅筑夫,『中國經濟史論叢』, 北京, 三聯書店, 1980년.
王鐵,『漢代學術史』, 上海, 華東師範大學出版社, 1995년.
朱謙之,『新輯本桓譚新論』, 北京, 中華書局, 2009년.
田鳳台,『王充思想析論』, 臺北, 文津出版社, 1989년.
陳正雄,『王充學術思想述評』, 臺北, 文津出版社, 1987년.
鍾肇鵬, 周桂鈿,『桓譚 王充評傳』, 南京, 南京大學出版社, 1993년.
陳拱,『王充思想評論』, 臺北, 臺灣商務印書館, 1996년.
李維武,『王充與中國文化』, 貴陽, 貴州人民出版社, 2000년.
董俊彦,『桓子新論研究』, 臺北, 文津出版社, 1989년.
黃盛雄,『王符思想研究』, 臺北, 文史哲出版社, 1982년.
劉文英,『王符評傳』, 南京, 南京大學出版社, 1993년.
王步貴·周桂鈿·任繼愈·葛榮晉,『儒學精蘊新釋·王符哲學新釋』, 濟南, 齊魯書社, 2002년.
姜國柱,『論人·人性』, 北京, 中國社會科學出版社, 1989년.
辛冠潔 等編,『中國古代著名哲學家評傳』, 濟南, 齊魯書社, 1980년.
陳啓雲,『中國古代思想文化的歷史論析』, 北京, 北京大學出版社, 2001년.
周桂鈿,『天地奧秘的探索歷程』, 北京, 中國社會科學出版社, 1988년.
王友三,『中國無神論史綱』, 上海, 上海人民出版社, 1982년.
樊浩,『中國倫理精神的歷史建構』, 南京, 江蘇人民出版社, 1992년.
金祖孟,『中國古宇宙論』, 上海, 華東師範大學出版社, 1991년.
Thomas F. O'Dea, 胡榮譯,『宗教社會學』, 寧夏, 寧夏人民出版社, 1989년.

〔한국자료〕

松丸道雄 외, 조성을 옮김, 『중국사개설』, 서울, 한울아카데미, 1990년.

조원일, 『맹자의 철학사상』, 광주, 전남대학출판부, 2012년.

〔논문자료〕

鄭師許, 「漢末年儒家學者荀悅的思想」, 『青年進步』, 1931년, 141期.

胡楚生, 「王符思想中一基本概念 "人道曰爲"之解釋」, 『幼獅月刊』, 第四十七卷, 第六期, 1978년.

陳玉璟, 「關於桓譚思想的機個問題」, 『安徽師大學報』, 1982년, 第一期.

黎惟東, 「王充思想研究」, 臺北, 中國文化大學 哲學研究所 博士學位論文, 1984년.

黃開國, 「論漢代讖緯神學」, 『中國哲學史研究』, 北京, 中國社會科學出版社, 1984년, 第一期.

李震, 「無神主義與當代中國思想的取向」, 『哲學與文化月刊』, 第十三卷, 第十一期, 1987년.

袁信愛, 「荀子的生死觀及其禮義之學」, 『哲學年刊』, 第十期, 1994년.

劉文起, 「荀子 '天生人成'與王符 '天道曰施, 地道曰化, 人道曰化'之比較」, 『第二屆先秦學術研討會論文集』, 高雄, 1994년.

黎惟東, 「中國哲學家論形神問題所用燭火之喻的研究」, 『華剛文科學報』, 第23輯, 1995년.

蘭華俐, 「中國哲學的形神問題之研究」, 『屏東師範大學學報』, 第3期, 1997년.

周舜南, 「東漢後期的社會批判思潮」, 『船山學刊』, 1999년, 2期.

吳萬種, 陸馨, 「王符之『潛夫論』的引詩初探」, 『中國人文科學研究』, 제40집, 2008년.

찾아보기

ㅅ

ㅇ

ㅈ

ㅊ